Cette étincelle entre eux

*

Envoûtée par un cheikh

*

Un cardiologue bien trop séduisant

Collection : SAGAS

Titre original :
FALLING FOR THE FOSTER MUM

Ce roman a déjà été publié en 2018

HARPERCOLLINS FRANCE
83-85, boulevard Vincent-Auriol, 75646 PARIS CEDEX 13
Service Clients — www.harlequin.fr
ISBN 978-2-2805-0321-1 — ISSN 2426-993X

Édité par HarperCollins France.
Composition et mise en pages Nord Compo.
Imprimé en avril 2024 par CPI Black Print (Barcelone)
en utilisant 100% d'électricité renouvelable.
Dépôt légal : mai 2024.

FSC
www.fsc.org
MIXTE
Papier issu de sources responsables
FSC® C159065

Pour limiter l'empreinte environnementale de ses livres, HarperCollins France s'engage à n'utiliser que du papier fabriqué à partir de bois provenant de forêts gérées durablement et de manière responsable.

KARIN BAINE

Cette étincelle entre eux

PADDINGTON, HÔPITAL POUR ENFANTS
VOLUME 2

Traduction française de
CHARLINE McGREGOR

SAGAS

HARLEQUIN

Prologue

Quinn Grady était officiellement la pire mère du monde. À peine une semaine, et son enfant était déjà hospitalisé.

Simon n'était peut-être pas son fils biologique, mais cela rendait justement son rôle de mère d'accueil plus important encore. Pour quelqu'un comme elle, qui avait été bringuebalée de-ci de-là par le système de santé, offrir un foyer sûr à son enfant revêtait la plus haute importance. Pourtant elle était là, dans les couloirs de l'hôpital pour enfants Paddington, les nerfs à vif, à attendre qu'on l'informe de son état.

Elle avait suivi à la lettre le manuel distribué aux parents d'accueil, même quand, peu après l'arrivée de Simon dans leur vie, Darryl avait soudain déclaré qu'il n'était pas prêt à être père. Ainsi, l'homme qui s'était lancé dans l'aventure avec elle avait repris sa parole. En dépit de son cœur brisé, elle s'était concentrée sur le bien-être du petit. Mais, même les nuits sans sommeil passées à imaginer tous les scénarios possibles ne l'avaient pas préparée à ce qui allait suivre.

Un incendie à l'école.

En regardant Simon, les yeux pleins de larmes, s'éloigner en direction de sa classe, elle s'était presque attendue à recevoir un appel de l'école. Il avait l'air si petit, si perdu, elle allait devoir revenir le chercher pour le cajoler et le rassurer.

Mais pas pour ça. Elle ne pouvait rien contre un incendie. Elle n'aurait pas pu l'empêcher et elle ne pouvait pas l'éteindre. Jamais elle ne s'était sentie aussi impuissante qu'en observant les équipes de l'hôpital gérer, débordées, l'arrivée des enfants blessés.

Elle savait que Simon était gravement blessé, mais n'avait pas réussi à le voir depuis que son état s'était stabilisé. Allait-il garder des séquelles ? En réchapperait-il seulement ? Son estomac se contracta à la pensée des souffrances du petit garçon. C'était censé être un nouveau départ pour eux deux, une manière d'effacer le passé et de se construire un plus bel avenir. À présent, elle ne voulait que le voir et s'assurer qu'il allait bien.

Elle luttait pour ne pas sauter sur les infirmières qui passaient dans le couloir. Si elle était véritablement mère, se sentirait-elle plus en droit de s'enquérir de l'état de Simon ?

— Vous êtes la mère de Simon ? demanda une blouse verte qui avait surgi à côté d'elle.

Ce joli petit accent irlandais : pile ce dont elle avait besoin, en ce moment.

— Non. Enfin, oui.

Comment répondre correctement ? À en croire l'intensité du regard bleu-vert, son statut n'avait en l'occurrence guère d'importance.

— Je suis sa mère d'accueil.

Le médecin, adouci, se pencha vers elle.

— Je suis Matthew McGrory, spécialiste des brûlures. On a fait appel à moi pour évaluer le cas de Simon.

Elle retint sa respiration. Était-ce une bonne ou une mauvaise nouvelle ? Elle le dévisagea en quête d'un indice, sans rien déceler, hormis combien il était beau.

— Comment va-t-il ?

— Voudriez-vous venir vous en rendre compte par vous-même ? répondit-il avec un sourire.

C'était plutôt positif, comme signe. Non ?

— Oh oui, merci.

Elle se leva aussitôt sur des jambes encore incertaines, et dut presque courir pour suivre les grandes enjambées d'un homme qui devait mesurer au moins un mètre quatre-vingt-cinq.

Il s'arrêta devant la porte de l'unité de soins intensifs

pédiatriques. Seuls les enfants les plus atteints y étaient admis, Simon en faisait partie. De nouveau, Quinn regretta d'être seule dans cette épreuve.

— Avant d'entrer, sachez que Simon souffre de brûlures graves et d'une intoxication à la fumée. C'est impressionnant, mais nous faisons tout pour réduire les séquelles. OK ? Vous êtes prête ?

Elle hocha la tête avec une bravoure qu'elle était loin de ressentir. Ces blessures, quelles qu'elles soient, les toucheraient longtemps, Simon et elle, mais ils seraient ensemble pour surmonter l'épreuve.

— Il a besoin de moi, murmura-t-elle.

Pouvait-elle attraper le bras de ce beau médecin pour ne pas flancher ? Déjà, il ouvrait la porte.

Ils longèrent de nombreux box sans qu'elle ne distingue le moindre visage ; les petits êtres disparaissaient sous les machines monstrueuses qui les aideraient à se rétablir.

— Oh ! Simon !

Elle retint un cri devant le dernier lit de la rangée. Jamais elle ne l'aurait reconnu sans la houppette de cheveux frisés sur l'oreiller.

Le visage de son petit garçon était totalement couvert de tubes et de fils qui entraient ou sortaient de son petit corps pour le maintenir en vie. Son torse blafard formait un contraste saisissant avec les marbrures rouges et noires de son bras droit, étendu contre son flanc. Il paraissait si vulnérable, on lui aurait donné moins que ses cinq petites années.

Elle sentit ses genoux flageoler et les larmes qu'elle retenait désespérément rompirent les digues.

Avant qu'elle ne s'effondre, des mains solides surgies de nulle part la saisirent et l'installèrent sur une chaise.

— Je sais que c'est dur à admettre, mais, honnêtement, il est entre les meilleures mains possible. Simon a quelques brûlures sévères au niveau du visage et des bras, et nous l'avons intubé pour l'aider à respirer après son intoxication à la fumée. Dès que les boursouflures auront disparu et que nous nous serons assurés qu'il n'a rien aux yeux, nous le transférerons dans le service des grands brûlés.

À travers ses larmes, elle regarda l'homme qui s'était agenouillé devant elle.

— Il va s'en tirer ?

C'était tout ce qu'elle voulait savoir, pour l'instant.

— Les prochaines quarante-huit heures vont être déterminantes pour évaluer l'étendue de ses brûlures. Il aura besoin d'une opération pour prévenir toute infection, et sans doute d'une greffe de peau. Ce sera long, je ne le nie pas, mais c'est pour cela que je suis ici. Je suis aussi spécialiste de chirurgie réparatrice, et je ferai tout mon possible pour limiter les cicatrices permanentes. Ce sera dur, mais je serai à vos côtés.

Il pressa doucement sa main pour l'assurer de son soutien. Le choc électrique que cela provoqua en elle la ramena à la réalité.

Elle était mère à présent et, à l'exemple de sa propre mère adoptive qui aurait remué ciel et terre pour elle, Quinn allait assurer.

— Peu importe le temps que ça prendra. Simon mérite le meilleur.

Quelque chose lui soufflait que ce meilleur était là, sous ses yeux, en la personne du Dr Matthew McGrory.

1

Deux mois plus tard :

Quinn aurait bien aimé connaître un guide à l'usage des mères d'accueil anxieuses avant une opération. Comment se comporter alors que Simon repoussait toutes ses tentatives de réconfort avant l'opération ?

Elle voulut lui montrer le livret que l'hôpital mettait à la disposition des enfants pour leur expliquer le processus chirurgical, mais il détourna la tête.

Elle referma le livret.

— Tu connais tout ça par cœur, maintenant, dit-elle.

Cela ne rendait pas la chose plus aisée. Après les nombreuses heures qu'il avait passées sur la table d'opération, ils savaient tous les deux à quoi s'attendre : douleur, larmes et, pour elle, un immense sentiment de culpabilité.

Certes, elle n'avait pas déclenché l'incendie ni causé ses blessures, mais elle n'avait pas non plus su lui éviter ces souffrances. Elle aurait aimé échanger sa place avec la sienne, affronter ses tourments sans fin plutôt que de le regarder traverser cela.

— Tu as besoin de quelque chose ? demanda-t-elle.

Il secoua la tête, et elle dut se retenir de le serrer dans ses bras pour lui donner un gros câlin, comme sa mère le faisait chaque fois qu'elle était malheureuse. Simon n'aimait pas les câlins. En fait, il repoussait toute tentative de réconfort. Ç'aurait dû être la tâche de sa mère biologique, mais celle-ci n'avait jamais manifesté d'intérêt que pour sa prochaine dose. Trop jeunes, trop drogués, les parents de Simon l'avaient tellement négligé que le tribunal les avait déchus de leurs droits parentaux.

Quinn et Simon avaient eux à peine eu le temps de faire connaissance avant l'incendie. Ses dérobades étaient-elles un symptôme de ce traumatisme ou la réaction habituelle d'un enfant en attente d'adoption rechignant à s'attacher à la énième personne qui s'occupait de lui ? Elle n'était pas sa mère, et pas plus un membre du corps médical sûr de ce qu'il faisait. Le petit garçon s'était sans doute rendu compte de ses hésitations et refusait tout simplement ses piètres avances. Ou bien il ne l'aimait pas. Quelle que soit la cause de cette distance, elle devait y remédier, et vite.

Comme par magie, leur chirurgien favori fit irruption dans la chambre.

— Encore toi ? Je suis sûr que vous en avez assez de me voir, tous les deux.

Ah, le velouté de cet accent irlandais ! Elle en avait la chair de poule. Pourtant, à trente-deux ans, elle aurait vraiment dû avoir plus de contrôle sur elle-même.

— Salut, Matt, répondit un Simon tout aussi réjoui.

Simon et Quinn attendaient et redoutaient ces rendez-vous avec la même intensité, tous les deux. Même si les greffes de peau étaient fondamentales, elles étaient traumatisantes et ravivaient les cauchemars nocturnes de Simon, qui revoyait l'incendie en rêve. Coincé dans la classe par l'effondrement du bâtiment, il avait été l'un des élèves les plus gravement brûlés. Il avait pu être sauvé, mais personne ne pouvait lui éviter ses souvenirs ni les douleurs résiduelles.

Matt, qui avait insisté pour être appelé ainsi, était leur point de repère dans ce cauchemar. C'était la seule personne en qui Simon semblait avoir confiance, sans doute parce qu'il paraissait sûr de lui alors qu'elle-même était perturbée par un simple changement de pansement.

Le visage du pauvre petit était encore suturé de partout, malgré une opération soi-disant révolutionnaire, et son bras n'était qu'un patchwork de morceaux de peau. Le fragile lien qui le liait à Quinn s'était désintégré avec l'incendie, à la différence de celui qui s'était forgé avec son beau chirurgien.

Matt s'approcha du lit et tira une sorte d'étui en plastique de sa poche.

— J'ai un nouveau tour pour toi, Simon : la pièce qui disparaît ! fit-il en faisant surgir dix cents de nulle part.

— Super !

En effet. La magie était tellement éloignée de ses blessures aux deuxième et troisième degrés. Les moments de détente avec Matt, avant les opérations, lui offraient une échappatoire alors que Quinn lui rappelait sans cesse de ne pas se gratter ou l'enduisait de crème alors qu'il voulait être laissé en paix.

Sans qu'elle sache trop comment, Simon dissociait l'ami qui lui faisait des tours de magie du chirurgien pratiquant les opérations douloureuses. Elle, en revanche, il l'associait à la douleur. Quelle frustration, qu'il soit si loquace avec Matt alors qu'elle passait ses journées à l'amadouer pour lui extorquer quelques mots.

— Mets la pièce là-dedans, dit Matt en la tendant à Simon.

La concentration se peignit sur le visage du petit garçon tandis qu'il exécutait les instructions. Quinn, mettant sa jalousie mesquine de côté, jugea la distraction bienvenue. Après tout, c'était ce qu'elle voulait pour Simon : qu'il soit un bambin de cinq ans, curieux du monde qui l'entourait, plutôt que l'enfant terrifié par l'inconnu qu'il était à la maison.

— OK, alors on repousse tout ça là-dedans, dit Matt en faisant coulisser la languette dans l'étui. Et surtout, il nous faut une formule magique.

— Slip qui pue ! dit Simon, conscient que les circonstances l'y autorisaient.

— J'avais pensé à quelque chose de plus traditionnel, dans le genre « abracadabra », mais ça doit fonctionner quand même, dit Matt en échangeant un sourire avec elle.

C'était l'un de ces rares moments où elle oubliait qu'ils étaient un médecin et une mère, pour réagir comme n'importe quelle femme face à un bel homme souriant.

Alors que leurs regards se croisaient, l'excitation monta en elle, la prenant au dépourvu. Depuis que Darryl l'avait quittée, elle n'avait plus songé au sexe opposé. Elle ne voulait plus rien donner — ni son temps ni son cœur — à quelqu'un qui n'apprécierait pas le cadeau à sa juste valeur. Elle mettait à présent toute son énergie dans l'accueil de Simon, pour compenser l'absence de ses parents. Les idées romantiques relevaient de la complaisance, et sans doute de l'autodestruction.

Sans doute cette soudaine attirance résultait-elle de son manque d'interaction avec des adultes. Depuis qu'elle avait quitté son poste d'enseignante pour devenir mère d'accueil à domicile et élever Simon, sa voisine, la vieille Mme Johns, et le personnel médical étaient les seuls adultes qu'elle fréquentait. Il y avait peu d'hommes parmi eux, et plus rares encore étaient ceux dont les pommettes avaient été modelées par les dieux. Rien d'étonnant à ce qu'elle surréagisse à un peu d'attention masculine. Pourtant, malgré l'attirance qu'elle ressentait depuis le premier jour, il était hors de question pour elle d'y céder ; sa dernière histoire sentimentale avait détruit son univers, tout n'avait été que mensonges. Comment faire confiance à qui que ce fût désormais ? Matt n'en jouait pas moins un rôle fondamental dans sa vie en ce moment, et assumait malgré lui la plus grande part de ses peurs pour Simon et le mécontentement qu'elle aurait dû diriger contre elle-même.

Matt agita la main au-dessus de l'étui en plastique.

— Slip qui pue ! cria-t-il, imité par son petit assistant.

Le chirurgien magicien la regarda en fronçant les sourcils, ce qui eut sur elle le même effet que son sourire.

— Ça ne marche que si on dit la formule magique tous ensemble. Allons-y encore une fois.

Elle leva les yeux au ciel, mais elle aurait fait n'importe quoi pour changer les idées de Simon.

— Slip qui pue ! s'exclamèrent-ils en chœur, alors que Matt tirait une languette désormais vide.

— Waouh ! Comment tu as fait ça ? demanda Simon en examinant l'étui magique.

— C'est de la magie, répliqua Matt avec un clin d'œil qui accéléra de nouveau les battements du cœur de Quinn.

N'aurait-il pas dû être en train de se laver soigneusement les mains plutôt que de faire son malin et de troubler la mère de son patient ?

— J'aimerais bien que mes cicatrices disparaissent comme ça, murmura Simon, dont le nouvel accès de mélancolie serra le cœur de Quinn.

— J'y travaille, mon grand. C'est à ça que servent toutes ces opérations, même si elles cassent sérieusement les pieds. J'aurai peut-être besoin de plusieurs coups de baguette magique, mais je vais les faire disparaître.

Elle réprima un mouvement d'humeur. Cela partait d'une bonne intention, mais Matt n'aurait pas dû donner de faux espoirs à Simon, dont le corps était un chaos de chairs mortes et neuves. Sa peau ne serait plus jamais lisse, en dépit des compétences de son chirurgien. Quand les promesses ne seraient pas tenues, ce serait Quinn qui devrait ramasser les morceaux.

— Tu as déjà dit ça la dernière fois.

Même Simon n'était pas convaincu.

— J'ai également dit que ça prendrait du temps. Tout vient à point à qui sait attendre, tu ne crois pas ?

Il répétait ce mantra depuis le premier jour, mais n'avait manifestement pas idée du caractère très limité de la patience d'un enfant de cinq ans.

— Si, répondit Simon sans la moindre conviction.

— Tu sais quoi ? Quand tu seras bien réveillé, après le bloc, je reviendrai t'apprendre quelques tours. Ça marche ?

S'agissait-il pour Matt d'une bravade ou d'éviter de reconnaître sa défaite ? Quoi qu'il en fût, qu'il joue ainsi la complicité avec Simon pour le laisser ensuite tomber n'était pas sain. Ce petit avait assez souffert, entre des parents qui lui avaient préféré la drogue, une première famille d'accueil qui avait abandonné le processus d'adoption quand madame était tombée enceinte, et Quinn qui l'avait inscrit dans une école qui avait brûlé. Désormais, elle serait doublement protectrice.

— Nous ne pouvons pas vous demander ça. Vous avez d'autres patients à voir et nous avons déjà pris beaucoup de votre temps.

Ces petites visites n'étaient pas obligatoires, l'hôpital comptait nombre d'infirmières hautement qualifiées capables de prendre en charge les phases de transition pour les enfants. Ces conversations informelles donnaient à Quinn l'impression d'être privilégiée, mais Matt ne trouverait pas ainsi le chemin de son cœur, comme Darryl l'avait fait pour retourner ensuite l'adoption contre elle. Elle s'en sortirait seule.

— Ce n'est rien. J'ai toujours voulu transmettre mes secrets à un petit élève, répondit-il en tendant la main à Simon, qui la serra de son bras valide.

— Ce que je voulais dire, c'est que vous devriez peut-être vous concentrer sur la chirurgie, plutôt que de faire le spectacle.

Beau ou pas, elle ne le laisserait pas faire souffrir Simon.

Les yeux verts, d'ordinaire si brillants, lui jetèrent un regard blessé et elle regretta aussitôt son attitude. Il s'était montré tellement gentil avec Simon depuis l'accident.

— Ce n'est pas un problème, je peux faire les deux. À bientôt, mon grand, dit-il en ébouriffant les cheveux de Simon. Puis-je vous dire deux mots, madame Grady ?

Il lui avait soufflé ces paroles à l'oreille en passant devant elle, et elle sentit son corps frémir : un mélange d'agacement et d'incontrôlable attirance physique.

— Bien sûr, répondit-elle, parfaitement consciente que ce n'était pas négociable.

Elle avait l'impression d'être convoquée par le proviseur. Un proviseur très sexy, mais très mécontent, parce qu'elle venait de mettre son professionnalisme en cause.

Promettant à Simon de ne pas être longue, elle prit une profonde inspiration et rejoignit Matt dans le couloir.

— Vous traversez une période difficile, dit-il, mais j'apprécierais que vous ne mettiez pas mon dévouement en doute, surtout devant mon patient.

C'était la première fois qu'elle le voyait agacé, lui d'ordinaire si calme face à ses crises d'angoisse sporadiques et aux revers qu'il rencontrait dans le traitement de Simon. Le changement était troublant, et la passion qu'il révélait pour son travail la fit frissonner, d'autant que c'était elle qui avait provoqué cette réaction. De quelle autre façon ce caractère passionné se manifestait-il ?

Matt s'éclaircit la gorge, lui rappelant qu'elle était censée réagir. Ils avaient des rôles à tenir. Elle était la mère surprotectrice s'assurant que tout avait été fait dans l'intérêt de son fils, tandis que lui assurerait savoir ce qu'il faisait. Fantasmer sur les autres aptitudes de Matt ne rentrait certainement pas dans ce scénario convenu.

— Eh bien... J'aimerais que vous ne fassiez pas croire à Simon que tout reviendra à la normale. Trop de gens nous ont déjà laissés tomber, lui et moi.

— Je n'ai pas l'habitude de mentir à mes patients.

— Non ? Et ce spray à base de cellules de peau censé accélérer sa cicatrisation ? Cela fait deux mois, et ses brûlures sont encore très visibles. J'aurais dû savoir que c'était trop beau pour être vrai.

Elle avait élevé la voix. Une fois de plus, ce qu'elle espérait ne s'était pas produit. Et il ne s'agissait plus seulement de ses espoirs à elle.

Loin de lever les bras au ciel et de s'en aller, comme elle l'aurait imaginé, il soupira. Au fond d'elle-même, elle savait qu'il faisait de son mieux.

— Je vais me répéter : ça prendra du temps. Sans doute ne constatez-vous pas les progrès parce que vous le voyez tous les jours, mais les cicatrices sont bel et bien en train de disparaître. Autant que nous pouvions l'espérer à ce stade. Comme je vous l'ai dit, il s'agit d'un nouveau traitement, qui n'est pas disponible partout au Royaume-Uni. De plus, Simon est jeune, sa peau guérit plus vite que la vôtre ou la mienne. Et puis, sachez que je suis doué dans mon domaine.

Il n'y avait aucune arrogance dans ses mots, c'était un simple constat. Cela n'allait pas calmer les fantasmes de Quinn !

— C'est ce que vous me répétez sans cesse, en effet.

Toutefois, en dépit des efforts de Matt, Simon ne ressemblait plus, ni physiquement ni mentalement, à l'enfant dont elle avait reçu la charge.

— Je pense ce que je dis. Je n'ai pas l'habitude de mentir à des enfants malades, ni à leur ravissante mère.

Il se planta devant elle. Son sourire et les mains apaisantes qu'il posa sur ses épaules la firent frissonner. Elle avait tant à digérer avec ce compliment qu'elle renonça à le corriger : elle n'était que la mère d'accueil de Simon.

Malheureusement, elle ne pouvait pas prendre la parole des gens pour argent comptant. Il n'y avait pas si longtemps, Darryl avait juré être dans cette histoire avec elle.

— J'espère que c'est le cas, marmonna-t-elle, douchant les premières ardeurs qu'elle ressentait depuis que son ex l'avait abandonnée, avec l'avenir qu'ils projetaient ensemble.

Le sort de Simon reposait entièrement entre les mains de Matt. L'habileté dont il ferait preuve déterminerait l'apparence de son fils et sans doute l'estime qu'il aurait de lui-même. Elle n'allait pas se fier aux promesses d'un étranger. Surtout quand l'homme dont elle avait été la plus proche avait gâché sa vie en ne tenant pas ses engagements.

Quinn Grady était une plaie de première catégorie. Ce qui se comprenait tout à fait. Au fil des années, Matt avait vu bon nombre de parents anxieux. Son travail l'amenait à rencontrer les gens au moment où ils étaient les plus fragiles, les plus vulnérables ; leurs émotions prenaient évidemment le dessus. Mais cela faisait deux mois que Quinn remettait chacune de ses décisions en cause, comme si elle doutait de sa capacité à aider Simon. C'était épuisant. En général, une fois qu'il avait défini un programme de traitement, il le suivait, mais dans ce cas précis il avait dû s'en écarter.

Le spray à base de cellules de peau était un procédé assez nouveau. On prélevait au patient un petit échantillon de peau saine que l'on plaçait dans une solution spéciale où les cellules se reproduisaient, puis on les vaporisait sur la zone endommagée pour qu'elles y croissent et se multiplient. Il n'y avait aucun risque de rejet, puisqu'il s'agissait des cellules du patient. Les blessures cicatrisaient bien plus rapidement ainsi qu'avec les techniques traditionnelles, comme celle qu'il était en train de pratiquer. Hélas, les brûlures sur le bras de Simon étaient trop importantes pour que le spray soit efficace.

Il s'était attendu à ce que Quinn soit méfiante, mais son opposition constante le mettait à rude épreuve. Naturellement, elle voulait des résultats immédiats, que les brûlures disparaissent en une nuit, mais ça ne marchait pas comme ça. Elle lui demandait presque tous les jours pourquoi et il n'avait pas toujours la réponse. Les résultats étaient bons, même si, pour le moment, en dépit de la bonne cicatrisation des brûlures au visage, Simon restait défiguré. Tant que le petit n'aurait pas retrouvé son visage d'avant, Matt essuierait des critiques. Eh bien, soit.

Sans doute s'impliquait-il trop dans le cas de Simon, en tout cas plus qu'avec d'autres victimes de l'incendie de l'école primaire de Westbourne Grove hospitalisées à Paddington. Peut-être parce que les blessures du petit étaient particulièrement graves, ou pour des raisons plus personnelles. Cette mère d'accueil célibataire lui rappelait de nombreux souvenirs.

Elle avait dû consentir à cette responsabilité de son plein gré, tandis que, dans le cas de Matt, ça lui était tombé dessus quand son père était mort, lui laissant la charge de ses jeunes sœurs.

Il lisait de la peur dans les yeux bleus de Quinn, même quand elle le harcelait. Lui avait passé près de dix ans à se tracasser pour ses sœurs, et avait la même expression anxieuse quand il se croisait dans un miroir.

Quand Bridget, la plus jeune de la couvée, était entrée à l'université, il avait enfin pu se détendre un peu. Bien sûr, il avait encore des crises à gérer de temps à autre, mais au moins pouvait-il à présent s'en occuper par téléphone.

Autrement dit, il avait récupéré sa vie, et pu quitter Dublin. À la fin de son contrat temporaire londonien, il serait libre d'aller ailleurs, dans un endroit plaisant, loin de l'Irlande.

Avec Simon, Quinn n'aurait pas ce luxe avant longtemps. En tant que mère d'accueil, elle avait sans doute encore plus de pression, et en évacuait naturellement une partie sur son chirurgien. Si les services d'adoption ressemblaient un tant soit peu aux services sociaux, elle aurait de nombreux obstacles à surmonter pour prouver son aptitude à être mère.

La vie de parent de substitution était assez dure sans le traumatisme d'un incendie. Matt n'avait pas remarqué d'alliance à l'annulaire de Quinn, et, pour autant qu'il sache, personne d'autre n'était venu voir Simon. Servir d'exutoire aux frustrations qu'elle rencontrait était le moins qu'il puisse faire. Sauf si ses commentaires démoralisaient Simon.

Autant que d'un père, un enfant avait besoin d'une mère solide. Celle de Matt avait disparu peu après la naissance de Bridget, quand elle avait soudain décidé que la vie de famille n'était pas pour elle. Après la mort de leur père, quelques années plus tard, il n'y avait plus eu personne. Matt avait dû gérer le budget, les réunions à l'école et d'innombrables voyages aux urgences. Il avait si souvent eu l'impression que le monde entier s'était ligué contre lui pour l'empêcher d'avoir une vie.

Il connaissait les difficultés, la solitude et la peur d'échouer dans ce genre de situation ; il aurait fait n'importe quoi pour aider quelqu'un qui y était confronté. C'était de son point de vue ce qui expliquait l'attitude de Quinn. Ce qui n'ôtait rien au fait qu'il se réjouissait de la voir et que leurs « discussions » produisaient des étincelles. Mais il n'avait certainement pas l'intention de céder à son attirance pour une mère célibataire, et encore moins si c'était celle de l'un de ses patients.

Il venait tout juste de recouvrer sa liberté et n'était ni prêt ni désireux de se retrouver en charge d'une famille. Étant donné la situation, il ferait partie de la vie de Simon pendant longtemps. Peut-être même plus longtemps que Quinn. Il y aurait encore de nombreuses opérations, à mesure que le petit garçon grandirait et que sa peau s'étirerait. Les traitements sur les tissus cicatriciels prenaient souvent des mois chez les jeunes patients n'ayant pas achevé leur croissance.

— Il est endormi, dit l'anesthésiste, donnant ainsi le signal que l'opération pouvait commencer.

Le timing était essentiel. En général, on n'endormait pas les enfants plus de quelques heures, pour ne pas accabler leur petit corps. Cela expliquait pourquoi les greffes de peau n'étaient toujours pas terminées au bout de deux mois. Avant chaque nouvelle greffe, il fallait que la plaie soit propre et qu'une nouvelle peau ait poussé à partir d'une autre zone.

Et Quinn qui se demandait pourquoi cela prenait si longtemps !

— Solution saline, s'il vous plaît.

En dépit du soutien de l'équipe, Matt n'avait jamais senti une telle responsabilité peser sur ses épaules en salle d'opération.

Simon était à sa merci, perdu au milieu d'un impressionnant équipement médical. Le moindre dérapage et il faudrait affronter la colère de la déesse Quinn.

Matt sourit sous son masque en l'imaginant une nouvelle fois tremblante de rage régler ses comptes avec lui. Elle savait se faire menaçante au besoin, et ne craignait pas de hausser la voix quand elle pensait que quelque chose n'allait pas. Il ne s'en offusquait pas : il était sûr des décisions qu'il prenait pour ses patients et l'attitude de Quinn découlait de l'amour qu'elle portait au petit. Il ne se laisserait pas pour autant réprimander pour rien, et défendrait son autorité si elle était contestée.

L'équipe mit les plaies de Simon à nu pour nettoyer et ôter les tissus morts, et libérer la place pour le greffon. Matt était aussi concentré que possible. Comme toujours, il bénit sa vision parfaite et ses mains fermes quand il trancha de fines lamelles de peau pour la greffe. De la précision avec laquelle il préparait cette peau avant de la placer sur la plaie dépendrait le reste de la vie de Simon.

Pas de pression.

Juste deux âmes vulnérables et sensibles comptant sur lui pour effectuer un vrai tour de magie.

2

Si l'attente avait été une épreuve olympique, Quinn n'aurait jamais dépassé les qualifications.

Elle était venue avec de quoi s'occuper, mais n'avait réussi ni à lire son livre ni à préparer un cours pour les étudiants dont elle assurait le tutorat. Elle avait même prêté main-forte aux piquets de grève qui protestaient contre la fermeture de l'hôpital, dans l'espoir de détourner ses pensées de Simon. Comment imaginer que la fusion de cet hôpital avec un autre soit une bonne chose alors que tant de personnes en franchissaient les portes chaque jour ? Elle était prête à agiter une banderole si cela garantissait que le traitement de Simon ne soit pas interrompu.

L'endroit était surnommé le « Château », en raison de sa belle architecture, et Quinn avait en effet trouvé le bâtiment très imposant à sa première visite, peut-être à cause de ce qu'elle allait devoir affronter à l'intérieur. En ce moment, c'était presque leur seconde maison, si familière désormais qu'elle voulait surtout que rien ne change.

— Comment va Simon ?

— Et vous êtes là ? Avec nous ?

— Savez-vous comme se porte Ryan Walker ?

— Il est toujours hospitalisé. Je ne pense pas que son état se soit amélioré. Même s'il rentre chez lui, sa famille devra vraiment être aidée.

— Et ils ont un bébé par-dessus le marché ! C'est vraiment lourd pour eux ! Et pour vous aussi, Quinn, avec Simon.

Les parents de l'école de Westbourne Grove ne pensaient pas à mal, mais leurs propos n'arrangeaient pas les angoisses de Quinn. Ryan, qui souffrait d'une grave blessure à la tête, était dans un état critique depuis l'incendie ; Simon et lui étaient les derniers enfants encore hospitalisés. Quinn ne savait que penser des regards qui s'échangeaient en sa présence. Avait-elle raison de prendre part à la manifestation ? Peut-être une vraie mère aurait-elle agi différemment alors que son fils était sur le billard ? Les gens la pensaient dénuée de compassion ?

Pourtant ce petit garçon signifiait tout pour elle. Il ne partagerait peut-être sa vie que peu de temps, mais elle se comportait avec lui comme s'il était son fils. Tout ce qu'elle voulait, c'était qu'il se sente aimé et en sécurité, pourtant elle avait échoué sur les deux tableaux. Elle espérait de tout son cœur qu'ils auraient plus de temps pour nouer des liens une fois les opérations moins fréquentes.

Elle jeta son sandwich ramolli sans y avoir touché. Même la barre chocolatée de son panier déjeuner ne la tentait pas. Elle n'avait faim que de nouvelles de Simon. La procédure pouvait bien être standard, il y avait toujours des risques lors d'une intervention sous anesthésie générale — difficultés respiratoires, réactions allergiques, hémorragie... Bien sûr, cela ne s'était encore jamais produit, mais ce n'était pas exclu pour autant.

Comment des parents pouvaient-ils seulement autoriser leurs enfants à jouer seuls dehors ? Elle avait dû se faire violence rien que pour laisser Simon suivre le traitement préconisé par les spécialistes. Elle devait garder Simon en bonne santé jusqu'à ce qu'une autre famille l'adopte.

Le nœud qui lui serrait en permanence l'estomac refusa de se détendre, même quand Simon fut enfin ramené dans sa chambre.

— Comment ça s'est passé ? demanda-t-elle à la première personne qui se dirigea vers elle.

Matt, évidemment.

Elle lui était profondément reconnaissante, bien sûr : il était le plus au fait de la situation. Mais... il était présent partout, lui rappelant qu'il faisait autrement plus qu'elle pour la santé de Simon.

Matt ne voyait aucune raison de prolonger le tourment de Quinn.

— Tout s'est bien passé. Pas de complications. Nous attendons simplement que le jeune homme reprenne ses esprits.

La journée avait été longue, mais Quinn avait le droit d'être tenue au courant. Il voulait effacer les rides d'inquiétude de son front. Et puis, il préférait qu'elle décharge sa frustration sur lui plutôt que sur les autres membres de l'équipe ; il la comprenait et pourrait mieux lui répondre.

— Dieu merci ! s'exclama-t-elle.

Quelle récompense que le soulagement qui se peignit sur son visage. Une très belle jeune femme apparut sous le masque de la mère combative.

Elle suivit le lit roulant jusqu'au box individuel, sans lâcher la main de Simon qui était encore groggy à cause de l'anesthésie.

— Quand il sera prêt à rentrer à la maison, nous lui prescrirons des antalgiques. S'il y a le moindre problème de démangeaisons ou d'infection, prévenez-nous.

— Je crois que j'ai préenregistré votre numéro, plaisanta-t-elle pour la première fois de la journée.

Ils avaient déjà eu cette conversation à plusieurs reprises, mais Matt devait s'assurer que le traitement serait bien suivi à la maison. La coopération de Quinn était déterminante dans la guérison.

— Comme d'habitude, nous vous demandons de surveiller ses bandages jusqu'à ce qu'ils soient changés par nos soins. Avez-vous pris rendez-vous avec le psychologue ? Simon doit être aidé dans tout ce qu'il traverse.

La chirurgie était assez traumatisante, pour ne rien dire de l'incendie. Matt voulait s'assurer qu'ils faisaient tout ce qui était en leur pouvoir pour aider Simon.

— Psychologue, kiné, diététicien... Nous avons droit à la

panoplie complète ! répondit-elle avec une intonation qui laissait présager un éclat.

— Je sais que c'est lourd, dit-il, mais ça ne va pas durer éternellement. Cela permettra à Simon de se rétablir aussi vite et aussi bien que possible, pour que vous puissiez retrouver une vie normale en dehors des murs de cet hôpital.

À quoi ressemblait cette vie ? Quinn semblait passer tout son temps ici, comme si elle craignait de rentrer chez elle.

Pour sa part, ces jours-ci il n'aimait rien tant que de profiter du calme et de la tranquillité de son appartement, et de la liberté de faire ce qu'il voulait sans tenir compte des impératifs d'autrui.

— Ne faites pas ça.

Comment avait-il pu la contrarier pendant un si bref échange ? Son cœur se serra.

— Pas quoi ?

Que signifiait ce brusque changement d'attitude ? Elle avait lâché la main de Simon et s'était enveloppée de ses bras, en quête de réconfort.

— Ne faites plus de promesses que vous ne pourrez pas tenir.

Il fronça les sourcils. Il était supposé être le porteur de bonnes nouvelles, pas l'ennemi public numéro un.

— Madame Grady, Quinn, je vous ai déjà expliqué plusieurs fois que nous contrôlons tout ce que nous faisons.

— J'ai déjà entendu tout ça, mais ça ne semble jamais s'arrêter : infections, fièvres, terreurs nocturnes, cicatrices hémo...

— Hémotrophiques.

— Peu importe. La vie ne reviendra jamais à la normale si chaque opération déclenche de nouveaux problèmes.

Les aigus de sa voix tirèrent un murmure de Simon, qui se rendormit aussitôt.

Ce n'était ni le lieu ni l'heure pour qu'elle recommence à énumérer ses griefs. Simon n'avait pas besoin d'entendre ses jérémiades.

D'une main ferme, Matt guida Quinn hors de la pièce. Il ne pouvait pas la laisser continuellement déprécier son travail devant son patient. Si Simon ne le croyait pas capable de le soigner, il risquait de perdre espoir, lui aussi.

Elle eut un mouvement de résistance, mais Matt jeta vers le lit un regard insistant qui la décida à bouger.

— Je ne suis pas une enfant, protesta-t-elle en écartant sa main.

— Dans ce cas, ne vous comportez pas comme une gamine. Ce sont des sujets qu'on n'aborde pas devant des oreilles impressionnables.

Il perdait patience. Ne voyait-elle pas qu'il faisait tout pour les aider ? Peut-être passait-il trop de temps avec eux ? Après avoir délivré ses informations à propos de l'opération, il aurait dû reprendre son rôle officiel de chirurgien et rien de plus.

Une fois dans le couloir, elle lâcha un soupir, prête pour un nouveau round. Il attendit que la porte soit refermée et vérifia que personne n'entendrait ce qu'il avait à lui dire.

— La greffe a été un succès. Vous devriez vous concentrer là-dessus.

— Facile à dire ! Ce n'est pas vous qui lui courez après quand il faut lui donner son bain, ou qui le recouchez quand il se réveille en hurlant d'un cauchemar.

Les yeux de Quinn brillaient de larmes, les émotions de la journée affluaient enfin.

Il chercha du regard une employée de l'hôpital qui pourrait la réconforter. Il pouvait difficilement la prendre dans ses bras. Même s'il compatissait, elle n'était pas de sa famille ni sous sa responsabilité.

— Ça vous aiderait peut-être de parler avec d'autres parents qui traversent les mêmes épreuves ?

Bien sûr qu'elle traversait un moment très dur, mais il n'était vraiment pas le mieux placé pour la guider.

C'était pour cela qu'il devait traiter tous ses patients de la même façon, et ne pas laisser ses sentiments ou une attirance physique embrumer son jugement.

— Sans doute, mais je ne fais pas partie de la *clique*. Je suis nouvelle parmi eux, comme Simon d'ailleurs. La plupart des parents d'élèves de l'école se connaissent depuis des années.

Non, nous nous sommes débrouillés seuls, sans partager nos malheurs avec autrui. Nous allons continuer un peu ainsi.

Elle prétendait pouvoir assumer seule, alors que ses grands yeux bleus affirmaient le contraire et empêchaient Matt de passer son chemin. C'était pourtant la meilleure chose à faire s'il voulait s'en tirer indemne.

— L'équipe sera toujours à votre écoute, mais je ne pense pas que nos altercations fassent baisser votre stress. Aussi, hors complications graves, je vais laisser les infirmières s'occuper de vous jusqu'à notre prochain rendez-vous chirurgical. Cela étant, je tiendrai la promesse que j'ai faite à Simon, je viendrai le voir à son réveil pour lui montrer mon tour de magie.

Il réussit à s'éloigner d'un pas, mais elle le rattrapa.

— Ben voyons ! C'est trop facile pour vous de gagner sa confiance. Un tour de magie stupide et il s'imagine que vous avez inventé l'eau tiède. Mais moi, là-dedans ? Il me hait. J'ai quitté mon travail, perdu mon compagnon et abandonné tout espoir de vie sociale pour me consacrer à lui, et qu'est-ce qui s'est passé ? J'ai échoué aussi dans ce domaine.

Ce qu'il redoutait avait fini par se produire. Elle sanglotait dans ses bras. Il ne pouvait plus la laisser, maintenant. Elle avait besoin d'une épaule sur laquelle pleurer, et, coup de malchance, il était la dernière personne qu'il lui fallait pour cela.

— Il ne vous hait pas. Vous êtes dans une… phase de transition. Il va mettre du temps à se remettre, après ce qu'il a traversé.

Des gens approchaient dans le couloir, aussi se déplaça-il pour cacher Quinn à leurs regards. Elle était si menue, si fragile entre ses bras qu'il la protégeait d'instinct.

Comme s'il n'avait pas assez de responsabilités comme cela !

Elle tremblait tant contre son torse qu'il eut peur qu'elle craque.

— J'aurais… bien… aimé… vous… ressembler, dit-elle en hoquetant.

— Je ne vais pas pouvoir vous aider. Je n'ai jamais réalisé d'opération de changement de sexe, et ce serait bizarre de commencer par des clones à mon image.

De plus, toucher au magnifique corps dont elle était dotée

aurait été honteux, mais la précision était déplacée, même sous forme de plaisanterie. Il n'était pas censé songer aux courbes harmonieuses pressées contre lui.

Ses sanglots s'arrêtèrent et elle releva la tête, soit qu'elle ait retrouvé son sens de l'humour, soit qu'il l'ait définitivement poussée à bout. Il retint son souffle et soupira de soulagement devant son timide sourire.

— Ce que je veux dire, c'est que vous êtes naturellement à l'aise, avec Simon, avec tous les gamins, et j'en viens à penser que je ne suis pas taillée pour la parentalité.

Sa lèvre inférieure s'était remise à trembler, il fallait à tout prix y faire revenir le sourire.

Il lui releva le menton pour l'obliger à le regarder. Elle devait croire ce qu'il lui disait. Croire en elle-même.

— Être parent n'est pas facile, les relations parents/enfants doivent simplement être un peu encouragées. J'ai quelques trucs que je peux partager avec vous si vous promettez de ne pas souffler mot de mes secrets. Je détesterais entacher ma réputation.

— Dieu m'en préserve ! Cela briserait le cœur de tous ceux ici qui vénèrent le sol que vous foulez.

Elle cligna les yeux pour chasser ses larmes et, un instant, il faillit oublier où il se trouvait et commettre une erreur stupide.

S'ils n'avaient pas été dans un couloir de l'hôpital, il aurait pu imaginer qu'ils étaient sur le point de s'embrasser. Elle prétendait ne pas faire partie de ses fans, son langage corporel affirmait tout le contraire.

L'estomac de Matt gronda, lui signifiant qu'il n'avait rien mangé depuis le milieu de la matinée. Cela rompit l'emprise de ces pupilles dilatées, de ces lèvres roses et charnues qui suppliaient son réconfort. Il ne pouvait pas revenir sur sa promesse, mais il lui fallait quelques minutes pour se ressaisir et se rappeler qui il était. En tout cas, pas un homme qui allait annuler un rendez-vous galant pour passer du temps à conseiller une mère de famille. Et sans être rémunéré, en plus.

— Écoutez, il y a un pub, de l'autre côté de la rue, le Frog and Peach. Je vous y retrouve dans dix minutes pour discuter, d'accord ? Nous pourrons manger un bout et revenir dès que Simon se réveillera.

Il y avait toujours des employés de l'hôpital dans ce bar, quelqu'un d'autre viendrait bien en aide à Quinn avant qu'il n'entreprenne quelque chose qu'il allait regretter. L'appel téléphonique qu'il s'apprêtait à passer mettrait un terme à sa dernière aventure en date avant même qu'elle ne commence.

Quinn jeta un regard éploré vers la porte de la chambre dans son dos. Une mère qui pensait d'abord à son fils, sans même s'en rendre compte.

— Je demanderai qu'on nous prévienne à la seconde où il ouvrira les yeux.

Il voulait s'acquitter le plus vite possible de ses obligations et rentrer chez lui. Seul.

— Uniquement si vous êtes sûr…

Il y avait autant d'hésitation dans ses yeux que dans sa voix.

Il n'était pas plus certain qu'elle que ce soit une bonne idée, mais une conversation au pub était bien moins dangereuse que cinq minutes supplémentaires avec Quinn dans ses bras.

3

Quinn fit défiler les notifications sur son téléphone. Ces gens ne faisaient pas partie de sa vraie vie, les événements récents le lui avaient prouvé. Ses connaissances virtuelles clamaient leur sympathie à coups d'émoticônes, mais ne proposaient aucune aide concrète. Sa présence en ligne était une perte de temps. Seule Mme Johns, sa voisine, la soutenait réellement. Aussi Quinn ne s'intéressait-elle aux photos de repas des uns et des autres que pour s'occuper les mains et se donner une contenance.

Matt l'avait envoyée dans ce pub en promettant de l'y retrouver aussi vite qu'il pourrait se libérer. Le Frog and Peach, tout sympathique qu'il soit, était bondé, et elle avait bien conscience d'occuper un emplacement très convoité sur la terrasse.

Elle était jalouse des clients insouciants qui retrouvaient leurs amis autour d'un verre. Cela lui rappelait les relations qu'elle avait autrefois avec ses collègues. Elle avait désespérément besoin d'une amie, de quelqu'un avec qui rire et à qui confier ses soucis. Mme Johns était ce qui s'en rapprochait le plus, mais Quinn ne pouvait pas s'ouvrir entièrement à elle. Elle n'avait que sa mère, en fait, mais elle avait trop honte pour lui avouer que, contrairement à elle, elle n'était pas une bonne mère d'accueil. Quand elle lui rendrait visite dans le Yorkshire, le voyage devrait être triomphal, avec un Simon aussi heureux qu'elle-même l'avait été, une fois bien établie chez sa mère.

Quinn vida son verre d'eau. Après la journée qu'elle venait de vivre, après s'être ridiculisée en pleurant sur l'épaule de Matt, elle aurait dû prendre quelque chose de plus fort, mais elle ne toucherait pas à une goutte d'alcool tant que Simon serait sous sa responsabilité. Elle devait le ramener à bon port, ce soir, à l'autre bout de la ville.

— Vous avez terminé ? demanda le serveur qui se matérialisa devant sa table avant même qu'elle n'ait reposé son verre vide.

Elle hocha la tête, mais se sentit obligée d'expliquer pourquoi elle gardait sa place.

— J'attends quelqu'un, balbutia-t-elle.

Une lueur remplaça l'agacement dans les yeux de l'homme, et Quinn rougit en y reconnaissant de la compassion. Il pensait qu'elle s'était fait poser un lapin, pas qu'elle attendait le chirurgien de son enfant, à qui elle avait fait du chantage pour qu'il lui accorde un moment.

— Je suis sûr qu'il sera ici d'une minute à l'autre, fit le serveur en s'éclipsant.

L'illusion d'être une célibataire en goguette ne dura pas longtemps. Comme toujours ces jours-ci, la peur de ce qui allait arriver à Simon n'était pas bien loin.

Néanmoins, quand Matt apparut enfin de l'autre côté de la rue, elle éprouva une joie qu'elle avait cru pour toujours disparue avec le départ de son ex. Il y avait quelque chose d'interdit, de presque coquin dans le fait de voir Matt en tenue de ville. Elle était tellement habituée à ce qu'il soit en blouse que ce jean et ce T-shirt moulant lui parurent presque... intimes.

Il était manifestement inconscient de l'attention avide qu'il suscitait tandis qu'il traversait la rue, sa veste sur le bras, et elle se fit l'effet d'une voyeuse. Le tissu de ses vêtements devenait bien intéressant, tendu sur un corps dont il soulignait les solides abdos et les impressionnants biceps. Matt n'avait pas idée des réactions qu'il produisait.

Les papillons qui somnolaient depuis longtemps dans le ventre de Quinn se réveillèrent, confondant cet homme avec un potentiel rendez-vous amoureux. Mais ils se calmèrent quand elle jeta un coup d'œil à son reflet dans la vitre : elle évoquait davantage une pleureuse qu'un plan drague.

Elle sut qu'il l'avait aperçue au sourire qui se dessina sur ses lèvres, puis il lui fit un signe de la main. En dépit du comportement, assez aberrant, que l'anxiété provoquait en elle, il s'était montré incroyablement compréhensif. Cela dépassait largement un quelconque sens du devoir et n'arrangeait pas le béguin qu'elle avait pour lui.

— Salut, fit-il en se frayant un chemin jusqu'à sa table.

Les derniers rayons du soleil formaient un halo autour de ses courts cheveux blonds ; sans la lueur espiègle dans ses yeux bleu-vert toujours aux aguets, il aurait eu l'air presque angélique. Saint Matthew avait-il un petit côté diabolique quand il n'était pas en service ?

— Salut, Matt.

Elle tira une chaise à son intention, avec un rictus pour le serveur qui marqua un temps d'arrêt près d'eux.

— Voulez-vous aller commander à l'intérieur ? Les fumeurs ont tendance à se réunir dehors...

— Je ne fume pas.

Encore un bon point pour lui — comme s'il en avait besoin !

Elle remisa son téléphone dans son sac et lui emboîta le pas. Il n'était pas difficile à suivre, il dépassait la plupart des gens de la tête et des épaules, mais elle avait du mal à se faufiler tant la foule était dense.

— Excusez-moi... Pardon... Pourrais-je passer ?

Sur le point de rebrousser chemin vers l'air frais, elle sentit une large main se refermer autour de son poignet et l'entraîner à travers la forêt humaine. Matt créait une sorte de champ de force autour de son corps. Elle savoura ce bref moment. Quelqu'un prenait soin d'elle.

Cela faisait longtemps que personne ne l'avait protégée et ce soutien lui avait manqué. Depuis qu'elle avait quitté la maison de sa mère, en fait. Même Darryl, avec qui elle avait cru passer le reste de ses jours, plaçait ses propres besoins avant ceux de Quinn ou de leurs potentiels enfants adoptifs.

— Il y a une table là-bas.

Matt débarrassa la table de ses verres sales. Il n'était pas le genre d'homme à ne penser qu'à lui. Elle se mordit les lèvres. La jalousie l'avait empêchée d'apprécier les soins qu'il prodiguait à Simon, mais elle prenait conscience que Matt, avec sa nature généreuse, saurait rendre heureuse la chanceuse qui partagerait sa vie.

— Je suis désolée d'avoir été si désagréable, dit-elle.

Elle baissa les yeux vers la table, elle évitait son regard. Il aurait été plus exact de dire qu'elle avait été horrible avec lui, ces dernières semaines. Maintenant qu'elle avait recouvré son calme, ce que son comportement avait eu d'aberrant devenait patent. Elle avait hérité de son expérience passée avec les hommes une suspicion qui la faisait remettre en cause le jugement du chirurgien, son professionnalisme et ses méthodes. Alors qu'il essayait seulement de faire son travail. C'était à se demander pourquoi il ne l'avait pas fait évacuer par la sécurité !

— Ne vous inquiétez pas. Vous êtes une maman anxieuse, je comprends.

Prenant sa main, il la serra dans la sienne.

Elle croisa son regard, surprise par la chaleur de son contact et cette manifestation publique de soutien. Il y eut, dans le regard qu'ils échangèrent, une espèce de solidarité et quelque chose… d'interdit qui la troubla profondément. Son pouls avait bondi.

— Êtes-vous prêts à commander ?

La voix du serveur mit un terme à cet instant de grâce, même si l'adrénaline continuait à se propager furieusement dans les veines de Quinn. Elle avait l'impression d'avoir été surprise à faire quelque chose d'interdit. Le serveur l'espionnait-il ou s'intéressait-il surtout à son partenaire ?

Docteur. Ami. Pas partenaire.

— Je… Je prendrai un hamburger et des frites, répondit Matt.

Il avait commandé presque sans regarder le menu. Sans doute mangeait-il régulièrement ici.

— Un wrap poulet-salade, s'il vous plaît.

Son appétit n'était pas vraiment revenu depuis l'incendie, mais ce serait agréable de profiter d'un repas avec quelqu'un.

Matt, plus précisément. Sauf qu'il s'était levé et suivait le serveur vers le bar.

— Je vais commander les boissons. Vous prenez quoi ? Du vin ? De la bière ? Une boisson sans alcool ?

Il s'était éloigné, comme impatient à présent de mettre de la distance entre eux.

L'esprit de l'escalier. Sans doute voulait-il prévenir toute nouvelle scène si près de son lieu de travail.

— Seulement de l'eau, s'il vous plaît.

Elle se rencogna dans son siège avec un soupir. C'en était bel et bien fini des étincelles.

Ces jours-ci, une idylle relevait du pur fantasme. Elle avait assez de soucis comme cela, sans risquer en plus une peine de cœur. Non, mieux valait simplement apprécier ce moment : un repas en compagnie d'un adulte et un court répit dans ses responsabilités. Simon se réveillerait bien assez tôt et elle renouerait avec ses angoisses maternelles.

L'endroit était charmant — victorien, pour autant qu'elle puisse en juger d'après les boiseries sombres —, mais pas ce qu'elle aurait imaginé pour un chirurgien bien établi. Matt était jeune, branché et apparemment libre de toute attache, contrairement à elle. Elle ne regrettait pas ses choix mais, à sa place, elle aurait sans doute été dans un bar à vin à la mode, à espérer qu'un clone de Matt passe la porte. En lui extorquant un tête-à-tête, elle avait gâché la soirée de nombreuses célibataires.

— Ça ne devrait pas prendre trop longtemps, dit Matt en posant deux verres sur la table.

Il avait retrouvé son calme pendant le petit tour au comptoir, car il remplit leurs verres d'eau d'une main ferme. Il devait garder l'alcool pour plus tard, une fois débarrassé d'elle.

— Alors, ce cours accéléré sur la bonne manière d'élever les enfants...

Il lui expliquerait en dix minutes chrono en quoi elle se trompait, puis ils retourneraient chacun à leur vie, qui n'incluait généralement pas pour elle de dîner au pub en compagnie d'un homme charmant. Ce repas était le couronnement d'une journée stressante au plus haut point.

— Hé, je n'ai jamais prétendu être un expert. Je peux juste vous faire part de mon expérience, moi qui ai dû m'occuper de jeunes enfants dans des circonstances éprouvantes.

— J'accepte toutes les suggestions pour gagner la confiance d'un garçon de cinq ans.

L'arrivée du dîner fut tout aussi bienvenue. Elle n'avait jusque-là pas senti la faim, mais son wrap était bien plus appétissant que son sandwich de tantôt, et que les pâtes alphabet, les seules que Simon consentait à avaler.

— Un coffret de magie premier prix, dit Matt avant d'attaquer son énorme hamburger.

Il paraissait si affamé qu'elle en frissonna. Ce simple aperçu de la sauvagerie qu'il cachait derrière son apparence de gentleman lui ouvrit l'appétit.

— Pardon ?

— J'utilise la ruse pour les atteindre. Je garde une boîte de jouets dans mon bureau, en cas d'urgence : des petites voitures, des livres de coloriages, des ballons... J'ai même deux marionnettes s'ils sont trop timides pour me parler directement. Si je suis une sorte d'ami pour eux, l'expérience est moins traumatisante.

Il attrapa quelques frites et les fourra dans sa bouche.

— J'ai essayé ça, répondit-elle. Il a une chambre pleine de nouveaux jouets chez moi, mais on ne peut pas acheter l'affection d'un enfant. Vous devez avoir un truc que je ne possède pas.

Elle s'était imaginé que le lien avec un enfant étranger lui viendrait naturellement puisqu'elle-même était passée par là dans son enfance.

Malheureusement, il fallait plus que de l'enthousiasme pour que cela fonctionne avec Simon. Bien sûr, pour elle aussi cela avait été compliqué quand son père adoptif avait décrété qu'il ne pouvait pas faire face à la situation, mais sa mère et elle avaient d'emblée partagé un lien très fort, et elles avaient traversé toutes les difficultés ensemble. Elle voulait que la même force les aide,

Simon et elle, à surmonter les conséquences de l'incendie de l'école, mais c'était impossible s'il continuait à la repousser.

Matt haussa les épaules.

— Je ne sais pas, mais j'ai une longue expérience.

Elle croqua dans son wrap.

— Vous avez vous-même des enfants ?

Qu'il ait des tas de mini-Matt autour de lui expliquerait pourquoi il était aussi à l'aise dans le rôle de père. L'absence d'alliance l'avait induite en erreur, le mariage ne précédait pas forcément la paternité. Il pouvait aussi très bien être un père absent, même s'il ne semblait pas du genre à abandonner des bébés irlandais de-ci de-là.

— Mon Dieu, non ! s'exclama-t-il.

L'énergie de sa dénégation aurait dû la rassurer — il n'était pas un père irresponsable —, mais elle lui rappela surtout brutalement que tout le monde ne désirait pas la vie qu'elle s'était choisie. Au moins annonçait-il d'emblée la couleur. Pas comme Darryl, qui avait affirmé vouloir une vie de famille, avant de se débiner à la dernière minute.

— Vous n'allez pas me dire que vous détestez les enfants ?

Comment supporter que cet aimable chirurgien ne soit qu'un cabotin ? Si tel était le cas, il avait dupé tout le monde au Château avec une habileté sans pareil.

Son petit rire la ragaillardit.

— Non, pas du tout. Ils sont extra. Pourvu qu'ils ne soient pas à ma charge en dehors du travail.

— Vous n'avez pas envie de vous poser ?

La question était indiscrète, mais il semblait tellement parfait comme époux et père potentiel qu'elle n'avait pu se retenir. Après avoir été échaudée une première fois, elle ne cherchait pourtant ni l'un ni l'autre. Elle allait être totalement hors jeu, si elle rêvait de fonder une famille heureuse avec le premier homme qui lui témoignait un peu d'attention.

— Je viens juste de retrouver ma liberté. Mon père est mort il y a longtemps, quand j'étais en fac de médecine. Cancer. J'ai dû élever seul mes trois sœurs. Bridget, la plus jeune, est entrée à l'université l'année dernière, si bien que j'ai la sensation de commencer à peine ma vie d'adulte. Sans enfant.

Il avait fait une brève pause dans le nettoyage de son assiette. Le sujet influait visiblement sur son appétit.

Comme Quinn avec sa mère adoptive, les sœurs de Matt avaient eu la chance que quelqu'un de spécial se sacrifie pour elles. Elle voulait faire de même pour Simon, à condition qu'il se laisse approcher.

— Cela a dû être dur.

Elle avait du mal à gérer un travail à temps partiel et un unique petit garçon. Comment imaginer le jeune Matt élevant ses sœurs tout en étudiant la médecine ? Au moment même où elle pensait que cet homme ne pouvait pas être plus parfait, son auréole grandissait.

Quel dommage que son refus d'avoir des enfants le place hors du champ des possibles. Bien sûr, il y avait aussi le problème de l'éthique médicale et du fait qu'elle avait choisi le célibat plutôt que de faire une nouvelle fois confiance à un homme. De toute manière, il l'avait vue s'apitoyer sur son sort, les yeux gonflés de larmes, lui qui avait sans doute enduré bien davantage en pleurant bien moins.

— Mes frites vous font envie ? Servez-vous, dit-il en poussant son assiette vers elle.

Il lui fallut quelques secondes pour comprendre pourquoi il essayait de la nourrir.

— Euh... Merci.

Elle avait dû le dévisager avec envie.

Mieux valait qu'il l'imagine affamée que frappée par l'amour. Elle ne se réjouissait pas de la tournure que venaient de prendre ses pensées.

— Ça n'était pas facile, mais nous avons survécu et vous en ferez autant. Ça viendra au fil du temps.

C'était généreux de sa part, de partager certains éléments de sa vie personnelle avec elle — il n'y était pas obligé et ne le faisait que pour l'aider à se sentir mieux. Ce qui fonctionnait. Il n'était plus une simple figure anonyme de l'autorité, désormais.

Il était devenu un être humain s'ouvrant à elle. Grâce à ce petit résumé de sa vie privée, elle aurait moins de mal à lui accorder sa confiance. En retour, elle pourrait lui confier quelque chose à son tour, même s'il devait se lasser de ses histoires.

— Je me croyais en territoire familier, du fait de ma propre histoire, dit-elle. J'ai été adoptée moi aussi. Mes parents biologiques étaient trop jeunes pour s'occuper d'un enfant et j'ai été bringuebalée ici et là jusqu'à ce qu'on m'adopte. Ma mère n'a jamais semblé perturbée comme je le suis, même lorsque son mari l'a quittée. Mon ex-petit ami m'a quittée, moi aussi, quand j'ai décidé de devenir mère d'accueil.

Comment ne pas le prendre personnellement, d'avoir été abandonnée par toutes les figures masculines importantes de sa vie ? Cela étant, Matt avait été témoin de son comportement irrationnel, il comprenait aisément pourquoi personne n'envisageait un avenir avec elle.

— Nous sommes tous pleins de bonnes intentions, mais il faut rapidement composer avec la dure réalité, n'est-ce pas ?

En dépit du sourire qu'il lui adressait, il se moquait d'elle, elle le savait. Il devait trouver pénible de l'écouter geindre.

— Je suis désolée, je ne devrais pas vous casser les pieds avec mes problèmes. Ça n'entre pas dans vos missions professionnelles et je vous empêche de manger.

— Pas du tout.

Comme pour lui prouver qu'elle avait tort, il enfourna la fin de son hamburger.

— Je travaille de chez moi, dit-elle, et cela fait un bail que je n'avais pas eu la compagnie d'un adulte. Vous n'avez pas eu de chance, c'est sur vous que j'ai déballé mon sac en premier.

— Ce sont les aléas du métier. Je suis un chirurgien doublé d'un conseiller.

À son sourire, elle était presque prête à croire que ça ne le dérangeait pas.

C'était un vrai soulagement, de formuler ce qui la préoccupait depuis deux mois sans être jugée pour autant. Elle était bien assez dure avec elle-même, en se comparant constamment à sa mère alors que les circonstances étaient différentes. À l'époque, elle était une petite campagnarde brûlant d'intégrer une famille. Simon, eh bien, lui était un tout petit garçon qui avait déjà traversé un nombre incalculable d'épreuves. Il avait été rejeté de famille en famille, puis brûlé et traumatisé par un incendie. Comment aurait-il pu se figurer ce qui allait lui arriver ?

Sa mère à elle avait eu la chance de vivre dans un environnement rural. Le grand air et les grands espaces étaient bien plus propices à un rétablissement que le brouillard et la pollution d'une ville. Toutefois, cette ville offrait ce qui se faisait de meilleur pour le traitement de Simon. Quinn devait tenir bon ici.

— Vous avez un canapé que nous pourrions utiliser dans votre bureau ?

Il leva les sourcils. Alors seulement, elle se rendit compte de l'ambiguïté de sa question. Cela devenait une habitude.

Une image tout à fait inappropriée de Matt, du divan et d'elle derrière la porte fermée de son bureau envahit son esprit, envoyant une bouffée de chaleur sous son débardeur noir et son gilet gris. Si elle avait voulu flirter, elle aurait choisi une tenue plus sexy que ces vêtements négligés de mère. C'était pratique pour les visites à l'hôpital, mais ce n'était pas l'idéal pour sortir.

— Je veux dire... J'ai l'impression que je devrais m'allonger sur un divan... Pendant que vous prendriez des notes. En tant que conseiller, bien sûr. Pas parce que je suis une fétichiste du sofa qui adore ce genre de choses... Bon, je me tais avant que vous ne me fassiez enfermer.

Elle se cacha le visage dans les mains, comme dans l'espoir de devenir invisible pour cacher sa mortification. Malheureusement, elles ne la protégèrent pas des sons, et elle entendit Matt toussoter d'embarras.

Au lieu de créer les conditions d'une amitié où il aurait pu la soutenir, elle avait creusé l'écart entre eux en se montrant si bizarre. Elle s'était dévoilée, à elle-même comme à Matt, en révélant qu'elle en pinçait pour lui. Sans quoi, pourquoi bafouillait-elle sans cesse, pourquoi piquait-elle des fards comme une lycéenne en essayant de lui faire la conversation ?

Super. Et, pour couronner le tout, elle l'imaginait en boxer sexy ! Le pauvre ne se doutait pas du monstre qu'il avait créé en étant gentil avec elle.

Un monstre en sueur, à la face rougie et qui, réveillé d'une longue hibernation, se cherchait désormais un partenaire.

4

Matt crut une seconde qu'il allait s'étouffer. L'image de Quinn avec lui sur son canapé l'avait fait avaler de travers, une frite s'était coincée dans sa gorge.

Il but une gorgée d'eau, qui heureusement dégagea sa trachée encombrée.

Elle n'avait pas voulu provoquer cela en lui, il n'y avait aucune malice chez elle, pour autant qu'il puisse en juger : elle n'était qu'innocence, comme en témoignaient les rougeurs de son visage embarrassé. Elle ne flirtait pas non plus avec lui, pourtant son corps avait répondu à l'idée d'une étreinte avec elle dans son bureau. Avec elle, il perdait tout contrôle.

Sa première erreur avait été ce rendez-vous pour échanger sur leurs vies personnelles. Offrir une épaule sur laquelle pleurer faisait partie de son travail, mais sans doute pas se perdre dans le regard de l'autre au milieu d'un pub bondé.

Sa nature protectrice ressortait au contact de Quinn alors qu'il avait passé l'année à tenter de la refouler. Il voulait seulement lui montrer qu'elle n'était pas seule, parce qu'il avait fait l'expérience d'être chargé de famille et de n'avoir personne vers qui se tourner. Mais qui aurait pu prévoir ces étincelles entre eux ? Quelqu'un semblait avoir appuyé sur un interrupteur.

Pour fuir cette furieuse attirance, il s'était précipité vers le bar en attendant que cela passe. Quinn était la mère d'un de ses patients.

Une mère. Son patient.

Deux bonnes raisons pour passer son tour. Les petites impulsions électriques ne disparaissaient pas pour autant.

Lui parler de sa famille avait été le comble du stupide. C'était personnel, et il n'était pas censé parler de lui. Il écoutait, diagnostiquait, opérait, mais il ne s'impliquait jamais personnellement. Et ses confidences avaient attiré les siennes. Qu'elle ait été adoptée rendait la force dont elle faisait preuve encore plus remarquable à ses yeux.

Non seulement c'était une survivante, mais elle voulait encore donner aux autres. Il devait diriger ces qualités vers une autre cible, sous peine de mettre son propre équilibre en danger.

— Vous savez, si vous êtes en manque de compagnie, je peux vous introduire auprès du comité de défense de l'hôpital. Vous avez certainement entendu dire qu'il est menacé de fermeture, nous serions ravis d'avoir quelqu'un de plus pour se battre à nos côtés.

Cela lui donnerait de quoi s'occuper en dehors du traitement de Simon et mettrait ainsi une distance bienvenue entre eux. Peut-être se ferait-elle des amis qui n'auraient pas leur liberté ou leur statut à préserver ?

— J'ai participé au piquet de grève aujourd'hui. Ce serait tellement honteux si l'hôpital fermait. Surtout après tout ce que vous avez fait pour Simon. Qu'adviendra-t-il de vous et de nous s'il ferme ?

À la pensée d'une nouvelle cassure potentielle dans leur vie, une lueur de terreur assombrit ses yeux bleus qui virèrent au ciel d'orage. Elle comptait donc sur lui dans un avenir proche, mais il ne pourrait pas répondre à cette attente.

— Je détesterais que l'endroit soit peu à peu abandonné. J'espère que nos campagnes et nos levées de fonds l'empêcheront. Pour ma part, j'ai un contrat à durée déterminée, je ne vais pas tarder à m'en aller. Comme je vous l'ai dit, je préfère me sentir libre, pour l'instant.

Baissant les yeux, elle empila leurs assiettes pour faciliter la tâche du serveur.

— Vous allez terriblement manquer à Simon, dit-elle.

À PROPOS DES AUTRICES

Karin Baine vit en Irlande du Nord avec son mari, ses deux fils... et une incroyable collection de carnets ! Les vastes bibliothèques de sa mère et de sa grand-mère lui ont donné le goût de lire et l'envie de devenir elle-même autrice de romances. Elle peut aujourd'hui se féliciter d'avoir réalisé ce rêve, pour le plus grand bonheur de ses nombreuses lectrices.

Lorsqu'elle était enfant, **Annie O'Neil** passait son temps blottie dans un confortable fauteuil, un livre à la main. Quelques années plus tard, elle couchait sur le papier des poèmes inspirés des affres de l'adolescence. Ce goût pour les belles lettres ne l'a jamais quittée, et si Annie aide aujourd'hui son mari à s'occuper de leurs vaches, elle continue d'écrire avec passion des romans, quand elle ne s'essaie pas à la pâtisserie...

Alison Roberts a vécu quelques années dans le Sud de la France, mais elle est aujourd'hui de retour chez elle, en Nouvelle-Zélande. D'abord enseignante à l'école primaire, puis auxiliaire médicale, elle excelle dans l'écriture de romances médicales particulièrement émouvantes. Autrice de plus de cent livres, Alison croque la vie à pleines dents : elle aime voyager, danser et passer de bons moments en compagnie de ses amis et de sa fille...

Il en eut le souffle coupé. Causer la moindre souffrance à l'un ou l'autre lui faisait l'effet d'un coup de poignard en plein cœur.

— Ne vous inquiétez pas. Je serai dans les parages encore un moment.

D'ici là, il aurait le temps de réfléchir à ce cas particulier.

Elle hocha la tête en se mordillant la lèvre.

C'était la première fois que la nouvelle vie de Matt interférait avec son désir d'aller là où ses envies le porteraient. Découvrir de nouveaux horizons était toujours plus attirant que rester coincé à Dublin, mais il n'avait pas songé que certains patients pourraient être très attachés à lui, et vice versa.

Ce serait dur de quitter ses patients, mais cela valait mieux. Il avait passé trop de temps à attendre que les autres le libèrent. L'heure était venue de déployer ses ailes, pas de replonger dans de nouveaux drames familiaux.

En dépit du brouhaha dans le pub, un lourd silence s'était abattu sur eux. L'attirance qu'elle lui inspirait menaçait directement son aspiration à une vie sans complications. Ils étaient incompatibles.

Une vibration dans sa poche le ramena au présent, et dans le droit chemin. Pourtant, la notification du réveil de Simon était arrivée trop tard : il s'était déjà aventuré en territoire interdit.

— Simon s'est réveillé. On devrait y retourner.

Et mettre un terme à ce truc qui se passe en ce moment.

Le visage de Quinn s'éclaira, sa beauté mettait à mal la résolution de s'en tenir à des rapports médecin-patient qu'il était sur le point de prendre.

— Oh oui, qu'attendons-nous ? dit-elle avec une joie évidente.

Qu'elle le veuille ou non, Simon était ce qu'il y avait de plus important dans sa vie. Mère d'accueil était un statut temporaire ; si elle ne faisait pas plus attention à son cœur, elle allait souffrir. Lui aurait lutté à mort contre les autorités pour obtenir la garde de ses sœurs s'il l'avait fallu. Les confier à des étrangers après tout ce qu'il avait fait pour elles lui aurait brisé le cœur.

Il ignorait les plans de Quinn sur le long terme, mais elle ne devait pas perdre ses propres besoins ni son identité de vue.

Quand ses sœurs avaient quitté le nid, lui avait au moins pu se concentrer sur sa carrière.

Quinn était le genre de femme à avoir besoin qu'on s'occupe d'elle, tout en prenant soin des autres.

Allez savoir pourquoi, il avait envie d'y contribuer.

Quinn avait accueilli avec soulagement la nouvelle du réveil de Simon, pour des raisons évidentes mais aussi parce qu'elle n'était pas fière de s'être donnée en spectacle. Elle n'avait qu'une envie, rentrer chez elle avec Simon et laisser libre cours à ses émotions. Elle avait entraîné assez d'innocents dans la tempête qui faisait rage en elle.

Pauvre Matt ! Lui dont le travail était simplement d'opérer Simon et de les renvoyer chez eux, il avait dû passer la journée avec elle. Jalousie irrationnelle, peur, colère, auto-apitoiement et attirance physique… Elle n'avait rien réussi à cacher. Son allusion maladroite au canapé l'avait rendu nerveux, elle l'avait bien vu.

Soudain mortifiée, elle s'enveloppa de son gilet qui n'avait malheureusement pas de capuche. Elle l'aurait rabattue sur son visage avec plaisir.

Matt avait été subtil, mais elle n'était pas stupide. Il avait suggéré qu'elle intègre le comité de défense de l'hôpital pour se débarrasser d'elle, il l'incitait à aller voir ailleurs. Il avait été très clair : il ne voulait pas s'occuper des enfants d'autrui, sauf en salle d'opération.

— Vous avez froid ? demanda-t-il, toujours aussi prévenant.

Ses bonnes manières pouvaient tellement facilement passer pour la manifestation d'un sentiment plus fort. Elle-même avait commis cette erreur.

Il laissait sans doute derrière lui des centaines de femmes solitaires au cœur brisé qui entretenaient la mémoire de ses bonnes manières.

— Oui.

En réalité, plus que la température, c'était le départ de Matt qui la faisait frissonner. Il occupait désormais une grande place dans leur vie, elle ne pouvait pas imaginer traverser le reste des épreuves qui les attendait sans lui.

Elle fut bientôt réchauffée par la veste que Matt, en parfait gentleman, lui posa sur les épaules. En d'autres circonstances, ç'aurait été une fin romantique à leur soirée. Elle aurait dû refuser, pour éviter d'être plus pathétique encore. Mais le cocon de cette veste de sport était justement le réconfort dont elle avait besoin. Le vêtement embaumait l'odeur poivrée qu'elle associait à l'apaisante présence de Matt.

Elle aurait tellement voulu la garder !

Une fois à l'hôpital, cependant, elle dut bien s'extraire de cette étreinte feinte des bras de Matt.

— Merci. Ça m'apprendra à sortir sans manteau. Ma mère m'a pourtant assez sermonnée à ce sujet.

Il lui ôta la veste et l'enfila sur ses larges épaules.

Oui, de toute façon, elle avait meilleure allure sur lui.

Vu leur différence de taille et de corpulence, elle devait ressembler à un enfant abandonné crapahutant dans son sillage. Pas exactement l'image rêvée pour une femme attirée par un homme. À ses yeux, la partenaire idéale pour lui était une de ces femmes élégantes et sexy qui dirigeaient le service, avec leur coiffure et leur maquillage parfaits. Rien à voir avec une vagabonde à la queue-de-cheval en bataille et au gloss incertain. Toutes les idées romantiques qu'il lui inspirait devaient être laissées dans la poubelle du hall.

— Vous n'êtes pas obligé de m'accompagner, dit-elle devant l'ascenseur, je connais cet endroit comme ma poche. Merci pour toute l'aide que vous m'avez fournie aujourd'hui. Je vous libère. Nous nous reverrons à notre prochain rendez-vous.

Et elle appuya sur le bouton. Où et comment il allait passer le reste de sa soirée ne la regardait pas.

— Je suis sûr que vous trouverez le chemin, mais j'ai promis à Simon de revenir, vous vous rappelez ?

Il entra donc dans l'ascenseur à sa suite.

Qu'il tienne parole n'avait rien d'étonnant, étant donné son caractère chevaleresque, mais quand les portes se refermèrent, les emprisonnant dans cet espace exigu, elle le regretta. Elle avait bien du mal à respirer, soumise à la force d'attraction exercée par Matt McGrory.

Elle fuit son regard. Heureusement, un autre couple entra à l'étage suivant. Cela aurait dû doucher son envie de se jeter sur lui, mais le désir les poussait sans répit l'un vers l'autre. Il n'y avait pourtant aucun contact, mais elle était à fleur de peau. Cela n'aurait pas été pire s'ils avaient été nus.

Un homme corpulent fit son entrée dans l'ascenseur, déséquilibrant Matt qui trébucha.

— Désolé, marmonna-t-il, se rattrapant à elle pour retrouver son équilibre.

Elle allait prendre feu.

Son grand corps l'enveloppait pour la protéger de la foule qui augmentait. Sans doute prenait-elle ses désirs pour la réalité ; pourtant, quand ils arrivèrent à leur étage, il l'aida à quitter la cabine, refusant de la lâcher tant qu'ils ne furent pas loin de la cohue. Son contact persistant, même dans le couloir désert, mettait à mal sa théorie du « Il ne fait que se montrer poli ». Il aurait dû cesser, s'il ne cherchait qu'à lui rendre service, non ?

Quel dommage qu'il ne soit pas entré dans sa vie à un autre moment : avant Darryl, quand elle ne craignait pas encore de se laisser approcher, ou après Simon, quand elle contrôlerait mieux sa vie.

Il avait clairement formulé qu'une relation à long terme ne l'intéressait pas, mais elle ne voulait pas pour autant fermer la porte à quelque chose entre eux. Les hommes comme Matt étaient rares et elle aurait regretté de ne pas profiter de cette opportunité. S'ils reconnaissaient qu'ils n'avaient pas que le bien-être de Simon à l'esprit, peut-être laisserait-elle quelque chose arriver.

— Matt, je pense qu'on devrait parler.

Avant qu'elle n'ait pu semer la graine d'une future idylle, il s'était éloigné d'elle à toute allure.

— Salut, Rebecca.

Une employée de l'hôpital venait à leur rencontre, une femme dont les courbes étaient visibles malgré sa blouse informe. Matt rougit de façon charmante, malheureusement Quinn était clairement la source de son embarras.

— Salut, Matt. Qu'est-ce que tu fabriques encore ici ? Tu n'étais pas censé sortir, ce soir ? demanda Rebecca en dévisageant Quinn.

Celle-ci prit la mesure de son égoïsme. Elle avait accaparé Matt, qui avait dû renoncer à une soirée glamour pour l'écouter raconter ses malheurs dans un pub minable.

Il tourna à son tour ses yeux verts sur elle, et Quinn eut l'impression d'être une intruse. Un non-dit flottait au-dessus de sa tête. Elle ignorait à quoi ils faisaient allusion et, bien sûr, le type de relation qu'ils entretenaient, à part être collègues de travail. Ce n'étaient pas ses affaires, plaquer la jolie doctoresse au mur pour savoir ce qu'elle voulait à Matt aurait été malvenu.

Quinn fit une petite moue. OK, elle était plus intéressée par Matt qu'elle voulait bien l'avouer.

— Je... J'ai changé d'avis. Je voulais faire une visite à un de mes patients. Simon, un des gamins de l'incendie de l'école. Voici sa mère, Quinn. Quinn, voici Rebecca Scott, chirurgien transplantologue au Château.

Finalement, elle avait été intégrée à la conversation avant d'entamer une bagarre pour un homme qui n'était même pas le sien.

— Je suis désolée de ce qui s'est passé, répondit Rebecca. Je sais que ça a été terrible, mais j'ai entendu dire que le traitement de Simon fonctionnait bien.

En se montrant aussi affable, elle anéantit les mauvaises pensées de Quinn.

— En effet. Je viens juste le voir après son opération, dit Matt.

— Il est bel et bien entre les meilleures mains.

Rebecca était admirative, mais il n'y avait rien d'autre que de la courtoisie professionnelle dans sa voix.

— Écoutez, Matt, je vais aller voir comment il va. Je vous retrouve plus tard. Ravie d'avoir fait votre connaissance, Rebecca.

Elle ne se retourna pas pour analyser le langage corporel du couple. Matt et elle avaient chacun leur vie, un rôle différent à jouer dans l'avenir de Simon, qui ne devait pas forcément conduire à une relation entre eux ou à une dette de l'un envers l'autre. Elle devait avoir l'esprit clair pour affronter les mois à venir et préparer Simon à sa future famille. Elle n'y parviendrait pas si elle se languissait d'une famille à elle. Jusqu'à ce que Simon s'en aille, il n'y avait qu'eux deux qui comptaient.

— Qu'est-ce que tu fabriques ? demanda Rebecca en s'arrangeant pour empêcher Matt de regarder Quinn s'éloigner.

— Pardon ?

Il avait envie de suivre Quinn pour voir Simon avec elle, mais, à la façon dont elle s'était échappée, elle voulait être seule. Elle pouvait être émotive, et voir un gamin de cinq ans après une opération referait certainement couler ses larmes. Il lui laisserait quelques minutes d'intimité avant de les rejoindre. Et, dès qu'il se serait acquitté de sa promesse au petit, il ferait ce qu'il aurait dû faire d'emblée : il rentrerait chez lui.

Quinn tourna à l'angle du couloir et disparut. Il n'aurait pas dû l'abandonner alors qu'elle était si fragile, mais il reporta son attention sur Rebecca qui le regardait, les bras croisés, les sourcils froncés et une ébauche de sourire aux lèvres.

— J'ai promis à Simon de lui montrer quelques tours de magie avant son retour chez lui. Je me suis dit que c'était plus important que de boire un verre avec une personne que je connais à peine.

— Je te crois, répliqua Rebecca avec suffisamment de sarcasme dans la voix pour qu'il se sente obligé de justifier sa présence en ces lieux en dehors de ses heures de service.

— Quoi ? Tu penses qu'il y a quelque chose entre Quinn et moi ? Elle en bave, avec Simon, et il semble mieux disposé quand je suis dans les parages. C'est tout.

— Tiens donc ! Ce n'est pas comme si tu avais eu à annuler un rendez-vous galant pour cet acte de charité.

Elle n'allait pas lâcher le morceau et il savait pourquoi : il s'était montré trop enthousiaste à propos de ce rendez-vous, qu'il avait annulé à la dernière minute. Sa réticence à s'engager était devenue proverbiale.

C'était vrai, mais il ne passait pas pour autant d'un lit à un autre toutes les semaines. Parfois, il profitait simplement d'une agréable compagnie. Et il n'avait pas invité Quinn au pub par pitié. Depuis maintenant deux mois qu'ils s'affrontaient et se rabibochaient, ils pouvaient être vus comme des amis.

Il pinça les lèvres. Surtout, ne pas prêter le flanc à Rebecca.

— Tu me connais, dit-il, je ne suis jamais en manque de compagnie féminine.

Mieux valait donner un caractère anodin à cette histoire. La jeune femme qu'il était censé voir, Kelly — à moins qu'il ne s'agisse de Kerry ? — était une connaissance récente. Il n'y avait rien de spécial entre eux, ni lui ni elle n'avaient été particulièrement déçus qu'il annule. Il n'aimait pas jouer, courir plusieurs lièvres à la fois ne l'intéressait pas. Sans doute ne reparlerait-il jamais à Kelly/Kerry.

— Je sais, mais ça ne te ressemble pas d'être aussi... tactile, au travail.

Elle l'avait donc vu enlacer Quinn. Il n'avait rien à dire pour sa défense. Il n'aurait pas dû la tenir si serrée après avoir quitté l'ascenseur, mais il avait aimé la chaleur de son petit corps pressé contre le sien et le parfum de ses cheveux fraîchement lavés.

— Simon est un garçon spécial. Il est en famille d'accueil et c'est un peu mon chouchou. C'est l'un des premiers que j'aie pu traiter avec le spray à base de cellules de peau, je suis donc de très près le déroulement de sa guérison.

Il n'allait pas expliquer le pourquoi de cette affinité. Rebecca savait qu'il avait de jeunes sœurs, mais il avait gardé le silence sur ce qu'il avait traversé avec elles. Il accompagnait une mère anxieuse au chevet de son fils tout juste opéré, sa collègue n'avait pas besoin de plus d'informations.

— C'est facile de s'attacher, dit-elle, mais j'espérais un ragot juteux pour me distraire un peu.

— Tu sais, je ne suis pas la meilleure personne pour ça.

La machine à rumeurs va avoir fort à faire, maintenant que Thomas est revenu.

À la mention de son ex-mari, Rebecca poussa un profond soupir. Matt n'avait pas seulement détourné la conversation d'un sujet sensible à un autre, il était vraiment inquiet pour son amie. La fin de leur mariage avait été un cauchemar. L'accident de voiture qui avait tué leur fillette avait mis leur couple à trop rude épreuve. À présent, son ex-mari, un cardiologue, revenait temporairement exercer dans l'établissement ; la situation allait être inconfortable pour tous les deux.

Matt avait vu bien des familles éclater, il avait été chanceux que la sienne reste unie.

— Thomas et moi ? Il n'y a rien à dire, je t'assure. Nous ne nous sommes pas adressé la parole depuis qu'il est ici. Personne ne croirait que nous nous connaissons.

Son sourire disparut pourtant. Il y avait manifestement des problèmes non résolus avec son ex.

— Quand l'as-tu vu pour la dernière fois ?

— C'était il y a cinq ans, mais j'ai parfois l'impression que c'était hier.

Le tremblement dans sa voix trahissait la peine brute prête à affleurer.

— Je suis sûr que ce n'est pas facile. Ni pour l'un ni pour l'autre.

Ils avaient perdu un enfant, tous les deux avaient souffert, il ne fallait pas l'oublier. Il ne connaissait pas Thomas, mais Rebecca, si, et elle n'aurait jamais donné son cœur à quelqu'un qui n'en était pas digne.

— Ça a fait remonter un tas de souvenirs, bons et mauvais. À mon avis, nous devrions avoir une vraie conversation pour assainir l'atmosphère, ce que nous n'avons jamais réussi à faire quand nous étions ensemble. Peut-être que cela nous permettrait de tourner la page.

C'était même nécessaire, puisqu'ils allaient devoir travailler ensemble. D'après certains témoins, la tension entre eux était palpable. Et ne pas dire ce qu'elle avait sur le cœur ne ressemblait pas à Rebecca.

— J'espère que vous allez régler cette situation, la vie est trop courte pour rester fâchés.

— On verra, nous ne sommes ici que pour travailler.

Son biper sonna, mettant un terme à ces confidences impromptues. Elle marmonna une excuse et pressa le bouton de l'ascenseur.

— Je suis sûr que tout va s'arranger, dit-il.

Rebecca était la meilleure dans son domaine, jamais elle ne laisserait des questions d'ordre personnel interférer avec la santé de ses patients. C'était l'une des règles d'or, et il devait lui-même la garder à l'esprit.

— Nous devons affronter nos démons, à un moment ou à un autre, j'imagine. Bon, fais attention à toi, dit-elle.

S'il avait suivi son conseil, jamais il ne se serait rendu dans la chambre de Simon.

5

L'opération de Simon avait été un succès, mais cela ne rendrait pas forcément les soins plus faciles quand Quinn et lui seraient rentrés chez eux. Chaque fois qu'il quittait l'hôpital, il semblait régresser.

Elle lui caressa les cheveux, vantant son courage et lui promettant même une récompense — en vain. Simon gardait le regard désespérément tourné vers le mur. Bien sûr, ils avaient consulté des psychologues, qui faisaient de leur mieux pour l'aider, mais la véritable responsabilité incombait toujours à la mère d'accueil. Grace à son master en psychologie infantile, Quinn avait espéré progresser avec Simon. Au moins faire en sorte qu'il la regarde. Elle avait passé la partie théorique avec succès, mais la pratique était en train de la détruire. La plupart des enfants auraient été ravis de quitter l'hôpital et de rentrer chez eux — elle, en tout cas —, mais lui continuait à l'ignorer.

Quand Matt entrait dans la chambre, il captait immédiatement l'attention de Simon mais, après ce qu'elle avait appris au pub, elle voyait leur interaction autrement.

Il avait plus d'expérience parentale qu'elle, son aisance était manifeste lorsqu'il entraînait Simon dans des explications magiques sur la vie. Peut-être était-ce cela, la différence. Il était à l'aise avec les enfants, alors qu'elle n'avait aucune autre expérience que sa propre enfance. Même à l'époque, elle n'était pas très sociable. Sa mère travaillait dur pour payer le loyer, et

Quinn manquait souvent les goûters d'anniversaire pour l'aider dans les tâches ménagères.

Le mal-être de Simon était peut-être directement lié au sien : il réagissait aux signaux d'incertitude qu'elle émettait. Malheureusement, les cours d'adoption qu'elle avait suivis ne l'avaient pas préparée à tout.

Matt, qui était, lui, contrairement à elle, très à l'aise, entra dans la chambre, s'assit au bord du lit de Simon et entama directement une profonde conversation avec lui.

— C'est quoi ces messes basses ? demanda-t-elle dans l'espoir de s'immiscer dans leur tête-à-tête.

Il y eut quelques chuchotements suivis de rires enfantins. Un son qu'elle pensait ne jamais entendre chez Simon et qui lui fit monter les larmes aux yeux. Elle aurait voulu kidnapper Matt pour qu'il vienne s'occuper de Simon chez elle.

— Je ne peux pas te dire. C'est un secret, répondit Simon en pouffant.

Ses yeux brillaient au milieu des pansements qui lui recouvraient le visage.

— Secret de magicien, désolé, dit Matt. On ne peut pas révéler nos secrets au public.

Il tapota le bout du nez de Simon, qui plaqua les mains contre sa bouche.

Du moment qu'il parlait, qu'il s'amusait, peu importait la méthode.

— Hum. Du moment que tu ne nous envahis pas avec des lapins tirés du chapeau... Dis-moi, comment est-ce qu'on intègre votre prestigieuse association ?

Elle s'assit au bord du lit, exaltée par cette soudaine proximité et par l'atmosphère détendue qui avait tant manqué dans sa relation avec Simon.

— C'est un club assez nouveau, dit Matt. Du coup on n'est pas très au point sur les règles. Tu en dis quoi, Simon ? Que doit faire Quinn pour nous rejoindre ?

Les blagues de Matt la soulageaient, maintenant que son ego monstrueux avait quitté le bâtiment. Ce n'était pas une histoire de compétition entre eux : Matt gagnait la confiance de Simon pour le rapprocher d'elle.

— Glace au chocolat ! s'écria le petit sans hésitation.

— Cela semble faisable, répondit-elle.

Elle pouvait tout à fait en acheter une sur le chemin du retour. Un faible coût en vérité pour passer une nuit paisible.

— Alors comme ça, ça suffirait pour son intégration… Rien d'autre ?

Matt n'allait pas la laisser s'en tirer si facilement.

— Hum…, fit Simon, profitant de la perche que Matt lui tendait. Le zoo !

Il avait compris qu'elle ne pouvait rien lui refuser, vu les progrès qu'ils accomplissaient.

Elle n'avait rien contre le projet, l'idée ne lui était simplement pas venue qu'il voudrait y aller.

— Bien joué ! dit Matt en tapant dans la paume ouverte de son complice.

Elle eut l'impression d'avoir sauté à pieds joints dans un piège.

— Une journée au zoo ? Je n'y suis jamais allée mais, si c'est nécessaire pour intégrer votre clan, j'accepte.

Ça en valait la peine. Simon n'avait jamais exprimé l'envie de sortir de la maison après l'incendie, il semblait réticent à quitter le terrain connu. C'était un réel progrès.

Cela pouvait toutefois s'avérer une catastrophe, s'il réagissait mal aux gens autour de lui. Il avait déjà souffert quand des passants l'avaient observé en le pointant du doigt, mais c'était un risque à courir. Si tout se passait bien, cette sortie les rapprocherait et redonnerait confiance à Simon.

— Vous n'êtes jamais allée au zoo ? demanda Matt, surpris.

— On n'avait jamais d'argent. Ma mère travaillait toujours le week-end et les vacances, je l'accompagnais.

Ce n'était la faute de personne, et passer du temps en famille était plus important que faire des sorties coûteuses.

— Vous ne savez pas ce que vous avez raté. Les lions, les pingouins, les gorilles… C'est fascinant.

Qui du petit garçon ou d'elle était le plus excité ? Elle ne l'aurait pas avoué, mais l'idée de partager cette première avec Simon l'excitait. C'était comme si elle retombait en enfance tout en l'aidant à se sentir bien avec lui-même.

— Matt doit venir aussi !

Il profitait de la situation pour ajouter de nouvelles conditions, mais il fallait des limites.

— J'y suis déjà allé, moi. C'est une expérience que ta mère et toi devez faire.

Matt se tourna vers elle et articula un « pardon » silencieux. Il avait donc proposé cette idée pour son bénéfice à elle.

— Matt a plein d'autres patients dont il doit s'occuper, il n'y arrivera pas s'il nous accompagne au zoo. On ira juste nous deux.

Elle sentit instantanément que Simon se rétractait. Négocier avec un enfant, c'était comme jongler avec des flocons de neige — impossible.

— Tu prendras plein de photos et tu me les montreras, la prochaine fois.

Matt faisait de son mieux pour rester léger, mais l'enthousiasme de Simon était douché par l'absence de son acolyte favori. Elle connaissait bien ce sentiment.

— Allez, mon grand, il se fait tard. Il faut t'habiller pour rentrer à la maison.

La discussion pouvait se poursuivre sans Matt. La prochaine fois qu'elle viendrait le voir, sans doute aurait-il pris un congé. Qui aurait pu s'en étonner ?

— Je n'ai pas de maison ! hurla Simon en tirant la couette sur sa tête avant de se mettre à pleurer.

Que faire ? Comment réagir ? Le cœur de Quinn se brisa en mille morceaux. Il ne la considérait pas comme sa mère, ne pensait même pas qu'il avait une maison, malgré tous les efforts qu'elle avait faits.

Trop touchée pour pleurer, elle resta la bouche ouverte, à attendre que Matt lui dise quoi faire. Elle ne pouvait pas laisser Simon comme cela. Il était son enfant adoptif, sa responsabilité, c'était à elle de faire en sorte qu'il préfère sa maison à l'hôpital.

Les services d'adoption penseraient sûrement la même

chose. C'était atterrant. Simon préférait un lit d'hôpital dans un espace bruyant à la chambre douillette qu'elle avait décorée en prévision de son arrivée.

Elle avait été heureuse dans une famille monoparentale, pourquoi pas lui ?

— Allons, pas de caprices, Simon. Je sais que Quinn et toi avez une maison. Je suis même sûr que tu as une chambre décorée avec des ballons de foot.

Encore une fois, Matt réussit à faire sortir Simon de sa carapace.

— J'ai des trucs de l'espace, renifla-t-il.

— Quelle chance ! Moi, j'ai dû partager ma chambre avec mes sœurs, alors c'étaient des fleurs et des trucs roses partout sur les murs.

— Beurk !

— Comme tu dis, fit Matt en feignant un frisson de dégoût.

Quinn eut l'image de Matt, adolescent, entouré de filles.

— Tu veux venir voir ? fit Simon en sortant sa tête de sous la couverture pour observer la réaction de Matt.

Celui-ci se tourna vers Quinn pour guetter sa réponse. Ils étaient coincés. Si elle refusait, Simon rechignerait à rentrer à la maison. Elle n'avait pas la force de se battre. Un « oui » signifierait inviter Matt dans son intimité, alors qu'elle ne devait plus compter sur lui pour résoudre ses problèmes. Il lui avait clairement fait comprendre qu'il ne voulait pas entendre parler de famille, celle qu'il avait déjà élevée lui suffisait. Quinn déglutit. Sa tête lui soufflait « non », mais son cœur l'encourageait. Pour le moment, il était la seule lueur d'espoir dans cet océan de ténèbres.

Elle haussa les épaules, laissant Matt décider. C'était lâche mais, s'il voulait se retirer de la situation, c'était le moment ou jamais. Elle avait foi en lui, et son hésitation était plus rassurante qu'elle n'aurait dû l'être. Au moins n'était-elle pas la seule à être prise de court : il n'était pas maître de toutes les situations. Son esprit ne s'était pas préparé à s'engager plus dans ce bourbier, ce qui était plus positif qu'un simple « non ».

— Je n'habite pas très loin... Je peux aller chercher ma voiture, vous déposer et passer rapidement voir la chambre.

Il n'y avait plus la moindre trace de certitude dans sa voix. Un enfant de cinq ans les mettait tous les deux dans l'embarras.

— Je ne veux vraiment pas vous demander de...

— Cool ! s'exclama Simon, la coupant dans sa tentative de laisser Matt refuser.

Secrètement, elle se réjouissait autant que Simon. Être ramenés en voiture serait bien moins stressant que de prendre le métro ou un taxi. Les transports en communs londoniens, bien qu'efficaces, n'étaient pas l'idéal pour un enfant traumatisé. Moins Simon rencontrerait d'inconnus, mieux il se porterait. Pour le moment du moins.

— Je vais chercher ma voiture, retrouvez-moi en bas dans trente minutes. Cela vous laisse le temps de vous préparer.

Matt sortit aussitôt de la chambre. Voulait-il se séparer d'eux le plus vite possible ou avait-il peur de changer d'avis ? Dans les deux cas, elle lui était très reconnaissante. Pour la première fois depuis des semaines, elle ne craignait pas de rentrer chez elle.

Matt aperçut les deux silhouettes se tenant la main devant l'hôpital et cessa de s'en vouloir. Il s'était engagé malgré lui dans cette histoire, mais il avait fait ce qu'il fallait. Il n'aurait pas dormi s'il était rentré en laissant Quinn traîner cet enfant perturbé dans un taxi. Qu'il soit là suffisait apparemment à apaiser les tensions entre eux deux et, en tant que médecin responsable de Simon, il était de son devoir de veiller à son retour à la normale après une opération. Et puis, c'était un service qu'il aurait rendu à n'importe lequel de ses amis.

Il avait hésité de crainte que Quinn ne s'imagine autre chose, mais n'avait pas eu le cœur de refuser face aux yeux de cocker qu'ils avaient braqués sur lui.

— Belle voiture, dit Quinn en ouvrant la portière de sa décapotable grise.

— Un cadeau que je me suis fait. Je ne l'utilise pas autant

que je le voudrais. C'est bien plus simple de marcher dans le centre de Londres.

Ce véhicule extravagant était le symbole de son indépendance longtemps attendue. Et pourtant, il attachait un enfant sur la banquette arrière.

— Oui. Ce genre de bolide est fait pour de longues courses dans la campagne, capote baissée.

Elle caressa les courbes de la voiture, impressionnée.

— C'est l'idée, en effet.

Seulement maintenant il avait la vision de Quinn dans le siège passager, ses cheveux bruns flottant au vent. N'était-il pas temps de troquer cette voiture pour un modèle plus pratique, plus raisonnable ?

La modeste demeure de Quinn était assez éloignée de l'hôpital. C'était une petite maison parfaite pour une joyeuse famille, à l'opposé du logement idéal de célibataire de Matt au cœur de la cité. Depuis son arrivée à Londres, il s'était totalement fondu dans le chaos environnant. Probablement parce qu'il avait passé la plupart de ses jeunes années enchaîné à ses sœurs. La barrière blanche autour du jardinet de Quinn lui évoquait plutôt une prison et il lui tardait de se replonger dans sa routine je-regarde-la-télé-en-jogging-si-je-veux.

— Vous ne pouviez trouver mieux comme taxi, dit-il en tirant le frein à main avec l'assurance d'une personne qui sait qu'elle va bientôt repartir.

Il n'était plus responsable de Quinn ou de Simon aujourd'hui. Demain serait un autre jour, avec son lot de patients vulnérables qui auraient besoin de lui.

— Je ne peux pas vous remercier assez, Matt. Je n'aurais pas pu supporter une autre crise de nerfs avant de repartir.

Les mouvements délibérément lents de Quinn trahissaient son appréhension à l'idée de rentrer.

Elle subissait un stress épuisant. Son fils et elle méritaient bien une petite pause.

Matt jeta un coup d'œil à Simon.

— Quelqu'un nous a quittés pour le pays des songes. Il ne devrait plus vous embêter.

— Si j'arrive à le mettre au lit sans le réveiller, j'aurai quelques heures pour travailler. Ensuite je serai à sa disposition pour le reste de la soirée, avec des antalgiques s'il en a besoin.

Elle bâillait déjà à l'idée de la nuit qui l'attendait.

— Veillez à vous reposer.

— Je vais faire ce que je pourrai.

Elle eut un petit rire. Le manque de sommeil était clairement pour quelque chose dans son peu de patience, ses crises de nerfs et ses émotions chaotiques.

— Ouvrez la porte, je transporterai la Belle au bois dormant à l'intérieur, dit-il.

Elle était assez forte et têtue pour y arriver elle-même, il le savait — après tout, elle s'était débrouillée toute seule jusqu'ici —, mais la laisser porter un enfant endormi n'aurait pas été très chevaleresque. S'il déposait directement Simon dans sa chambre, il aurait plus de chance de s'échapper rapidement. C'était son excuse et il y tenait.

Elle ouvrit la bouche pour refuser, puis se ravisa et ouvrit la portière. Qu'elle capitule si facilement était révélateur de sa fatigue.

Il faisait ce qu'il fallait. Laisser une Quinn fatiguée porter l'enfant seule aurait été une cause potentielle d'accident.

Elle le précéda pour ouvrir la porte d'entrée.

— Où dois-je aller ? demanda-t-il tout bas en passant devant elle.

— Par ici.

Elle ouvrit une porte dans le couloir et alluma une lampe en forme de vaisseau spatial. Il glissa l'enfant sous les couvertures et laissa Quinn le border. Elle caressait son visage avec beaucoup de tendresse tout en s'assurant qu'il était bien installé.

Matt sortait sur la pointe des pieds quand Simon remua et roula sur le côté.

— Tu aimes ma chambre, Matt ? marmonna-t-il, à moitié éveillé, peinant à garder les yeux ouverts.

— Oui, copain. Tu as beaucoup de chance.

Quinn s'était vraiment investie dans la création de ce petit nid douillet. De l'étoile phosphorescente au plafond au papier peint à motif « planètes », tout avait été scrupuleusement étudié. Lui qui avait partagé sa chambre avec trois sœurs, il aurait rêvé d'un décor pareil.

— Maintenant que Matt a vu la chambre, il doit y aller et toi te reposer, dit Quinn en le bordant.

— Et pour le zoo ? demanda l'enfant.

— On fera ça un autre jour, lui promit-elle en tentant de sortir de la chambre.

— Matt pourra venir aussi ?

Il n'abandonnait pas sans combattre. Les traits de Quinn se crispèrent. Ce n'était pas le plan, mais ils savaient tous deux qu'un refus pouvait déclencher les foudres de l'enfer. Surpris par leur silence, Simon ouvrit les yeux. Matt devait agir vite sous peine de passer la nuit sur place à le réconforter.

— Bien sûr, répondit-il en tournant un regard contrit vers Quinn.

Avec un peu de chance, Simon aurait tout oublié le lendemain. Surtout que la réponse qu'il attendait tant l'avait rendormi avec le sourire. Ils sortirent enfin de la pièce et Quinn ferma la porte derrière elle avec un soupir de soulagement.

— J'ai cru qu'on ne s'en sortirait jamais vivants.

Elle reposa la tête contre la porte, soudain détendue. Les lignes anxieuses de son front disparaissaient pour laisser place à un grand sourire. Si seulement elle souriait plus souvent.

— On n'est pas sauvés pour autant, mais on a reporté le drame à un autre jour.

Si possible lorsqu'il serait loin.

— Merci d'avoir accepté d'aller au zoo pour l'endormir. Ne vous inquiétez pas, ça ne vous engage à rien.

Elle lui rendait sa liberté, mais il se souvint de ce qu'elle disait au sujet des hommes qui l'avaient abandonnée. Il ne voulait pas en faire partie.

— Ce n'est pas un souci. Je vous l'ai dit : j'adore les zoos.

Il n'y avait simplement pas remis les pieds depuis que ses sœurs étaient sorties de l'adolescence. Escorter ces deux-là à travers le zoo pendant un après-midi n'était pas si grave. Il avait fait office de chaperon pour plusieurs voyages de l'hôpital, ce ne serait pas si différent. Les voir heureux valait bien de renoncer à quelques heures de liberté.

— Merci pour l'idée, d'ailleurs, dit-elle. Ça m'a un peu chamboulée quand il a affirmé ne pas avoir de maison.

Le tremblotement dans sa voix indiquait combien la remarque l'avait blessée.

— Il a eu peur, ça a encore été une journée difficile pour vous deux. C'est facile de blesser des proches. Mes sœurs m'ont dit un nombre incalculable de fois qu'elles me détestaient et qu'elles avaient hâte de déménager, par exemple. Elles ne le pensaient pas, et Simon non plus. Cela fait partie du dur lot des parents, j'en ai peur.

Il y avait en effet eu beaucoup de disputes avec ses adolescentes de sœurs, lorsqu'elles se rebellaient et qu'en tant que figure d'autorité il les remettait sur le droit chemin. Mais ils formaient toujours une famille soudée, et il était la première personne qu'elles appelleraient si besoin.

— J'espère que je n'aggrave pas ses problèmes. Il a l'air si malheureux, dit-elle.

Sa tête flancha et la culpabilité sembla de nouveau peser sur ses épaules.

Il s'accroupit à ses côtés.

— Je ne connais pas le passé de Simon, mais je sais qu'il a beaucoup de chance de vous avoir. Vous êtes une femme formidable, Quinn, ne l'oubliez pas.

Elle battit des paupières comme pour rejeter le compliment, mais Matt était tout à fait sincère. La charge qu'elle avait acceptée en accueillant Simon et ses blessures demandait énormément de courage.

Il était libéré à présent de ses responsabilités professionnelles et loin du regard de ses collègues, plus personne ne l'empêcherait de faire ce dont il avait envie depuis longtemps. Il se pencha et pressa ses lèvres contre les siennes en un baiser qu'il réprimait depuis le pub. Ce n'était pas son ego trompeur qui prétendait qu'elle n'attendait que ça. Elle le désirait, ses lèvres entrouvertes le lui prouvaient.

Loin de l'hôpital, ils n'étaient plus un médecin attentif et une mère anxieuse. Dans d'autres circonstances, il n'aurait pas attendu une journée pour la prendre dans ses bras comme il le faisait maintenant.

Il empoigna ses cheveux, refoulant les doutes qui le taraudaient. Cette passion naissante s'était accumulée pendant les mois où ils avaient réprimé leur attirance mutuelle. Tout son être, certaines zones érogènes exceptées, lui disait que c'était une mauvaise idée. Elle était mère célibataire, ce qui allait à l'encontre de toutes les règles qu'il s'était fixées. Il était censé vivre cette nouvelle existence sans attache, avec légèreté, en faisant ce qu'il voulait. Or, ici et maintenant, Quinn était ce qu'il voulait. Il ignora donc les voix qui lui intimaient de s'en aller, et continua à l'embrasser.

Soit Quinn était morte et avait atteint le paradis, soit son épuisement suscitait un puissant fantasme érotique en elle. Cela ne pouvait pas être réel.

La main dans ses cheveux lui confirma pourtant ce qui était bel et bien en train de se produire.

Matt dut prendre son soupir pour une invitation à explorer plus profondément sa bouche, volant ce qui lui restait de souffle. Il était si passionné, et pourtant si tendre, qu'il la perturbait complètement. Elle ne pouvait plus prendre aucune initiative, elle attendait.

Les doigts de Matt s'enroulèrent dans ses cheveux, sa bouche collée à la sienne, son corps dur pressé contre le sien — c'en fut trop pour la libido si longtemps négligée de Quinn. Tous ses désirs passés refaisaient surface, effaçant la solitude des derniers mois.

La trahison de son ex l'avait dévastée et convaincue que toute idylle était impossible, mais, d'un seul baiser, Matt McGrory faisait voler cette théorie en éclats. Il l'embrassait dans le cou, envoyant des ondes de plaisir dans son ventre et au-delà. Avait-elle jamais ressenti cela avec autant d'intensité ?

Aujourd'hui, Matt avait opéré Simon avec succès, il l'avait calmée alors qu'elle était au bord de la crise de nerfs, l'avait consolée lorsqu'elle pleurait, soutenue quand elle n'en pouvait plus, et avait porté un enfant endormi jusque dans son lit. Il était parfait. Quel dommage qu'ils se rencontrent au mauvais moment.

Il glissa une main sous sa chemise et ses tétons se durcirent immédiatement. Si sa main descendait encore, elle n'aurait plus la présence d'esprit de l'arrêter. Si agréable que soit la sensation de ces lèvres sur sa peau brûlante, Simon était sa priorité, elle ferait tout pour lui.

Matt était son médecin traitant, la situation pouvait mener à toutes sortes de complications, aussi bien concernant le traitement que les services d'adoption. C'était un risque qu'elle n'était pas prête à prendre. Elle voulait rompre le cycle d'égoïsme qui avait causé tant de problèmes entre Simon et elle.

— Je pense qu'il est temps que tu partes, dit-elle, puisant au plus profond d'elle-même la force d'interrompre la meilleure soirée qu'elle avait passée depuis longtemps.

Elle plaqua les mains contre son torse et le repoussa faiblement car elle ne voulait pas le rejeter. Qu'il obtempère n'apaisa en rien sa conscience ni le besoin qui pulsait dans ses veines.

— Tu as sans doute raison, dit-il.

Il recula d'un pas. Puis quitta la pièce.

Un « oui » de la tête, un demi-sourire, ce fut tout. Bonne nuit, la compagnie.

Quinn inspira profondément, sursautant au bruit de la porte qui se refermait. Elle l'avait échappé belle. Pourtant, maintenant qu'elle y avait goûté, ce serait un test d'endurance de s'en tenir là.

6

Six jours s'étaient écoulés depuis le fameux baiser, et Quinn n'avait plus osé regarder Matthew en face. C'était assez problématique, étant donné qu'elle passait une partie importante de son temps à l'hôpital. Ce jour-là, elle pensait qu'il serait là pour le changement de pansements de Simon — un calvaire. C'était normalement le travail des infirmières, mais Matt passait en général voir comment tout se déroulait. Pas là. Il l'évitait clairement.

Même si son absence évitait toute gêne, elle éprouvait un sentiment de perte, et Simon aussi, par la même occasion. Ils s'étaient trop attachés à lui et désormais elle le désirait, par-dessus le marché.

Elle avait décidé d'arrêter les choses avant qu'elles n'aillent trop loin. Les baisers fougueux n'étaient d'aucun réconfort s'il n'y avait pas d'attachement derrière. La passion ne l'intéressait plus depuis qu'elle avait découvert que les hommes l'utilisaient pour dissimuler leurs véritables intentions. Elle avait cru que Darryl l'aimait parce qu'il était doué pour ces choses-là, mais, lorsqu'il s'était agi de donner la priorité à un enfant, il avait montré à quel point il était superficiel. Elle ne se ferait pas avoir une seconde fois. Darryl l'avait tellement perturbée qu'elle avait douté de sa capacité à être mère d'accueil.

Sa rencontre avec Simon l'avait convaincue qu'elle était sur la bonne voie, elle ne s'en laisserait plus détourner. Un beau visage et une tendre bouche ne devaient pas la faire renoncer.

Les choses n'étaient pas faciles avec Simon pour l'instant, mais elle y travaillait, elle ne baisserait pas les bras. Une autre chute de confiance et tout pouvait basculer. Non, elle avait fait le bon choix, elle devait simplement l'assumer. Malgré le désir qu'elle en avait, Matt ne serait pas le père de sa parfaite petite famille.

Aujourd'hui, pour se sortir la fameuse soirée de la tête, elle avait rejoint le comité de défense du Château. Pendant que Simon travaillait avec son kinésithérapeute sur les mouvements de son bras droit, elle avait un peu de temps libre. Un *latte* à la cantine avec les autres membres du comité était une très bonne façon de l'occuper. De sa place, elle gardait également un œil sur la porte, au cas où M. McGrory viendrait à passer.

— Je suis ravie que tu intègres le groupe, Quinn. Cela aide beaucoup notre cause d'avoir des parents avec nous. Nous nous battons pour nos enfants, nous voulons montrer que le Château est plus qu'un lopin de terre lucratif.

Victoria Christie fixait Quinn de ses intenses yeux noisette. Elle était à la tête du groupe et visiblement passionnée par sa cause. Avec son enthousiasme, elle était l'incarnation parfaite de la femme de tête prête à aller jusqu'au bout.

— Je suis ravie de pouvoir vous aider, répondit Quinn. Je signerai la pétition, brandirai les banderoles, écrirai des lettres. Demandez-moi ce que vous voulez. Matt... euh... le Dr McGrory m'a suggéré de vous rejoindre, puisque je passe le plus clair de mon temps ici.

Il a surtout voulu se débarrasser de moi. Mais, au moins, c'était plus productif que de pleurer sur l'épaule d'un chirurgien très occupé.

— Matt est très investi auprès de ses patients. C'est un type bien.

La grande blonde, qui lui avait été présentée en début de séance, était Robyn Kelly, chirurgienne en chef de l'hôpital et présidente du comité.

Quinn tourna la tête vers la pile de documents étalés sur la table. Pourvu que personne ne remarque qu'elle avait rougi au souvenir du moment très intime partagé avec Matt.

— Il a été très patient avec Simon et moi, cela nous a fait faire de réels progrès. J'espère que les futurs patients auront aussi la chance de l'avoir à leurs côtés.

Elle sourit autant que ses joues enflammées le lui permettaient. En vérité, elle souhaitait que personne d'autre ne devienne aussi proche de lui, mais ne voulait pas pour autant priver une autre famille de son talent.

— C'est une excellente idée ! s'exclama Victoria en posant brutalement sa tasse sur la table.

— Quoi donc ?

Robyn essuya les gouttelettes de café sur les journaux.

Elle dégageait la confiance en soi que Quinn possédait jadis, avant que son ex ne la quitte et que les problèmes de mère célibataire ne lui tombent dessus. Avec un peu de temps et d'expérience, elle y ferait face efficacement.

Elle ne regrettait pas d'avoir quitté son poste d'enseignante à plein temps pour élever Simon, mais elle enviait ces femmes à la carrière florissante libres de bavarder autour d'un café sans se sentir coupables de prendre du temps pour elles-mêmes. Heureusement, elles étaient accueillantes et avaient organisé cette réunion impromptue dès que Quinn avait manifesté son intérêt pour le comité. Sans quoi sa jalousie aurait pris le dessus.

— Nos histoires personnelles, bien sûr. Peut-être pourrions-nous collecter de courtes histoires auprès de nos patients, de leurs familles. Ils pourraient raconter ce que l'hôpital leur a apporté et ce que ça représenterait de le perdre.

— Cela pourrait en effet donner une dimension intime à notre cause, l'incarner…

— Je pourrais commencer par les familles affectées par l'incendie, dit Quinn.

Elle connaissait la plupart, au moins de vue, et ils étaient sûrement au courant pour Simon. Ryan et lui, qui avaient le plus souffert, recevaient toujours des soins, mais le reste des enfants avait rapidement quitté l'hôpital.

Cette nouvelle mission lui permettrait de prendre du recul par rapport au traumatisme de Simon. D'ailleurs, cela aiderait tout le monde. Elle en avait plus qu'assez des murmures condescendants autour de lui.

— Fantastique. Ce serait mieux que ça vienne de vous, un parent concerné, plutôt que d'un membre du personnel qui défendrait son emploi, dit Victoria avec un sourire qui lui adoucit les traits.

Cet encouragement réchauffa encore le cœur de Quinn.

— On pourrait même diffuser les témoignages dans les journaux pour souligner le rôle de l'hôpital dans le rétablissement de ces enfants. Des émotions pures, honnêtes, contre les impitoyables puissances financières. Mes contacts dans la presse seraient ravis de se battre contre des entrepreneurs sans scrupules.

Robyn prenait fiévreusement des notes dans un carnet de reporter.

— Quinn, je vais faire passer ton nom aux patients qui veulent nous aider. Tu pourrais être la coordinatrice de cette partie de la campagne, si ce n'est pas trop te demander ?

Vidant sa tasse, Victoria se leva. La séance touchait à sa fin.

— Non, pas du tout. Je pourrais aussi établir des questionnaires à distribuer aux patients, si cela peut aider.

Elle se chargerait de la coordination des messages. La paperasse avait toujours été sa crainte quand elle enseignait, mais c'était désormais une occupation bienvenue. Cela lui donnait une autre identité que celle de Quinn, la mère célibataire. Elle se rendait utile.

— Je te laisserai tous les détails pour organiser une collecte d'informations et compléter les articles. Décidément, bienvenue, Quinn.

Un nouveau sourire et une solide poignée de main vinrent sceller son rôle dans l'équipe.

Robyn aussi rassemblait ses affaires.

— Tu nous as fait de très bonnes propositions. Je mettrai ton nom en avant pour la prochaine réunion du conseil, il faut que tu sois récompensée si on réussit. En attendant, je vais passer quelques coups de fil.

Avec un petit signe de tête à Quinn pour lui signifier son intégration au groupe, elle sortit.

Quinn prit son temps pour finir son *latte*. La caféine fit son effet et elle alla récupérer Simon d'un bon pas. Elle allait les aider, lui et l'hôpital, d'une autre façon.

Elle remonta le couloir et s'arrêta, interloquée.

Matt et Simon venaient vers elle. Elle paniqua. Quelque chose n'allait pas. Une peur irrationnelle monta en elle, son pouls s'accéléra. Puis elle soupira, soulagée : ils souriaient tous les deux.

Heureusement, elle avait enfilé une robe plutôt qu'un jean et un pull. Ses choix vestimentaires s'étaient féminisés, cette semaine. Elle se sentait mieux si elle se savait belle. Cela n'avait rien à voir avec Matt, elle ne faisait pas plus attention à son maquillage et à ses vêtements en prévision d'une rencontre avec lui. Car cela aurait signifié qu'elle regrettait de l'avoir interrompu, l'autre soir, et ce n'était pas le cas. Son objectif principal restait Simon et les futurs enfants qu'elle accueillerait plutôt que les hommes charmants aux grands yeux verts.

— Tout va bien ? demanda-t-elle d'une voix calme, malgré les battements de son cœur qui accéléraient.

Toutes les pensées qu'elle avait eues au sujet de Matt depuis cette fameuse soirée resurgirent, elle n'avait pas exagéré l'effet qu'il lui faisait. Ses lèvres se mirent à la démanger au souvenir des siennes, et elle eut la chair de poule comme si la main de Matt se trouvait encore sur son cou, là où il l'avait embrassée si tendrement.

— Je passais voir comment vous alliez, dit Matt en caressant la tête de Simon, mais en évitant le regard de Quinn.

Venait-il voir comment elle allait après leur moment de folie, ou seulement prendre des nouvelles de Simon ? Pourquoi analysait-elle chacune de ses paroles comme une adolescente alors que c'était elle qui l'avait repoussé ?

Aussitôt, des fantasmes irréalistes germaient dans son imagination, et dans son cœur.

Elle s'éclaircit la gorge et se concentra. Il portait des vêtements.

Ils étaient en public. Il tenait la main de Simon. Ses idées érotiques étaient le signe d'un esprit dérangé.

— On se baladait, comme d'habitude.

Pour sa part, elle avait trouvé la parade à ses pensées incessantes pour un certain docteur.

— J'ai rejoint le comité de défense de l'hôpital.

— Très bien. Toute aide est utile.

Il se balançait d'un pied sur l'autre, visiblement aussi mal à l'aise que la dernière fois qu'ils s'étaient vus.

Pourtant, c'était lui qui était venu vers elle. Usant de Simon à la fois comme d'un alibi et d'une barrière entre eux.

— Comment ça s'est passé aujourd'hui, mon cœur ?

Il était impossible de prédire dans quel état d'esprit il serait en sortant d'une visite. Aucun enfant n'aimait attendre sur une chaise pour être piqué et examiné par un médecin et des infirmières. Mais Simon ne traînait pas des pieds avec Matt. Elle aurait dû profiter de l'atmosphère détendue pour rentrer.

— Ça va.

C'était probablement la meilleure réponse possible.

— J'ai pris la liberté de vérifier si Simon allait bien. Tout a l'air de bien se passer.

— Oui, merci à toi et au reste de l'équipe.

Ces remerciements étaient amplement mérités, Matt était très doué et tout le monde ici faisait en sorte que les cicatrices de Simon soient aussi réduites que possible.

— Et à toi également. Ton rôle est tout aussi important.

Comment répondre ? Pour le moment, elle ne voyait que les fois où elle avait déçu Simon.

La conversation s'épuisait. Le souvenir du baiser revint sans prévenir entre eux. Soudain, l'air vibrait de tension sexuelle.

— Matt dit qu'on peut aller au zoo demain.

Bien sûr, Simon était là pour la surprendre avec un stress de dernière minute.

— Je ne pense pas, dit-elle.

Ils avaient déjà eu cette conversation, elle avait pu le préparer à la déception d'y aller sans Matt. Elle avait insisté sur le caractère très prenant du travail de chirurgien.

Elle ne s'attendait pas à ce que Matt vienne, étant donné les circonstances. D'ailleurs, il avait soupiré d'aise quand elle l'avait repoussé. En définitive, elle n'avait pas vraiment rejeté ses avances, elle avait simplement évité de devenir accro.

Simon ouvrit la bouche, mais Matt le devança.

— Si vous avez d'autres projets, dit-il, je comprendrais tout à fait. J'aurais vraiment dû vous en reparler plus tôt.

Il se passa une main dans les cheveux, dérangeant ses boucles habituellement bien coiffées.

Ne pas être la seule à se stresser était étrangement rassurant.

— Non, je n'ai rien de prévu.

— Parfait, tout est arrangé alors.

Ces mots la bouleversèrent.

Peu importait sur quoi ils s'étaient mis d'accord exactement, ils ne pouvaient plus revenir sur leur décision. Simon ne le lui pardonnerait jamais. Elle ne pourrait pas le supporter.

— Parfait, dit-elle avec un sourire, en lançant un regard meurtrier à Matt.

Pourquoi avait-il insisté pour venir, alors que ça ne se passait pas très bien entre eux ?

Matt se dirigea vers le lieu du rendez-vous avec Quinn et Simon. Il n'avait jamais imaginé qu'il jouerait si tôt le rôle de père, mais il ne pouvait pas trahir la parole donnée à Simon.

D'accord, il ne faisait pas entièrement cela par altruisme ; il ne pouvait s'empêcher de penser à Quinn et au baiser qu'ils avaient échangé. En définitive, il s'était résigné à ne faire que l'apercevoir lors de ses nombreux va-et-vient dans l'hôpital. Après tout, ce qui s'était passé n'était peut-être qu'un fantasme né de son imagination ?

Comment nier être intéressé par quelqu'un qui se trouvait chaque jour sur votre lieu de travail, et que vous aviez tenu entre vos bras, goûté, étreint...

Il aurait dû être soulagé qu'elle le renvoie chez lui, ce fameux soir. Après tout, il avait eu assez de responsabilités familiales pour une vie entière. Cependant, sa fierté d'homme avait été blessée, il avait regretté ce moment qui aurait pu être spécial.

Que Quinn ait pris soin de Simon sans se soucier de ses besoins personnels l'avait ramené à la raison. Sous ses apparences de séducteur célibataire, il était un homme de trente-cinq ans, un adulte donc, et Simon était l'enfant qui devait passer en priorité.

À présent, il était tenu de réussir cette journée. Une journée avec des restrictions médicales dans le cas de Quinn et de Simon. Mais, en élevant ses sœurs, Matt avait appris à les amuser pour détourner leurs esprits des dures réalités de la vie.

Quinn avait dans un premier temps refusé son offre, mais cela ne le dérangeait pas : cela réduisait ses responsabilités. De cette façon, il était plus un guide touristique qu'un compagnon ou un membre de la famille, ce qui lui allait très bien. Dès le train du retour, il serait sauvé, avec une bonne conscience en prime.

La Petite Venise, avec ses belles péniches et ses canaux, n'était pas très loin de chez lui et de la bouche de métro. Un endroit parfait pour retrouver la paire de touristes qui l'attendaient sur le pont. Ils contemplaient les bateaux sans se soucier de son arrivée, et il prit le temps de les observer.

Avec sa robe jaune à fleurs et bretelles qui dévoilait ses membres hâlés, Quinn était l'incarnation même d'un beau matin ensoleillé. Simple, éblouissante. Simon aussi était en habits d'été colorés — T-shirt rouge et short vert. Quinn s'accroupit pour passer de la crème solaire sur la peau exposée du gamin et enfonça une casquette de légionnaire sur sa tête. Pas question que le soleil aggrave ses lésions.

— Regarde, Quinn : Matt est là ! s'exclama Simon en courant vers lui.

— Ouille ! fit Matt quand un petit bolide de cinq ans le percuta.

— Salut, dit-elle en écartant une mèche de cheveux tandis qu'il s'approchait.

Il lui tendit une main pour l'aider à se redresser, Simon toujours cramponné à sa taille.

— Je suis content de te voir.

— Désolée, il est surexcité.

En menaçant de repartir s'il ne se calmait pas, Quinn parvint à détacher l'enfant de Matt. Elle n'avait manifestement aucune intention de mettre sa menace à exécution, mais le stratagème fonctionna.

— Moi aussi, je suis content de te voir, jeune homme.

— Ils sont où les animaux ? demanda Simon à qui l'on avait promis singes, girafes et autres amis exotiques alors qu'il n'avait que de l'eau et des péniches sous les yeux.

Cela faisait partie de la stratégie de Matt : faire durer le suspense pour capter l'attention de Simon.

— Ils sont au zoo et on y va, mais une promenade à Londres ne serait pas complète sans un spectacle.

La surprise était autant pour Quinn que pour lui.

Simon sautillait entre eux deux tandis qu'ils se dirigeaient vers les embarcations rouges et jaunes tendues de toiles rayées. De loin, ils devaient ressembler à n'importe quelle famille et Matt était surpris de l'accepter… Tant que cela ne durait pas. Tout ce qu'il voulait, c'était que Simon passe une bonne journée et, à son visage rayonnant, c'était le cas.

— Un spectacle de marionnettes ?

Les yeux de Quinn s'écarquillèrent, plus encore que ceux des enfants courant sur les côtés.

— Apparemment les enfants adorent ça, et Simon s'habituera à être sur un bateau avant de prendre un taxi aquatique pour le zoo.

L'ambiance tamisée du petit théâtre servirait également de transition pour Simon, avant la foule du zoo.

— Tu penses vraiment à tout.

C'était un compliment, pas une critique, et c'était plus vrai encore que ce que croyait Quinn. Il n'avait rien laissé au hasard, planifiant les moindres détails de la sortie depuis qu'il était sûr d'y aller.

Il les guida jusqu'à leurs sièges en hauteur en face de la scène et abrités du regard du public. Sa seule inquiétude était une éventuelle crise de claustrophobie de Simon. D'après son dossier médical, il s'était retrouvé enfermé dans une des salles de classe et Quinn lui avait parlé de ses cauchemars, qui tournaient tous autour de l'enfermement. Mais il se faisait du souci pour rien. Simon profitait du spectacle des vieilles marionnettes sans se préoccuper du reste, comme n'importe quel enfant de son âge. Matt était le seul à avoir des difficultés avec le plafond bas et les petites allées, mais cela était simplement dû à sa taille.

— Je n'avais jamais vu de spectacle de marionnettes, chuchota Quinn dans la pénombre.

La taille du banc l'obligeait à presser ses cuisses contre les siennes.

— Eh bien, c'est conseillé aux enfants de cinq à quatre-vingt-quinze ans, on tombe pile dans cette catégorie, répondit-il en se penchant.

Il sentit les boucles de ses cheveux lui caresser la joue et il dut se retenir pour ne pas fourrer le nez dans son cou et inhaler son enivrante odeur. Mais il y avait un enfant, il ne voulait pas se couvrir de honte parce qu'il n'avait pas su se tenir.

— Dans ce cas, nous sommes le public idéal, dit-elle, les yeux brillant dans le noir tandis qu'elle serrait Simon contre elle.

— Parfait.

Matt ne vit pas le rideau se lever tant il était hypnotisé par la joie enfantine de Quinn.

Quinn vivait dans son propre conte de fées. Pour l'instant, Simon et elle étaient enchantés de voir leur conte préféré incarné par des marionnettes. Ils chantaient à tue-tête les comptines populaires qui revenaient de temps en temps. Simon était totalement pris par le spectacle, comme Matt.

Peut-être était-ce l'éclairage tamisé qui faisait sortir le petit garçon de son cocon, en tout cas, à cet instant, il n'y avait aucune différence entre lui et les autres enfants.

Le spectacle terminé, Matt les conduisit rapidement sur une autre embarcation et ils naviguèrent tranquillement sur le canal en direction du zoo. C'était le meilleur chemin possible, paisible et très loin de l'agitation des rues.

Quinn était déjà montée sur un bateau auparavant, mais jamais sur une péniche. La leur était belle, large et peinte en rouge et vert. Elle semblait les transporter vers une autre dimension, un monde parallèle sans problème.

Comment Matt avait-il eu une idée aussi simple, comment l'avait-il concrétisée en quelque chose d'aussi spécial ?

C'était ce talent qui charmait les adultes autant que les enfants.

Il était assis avec Simon à présent, et lui désignait des bâtiments par un petit hublot. Cultivé et passionné par le monde qui l'entourait, il était prêt à partager ses connaissances. Son acolyte et lui s'amusaient également à faire de grands signes aux bateaux voisins. Et Simon ne pensait plus aux regards des passants, ni à sa peur du noir.

C'était probablement la première fois que ce pauvre enfant voyait deux adultes coopérer pour placer ses envies au-dessus des leurs. Pourvu qu'il connaisse cela pour de vrai, un jour, même si cela devait la faire souffrir. Simon aurait une famille, mais elle doutait de jamais trouver un autre Matt qui la prendrait sous son aile, elle et son fils adoptif, plus longtemps qu'un après-midi. Non, elle n'aurait pas cette chance.

La paisible traversée prit fin dans un coin de verdure qui semblait à des kilomètres de toute civilisation.

— Le bus aquatique a sa propre entrée dans le zoo, nous allons éviter la queue au niveau des caisses.

Une vague de chaleur partit soudain de l'estomac de Quinn pour se répandre dans tout son corps, et ce n'était pas seulement parce que Matt et elle se frôlaient dès qu'ils en avaient l'occasion. Cette fois, les attentions de Matt lui avaient vraiment réchauffé le cœur. Cela leur avait vraiment manqué, à Simon et à elle, jusqu'à présent. Sans en faire trop, Matt avait planifié un petit parcours jusqu'au zoo parfaitement adapté à un enfant traumatisé.

Du théâtre magique au transport paisible, le souci qu'il s'était donné pour qu'ils arrivent détendus à destination était poignant.

Si seulement Simon et elle avaient eu dans leur vie des figures masculines aussi attentives aux autres, bien des problèmes leur auraient été épargnés.

Ils patientèrent jusqu'à ce que tous les passagers aient débarqué, puis ils se levèrent de leur siège. Quinn quittait à regret cette traversée magique pour replonger dans l'enfer de la foule.

— Tes sœurs ont été très chanceuses de t'avoir, dit-elle tandis que Matt l'aidait à descendre sur la berge.

S'il s'était comporté avec elles aussi bien qu'avec ses patients, elles n'avaient jamais dû douter de l'amour qu'elles recevaient, et c'était l'une des choses les plus importantes au sein d'une famille.

Matt plissa le front, comme s'il se demandait comment prendre le compliment. Il avait dû connaître les mêmes problèmes qu'elle en tant que mère célibataire, mais qu'il ne réclame rien en retour voulait tout dire. On ne devenait pas parent pour recevoir des récompenses ou des remerciements, mais pour offrir le meilleur départ possible dans la vie à des enfants. Qu'il s'agisse de son propre enfant ou d'un enfant adoptif. En faisant de son mieux avec Simon, Quinn commençait à comprendre qu'elle était une bonne mère.

Tandis qu'ils se dirigeaient vers la partie principale du zoo, avec des gens à perte de vue, Simon prit sa main. Elle lui serra la main en retour pour lui signifier qu'elle serait toujours là quand il aurait besoin d'elle. C'était tout ce qu'elle pourrait faire — l'aimer et le protéger dans la mesure de ses moyens. Un jour, cela serait peut-être suffisant pour lui.

Tandis que de plus en plus de gens se retournaient sur leur passage pour regarder le petit garçon à la peau brûlée, elle l'attira contre elle. Matt se plaça de l'autre côté, formant une sorte de bouclier autour de l'enfant. D'une façon ou d'une autre, ils s'en sortiraient ensemble.

7

— Dois-je me sentir coupable de regarder des animaux en cage ? demanda Quinn.

Malgré son excitation d'être là, elle avait une conscience sociale et la dispute enfant/adulte sur la question menaçait de lui gâcher l'expérience.

— Il y a plusieurs écoles de pensée, mais, de nos jours, un zoo est bien plus qu'une attraction. C'est éducatif et cela fournit un environnement naturel aux animaux. Et puis, les billets d'entrée financent des projets de sauvegarde…

— OK, OK. C'est bon, je peux profiter du spectacle en sachant que je ne contribue à aucun mauvais traitement.

Elle faisait confiance à l'opinion de Matt. Il avait des principes et ne déformait pas la réalité pour servir son propos ou sa cause. À la différence de son ex, qui avait prétendu vouloir une famille pour emménager avec elle.

Elle repoussa ces pensées négatives pour le spectacle bien plus positif et alléchant de Matt en tenue décontractée. Alors qu'il étudiait le plan du site, elle put admirer son fessier, moulé dans un jean noir, et le V parfait de son torse sous un T-shirt de coton gris.

— Pourquoi tu souris, Quinn ? demanda Simon, ce qui ramena l'attention de Matt sur elle.

Elle était prise sur le fait à reluquer les attributs physiques de Matt.

— Je… je pensais à des choses agréables, répondit-elle en se remettant en marche, ignorant le rictus de Matt et la chaleur qui empourprait son visage.

— C'est quoi ? demanda Simon en tirant sa main, avec la curiosité sans détour d'un enfant de cinq ans.

Les marionnettes. Le bateau. Les fesses de Matt.

Elle aurait pu citer l'une ou l'autre de ces choses, et elles auraient été vraies.

— Je me disais que je m'amuse beaucoup avec vous deux, aujourd'hui, dit-elle enfin.

Sa curiosité satisfaite, Simon changea de centre d'intérêt et observa les photos de glaces du panneau publicitaire.

— Je peux en avoir une ?

— C'est un peu tôt, tu en auras une plus tard. Tout le monde mérite une récompense, tu ne crois pas ? dit Matt si près de l'oreille de Quinn qu'il la chatouillait de son souffle et lui donnait des idées coquines.

Elle brûlait de l'entendre parler d'autre chose que de glace et d'enfant.

Elle avait jusqu'à présent été un modèle de tempérance, mais peut-être méritait-elle une récompense, elle aussi. S'accorder un peu de ce qu'on aimait faisait du bien, à ce qu'on disait.

— Absolument. La vie est bien ennuyeuse si on ne cède pas de temps en temps à la tentation.

Elle plongea dans les yeux de Matt : impossible de continuer à prétendre qu'ils parlaient de produits laitiers.

Ils étaient deux adultes, capables de ne pas entraîner Simon dans ce qui se passait ou ne se passait pas entre eux. Il n'y avait aucune loi interdisant qu'elle fréquente quelqu'un. En essayant de protéger son cœur, s'interdisait-elle la meilleure chose qui lui soit arrivée depuis Simon ?

En dépit des problèmes inattendus qui avaient compliqué l'expérience, elle ne pouvait pas envisager son existence sans Simon. Ni sans Matt, et là était le danger. Et les dégâts étaient déjà faits. Quand ils la quitteraient, l'un et l'autre, il ne lui resterait plus que son cœur brisé et de merveilleux souvenirs.

Aujourd'hui faisait partie intégrante du processus : ils allaient vivre des moments mémorables, à condition d'éviter les vaines promesses. Matt dopait la confiance qu'elle avait en elle, convaincu qu'elle avait la capacité d'affronter n'importe quelle difficulté. Oui, il avait raison, elle méritait une récompense.

Loin des yeux sensibles d'un jeune enfant qui aurait vu dans une relation entre adultes plus qu'il n'y avait en réalité, elle voulait goûter encore une fois à son séduisant médecin.

Simon, Quinn et Matt parcoururent les allées, chaque animal devenant le favori de Simon dès qu'il prenait connaissance de son habitat. Plus que par la logique, ils se laissaient guider par le désir de l'enfant de voir tel ou tel animal, si bien qu'ils ajoutèrent quelques kilomètres au parcours traditionnel. Cela se révélerait peut-être un bienfait quand la fatigue viendrait enfin à bout de son énergie.

En regardant le visage de Simon s'illuminer devant un pingouin nageant près de lui ou un singe se balançant au-dessus de sa tête, Quinn eut mal pour la fillette qu'elle avait été, privée de cette joie par ses propres parents.

Chaque enfant aurait dû faire l'expérience de ce monde amusant, qui ne se résumait pas à l'école ou aux foyers d'accueil. Elle offrirait cela aux enfants qui lui seraient confiés. Ce ne serait pas forcément le zoo, ni avec Matt, mais n'importe quelle journée où un enfant pouvait n'être qu'un enfant.

— Tu voudrais entrer là-dedans ?

— Pardon ?

— Dans les tunnels des suricates. Je vois bien que ça te démange, fit Matt à Simon dont la tête émergeait de la capsule en plastique surplombant l'enclos.

— Oui. C'est super pour les enfants, dit-elle. Quoique nous aussi, les adultes, on puisse avoir envie de devenir un suricate.

Mieux valait avouer son envie de jouer que ses rêveries sentimentales. Qui lui garantissait que Matt la voyait autrement que comme une simple connaissance, désormais ? Il n'avait probablement plus envie de l'embrasser.

Mis à part le flirt et quelques contacts fortuits, qu'elle avait pu mal interpréter, il n'avait rien tenté de plus.

— Pauvre Quinn. J'ai entendu dire qu'ils organisaient des visites pour adultes, la nuit. On pourrait réserver ?

Il plaisantait, mais évoquait en même temps une soirée qu'ils passeraient à s'amuser tous les deux.

Enfin décidé, Simon partit explorer le tunnel des suricates.

— On dirait que nous n'avons pas assez joué pendant notre enfance, toi et moi. Ce ne serait peut-être pas une mauvaise idée de s'amuser un peu dans l'obscurité.

Sa température grimpa d'un cran tandis que les sourcils de Matt se fronçaient.

— Surtout garde bien cette idée en tête, lui grommela-t-il à l'oreille, alors que Simon arrivait en courant vers eux.

— On va manger quand ?

— Bientôt.

Elle était heureuse qu'il ait retrouvé son appétit. Pour sa part, sa faim ne serait rassasiée que lorsqu'elle serait de nouveau seule avec Matt.

Matt pensait s'être imaginé la chaleur qui brûlait entre Quinn et lui, l'interprétant comme une manifestation de sa propre frustration. Après tout, ils n'étaient pas allés plus loin que ce baiser torride. Il voulait plus, mais elle l'avait mis à la porte, et il avait chassé la tentation de son esprit. Jusqu'à ce qu'il remarque la sombre lumière de ses yeux saphir, qui faisait écho à celle qui sourdait en lui.

Mais, pour l'heure, ils avaient un garçon affamé à nourrir.

Il avait réservé un repas spécial enfant pour eux. Le restaurant était bondé, mais ils furent conduits vers une salle à l'écart, bien plus tranquille.

— C'est stupéfiant ! Tu nous gâtes, aujourd'hui ! dit Quinn devant l'assortiment de petits pains, sandwichs et autres scones de la taille d'une bouchée, présentés sur une petite planche.

— Vous le méritez, répondit-il, espérant que cela sonnerait comme un compliment pas trop nunuche.

Il le pensait. Elle méritait que chaque jour soit une récompense. Le plaisir qui illuminait son visage et son sourire reconnaissant emplissaient la poitrine de Matt. Il ne laisserait à personne d'autre le privilège de les y amener.

Il avait organisé cette escapade en étant persuadé qu'il s'acquittait d'une responsabilité éphémère. Maintenant que la journée se terminait, il voyait les choses différemment. En toute honnêteté, cela avait été l'une de ses meilleures journées depuis son déménagement à Londres, il aurait été stupide de ne pas renouveler l'expérience simplement parce qu'un enfant y était impliqué. Il y avait toujours eu des enfants autour de lui. Si Quinn était partante, pourquoi pas lui ? Une relation ne signifiait pas forcément une famille, il pourrait maintenir les deux séparées.

En sortant, ils rendirent visite aux espèces d'intérieur, qu'ils avaient d'abord délaissées au profit de créatures plus exotiques.

— Nous voici dans la forêt tropicale, déclara-t-il sur un ton de journaliste documentaire.

Simon, ragaillardi par les mini-desserts et les jus de fruits, se mit à courir au milieu de la végétation.

— Il va faire une crise d'hypoglycémie, quand tout ce sucre sera passé dans son sang.

Elle jouait la mécontente, mais elle avait savouré chaque bouchée de leur déjeuner, Matt l'avait deviné à ses soupirs et aux petits coups de langue gourmands sur ses lèvres. Au supplice, il s'était juré de lui arracher les mêmes gémissements dans l'intimité.

— Regarde-le ! s'exclama Simon qui suivait un oiseau bleu chatoyant voletant à travers les plantes et les lianes.

— Il est très beau, dit Quinn.

Elle observait le spectacle depuis un balcon, sans se douter qu'elle ajoutait encore à la beauté des lieux.

Peu importaient les oiseaux rares volant au-dessus de leur tête ou les petits singes se balançant de liane en liane, Matt ne voyait que Quinn. Le plaisir qu'elle prenait à se trouver dans cet environnement était rafraîchissant et contagieux. Ces dernières années, il avait été tellement pris par les questions matérielles et son désir de réussite qu'il en avait oublié de profiter de la vie. Les barrières qu'il avait érigées pour se protéger étaient devenues une prison.

Aujourd'hui, à ses côtés, c'était comme s'il retrouvait son enfance perdue, lui aussi.

Il avait été forcé de grandir trop vite. Avec sa mère abandonnant le foyer familial, la maladie puis la mort de son père, il n'avait pas eu le loisir de s'amuser et de faire des bêtises comme les autres enfants. Avec Quinn, il n'avait pas à cacher la joie qu'il éprouvait. Il en avait assez d'être adulte, il voulait laisser libre cours à l'enfant en lui, sans parler du teenager surexcité.

Ils quittèrent la lumière pour la section nocturne. Face aux créatures de la nuit, notamment les rats géants et les chauves-souris, Quinn se cramponna bientôt à son bras.

— Je ne sais pas comment Simon peut aimer ça, dit-elle.

— Nous, les hommes, on aime les trucs balèzes.

— Je ne veux pas rester là-dedans, chuchota-t-elle, apeurée.

Il sentit sa main tâtonner en quête de réconfort. Il s'en saisit pour la guider.

— Ne t'inquiète pas, je te protège.

Soudain, ils furent seuls au monde, se cherchant du regard dans l'obscurité, et se tenant par la main comme des amants qui viendraient de se déclarer leur flamme. Le reste du groupe avait avancé, et ils restaient isolés, n'entendant plus que les cris des animaux et le tambourinement frénétique de leurs cœurs.

Il lui prit le visage entre ses mains et trouva sa bouche sans difficulté, d'instinct. Cette fois, loin de le repousser, elle enroula les bras autour de son cou et l'attira à elle. Il l'attrapa par la taille tandis qu'elle trouvait sa langue et se pressait contre lui.

— Vous avez vu ça ? Il a vraiment de grands yeux.

La voix de Simon leur parvint de l'autre côté de la pénombre, les prévenant de son arrivée et les douchant.

— Je crois que c'est un galago, répondit Matt d'une voix

haletante, tandis qu'il tentait de reprendre le contrôle de ses émotions.

— Nous devrions suivre les autres jusqu'à la salle suivante, fit Quinn en s'écartant déjà.

— On reparlera de ça plus tard, chuchota-t-il pour elle seule.

— Je suis une mère et j'ai des choses de mère à faire, dit-elle d'une voix qui s'était remise à trembler.

Il chercha sa main dans l'obscurité. La culpabilité ne devait pas une nouvelle fois l'empêcher de profiter de l'instant.

— Le plaisir des adultes ne commence que dans l'obscurité, n'oublie pas.

Ça n'était pas terminé et, même si elle ne le voyait pas, elle devinait forcément son sourire.

Ils trouveraient un moyen d'être ensemble sans nuire à leur rôle dans la vie de Simon.

Sa tranquillité d'esprit en dépendait.

Quinn trébucha en rejoignant le garçonnet et le reste des visiteurs qui s'acheminaient vers la sortie. Sa maladresse avait bien plus à voir avec les propos de Matt qu'avec les embûches du chemin. Il lui faisait perdre son équilibre au moment où elle s'y attendait le moins.

Oui, elle l'avait encouragé, mais le baiser avait pris une tout autre tournure. Dans ses bras, elle avait oublié qui elle était, où elle était et laissé leur alchimie la consumer.

Dangereux. Irresponsable. Enivrant.

Ça ne faisait qu'augmenter son désir.

Si Simon ne leur avait pas rappelé qu'ils n'étaient pas seuls, ils se seraient donnés en spectacle. Heureusement qu'il n'avait rien vu de leur baiser, sans quoi ils auraient dû lui fournir quelques explications. Mais, à présent qu'elle regagnait la lumière, elle prenait la mesure de ses frustrations, auxquelles seul Matt pourrait répondre.

Comme il l'avait signifié, ils devaient discuter, et même agir, mais il fallait attendre que Simon soit couché et qu'elle ait accompli ses derniers devoirs maternels de la journée. Attendre impatiemment le lieu et l'heure où Matt et elle pourraient explorer cette nouvelle voie était un aphrodisiaque en soi. Comme si elle avait besoin de cela ! Finalement, peut-être y avait-il de la place dans sa vie pour autre chose que son enfant d'adoption. Si elle osait de nouveau mettre son cœur en péril.

Simon commença à ralentir le rythme et, pour la première fois, elle fut frappée par l'énergie qu'il avait dépensée avec un enthousiasme toujours égal.

— On peut aller au magasin, maintenant ?

Une pièce pleine à craquer de jouets et de souvenirs était sans doute un idéal indépassable pour la plupart des enfants. Elle garderait en tête d'autres moments forts, à commencer par celui dont elle sentait toujours l'empreinte sur ses lèvres.

— Oui. Que dirais-tu de te transformer en girafe pour quelque temps ?

Ayant visiblement noté sa soudaine fatigue, Matt hissa Simon sur ses épaules. L'exercice demandait de l'équilibre, pour ne pas heurter le flanc droit du petit, mais Matt s'en acquitta avec brio, veillant au confort et à la sécurité de son passager.

Il avait transformé un effondrement potentiel en quelque chose d'amusant. Un gamin fatigué et grognon était aussi difficile à gérer qu'un petit blessé effrayé.

Simon était à présent perché sur les larges épaules de Matt et ni l'un ni l'autre ne paraissait gêné. Souriante, la paire fendait la foule des autres duos père et fils, et Quinn devait se rappeler qu'il s'agissait d'une illusion, Matt ne serait pas toujours là. Pour le moment, c'était bon pour Simon d'avoir quelqu'un d'autre qu'elle qui veuille le meilleur pour lui.

— Je veux marcher.

La fatigue de Simon avait disparu dès leur entrée dans le magasin. Quinn aida donc Matt à le faire descendre.

Matt se massa la nuque.

— Je deviens trop vieux pour ça.

— N'importe quoi.

Il avait dû faire ce genre de choses pour ses sœurs. Quel

dommage qu'il ne veuille plus entendre parler de paternité ! Il aurait fait un père fabuleux pour un enfant chanceux.

— Mes muscles de trente-cinq ans me supplient d'arrêter. Toi, en revanche, tu me considères comme quelqu'un de jeune par essence, dit-il en attrapant un petit galago dont les grands yeux suppliaient Quinn de l'adopter.

— Comme il est mignon ! s'exclama-t-elle en le serrant contre elle.

— Et il nous rappelle le moment que nous avons passé dans la zone des animaux nocturnes.

Elle s'était toujours comportée comme il fallait, faisant plaisir à tout le monde pour ne pas être rejetée. Matt faisait ressortir son côté téméraire et elle aimait plutôt ça.

Avec lui, elle savait où elle mettait les pieds. À la différence de Darryl, Matt n'avait jamais promis qu'il élèverait des enfants adoptifs avec elle. Il partirait quoi qu'il arrive. Elle n'avait pas à faire bonne impression. Le désir l'envahit comme une chaude brise d'été, promesse de nuits torrides à venir.

Il ne l'avait rien laissée payer depuis le début de la journée, mais il ne l'empêcherait pas d'acheter un souvenir. Elle alla jeter un œil sur Simon qui avait disparu derrière une étagère, probablement à la recherche d'amis animaux à se faire offrir par Matt.

Elle fut horrifiée de le découvrir en larmes, entouré d'un groupe de garçons plus grands.

— Que se passe-t-il ? demanda-t-elle, passant aussitôt en mode maman ourse prête à défendre son petit.

Les trois garçons reculèrent sans cesser de rire, et l'un d'eux jeta un petit masque de singe à ses pieds.

— Il devrait porter ça, Quasimodo.

Matt surgit à cet instant, silhouette impressionnante dont le regard pétrifiant fit détaler les garnements hors du magasin.

— Ça va, vous deux ?

Révoltée par la cruauté dont elle avait été témoin, elle serrait Simon contre son cœur pour qu'il puisse pleurer tout son soûl.

— C'est juste un bébé, dit-elle, sentant des larmes perler au coin de ses yeux.

Ils avaient passé une merveilleuse journée et, à cause de gamins stupides, ils étaient revenus à leur point de départ, réduisant à néant les progrès accomplis.

Matt s'accroupit pour se mettre au niveau de Simon :

— Hé, mec, n'écoute pas ce qu'ils racontent.

Chacun des sanglots du petit brisait un peu plus son cœur. Un enfant aussi jeune n'aurait pas dû traverser autant d'épreuves.

— Personne ne voudra devenir ma maman et mon papa à cause de mon affreux visage.

La douleur de Simon les réduisit tous les deux au silence.

Cela expliquait ses peurs enfantines, pourquoi il ne laissait personne l'approcher. Il était persuadé que ses blessures le rendaient impossible à aimer et l'altercation avait renforcé sa croyance.

Quinn essuya ses larmes. Il n'était pas question qu'elle devienne une épave émotionnelle, cela ne rendrait pas service à Simon.

— Eh bien, moi, je connais des gens qui te tiennent en haute estime. Sans quoi, pourquoi t'auraient-ils acheté un singe-araignée ? fit Matt en ouvrant les longs bras de l'animal pour les nouer autour du cou de Simon. J'ai aussi acheté des mugs du zoo pour nous. Pourquoi on n'irait pas chez moi les essayer ?

Simon tourna vers Quinn ses yeux rougis, irrésistibles.

— On peut ? demanda-t-il.

— Bien sûr, répondit-elle, reconnaissante au maître ès distractions qui avait trouvé un moyen simple et rapide pour apaiser sa douleur. Du moins dans l'immédiat.

À elle de prouver plus tard à Simon combien il était aimé.

— Ce n'était pas prévu, mais mon appartement est plus proche, lui chuchota Matt à l'oreille. On va prendre un taxi et le calmer, puis je vous ramènerai chez vous.

Elle hocha la tête, n'osant pas le remercier de peur d'éclater en sanglots.

Matt lui serra soudain les mains.

— Tout va bien se passer.

Sans savoir pourquoi, elle se rendit compte qu'elle lui faisait confiance.

— Rentrons, Matt, soupira-t-elle, heureuse de prolonger encore un peu ce simulacre de vie de famille.

8

Prendre un taxi était un luxe par rapport aux trains et aux bus, bondés à l'heure de pointe. Et la carrosserie noire les isolait de l'agitation des rues. Malheureusement, l'esprit de Quinn ne la protégeait pas contre le stress.

Les larmes avaient séché sur les joues de Simon, qui jouait désormais avec les animaux en peluche. Découvrir ce qui l'angoissait lui avait ôté un poids, mais elle ne se sentait pas mieux pour autant. Elle s'était imaginé qu'apprendre la cause des tourments du petit garçon l'aurait soulagée : ils arrangeraient cela et iraient de l'avant. Hélas, ce n'était pas du tout le cas. Elle connaissait bien cette peur de ne jamais appartenir à personne, de ne pas être aimé, elle ne vous abandonnait jamais complètement. Elle attendait toujours le moment où elle serait rejetée. C'était pareil pour Simon, avant même que ses blessures ne justifient ses peurs.

Une adoption était un processus long et difficile. Pour Simon, il serait compliqué encore par les problèmes de santé et les futures complications psychologiques que certains n'auraient aucune envie d'affronter. Son cœur se serrait pour lui. Avec Matt, ils allaient devoir œuvrer pour alléger la transition jusqu'à ce que Simon trouve sa famille définitive.

La maison de Matt était exactement comme elle s'y était attendue : moderne, luxueuse, dans un quartier animé… Bref, tout ce que la sienne n'était pas. Leurs habitations trahissaient la différence de leurs modes de vie. Il appréciait sa liberté de citadin ; sa maison victorienne à elle avait été construite par des gens désireux d'une vie de famille.

Par la baie vitrée, la vue sur le fleuve était saisissante, pourtant l'ensemble manquait d'une touche personnelle.

Cela dit, Matt faisait de son mieux pour qu'ils se sentent à l'aise. Il n'avait certainement pas prévu de les inviter chez lui, ce n'était qu'un arrêt d'urgence pour éviter à Quinn de rentrer chez elle en compagnie d'un enfant en détresse. Et, à présent, Matt rangeait, après une omelette maison et des jus d'orange pressés, comme s'il les avait en effet attendus pour manger.

— Tu as été scout ? Tu es toujours prêt, quel que soit le drame avec lequel je me présente à ta porte.

Matt éclata de rire en remplissant le lave-vaisselle.

— Je ne suis pas scout dans l'âme. Je continue simplement à faire de grosses courses, une habitude qui me reste des années passées dans une maison pleine d'adolescentes affamées.

— Eh bien, j'apprécie, et Simon aussi, de toute évidence, répondit-elle en lui tendant son assiette vide.

Au moins, son appétit n'avait pas été affecté par le drame.

— Ce n'est rien. Ça faisait un bail que je n'avais pas cuisiné. J'avais oublié combien j'aimais ça.

C'était la première fois qu'il semblait insatisfait de son existence.

— Tu n'as jamais ramené de femme ici ? N'importe qui aurait posté des photos de cet endroit sur leur profil, sur les réseaux sociaux.

Mais un homme qui savait cuisiner et nettoyer, en plus de tout le reste, pouvait séduire n'importe quelle femme, à commencer par elle. Il aurait voulu le cacher, mais il aimait la vie domestique.

— Je n'ai pas dit ça, répondit-il. Mais je n'ai jamais cuisiné pour elles.

Le clin d'œil qu'il lui adressa lui serra l'estomac : ces autres femmes étaient venues ici dans des circonstances bien différentes.

— Alors je suis davantage le genre à qui l'on prépare un repas que celui que l'on emmène dans un restaurant à la mode.

Matt pouvait donner tellement plus que des biens matériels : c'était un homme gentil, généreux, armé de la patience d'un saint. Un homme dont elle était en train de tomber amoureuse sans pouvoir s'en empêcher, alors qu'il y avait encore tant de choses à découvrir sur lui et sur elle-même.

Il avait été généreux de son temps avec Simon, mais il avait aussi raffermi sa confiance en elle, en lui montrant qu'elle n'était pas la seule à rencontrer des difficultés en tant que parent isolé. Elle aurait à se battre, mais elle savait faire.

— Je n'enfile mon tablier de chef que pour des invités de marque, dit Matt en lui soulevant le menton.

Ses paupières étaient déjà baissées quand il posa sa bouche sur la sienne, bien trop brièvement. Elle jeta un coup d'œil par-dessus son épaule pour voir si Simon avait remarqué quelque chose. Il ne manquerait plus qu'il soit perturbé lui aussi par ce qui se passait entre Matt et elle.

— L'excitation est venue à bout de lui, dit Matt tout bas, regardant lui aussi la petite silhouette recroquevillée sur le canapé en cuir.

— Comment vais-je le ramener à la maison, maintenant ? dit-elle, soulagée qu'il soit aussi profondément endormi.

Elle n'aimait pas la perspective de le réveiller pour le ramener chez elle avec le risque qu'il ne se rendorme pas.

— Tu sais ce qu'on dit : on ne réveille pas un enfant qui dort.

Matt ne semblait pas pressé qu'elle parte, pourtant elle le repoussa pour aller voir Simon.

— Ça ne lui fera pas de mal de dormir encore un peu, dit-il. Je te promets de vous ramener tous les deux dès qu'il sera réveillé. Parole de scout.

Il avait mis la main sur son cœur. Elle fronça les sourcils, mais il l'avait fait rire.

— Il n'est pas bien installé, dans cette position.

Simon était roulé en position fœtale, la tête sur un accoudoir. Il risquait une crampe, voire d'aggraver ses blessures s'il restait ainsi trop longtemps.

— Je vais l'installer dans la chambre d'amis, dit Matt. Il aura toute la place pour s'étaler et dormir sans être dérangé.

— Fais attention à ne pas le réveiller, dit-elle alors que Matt le soulevait comme s'il ne pesait pas davantage qu'une plume.

— Ne t'inquiète pas, il dort à poings fermés.

Simon ne broncha pas. Le grand air avait manifestement fait son œuvre.

Matt ouvrit une porte d'un coup d'épaule et Quinn n'aurait pu être plus surprise par ce qu'elle découvrit : la chambre était décorée de fleurs et de fées roses et mauves. Dans un coin, une montagne de jouets d'enfants et de peluches jouxtait un petit lit et un berceau en bois blanc. Une chambre parfaite pour une fillette.

— Y a-t-il quelque chose que tu souhaites me dire ?

Il avait affirmé avec une telle insistance ne pas vouloir de responsabilités familiales ! Pourvu qu'il ne soit pas le père divorcé de deux fillettes. Comment supporter un mensonge de sa part, alors qu'elle était en train de tomber amoureuse de lui ?

Il allongea doucement Simon sur le petit lit et le couvrit d'une couette.

— Je t'ai dit que j'avais des sœurs. Anne, l'aînée, est mariée, elle a deux filles, Jaime et Lucy, qui me rendent parfois visite, dit-il en tirant les rideaux.

Il était à mille lieues du célibataire autocentré dont il lui avait fait le portrait. Pourquoi lui avait-il caché cette information ? Peut-être la situation de Matt aurait-elle repoussé des femmes horrifiées à la pensée de changer une couche sale, mais pas elle.

— Donc, si je comprends bien, tu es un tonton gâteau, fit-elle, moqueuse, en quittant la chambre.

Il leva les yeux au ciel.

— Tu vois, c'est pour ça que je ne dis rien de ma vie personnelle. Pour le monde extérieur, je suis un jeune chirurgien couronné de succès. Pour ma famille, un tonton gâteau doublé d'une oreille charitable. J'essaie d'éviter une collision entre ces deux mondes.

— Et moi, quel côté est-ce que je vois ?

Ils se tenaient côte à côte dans le couloir, et elle était sûre qu'il entendait son cœur tambouriner dans sa poitrine. Plus elle connaissait le vrai Matt, plus elle avait envie de croire que quelque chose pouvait marcher entre eux.

— Tu es une anomalie, Quinn. Tu as mis un pied dans les deux camps et je ne sais pas ce que cela m'inspire.

Elle appréciait son honnêteté. Il ne lui promettait pas le monde pour obtenir ses faveurs. Il lui disait seulement qu'elle le faisait réfléchir sur ce qui se passait entre eux, et elle s'en satisfaisait pour le moment.

— Moi non plus.

Les implications de ce nouveau pas dans sa vie à lui étaient inconnues, à part une peine de cœur, mais, pour l'heure, ce dont elle était sûre, c'était qu'elle le voulait, lui.

Elle se pencha, mais il était déjà là, pressant ses lèvres sur les siennes comme si elles avaient été conçues pour cela.

Devait-elle le prendre par la main pour le conduire jusqu'à sa chambre ou rester ici, dans le couloir, au cas où Simon aurait besoin d'elle ? Que se passerait-il s'il se réveillait sans comprendre où il se trouvait ?

Sur ce point, Matt avait raison de fuir la vie familiale : il n'y avait pas mieux pour tuer la passion au plus mauvais moment !

Pas de galipettes ! Tu dois penser à ton enfant !

Si un gosse de cinq ans et sa mère hystérique l'empêchaient de jouer à la bête à deux dos, Matt irait voir ailleurs.

Elle allait avouer son scepticisme quand Matt l'entraîna dans le salon. À quoi allaient-ils passer le temps pendant le petit somme de Simon ? À jouer aux échecs ? Ou bien avait-il un album photos de ses ex qu'elle pourrait feuilleter en attendant ?

— J'ai un de ces trucs, dit-il, brandissant un babyphone qu'il plaça sur la table basse, l'air aussi satisfait que s'il venait de résoudre une équation complexe.

À ses yeux à elle, c'était bien le cas.

Quels que soient les obstacles, il trouvait un moyen de les surmonter. Il ne baissait pas les bras à la première difficulté, ce qui était nouveau pour elle. Comment ne pas s'attacher trop à un homme qui faisait tout son possible pour lui montrer qu'elle pouvait s'appuyer sur lui ?

— Le contraire m'aurait étonnée, fit-elle avec un petit rire.

Tout indiquait qu'il était un frère et un oncle aimants, prenant ses responsabilités au sérieux même s'il rechignait à le faire savoir. C'était l'idée d'introduire quelqu'un de nouveau dans son univers qui constituait le point d'achoppement et empêchait toute relation entre eux.

— Il faut juste que j'allume l'appareil dans sa chambre, et nous saurons s'il se réveille. Je reviens.

Elle s'assit sur le canapé, tripotant fébrilement l'ourlet de sa robe. Qu'allait-il se passer ? Elle se faisait l'effet d'une jeune fille attendant son premier baiser.

Mais il ne s'agissait plus de ça avec Matt. Ce serait leur seul moment d'intimité. Et s'il n'était pas à la hauteur de leur baiser au zoo ?

Il voulait qu'elle reste. Ce n'était pas terminé, avait-il dit. Elle n'était donc pas en train de tout imaginer ?

— Tu veux boire quelque chose ? demanda-t-il en revenant.

— Un verre d'eau, ce serait bien, merci.

Tout à coup, sa langue lui collait au palais et ses mains étaient moites. Très sexy !

Elle imagina toutes les femmes qui s'étaient ruées dans sa chambre en lui arrachant ses vêtements. Elle devait lui paraître bien terne en comparaison, elle qui n'avait plus rien de séduisant maintenant qu'elle passait ses journées à regarder des dessins animés et à laver du linge, trop heureuse quand elle trouvait le temps de se coiffer le matin.

Au moins, en prévision de la journée en sa compagnie, elle avait fait un effort vestimentaire. Renouer avec la sirène sensuelle qui se tapissait en elle, ensevelie sous des montagnes de paperasse et de rejet, lui ferait le plus grand bien.

Le canapé s'enfonça quand Matt s'assit à côté d'elle, son verre d'eau à la main. Elle but une gorgée, consciente du regard avide qu'il posait sur elle. Comme il esquissait un geste pour se frotter la nuque, elle sauta sur l'occasion.

— Tourne-toi, je vais te masser. Tu mérites bien ça, après cette journée.

Elle reposa son verre et ôta ses chaussures pour s'agenouiller sur le canapé à côté de lui.

Il se tourna, lui présentant la solide muraille de son dos.

Les mains tremblantes, elle malaxa ses épaules. Chaque muscle opposait une résistance à ses tentatives.

— Peut-être que tu devrais… enlever ton T-shirt. Tu es vraiment noué, par là.

Pas très subtil, comme technique, mais il obtempéra, passant le T-shirt par-dessus sa tête.

— Waouh ! dit-elle en découvrant pour la première fois son impressionnant physique en chair et en os, quoique de dos.

Si seulement elle pouvait trouver une excuse pour masser ses pectoraux !

Elle passa les doigts sur cette peau chaude, glissant les mains le long de sa colonne jusqu'à la ceinture de son jean. Mue par un accès de courage ou de désir, elle faufila sa main en dessous, jusqu'au V de peau lisse et tendue qui menait ensuite au…

Matt prit une brève inspiration et plaqua ses mains sur les siennes, afin de mettre un terme à sa pathétique tentative de séduction.

— Je suis désolée… Je…

Elle se rejeta en arrière, cherchant désespérément un moyen de lever le camp sans avoir à rencontrer son regard, mais il resserra son emprise sur son poignet.

Il s'était retourné, l'obligeant à le regarder. OK, ce n'était pas un échec complet, elle avait eu un aperçu de sa splendeur, mais elle aurait voulu un bon souvenir à se rappeler chaque fois qu'elle se repasserait le film de cette humiliation.

— Tu n'as pas besoin d'en faire autant, Quinn, dit-il avec un petit sourire qui lui parut de bon augure.

— Comment cela ?

Elle feignit la nonchalance d'une femme glissant la main dans le slip d'un homme dès que l'idée lui en prenait.

— Tu n'as pas à accélérer le processus. Laisse les choses se passer naturellement.

Au ralenti, il vint vers elle jusqu'à ce que son souffle lui caresse les lèvres, la transformant en poupée de chiffon. Elle ferma les yeux et laissa la nature prendre le dessus.

Il lui donna un baiser délicat, tout en l'allongeant sur les coussins. Il avait raison, pourquoi jouer un rôle quand l'alchimie entre eux faisait tout le travail ?

Quinn était allongée sous Matt, son poids la plaquait au canapé. Ils étaient tous deux là où ils avaient envie d'être.

Elle l'avait surpris en prenant l'initiative, elle qui avait semblé réticente à aller plus loin que quelques rapides baisers. Il avait apprécié, mais il avait besoin de reprendre le contrôle. Pas sur elle ou sur la situation, mais sur lui-même.

Il était trop proche de Simon et d'elle à présent. Même si leur visite chez lui tenait plus de la mesure de secours que d'une invitation à entrer dans sa vie privée, le résultat était le même. Ils avaient pénétré son espace personnel et son cœur.

Il avait été furieux que Simon se fasse malmener par ces gamins, il avait eu mal pour lui et pour Quinn qui allait devoir gérer les retombées. Tout ce qu'il voulait, c'était diminuer un peu leur peine, même s'il y laissait des plumes au passage.

Si les choses suivaient leur cours, il pourrait fort bien se retrouver avec plus de responsabilités parentales qu'il n'en voulait. Voilà pourquoi il devait s'éclaircir la tête et se concentrer sur autre chose que son propre plaisir, à savoir celui de Quinn.

Ces grands yeux bleus qui le regardaient avec une telle confiance et un tel désir constituaient à eux seuls une épreuve. Même si cela le tuait, il ne devait pas commencer quelque chose qu'il ne mènerait pas à terme, une liaison avec une mère célibataire par exemple.

Quinn semblait ne pas avoir les mêmes réserves et l'attira à elle, pressant sa poitrine contre son torse, son sexe contre le sien, venant petit à petit à bout de sa résistance. Brûlant de la voir nue, il défit les bretelles de sa robe et dégrafa son soutien-gorge. Sa petite poitrine tenait tout entière dans sa paume, il céda à l'envie d'y goûter.

Il se déplaça légèrement, pour que la preuve de son excitation ne soit pas trop inconfortable pour l'un et l'autre, mais Quinn écarta les cuisses, et son sexe se nicha entre ses jambes. Il relâcha son téton avec un gémissement : il avait clairement sous-estimé l'effet qu'elle avait sur lui. Son pantalon encore boutonné le faisait souffrir, ce qui n'échappa nullement à Quinn. Elle entreprit d'ouvrir un à un les boutons.

Cette femme le rendait fou. S'il n'y prenait garde, il allait céder à son désir, ce qui serait un soulagement ponctuel mais certainement porteur de lourdes conséquences. Il devait trouver le moyen qu'elle se sente bien, sans trop donner de lui-même.

En deux mouvements, il l'avait débarrassée de ses sous-vêtements. Son petit rire, lorsqu'il les jeta par terre, lui fit définitivement perdre la tête. Déposant une ligne de baisers sur son corps, il descendit jusqu'à son ventre et plongea la tête sous sa robe.

— Matt, murmura-t-elle, lui effleurant la tête sans pour autant lui demander d'arrêter.

Il prit son temps, savourant son goût, titillant les replis de son sexe avant de plonger la langue en elle. Elle se cambra pour qu'il plonge plus profondément entre ses cuisses. Il agrippa ses fesses et approfondit ses caresses.

Décrivant des cercles autour de son clitoris, suçant et léchant, il la conduisit au point de non-retour, manquant lui-même d'exploser en entendant ses gémissements de plaisir. Elle était si serrée autour de lui qu'il sentit son orgasme. Elle lui enfonçait les doigts dans les épaules, son corps tremblait au rythme du frémissement de ses muscles vaginaux.

Encore moite de désir, elle l'invita à la rejoindre dans le plaisir mais il n'aurait plus pu revenir sur terre. Aussi s'écarta-t-il pour mieux replonger la langue en elle, encore et encore, jusqu'à ce qu'elle se désagrège de nouveau sous lui. Quel dommage qu'elle ne puisse hurler son plaisir — elle avait plaqué une main sur sa bouche. Il aurait tant aimé qu'elle se donne à lui en oubliant tout. Cependant, il comprenait : elle ne pouvait pas faire taire son instinct maternel. Quand lui serait loin, elle aurait toujours à veiller sur Simon.

Il se releva, laissant de l'espace à Quinn pour qu'ils reprennent elle son souffle et lui contenance. Ce qui n'était pas chose facile devant son visage rougi, ses pupilles dilatées et sa semi-nudité.

Les lumières du babyphone se mirent à clignoter, accompagnant un bruit de draps froissés. Sauvés par le gong ! Simon se réveillait et Matt avait promis de les ramener aussitôt chez eux. Cela l'empêcherait de tomber amoureux de la femme magnifique qu'il venait juste d'assaillir sur son canapé.

— Je vais jeter un œil sur lui, dit-il, sautant sur l'occasion de remettre de l'ordre dans ses idées maintenant que leurs deux univers avaient été chamboulés.

— Merci, fit Quinn, soudain intimidée, en rajustant ses vêtements.

Elle n'avait pas à être embarrassée : c'était lui qui avait tout gâché.

Même en ne cédant pas à la tentation, il était en train de tomber amoureux d'une femme qui n'était pas pour lui. Car Quinn n'était pas seule et, même s'il aimait beaucoup Simon, elle allait continuer à accueillir des enfants, et il ne voulait pas signer pour cela. Il n'était pas venu à Londres pour ruiner une indépendance si chèrement acquise avec les enfants d'une autre.

Quinn et lui suivaient des routes complètement différentes, même si elles se croisaient sans cesse et compliquaient les choses. Il fallait accepter des concessions sur certains points, et ce ne serait sûrement pas sur sa liberté. Cela dit, tant qu'il soignerait Simon, il ne romprait pas le contact, pour autant qu'il en fût capable.

Cette journée lui avait ouvert les yeux et mis sa résistance à rude épreuve. S'il ne les ramenait pas chez eux sur-le-champ, il allait se retrouver embringué dans une histoire au long cours, alors qu'il voulait prendre un nouveau départ. Il ne retomberait pas dans le piège.

Il était jeune, libre, célibataire, et il devait le rester. Il suffisait de répéter ce mantra et il finirait par y croire, ou par trouver quelqu'un pour prendre sa place dans le cœur de Quinn et de Simon.

9

Quinn avait passé les derniers jours dans une sorte d'hébétude. Que s'était-il réellement passé ?

Il devait y avoir un défaut dans cet homme qui, après avoir passé une journée entière à promener un gamin de cinq ans au zoo, ne s'était occupé que de son plaisir à elle. Sur le moment, alors que son corps irradiait des effets de ses attentions, elle ne s'en était pas souciée.

Maintenant encore, elle frissonnait au souvenir de ses lèvres sur elle. Pourtant elle ne l'avait pas revu. Ne s'agissait-il vraiment que d'une surcharge de travail ? Ce qu'ils avaient vécu ne pouvait pas être oublié aussi facilement.

Elle s'aperçut qu'elle souriait bêtement dans les couloirs de l'hôpital et baissa le visage. Patients et personnels ne devaient pas deviner qu'elle s'était amourachée du chirurgien. Elle se passerait volontiers de leurs mises en garde. Ils ne pourraient rien dire qu'elle n'ait déjà pensé.

Tu vas souffrir. Il ne s'engagera pas.

Elle ne voulait pas entendre cela ; de toute façon il était trop tard. Elle était amoureuse de Matt et, pour une fois, elle se fichait des conséquences. Cette journée lui avait montré à quel point elle avait besoin de temps pour elle-même. Une discussion, un repas ou une promenade sans s'inquiéter pour Simon lui avait procuré un soulagement qu'elle n'avait pas éprouvé depuis des mois. Un état d'esprit qui leur serait profitable à tous les deux.

D'ailleurs il était de bien meilleure humeur. La fatigue de

la journée l'avait fait dormir d'une traite, après que Matt les avait ramenés chez eux. Et ce sommeil paisible avait allégé l'atmosphère.

Elle n'avait profité d'aucune aide extérieure pour son garçon. Elle voulait s'en sortir par elle-même de peur qu'une tierce personne ne perturbe plus encore Simon. Elle redoutait aussi que cela ne souligne son incompétence. Mais, à présent, elle reconsidérait l'idée d'un soutien extérieur.

Elle était donc cette fois à l'hôpital sans son bout de chou. Il avait été tout content qu'elle lui propose de passer du temps avec Mme Johns, comme cette dernière, qui s'était d'ailleurs proposée de l'aider dès le premier jour. Quinn pensait ne s'adresser à elle qu'en cas d'urgence, mais peut-être Simon et elle avaient-ils besoin de percer la bulle dans laquelle ils vivaient depuis l'incendie.

Il allait être gâté et gavé de toutes sortes de délices faites maison, mais un jeune garçon devait se faire chouchouter par des anciens et vivre toutes sortes d'aventures, tandis qu'une femme adulte devait prendre le café avec des amies et avoir une vie amoureuse, si possible. Il était temps de redonner un peu de normalité à leur existence.

Bien sûr, elle ne négligerait pas ses responsabilités pour partir à la recherche de l'homme qui l'avait convaincue que rester célibataire et être une bonne mère étaient deux choses différentes.

Elle avait joint sa voix à celle des manifestants devant l'hôpital, avec d'autant plus d'énergie qu'elle savait Simon heureux et en bonne santé. Soutenir de justes causes répandait des endorphines dans l'organisme. Or quelle meilleure cause que sauver ce magnifique bâtiment de la destruction ? Puis, quand Simon retournerait à l'école, peut-être chercherait-elle un autre engagement bénévole. L'école était déjà en reconstruction et elle aurait besoin de s'occuper quand Simon serait de nouveau scolarisé.

Pour l'heure, elle réunissait les témoignages de parents qu'elle avait croisés dans les couloirs de l'établissement.

— C'est fantastique. J'apprécie beaucoup votre aide, leur disait-elle en ajoutant une nouvelle déclaration à l'arsenal que le comité déployait pour s'opposer à la décision du conseil.

— Si je peux faire quoi que ce soit pour aider. Nous serions perdus sans cet endroit, nous nous y sommes fait tant d'amis. Je ne peux imaginer aller ailleurs.

Penny, la fille de Mme Craig, était une silhouette familière dans les couloirs du Château : elle venait en consultation externe, mais était en permanence sous oxygène. Quinn avait entendu dire qu'elle attendait une transplantation cardiaque.

— Moi non plus, répondit Quinn.

Elle avait passé les premiers jours après l'incendie sans manger ni dormir, à prier jusqu'à ce qu'elle soit sûre que Simon allait survivre. Mieux valait ne pas penser à ce que Penny et Mme Craig avaient traversé et devaient encore traverser. Être transférée loin d'une équipe sans doute devenue aussi proche qu'une famille serait un déchirement. Quinn était bien placée pour savoir ce que cela faisait, de compter sur quelqu'un, de se rapprocher de lui et d'être dévastée par son départ.

C'était exactement le genre de considérations dont se moquaient les financiers quand ils rabotaient les dépenses.

— Vous êtes la mère de Simon ? demanda une fillette en tutu rose qui se frayait un chemin avec sa chaise roulante.

Il aurait été difficile de ne pas la remarquer.

— Oui, je suis Quinn, sa mère d'accueil. Ravie de faire ta connaissance, dit-elle en tendant la main.

— Je suis Penny, je connais tout le monde ici, dit la fillette comme une évidence.

— Et tu es une célébrité aussi, je crois.

Quinn adressa un sourire entendu à sa mère. Chaque enfant avait sa façon de s'adapter à la vie à l'hôpital, mais l'intégration de Penny à la communauté hospitalière, sa confiance en elle auraient été bien utiles à Simon.

— Je peux vous demander quelque chose ? demanda Penny.

— Une célébrité ? Une demoiselle indiscrète, plutôt, dit Mme Craig avec un soupir.

— Vous sortez avec Matt, c'est ça ? fit Penny en penchant la tête sur le côté pour mieux observer Quinn.

Celle-ci sentit ses joues s'empourprer. Elle n'avait pas su

cacher ses sentiments bien longtemps. Comment réagirait-il en la revoyant, si même une enfant avait deviné qu'elle était folle de lui ? Il allait prendre ses jambes à son cou.

— Eh bien...

— Il n'est pas là, aujourd'hui. Je voulais lui montrer ma nouvelle tiare, mais Rebecca m'a dit qu'il était de repos, dit la petite en touchant le joli diadème de plastique perché sur sa tête.

— Penny, pourquoi colporter des ragots ? dit sa mère. Laisse donc Quinn faire ce qu'elle a à faire.

— OK, dit la petite en dirigeant son fauteuil vers l'ascenseur.

Quinn, perturbée par la nouvelle de l'absence de Matt, agita la main dans la direction de Penny.

Il n'avait pas parlé d'un congé. Si elle y réfléchissait, il n'avait rien dit après le réveil de Simon. Elle avait été trop bouleversée par ses orgasmes, puis trop soucieuse de ramener paisiblement Simon à la maison pour songer à sonder l'état d'esprit de Matt. Il avait beaucoup donné sans rien recevoir. À présent, elle s'interrogeait sur ses motivations. Peu d'hommes auraient accepté de rester insatisfaits, surtout dans l'état d'excitation intense qui était celui de Matt.

S'il lui avait proposé de rester avec Simon pour la nuit, elle aurait sauté sur l'occasion. Mais son empressement à effacer toute trace de leur passage ne collait pas avec la perception qu'elle avait des moments passés avec lui.

OK, il n'avait jamais parlé d'amour éternel mais, s'il avait besoin de temps après les quelques petites heures passées en leur compagnie, cela sentait le roussi.

Ce n'était pas comme s'il vivait loin. Elle cherchait toutes les significations possibles de ses actes. Elle voulait s'assurer qu'elle n'attendait rien d'autre de lui que ce qu'ils avaient déjà partagé.

Elle ne désirait qu'un peu de temps en sa compagnie pour comprendre l'effet que cette relation avait sur elle. Émotions mises à part, s'ils se concentraient sur la dimension physique de leur relation, ils pourraient passer du bon temps avant que son contrat ne se termine et qu'il disparaisse. Et, de toute façon, elle avait une faveur à lui retourner. Elle n'aimait pas les dettes.

Elle pressa le pas en direction des immeubles modernes et étincelants, les yeux emplis de visions d'elle arrachant les vêtements de Matt. Malheureusement, le doute l'assaillit bientôt.

Avait-elle vraiment le droit de se présenter comme cela chez lui ? Peut-être était-il malade, à moins que cela ait quelque chose à faire avec elle. Il pouvait avoir des tas de raisons de ne pas souhaiter la voir.

Elle pouvait rester plantée là, comme un enfant devant une vitrine de Noël, ou bien ne plus perdre son temps et obtenir une réponse.

Le doigt sur l'interphone, elle se préparait à analyser son ton de voix dans tous les sens lorsque la porte s'ouvrit, galamment tenue par l'un des résidents.

— Merci, fit-elle en pénétrant dans l'immeuble.

Chaque pas sur le marbre du hall en direction de l'appartement de Matt lui donnait des crampes d'estomac. Si quelqu'un de l'hôpital la savait ici, on lui conseillerait sûrement de prendre des mesures d'éloignement. Il était le chirurgien de Simon. Ce qu'ils avaient partagé allait à l'encontre de toutes les règles d'éthique.

Elle prit une profonde inspiration et frappa à sa porte. Si ça se trouvait, il n'était même pas chez lui. Après tout, il avait une famille et des engagements professionnels dont elle ne savait rien. Ce n'était pas comme s'il était censé rester chez lui pour se protéger d'elle. S'il n'était pas là, elle pourrait toujours prétendre qu'elle n'était pas venue et le laisser faire le premier pas.

Tout à coup, la porte s'ouvrit en grand et ses poumons se vidèrent de leur air.

— Quinn ! Pile la personne dont j'avais besoin.

Pas exactement l'accueil auquel elle s'était attendue, surtout qu'il claquait sa porte et faisait tinter ses clés de voiture.

— Je… je ne t'ai pas beaucoup vu…

— Je sais, je sais. Attends. Où est Simon ?

— Avec une voisine. Je me suis dit que nous avions besoin de nous amuser, lui comme moi.

Ce qui réussissait mieux à l'un qu'à l'autre.

— Bonne idée, dit-il en s'éloignant de son appartement plutôt qu'en l'entraînant à l'intérieur.

— Tu es occupé. Peut-être pourrait-on se retrouver à un autre moment ?

Elle pouvait encore sauver la face en partant sans discuter de ce qu'elle représentait pour lui. Cette porte fermée était assez éloquente.

Il ralentit, comme s'il venait seulement de se rendre compte de ce que sa visite avait d'étrange.

— Tu n'as pas fait tout ce trajet rien que pour me voir, si ?

Présentée ainsi, sa visite paraissait si désespérée qu'elle nia.

— Non. J'étais à l'hôpital pour aider le comité et j'ai vu Penny, qui m'a dit que tu avais pris un congé. Je suis passée vérifier que tu n'étais pas malade.

— Ah, oui, dit-il en riant. Penny. Avec elle, impossible de garder le moindre secret.

— Je récupérais des témoignages de parents.

C'était nul comme excuse, mais il ne devait pas l'imaginer hantant les couloirs de l'hôpital à sa recherche.

— C'est en effet la famille qu'on voit le plus, Penny est si pétulante, malgré ses problèmes de santé...

Il était de toute évidence sous le charme de la fillette, qui ne faisait pourtant pas partie de ses patients. Encore une preuve qu'il se consacrait aux gens bien au-delà du strict minimum.

— En effet, et je vais pouvoir la rassurer sur ton état de santé.

Elle atteignit le trottoir la première, et reprit le chemin de l'hôpital pour corroborer son mensonge. C'était elle qui avait voulu savoir pourquoi il n'était pas au travail. Et elle qui repartait, dépitée. Comment s'était-elle imaginé pouvoir sonner chez lui et prendre ce qu'elle voulait sans tenir compte de ses désirs à lui ? Parmi lequel celui, évident, d'être laissé tranquille.

Elle pliait de nouveau sous un poids énorme, deux fois plus lourd pour lui avoir été ôté pendant quelque temps des épaules.

— Tu ne viens pas avec moi ?

Il fallut qu'un bras s'enroule péremptoirement autour de sa taille pour que les mots parviennent à son cerveau.

— C'est une proposition ? Enfin, tu allais quelque part quand je suis arrivée…

Tu allais quelque part sans moi.

— Ça me simplifiera la tâche. Il aurait fallu que je te consulte de toute façon, pour prendre la décision finale.

Manifestement excité par ce qu'il projetait, il s'installa au volant de sa voiture.

— Tu m'inquiètes. Où allons-nous ?

— C'est une surprise. Détends-toi. Rien de méchant. Assieds-toi et profite du voyage.

Elle n'avait aucune idée du temps qu'ils allaient passer en voiture, mais elle s'en moquait. Pour le moment, enfoncée dans son siège, elle se relaxait, comme il l'avait suggéré. Ce n'était pas ce qu'elle avait prévu, mais c'était toujours mieux que le scénario où il ne voulait plus la revoir.

Elle lui faisait confiance pour passer agréablement le temps.

Pourquoi Quinn était-elle venue chez lui ? Matt n'en savait rien, mais sa visite était providentielle. Il était en train de prendre un grand engagement pour elle et Simon, c'était donc la moindre des politesses qu'il sache ce qu'elle en pensait.

Depuis la journée avec eux, il avait essayé de concocter un plan pour les garder dans sa vie sans se retrouver dans le rôle de père de substitution. Il aurait été facile de changer de cap, quand une autre partie de son corps essayait de prendre les décisions à la place de son cerveau.

S'il avait suivi ses véritables aspirations, la situation entre Quinn et lui aurait été encore plus problématique. Seul le souvenir de son expérience de la « paternité » l'avait empêché de la mettre dans son lit et de laisser Simon passer la nuit dans sa chambre d'enfants, pour une nouvelle vie de famille qu'il n'avait pas demandée. Or il n'était pas sûr que ce serait toujours le cas. Il avait donc trouvé l'idée d'inclure une tierce personne dans leur relation, voire une quatrième s'il comptait Simon.

— La fourrière pour chiens ? fit Quinn, fronçant les sourcils en découvrant le refuge avec dans les yeux un mélange de curiosité et de déception.

Exactement ce qu'il avait voulu éviter.

Il avait tardé à reprendre contact, sachant que rien de ce qu'il dirait ou ferait ne comblerait les attentes que cette nuit avait dû faire surgir. Maintenant, il espérait qu'un joli animal fournirait une distraction suffisante.

— J'ai eu cette idée. Les animaux sont très thérapeutiques car ils aiment inconditionnellement, sans se soucier de l'apparence des humains. Au zoo il était évident que Simon aimait beaucoup les bêtes. Ça pourrait vraiment l'aider à reprendre confiance en lui.

Elle ne répondit rien, mais le suivit à l'accueil. Pourvu qu'elle soit en train de soupeser l'idée de l'adoption, pas d'attiser sa colère contre lui.

— C'est une bonne idée, en théorie, mais ce n'est pas réaliste. J'ai déjà assez de choses à gérer sans y ajouter le dressage d'un chiot.

— Celui-ci a un an, il est complètement dressé. Il n'y a plus rien à faire.

Qui ne tomberait pas amoureux d'un chiot ? Toutefois, elle le maudirait sans doute lorsqu'elle découvrirait des flaques d'urine dans sa maison ou des marques de crocs sur ses meubles. Sa sœur Siobhan l'avait convaincu à force de suppliques d'adopter un chiot d'une portée promise à la mort, et avait Dieu merci emmené sa petite machine à crottes avec elle en quittant la maison.

— Celui-ci ? demanda-t-elle, le sourcil levé, devant la photo d'un chien qu'il avait imprimée.

— Frankie. C'est une femelle, une croisée colley. Je l'ai vue sur Internet et j'ai organisé ce rendez-vous pour la voir avant de t'en parler. Je voulais être sûr qu'elle vous conviendrait, à Simon et à toi.

Il déclina son identité à l'hôtesse d'accueil et attendit qu'on leur amène le chien qui lui semblait répondre aux prières de chacun.

— Comme c'est attentionné de ta part.

Il avait bien saisi le sarcasme. De fait, il avait été présomptueux de faire tout cela sans l'en informer. Il préférait penser qu'il s'était montré entreprenant.

— C'est censé être une adorable petite mère.

Il avait pris soin de vérifier que la chienne était à l'aise avec les enfants. Tout le monde lui avait affirmé qu'elle était d'une nature affectueuse.

— Une petite mère ?! s'exclama Quinn face au monstre baveux au pelage noir et blanc qui vint se planter devant elle.

— Les machins de la taille d'un sac à main, ça n'est pas pour les garçons.

Il caressa Frankie et fut récompensé par un énergique coup de langue sur le visage.

— C'est quoi, le problème avec son cou ? demanda Quinn en inspectant la mosaïque de pelage tondu et de cicatrices autour de sa gorge.

— On l'a trouvée errant dans les rues. Quelqu'un avait laissé sa peau recouvrir son collier, le vétérinaire a dû l'opérer pour le lui retirer. D'où son nom, Frankie, en référence à la créature de Frankenstein.

Matt se sentait déjà de l'affection pour l'animal, comme de toute évidence Quinn, qui ne cessait de caresser la bête.

— Pauvre petite mère. Tu mérites un plus joli nom. Ça ne t'embête pas si je t'appelle Maisie ?

— Maisie ?

Il essaya de réprimer son sourire, en vain. La gueule couturée de Frankie-Maisie avait l'air aussi féminine que la sienne.

— Toutes les filles doivent être traitées comme des princesses. Lui donner un nom de monstre n'améliorera pas son estime de soi. Si j'avais eu une fille, je l'aurais appelée Maisie.

Bien que jeune, Quinn semblait avoir renoncé à avoir elle-même des enfants. Être mère d'accueil sans avoir de compagnon devait lui sembler un challenge suffisant. Cela étant, si Maisie comblait aussi ce vide, Matt aurait rempli sa mission.

— Nous devons amener Simon ici, dit-il, mais je peux faire noter que nous sommes intéressés, au cas où quelqu'un d'autre voudrait adopter Maisie.

— Je suis sûre qu'il va l'aimer, Matt, mais ce n'est pas très raisonnable de lui donner un chien pour le lui reprendre quand il partira. Je ne voudrais pas lui briser le cœur encore une fois.

Il n'avait pas envisagé la question sous cet angle, et elle avait raison : il ne pouvait pas utiliser un chien comme un sparadrap. Si Simon devait laisser Maisie derrière lui, il serait dévasté. Et Quinn aurait-elle envie d'avoir un chien à sa charge quand Simon serait parti ?

C'était donc à lui de prendre ce chien. Il n'y avait jamais songé, mais un chien était forcément plus facile à élever qu'un enfant, non ?

— Et si c'était moi qui l'adoptais ? Simon et toi pourriez m'aider quand je serais au travail. Il pourra quand même interagir avec elle, mais ce sera mon chien.

Et elle lui tiendrait compagnie, il ne rentrerait plus dans un appartement vide. Simon et Maisie se procureraient mutuellement du réconfort, c'était une opportunité à ne pas laisser passer.

— Tu veux parler d'une garde conjointe ?

Naturellement, Quinn voulait des éclaircissements. Elle n'était pas du genre à encourager les ambiguïtés.

— Quelque chose de ce genre, oui…

Adopter un chien était le plus gros engagement qu'il ait pris depuis longtemps, et la meilleure promesse qu'il puisse lui faire concernant leur avenir commun.

Tant que Simon resterait avec elle, Maisie et lui feraient partie de leur vie, c'était le plus qu'il pouvait faire sans compromettre ses propres projets. Il s'en irait, un jour, mais il aurait ce chien baveur dans son sillage.

— Simon va être tout excité, dit-elle en s'accroupissant pour étreindre le nouvel ami de la famille.

Qui, de Maisie ou d'elle, affichait le plus grand sourire ?

Oui, il était ravi d'avoir orchestré ça. Voir Quinn heureuse était une faiblesse qui risquait de le conduire à sa perte, mais il savait profiter de l'instant. Lorsqu'il se joignit à leurs câlins, l'excitation fut telle que Maisie se mit à courir comme une folle à travers la pièce.

Il éclata de rire. Qu'avait-il fait ?

— Merci, fit Quinn en lui plaquant un baiser sur la bouche.

Il aurait voulu arrêter le temps, la garder là pour toujours, sans rien d'autre en tête que ce simple contact entre eux.

Quand elle était avec lui, qu'elle cherchait son contact, contente d'être à ses côtés, il avait envie de lui donner le monde. Il avait déjà enfreint toutes les règles de son célibat et il était sur le point d'adopter un chien abandonné, simplement pour prolonger cette sensation. Qu'allait-il encore faire au nom de l'amour ?

Car il n'avait plus le moindre doute là-dessus : il avait complètement perdu la tête pour Quinn Grady. Il aurait dû se précipiter hors de la pièce, faire ses bagages et attraper le premier avion pour Dublin, mais cela n'aurait pas résolu le problème. Où qu'il aille, il penserait à elle. La seule manière de la sortir de son existence, c'était de laisser les choses suivre leur cours jusqu'à ce qu'ils atteignent le point de non-retour où il ne pourrait plus l'avoir dans sa vie. C'était elle qui aurait à prendre la décision, parce que, pour une fois, ce n'était pas lui qui gérait la situation. Son cœur s'en occupait à sa place.

10

— Nous avons un petit jardin communal, et, bien sûr, il y a un parc à proximité.

Adopter Maisie n'avait pas été si simple. Les représentants du refuge avaient insisté pour visiter l'appartement de Matt, afin de s'assurer qu'il offrait un environnement convenable pour un chien, et Quinn avait accepté d'assister à leur visite.

Elle était encore sous le choc de la décision de Matt. Prendre la responsabilité d'un chien pour faciliter la convalescence de Simon ! Cela n'avait rien à voir avec le serment d'Hippocrate. Cette gentillesse, c'était du Matt tout craché.

Elle ne voulait pas se monter la tête, pas plus que Simon ne devait s'attacher trop à lui ou à Maisie. Au moins, en laissant Matt adopter ce chien avait-elle pris ses précautions. Quand leur partenariat parviendrait à son terme, ils se sépareraient sans acrimonie. Le chien resterait sous la responsabilité de Matt, Simon serait sous la sienne.

— Où le chien va-t-il dormir ? demanda la femme en scrutant les pièces pour voir les préparatifs de Matt pour l'arrivée de sa nouvelle compagne.

— Voici son lit, Quinn la laissera entrer et sortir pendant que je serai au travail, répondit Matt en désignant fièrement le panier du chien plein des nouveaux jouets qu'il avait choisis avec Simon à l'animalerie.

Depuis que Matt lui avait appris la grande nouvelle, Simon ne parlait plus que de ça. Matt avait été clair sur ce point : Maisie était à lui, mais Simon pourrait l'aider à s'en occuper.

— Oui, nous irons en promenade avec elle, pour qu'elle fasse de l'exercice quand Matt ne sera pas là, dit Quinn.

Elle attendait ces moments avec impatience : Simon et elle seraient plus souvent dehors, cela constituerait un pas de plus vers la guérison de Simon, dont l'attention serait focalisée sur le chien plutôt que sur les gens autour de lui. Bien vu, Matt.

— Je vais jeter un coup d'œil dans le jardin, pour m'assurer qu'il est sécurisé, mais je ne vois aucune raison de ne pas donner mon feu vert pour cette adoption, conclut la femme en levant le pouce.

Quinn poussa un soupir de soulagement et laissa Matt régler la paperasse avec l'inspectrice. Si adopter un enfant avait été aussi simple, la vie de Simon aurait été plus aisée. Il aurait pu trouver une famille depuis longtemps, au lieu de rester coincé dans les méandres de la bureaucratie. Mais alors elle ne l'aurait jamais rencontré. Or, en dépit de ce qu'ils avaient enduré, elle avait du mal à imaginer sa vie sans lui, à présent. Elle était incapable de tenir ses émotions à distance, dans quelque relation que ce soit.

Alors qu'elle était simplement censée fournir un foyer sûr et aimant pour des enfants en attente d'adoption, elle était tombée amoureuse de Simon et de Matt ! Ils l'avaient sauvée de la plus grande solitude qu'elle ait jamais connue. Maintenant qu'elle savait ce que signifiait faire partie d'une famille, tout accidentelle et dysfonctionnelle qu'elle soit, sa vie ne serait plus la même. Indépendamment de ce que lui réservait l'avenir, jamais elle n'avait été plus heureuse, et elle avait appris à ne pas tenir cela pour acquis.

— On n'aurait pas pu faire mieux. Et, à mon avis, on va bientôt entendre le cliquetis de ses petites pattes par ici, dit Matt, tout fier, après avoir raccompagné l'inspectrice à la porte.

Elle sourit. Dans un monde idéal, il aurait été aussi heureux à la perspective d'ajouter des enfants adoptés à sa famille. Peut-être qu'avec un partenaire comme lui elle aurait trouvé la force d'adopter Simon elle-même, sachant qu'elle lui offrirait une vie plus stable que celle que lui avaient donnée ses parents négligents.

— Je dois y aller. Ce n'est pas juste pour Simon ou Mme Johns de transformer ça en habitude.

— Deux fois, ce n'est pas une habitude.

Il vint vers elle avec une faim dans le regard qui accéléra aussitôt son pouls tandis que la fièvre s'emparait de son corps.

C'était la première fois qu'ils étaient vraiment seuls, sans rien pour les distraire de l'attirance qu'ils éprouvaient et les empêcher d'y céder.

— Alors on peut faire quelque chose de coquin deux fois sans s'inquiéter ?

Elle avança d'un pas, posant les mains sur son torse pour rétablir le contact dont elle brûlait.

— Tout à fait. Surtout si la première fois tu ne l'as pas vraiment fait.

Son souffle lui chatouillait les lèvres et la faisait trembler d'excitation.

— Si tu le dis…

Elle déboutonna le premier bouton de sa chemise, prête à aller jusqu'au bout. Peut-être n'auraient-ils pas d'autres occasions et elle en concevrait d'immenses regrets. Elle avait eu un aperçu du plaisir qu'ils pouvaient éprouver, tous les deux ne pas poursuivre paraissait plus idiot que d'en prendre le risque.

Si Simon n'avait pas fait partie du tableau, elle n'aurait pas hésité à se donner à Matt. Une fois leur histoire terminée, elle aurait eu la consolation d'avoir été honnête avec elle-même.

— En effet.

Sa bouche se retrouva tout à coup collée à la sienne, avec une telle passion qu'elle en eut aussitôt le vertige.

Elle tremblait toujours, sentant ses genoux se dérober sous elle, quand Matt lui retira ses vêtements. Quand il la souleva dans ses bras, le petit cri de surprise qui lui échappa fit écho à son grognement primitif de mâle. Elle noua les bras autour de son cou, sa bouche toujours collée à la sienne, redoutant de se remettre à penser si elle rompait le contact. Quand il la touchait, plus rien d'autre ne comptait.

Il remonta le couloir jusqu'à sa chambre, et ouvrit la porte d'un coup de pied. Elle n'avait jamais été attirée par les machos, mais que l'imperturbable Matt soit à ce point impatient de l'avoir dans son lit porta son excitation à son comble.

Il referma la porte, et soudain il n'y avait plus que Matt et elle, dans un lit conçu pour deux.

Ils se laissèrent tomber sur le matelas, chacun retirant les derniers vêtements de l'autre, jusqu'à ce qu'ils soient entièrement nus, sans plus aucune barrière entre eux. Il y avait des semaines, voire des mois, qu'ils se tournaient autour, elle ne voulait plus attendre.

Elle était pantelante de désir, à force de caresses et de baisers. Ils roulèrent sur le lit et, dès que Matt eut enfilé un préservatif, il plongea en elle. Son érection trouva ses points sensibles avec une telle assurance qu'elle sut avec certitude : elle était enfin en paix avec elle-même.

Matt avait fini par perdre le contrôle, mais faire l'amour avec Quinn lui procurait finalement plus de soulagement que de peur. Il avait résisté trop longtemps, son corps le suppliait de céder. Pour lui. Pour Quinn.

Il commença par de lents va-et-vient, mettant à l'épreuve le peu de maîtrise qui lui restait encore, au contact de son sexe étroit et chaud. Elle était une récompense qu'il ne méritait pas et qui ne serait à lui qu'un bref laps de temps. Quinn ne se laisserait pas impressionner par des prouesses sexuelles, or il n'avait rien d'autre à lui offrir. Si elle attendait plus, il la laisserait avec de nouvelles cicatrices à soigner.

Elle resserra son emprise autour de son sexe, comme pour lui rappeler que l'heure n'était pas à la réflexion, et lui vola ce qui lui restait de contrôle sur lui-même. Mais il ne voulait pas qu'elle regrette l'expérience. Ils devraient repenser à cette étreinte avec plaisir, sans aigreur ni ressentiment.

Ce ne serait pas le début d'une histoire d'amour passionnée, ils le savaient tous deux. Quels que soient leurs sentiments l'un pour l'autre, ça ne pourrait jamais être autre chose que du sexe. Il ne pourrait jamais lui avouer son amour à haute voix, car il serait alors contraint d'agir en conséquence, ce qui était exclu. Il n'allait pas mettre sa vie sens dessus dessous pour trois petits mots.

Elle pressa le bassin contre lui, l'incitant à accélérer. Alors son instinct charnel prit enfin le pas sur sa raison.

Ses assauts devinrent plus rapides, tandis que Quinn gémissait son plaisir sur ce nouveau tempo. Il captura ses gémissements dans un baiser profond, pour se ficher encore plus profondément en elle. Loin de repousser son invasion avide, elle l'encouragea en enroulant les jambes autour de son dos.

Il respirait de manière de plus en plus haletante, luttant contre la vague finale qui menaçait de déferler. Il voulait que Quinn atteigne d'abord la jouissance.

Il agrippa ses hanches et plongea profondément en elle. Une fois, deux fois, trois... Il se retira et replongea en cadence. Un bruit sourd envahit sa tête, ses muscles se mirent à trembler et l'orgasme à se rapprocher.

Elle souleva la tête de l'oreiller pour crier son plaisir, auquel il fit bientôt écho. Son corps frémit de plaisir tandis qu'il se donnait entièrement à elle. Pendant ce court instant, il avait fait l'expérience de la joie pure et essayait d'imaginer comment la prolonger. Faire l'amour à quelqu'un dont il était amoureux changeait effectivement tout. Il ne pouvait plus envisager de partager son lit avec quelqu'un d'autre et cela le terrifiait, tout en lui donnant envie de répéter encore et encore la même erreur.

Il aurait été content de mourir ici d'épuisement plutôt que d'avoir à se relever et à affronter la réalité.

— Qu'est-ce qu'on fait, maintenant ? demanda Quinn en se tournant vers lui, lui offrant une vue magnifique sur ses seins.

— On reprend notre souffle, répondit-il, incapable de résister à l'envie d'en saisir un dans sa paume, malgré son épuisement.

— Je veux dire, après ça.

Il savait exactement ce qu'elle voulait dire, mais il n'avait pas de réponse. Du moins pas celle qu'elle avait envie d'entendre. Elle voulait savoir ce qui allait se passer, maintenant qu'ils avaient succombé à l'alchimie qui crépitait entre eux, mais lui n'avait pas l'intention que cela change quoi que ce soit.

Avoir une véritable relation avec elle signifiait prendre aussi Simon en charge. Il ne pouvait pas le faire en toute honnêteté, car il ne serait jamais le père dont Simon avait besoin. Il ne voulait pas lui donner de faux espoirs.

Il en avait terminé avec les réunions parents-professeurs, les goûters d'anniversaire et les rebellions adolescentes. Il ne regrettait pas d'avoir été là pour ses sœurs, mais il était trop blasé et trop désabusé pour passer une nouvelle fois par là.

— Tu es la mère d'accueil de Simon, pas vrai ? Un jour, il sera adopté et tu recommenceras le processus avec quelqu'un d'autre ?

— Eh bien… Oui. Les enfants ne sont placés chez moi que le temps de trouver une famille pour de bon.

Elle fronça les sourcils. Ne plus avoir le petit avec elle était déjà devenu un sujet sensible. Pour sa part, même s'ils lui étaient tous les deux très chers, il était au moins déterminé à nager contre le courant.

— Que dirais-tu si nous appliquions la même restriction à notre relation ?

C'était le seul moyen pour continuer sans que l'un d'eux ne soit trop blessé.

— Tu veux que je t'adopte, toi aussi ?

Elle fit glisser le plat de sa main sur son dos, la courbe de ses fesses et une cuisse, si bien que très vite il retrouva des forces et la volonté de remettre la discussion à plus tard.

— J'envisageais plutôt une codépendance, jusqu'à ce que tu trouves toi aussi ta famille définitive.

En fait, il ne pourrait pas l'abandonner, une fois que Simon serait parti. Il n'y aurait jamais d'avenir envisageable, parce qu'il y aurait toujours entre eux un enfant dans le besoin, le cœur de Quinn était trop grand pour qu'elle refuse son amour à qui en manquait.

Il n'aurait pas été juste de l'en empêcher sous prétexte que son cœur à lui était fermé.

Elle poussa le soupir de résignation d'une âme toujours en quête de sa sœur. Dommage que ça ne puisse pas être lui, son âme n'aurait pas été en train de protester face à l'injustice qu'il commettait.

— Je commence à penser que c'est un rêve impossible.

— Tu es une mère d'accueil formidable, une belle femme et une amante incroyable, répondit-il en passant le pouce sur ses lèvres, détestant cette évocation implicite du prochain homme qui l'embrasserait.

— Ah oui ? demanda-t-elle avec coquetterie.

Il s'éclaircit la gorge, sa libido avait décidé qu'ils devaient passer le plus clair de leur temps au lit.

— Oui, répondit-il d'une voix rendue rauque par le désir, et nous devrions nous constituer de nouveaux souvenirs…

Ses sœurs mises à part, Quinn était la seule femme à avoir vraiment touché son cœur et donné plus de sens à sa vie. Elle n'en dirait sûrement pas autant de lui, qui ne lui avait apporté que plaisir sexuel et distraction alors qu'elle avait besoin de stabilité. Quand elle regarderait en arrière, elle comprendrait qu'ils avaient confondu leurs sentiments personnels et les émotions provoquées par le traitement de Simon. Il ne voulait surtout pas qu'elle le haïsse, qu'elle pense qu'il avait profité d'elle. S'ils conservaient cette légèreté, cet aspect purement physique, à leur relation, ils se prémuniraient des drames pour lesquels il n'avait aucune appétence.

Il passa un bras autour de Quinn et roula sur le dos en l'entraînant à sa suite pour qu'elle le chevauche. Dès que son sexe fut pressé contre le sien, toute pensée logique le déserta.

Quinn n'était pas stupide. Pour Matt, refaire l'amour était aussi un moyen d'éluder la conversation. Comment l'en blâmer ? Quand Simon serait parti, il lui emboîterait le pas, si ce n'était pas déjà fait avant. Sous peu, ils seraient tous les deux partis, ne lui laissant que des souvenirs et un vide immense dans le cœur. Il était bien plus simple de prendre du plaisir ici et maintenant que d'affronter le chagrin à venir.

Quand une image idyllique impliquant Matt, elle, et leur famille d'adoption, lui vint à l'esprit, elle pressa les hanches contre le bassin de Matt. Bientôt le désir fit basculer ses pensées vers la quête du plaisir, loin de ce rêve impossible.

Les mains plaquées contre le torse de Matt, elle se balança d'arrière en avant. Quand elle prit son sexe dans sa main pour le guider vers sa fente humide, son excitation atteignit son comble. Ils s'emboîtaient parfaitement, comme s'ils étaient les deux moitiés d'une même entité.

Matt la dévisageait, les yeux brillants de désir, mais lui laissait l'initiative, cette fois. Ne penser pour une fois qu'à elle seule eut un effet libérateur. Elle agaça son pénis en le promenant le long de sa fente jusqu'à ce qu'elle ne puisse plus attendre de l'avoir en elle. Alors elle se ficha dessus et ce divin soulagement ne fit qu'accroître son envie. Chaque mouvement ondulatoire de ses hanches faisait monter un nouveau gémissement de plaisir qui la rapprochait de l'aveuglante extase finale.

Elle se plia en deux, en quête des premières secousses de l'orgasme. Matt se redressa pour attraper un téton dans sa bouche, suçant si fort que les barrières entre plaisir et douleur s'évanouirent. L'orgasme déferla avec force, la consumant de l'intérieur et laissant son corps sans énergie.

Matt la maintint en place tandis qu'il atteignait lui-même la jouissance. Chaque fois que sa bouche avide trouvait son téton, un choc électrique la traversait. Quand elle le sentit se tendre sous elle, que ses mains se resserrèrent autour d'elle et qu'il hurla son plaisir, alors seulement elle se laissa aller à son épuisement.

— C'était... inattendu. Génial, mais... inattendu.

Autant pour elle que pour lui. Elle ne se rappelait pas avoir été aussi à l'aise au lit, auparavant.

— Je suis pleine de surprises, répondit-elle avec un petit sourire.

Du moment qu'il ne la voyait pas comme une mère d'accueil

fragile dont il ne voudrait pas s'encombrer pour le restant de ses jours. La jeune femme sexy et indépendante existait donc toujours en elle. Elle espérait juste qu'il comprenne : la voix rauque qu'il entendait, c'était la sienne, pas le marmonnement enroué d'une fille portée au bord des larmes par une belle partie de jambes en l'air.

Il lui passa un bras autour des épaules et l'attira à lui. Depuis quand étaient-ils enfermés dans cette chambre, dans leur propre monde de passion et de feu, où le temps n'avait aucune importance ? Avec un sursaut de culpabilité parentale, elle se demanda si elle n'avait pas passé trop de temps ici, sans se soucier de son fils, mais le rythme régulier du cœur de Matt la convainquit de rester encore un peu. Simon était en sécurité, et elle aussi, au creux des bras de Matt.

— Nous irons chercher Simon dès que nous aurons récupéré, marmonna-t-il à son oreille.

Il avait remis de but en blanc le sujet sur le tapis, alors qu'elle avait hésité de peur de ruiner l'instant. Ses dernières pensées, alors qu'elle sombrait dans le sommeil, furent heureuses.

11

— Je peux aller la promener, dis ?

Simon trépignait d'impatience entre Quinn et Matt, les yeux rivés sur la laisse du chien comme s'il s'agissait du plus beau jouet de l'année.

Quinn consulta du regard le propriétaire officiel de Maisie pour vérifier qu'il était d'accord, sachant que Simon et elle la promenaient presque tous les jours au parc.

— Bien sûr, répondit Matt sans hésiter.

Il s'était établi entre Simon et lui un lien de confiance qui donnait beaucoup d'assurance au petit. Ça et un chien hyper actif les tiendraient assez occupés pour qu'ils ne se laissent pas arrêter par un petit désagrément.

Ils avaient adopté une nouvelle routine, qui incluait les promenades du chien et plus de sorties avec Simon entre ses visites à l'hôpital. Quinn trouvait que les choses se tassaient, maintenant que les cicatrices de Simon n'étaient plus leur préoccupation principale, surtout depuis que celles de son visage commençaient à s'effacer.

Outre le chien, Quinn avait ses réunions avec le comité hospitalier et Simon préparait son retour à l'école. Même s'il était nerveux, que certains de ses camarades soient toujours traités pour de petites blessures, notamment des brûlures, l'aidait. Ils comprenaient mieux que les autres pourquoi son apparence était altérée, mais Quinn ne pouvait s'empêcher de s'inquiéter.

— Tiens bien la laisse de Maisie et ne va pas trop loin,

cria-t-elle à l'enthousiaste duo, même si leurs cris et rires étaient une douce musique à ses oreilles.

— Tout va bien se passer. Avec un peu de chance, ils reviendront épuisés, fit Matt, toujours partisan de les autoriser à explorer l'espace sauvage.

De son côté, elle se départissait rarement de son inquiétude.

— Adopter un chien a été la meilleure décision que nous ayons prise.

Les animaux étaient parfois utilisés à des fins thérapeutiques, mais elle n'aurait pas escompté des résultats aussi rapides. Simon revenait enfin vers la lumière.

— Non, « la meilleure décision » tout court.

Quinn voulut protester mais Matt l'attira derrière un arbre et la fit taire d'un baiser. D'abord impérieux, plein de désir, il s'adoucit ensuite, la rendant esclave de ce contact. Oui, finir dans sa chambre après tant de temps avait été le moment fort de cette année, peut-être même de sa vie entière. Même si à terme cela ne faisait qu'augmenter ses problèmes, car elle ne serait jamais rassasiée.

— Nous devrions quand même vérifier qu'ils ne font pas de bêtises, ces deux-là, non ?

— Comme nous ? demanda-t-il, fronçant ses sourcils diaboliques, la mettant au défi de faire quelque chose de plus coquin que quelques baisers à la dérobée.

Elle essaya de se ramener à la raison.

— J'espère que non, bredouilla-t-elle.

Si Simon éprouvait une fraction de son trouble actuel, elle perdrait les pédales.

— Je te veux, grogna Matt à son oreille.

Heureusement qu'elle avait un arbre bicentenaire pour la soutenir !

Ces rencontres étaient très excitantes, mais elle perdrait vite son charme aux yeux de Matt, vu son incapacité à le rejoindre dans sa chambre.

Maintenant qu'elle avait découvert avec quelle intensité la

passion brûlait encore eux, elle ne rêvait que d'être dans son lit, mais elle avait du mal à se dégager du temps sans Simon.

Elle ne pouvait pas demander trop souvent à Mme Johns de le garder et craignait de devoir informer les services sociaux si elle commençait à passer la nuit chez Matt. Sans soute serait-il obligé alors de prendre un engagement dont il avait affirmé ne pas vouloir, et ce serait le début de la fin. Tout frustrant que cela soit, ce serait mieux que de ne jamais le revoir.

Matt lui mordilla le cou et elle perdit à nouveau la tête.

Elle entendit renifler à ses pieds et un coup de langue humide sur ses orteils la cloua sur place. Elle aurait dû savoir que des nu-pieds étaient une mauvaise idée pour promener un chien.

— Maisie ?

De toute évidence, cette chienne était une fétichiste de la chaussure. Elle avait déjà mordillé les onéreux mocassins de Matt. Heureusement, il aimait davantage les chiens abandonnés que le cuir italien. Mais Maisie l'avait échappé belle.

— Ouais ! Elle t'a trouvée ! s'exclama Simon, apparaissant à l'autre bout de la laisse.

— C'est un bon chien de chasse, dit-elle en caressant les oreilles de Maisie.

Ce n'était pas la faute de la chienne si elle n'avait pas compris leur besoin de discrétion.

— Qu'est-ce que vous faisiez là ? demanda Simon en prenant conscience de l'endroit où ils se trouvaient.

— Euh..., fit-elle en quête d'une explication plausible.

— On jouait à cache-cache. Tu as gagné.

Matt leur avait sauvé la mise avec ce petit mensonge. Il aurait très bien pu dire la vérité à Simon et mettre un terme à ces faux-semblants, mais cela aurait impliqué une vraie relation avec tout ce qui s'ensuivait. Peut-être Matt avait-il pris conscience des bagages qu'elle trimballait et décidé que le jeu n'en valait pas la chandelle.

Elle avait la sensation affreuse que le compte à rebours avait déjà commencé pour leur fragile relation.

— C'est notre tour de nous cacher ? demanda Simon, les yeux brillants d'excitation et un large sourire aux lèvres.

Elle s'obligea à ravaler la boule dans sa gorge.

— Oui. Nous allons compter jusqu'à vingt et venir te chercher.

Elle fut récompensée par un autre regard rayonnant et un coup de langue.

— J'aime les étreintes rapides et cachées, comme n'importe qui, mais vingt secondes... Tu me tues, fit Matt en feignant de s'offusquer.

Elle évita son regard et ignora le désir qui resurgit quand son corps se remémora le détail de leurs caresses : ils courraient le risque de perdre Simon dans les bois, par-dessus le marché.

— Un... Deux... Trois...

— Tu me tues, j'espère que tu le sais.

Du coin de l'œil, elle le vit réajuster son jean. Un spectacle qui devenait de plus en plus fréquent, à mesure qu'augmentaient leurs baisers passionnés. Ce n'était pas juste, ni pour l'un, ni pour l'autre.

— Je ne me moque pas de toi, dit-elle.

— Je sais, mais nous devons vraiment trouver comment faire pour que ça fonctionne.

— Quoi ? Le sexe ? plaisanta-t-elle, histoire de détourner la conversation des divergences qu'ils ne résoudraient jamais de façon satisfaisante.

Sa plaisanterie avait presque marché. Au moins rit-il.

— Non, tout va bien de ce côté-là, tu es bien placée pour le savoir. Je parlais de nous. Il faut arrêter de nous cacher comme si nous faisions quelque chose de mal.

— Ce n'est pas aussi simple que de libérer de l'espace pour tes produits de toilette dans ma salle de bains.

Sa légèreté s'était fait la malle, maintenant qu'il l'obligeait à regarder la réalité de leur situation en face.

— Bien sûr, j'exige aussi de la place dans ton armoire, dit-elle.

— Juste pour une nuit par-ci par-là ?

— J'aime choisir mes tenues en fonction de mon humeur.

Pourquoi la vie n'était-elle pas aussi aisée que leur badinage ?

— Plaisanteries à part, nous savons très bien qu'en dormant chez l'un ou chez l'autre cela créera de la confusion pour Simon. Si nous devenons un couple officiel, il faudra que j'en parle aux services de l'adoption, mais ça veut dire faire figurer tout ça sur papier.

Matt chassa de sa chaleur le froid qui l'avait envahie.

— Tant que nous ne signons pas un contrat, je ne vois pas en quoi ça changerait quoi que ce soit entre nous. C'est normal qu'ils protègent Simon en vérifiant qui entre dans sa vie, mais nos arrangements ne les concernent pas. Nous pouvons rester discrets. Je suis le dernier à vouloir lui faire croire que je suis son père de substitution. Je peux venir une fois qu'il dort et repartir avant qu'il ne se réveille.

Il n'y avait pas la moindre brise mais elle frissonna. L'offre était tentante, meilleure qu'elle ne l'espérait, mais il y avait aussi quelque chose de froid dans cette proposition. Elle réduisait à néant tout espoir qu'il cherche autre chose qu'une relation physique avec elle. Quelque part dans le secret de son cœur, elle espérait qu'il joue un rôle plus permanent dans leur famille. C'était justement pour cela qu'elle voulait protéger Simon : pour elle, il était trop tard.

— Ça pourrait marcher, fit-elle, guère convaincue, mais consciente que c'était ce qu'il y avait de mieux pour l'heure.

À un moment, il faudrait bien qu'elle demande plus ou rompe les liens. Mais elle manquait de courage. Le seul point favorable, c'était qu'il manifestait l'envie de rester dans les parages. Ces jours-ci, elle se raccrochait à tous les éléments positifs, et cette nouvelle attitude les avait aidés, Simon et elle, à aller plus loin qu'elle l'aurait espéré.

Elle n'était pas encore prête à l'admettre, mais elle envisageait de rendre sa relation avec Simon plus pérenne. Il avait enfin commencé à prendre ses marques chez elle, à s'ouvrir à elle. Ce ne serait pas juste, de lui demander de tout recommencer dans une nouvelle ville, avec une nouvelle famille et d'aller dans une école où personne ne saurait ce qu'il avait traversé. Et puis, elle l'aimait comme son propre fils. Elle avait mal quand il avait mal, pleurait quand il pleurait, et le voir heureux la rendait heureuse. Bref, ils avaient besoin d'un de l'autre.

L'adoption n'était pas un chemin aisé, même pour une mère d'accueil. Elle avait besoin de temps pour être certaine avant de prendre sa décision. Pas question de proposer un avenir à Simon sans pouvoir le lui assurer. Et ce serait aussi la fin du jeu avec Matt.

Sa position à lui dépendait de la nature temporaire de celle qu'elle entretenait aussi avec Simon. Il ne resterait jamais avec elle s'il découvrait qu'elle s'apprêtait à devenir la mère permanente de Simon. Mais, comme elle n'était pas prête à lui dire au revoir, elle préférait encore le statu quo.

— Nous en reparlerons. Quand Simon sera couché.

Elle aurait pu prendre ces paroles pour une autre allusion coquine, s'il ne l'avait pas saisie par la main pour l'entraîner sur les traces de Simon et du chien. Il comprenait ses préoccupations, il les partageait. Elle faillit pousser un soupir de bonheur.

— Dix-neuf... Vingt. Nous voilà...

Simon ne fut pas bien difficile à repérer, avec sa veste rouge et Maisie qui se roulait dans l'herbe à ses côtés.

Quinn suggéra à Matt de le contourner par un côté tandis qu'elle prendrait l'autre.

— Vu ! s'exclama-t-elle en l'attrapant, avant de remarquer les larmes qui ruisselaient sur son visage.

— Qu'est-ce qui ne va pas, petit bonhomme ? demanda Matt en s'accroupissant à côté de lui.

Quinn dut combattre un bref accès de panique : elle ne l'avait laissé que quelques minutes !

— Tu as mal ? Tu es tombé ? demanda-t-elle en remontant son pantalon en quête d'ecchymoses.

— Je pensais que vous n'alliez pas venir me chercher, répondit-il en reniflant.

Elle resta interdite quelques secondes, avant d'être frappée par l'énormité de ses angoisses. Simon avait un immense besoin de stabilité, il devait être sûr qu'il y aurait toujours la même personne dans sa vie pour prendre soin de ses intérêts. Qu'elle soit prête ou non, elle devait s'engager.

Elle serra Simon dans ses bras et lui embrassa le sommet du crâne.

— Je serai toujours là pour toi. Je t'aime beaucoup, vraiment beaucoup, ne l'oublie jamais.

Nouveau reniflement et une paire de grands yeux verts tout mouillés qui la fixaient.

— Merci… maman, murmura-t-il comme pour tester le mot.

Elle faillit se mettre à sangloter avec lui.

Jamais elle ne le laisserait retourner dans le système sans lutter. Désormais, Simon était une partie majeure dans son avenir, son bonheur serait sa plus grande récompense.

Elle l'attira de nouveau contre elle pour lui communiquer son amour et ses espoirs, puis croisa le regard de Matt au moment où il se joignait à leur étreinte. Il prenait part à ce moment d'unité familiale, alors qu'il aurait facilement pu se tenir à l'écart. Impossible de ne pas se remettre à espérer quand tout semblait s'emboîter enfin. Elle avait été assez courageuse pour franchir le pas avec Simon. Au tour de Matt de décider maintenant ce qu'il voulait.

C'était un petit mot de cinq lettres — pas les trois petits mots que Matt ne pouvait se résoudre à prononcer — qui avait sonné le début de la fin.

Maman.

Il était heureux pour Quinn. Ça avait été un beau moment de les voir créer un lien que rien dans ce monde ne saurait défaire. Et certainement pas Matt. Pas question de s'interposer entre eux : il n'avait pas sa place dans ce nouvel arrangement. Le rôle qu'ils s'attendaient à le voir jouer à présent le rendait déjà nerveux.

Ils étaient de retour chez Quinn. Elle mettait Simon au lit, Maisie dormait à ses pieds. La scène aurait fait le bonheur de n'importe quel père de famille, sauf qu'il n'en était pas un. Pas avec Quinn et Simon en tout cas.

Il appréciait son mode de vie actuel. Celui qu'il avait avant leur intrusion dans son existence. Il avait travaillé dur pour obtenir sa liberté, il ne la galvauderait pas pour une paternité non prévue, non voulue… Une partie de lui avait espéré que cela changerait, mais l'émotion majeure qu'il avait ressentie, quand ils s'étaient tous enlacés, ce n'était pas du bonheur. Ça ne donnait ni des palpitations ni l'envie de prendre ses jambes à son cou.

Il aimait Simon autant que ses sœurs ou ses nièces et il était amoureux de Quinn, mais cela ne le convainquait pas de rester pour toujours. Que se passerait-il si ça ne durait pas ? Sa conscience ne le laisserait pas tourner le dos à un enfant qui comptait sur lui, et il ne voulait pas être lié émotionnellement à deux familles. Pas question de revenir en arrière.

Quinn revint de la chambre de Simon et se pelotonna à côté de lui sur le sofa. Elle posa la tête sur son torse, comme elle le faisait souvent, mais, ce soir, ce geste prenait trop de signification pour lui.

Il ne s'agissait pas de sexe, il s'agissait de se détendre l'un avec l'autre, de partager les détails de leurs échecs et de leurs réussites. Cette proximité, de même que leurs émotions, devenait plus importante que la dimension physique. Qu'il reste ou parte, cela le ferait pareillement souffrir.

Elle eut, en se lovant contre son torse, un soupir de contentement qui lui serra le ventre.

— Quelle journée ! fit-il en caressant le doux voile de ses cheveux étalés sur lui.

— Je ne l'avais pas vu venir. Je veux dire, j'y pensais, mais l'entendre m'appeler « maman »…

Sa voix tremblait et les tripes de Matt se comprimèrent encore un peu plus.

— Ce n'est pas rien.

— Il va falloir faire connaître nos intentions concernant l'adoption. Plus tôt il saura que cette maison est la sienne, mieux ce sera.

Elle était pleine de projets, bien plus revigorée par cette avancée qu'il ne l'avait envisagé.

— « Nos » intentions ?

Les doigts de Matt se coincèrent dans ses cheveux, et son corps se crispa. C'était exactement ce qu'il avait redouté.

— C'est une façon de parler.

Elle se redressa, écarquillant les yeux pour scruter sa réaction. Il n'était pas bon acteur, et elle non plus. Lapsus ou pas, Quinn ne disait pas les choses en l'air : elle l'incluait déjà dans les projets qu'elle faisait pour le futur de Simon.

Il s'écarta. Il voulait réfléchir lucidement, sans la douceur de son corps pressé contre lui.

— Quinn…

— Ce serait donc tellement affreux ? Je sais que nous avons éludé le sujet jusqu'à présent, mais nous partageons bel et bien une relation, Matt. J'ai besoin de savoir si tu me soutiens ou pas avant d'aller plus loin.

La nausée lui monta à la gorge, sa respiration s'accéléra, les murs se resserraient autour de lui. Il avait l'impression d'être revenu dans le petit appartement de Dublin où il avait à peine la place de respirer.

— Bien sûr que je te soutiens. Adopter Simon sera une bonne chose pour vous deux.

Elle prit une profonde inspiration.

— J'ai besoin de savoir si tu vas faire partie de l'aventure. Je ne pourrai pas la tenter à moins de savoir que tu es derrière moi à cent pour cent. Il a traversé tellement d'épreuves… Simon mérite des gens prêts à tout sacrifier pour lui. Ce que je compte faire.

Elle était plus courageuse que lui, elle mettait tout en perspective et affrontait des réalités qu'il était incapable de braver. Bon sang, pourquoi le mettait-elle face à un choix impossible ?

— Je ne… peux pas.

— Mais tu fais déjà partie de nos vies, tu ne t'en rends pas compte ? Tout ce que je te demande, c'est de t'engager. Je t'aime, Matt.

Les paroles qu'elle imaginait sans doute susceptibles de tout régler ne firent que renforcer ses réticences. Peu importait qui aimait qui. L'amour liait les gens les uns aux autres quand la meilleure chose aurait été que les gens se séparent les uns des autres et trouvent seuls le chemin du bonheur. Quinn et Simon seraient mieux sans quelqu'un d'assez égoïste pour vouloir une vie à lui.

— Et alors ? Tu penses vraiment que ce genre d'aveu va me faire perdre la mémoire ? Je t'ai dit depuis le départ que je ne voulais rien de sérieux. Adopter Simon me paraît sacrément sérieux. Je t'ai dit que je ne voulais pas faire de promesses que je ne pouvais pas tenir.

À l'instant où les mots sortaient de sa bouche, il voulut lui dire qu'il regrettait d'être aussi brutal et la reprendre dans ses bras. Il ne pouvait pas. Pas quand il essayait de lui faire comprendre à quel point il était une cause perdue et qu'elle serait mieux sans lui. Il voulait qu'elle le haïsse autant qu'il se haïssait lui-même en cet instant. Qu'elle le pense capable de cruauté serait mieux pour elle quand, en fait, son cœur était en train de se briser.

Quinn était soudain glacée. Son sang lui congelait le cœur, les mots de Matt y pénétraient comme autant de petites échardes.

Ça recommençait.

Juste au moment où elle pensait que les choses se mettaient en place, un homme détruisait tout.

Certes, Matt n'avait rien promis, mais son rejet la blessait quand même. Surtout après la manière dont il se comportait avec Simon. Ils auraient pu être merveilleusement bien tous les trois, s'il les avait préférés à son célibat.

Même si c'était dur à admettre, il valait mieux qu'elle découvre maintenant qu'il n'était pas l'homme qu'elle pensait, plutôt que le jour où Simon commencerait à l'appeler papa.

Son fils était sa priorité, désormais, elle n'allait pas l'exposer à une série de pseudo-conjoints qui les abandonneraient dès qu'ils se lasseraient de la vie domestique. Elle ne pouvait pas être aussi froidement logique que M. McGrory : ses émotions prenaient toujours le pas sur son bon sens.

— Ah oui, c'est vrai. Comment ai-je pu être assez bête pour oublier ?

— Ne le prends pas comme ça, Quinn. Nous avons passé de très bons moments, tous les deux, mais nous voulons des choses différentes.

Il voulut lui prendre la main, mais elle la retira. Il n'avait plus le droit de la toucher, elle ne pourrait pas le supporter alors que c'était fini. Cela faisait trop mal.

— Nous te voulons. C'est toi, qui ne veux pas de nous. C'est très simple. Pas la peine d'épiloguer.

Elle déplia ses jambes, affichant une force qui l'avait désertée.

Matt prit son temps pour se lever. À la différence des autres soirées qu'il avait passées ici, elle voulait qu'il s'en aille le plus vite possible pour pouvoir sangloter et geindre en privé. Elle allait avoir besoin d'une période de deuil pour se ressaisir et entamer sa nouvelle vie. Une vie sans Matt.

— Je vais demander que Simon soit suivi par un autre spécialiste, dit-il.

— Je n'ai jamais voulu qu'il souffre de notre relation. Il mérite le meilleur et c'est toi. Nous pouvons nous comporter en adultes, non ?

Les rendez-vous au Château ne seraient plus jamais les mêmes. Le conte de fées était bel et bien terminé, pourtant elle espérait une fin heureuse, même sans prince charmant. Il allait lui manquer, dans l'hôpital comme en dehors. Il allait lui faire passer des jours particulièrement sombres, mais elle ne pouvait pas le forcer s'il ne voulait pas rester avec eux.

Il hocha la tête, sa fierté professionnelle reprenant visiblement le dessus.

— Bien entendu. Nous n'allons pas le perturber plus que nécessaire. Nous devrions également nous organiser avec le chien.

Elle n'était pas la pire mère au monde, mais pas loin. Simon allait perdre ses deux meilleurs amis parce qu'elle n'était pas capable de tenir ses émotions sous clé.

— Peut-être pourrais-tu m'envoyer ton emploi du temps par mail, afin que nous puissions trouver une solution ?

Matt n'avait pas vraiment le temps de s'en occuper. Le chien était une autre bonne idée à laquelle ils n'avaient pas eu le temps de réfléchir jusqu'au bout. S'ils ne se montraient pas responsables, Maisie serait elle aussi victime de leur histoire avortée.

— Tu devrais la prendre. Nous l'avons adoptée pour le bien de Simon, après tout.

De toute évidence, il voulait une rupture claire et nette, sans liens autres que strictement professionnels.

Le retournement de situation, après une journée où il avait été incapable de ne pas la toucher, était dur.

— Si Simon reste ici de manière permanente, il n'y a aucune raison pour qu'on ne la prenne pas avec nous, en effet.

Au fond d'elle-même, Quinn en espérait quand même une, afin que subsiste un lien, même ténu, entre eux.

Mais Matt ne semblait pas aussi sentimental.

— Je vais y aller.

Il se dirigea vers la porte, puis revint, comme s'il voulait ajouter quelque chose, sans rien en faire. Dans le silence gêné qui s'était installé, elle repensa aux jours qu'ils avaient passés ensemble et à ceux qu'ils n'auraient pas.

— Oui.

Elle avait toujours été trop intense pour les hommes. À présent que son dernier espoir de fonder une famille normale s'effondrait, elle devait faire avec ce qu'elle avait. Dorénavant, il n'y avait plus que Simon et Maisie.

Elle regarda Matt s'éloigner. Elle avait commencé ce voyage seule, elle serait assez forte pour le continuer sans lui.

Les premières larmes se mirent à couler avant même que Matt ne soit sorti de son champ de vision.

Matt n'osait pas regarder en arrière. Il avait dû mobiliser toute sa volonté pour franchir cette porte en sachant que ce serait pour toujours. Un autre regard sur Quinn et il se précipiterait à ses pieds pour implorer son pardon. Ce qui ne résoudrait rien, mais allégerait momentanément sa conscience.

C'était une femme forte, qui serait encore plus forte sans lui, sans placer ses espoirs en quelqu'un qui ne serait jamais ce dont elle avait besoin — un mari et un père pour Simon. S'il était hors circuit, ils auraient au moins une chance d'avoir une vie stable, et lui pourrait retourner à sa vie insouciante.

Il déverrouilla les portières de sa voiture bien avant de l'avoir atteinte, pour ne pas revenir sur sa décision. Une fois installé dans l'habitacle, il laissa échapper un long soupir. C'était la chose la plus difficile qu'il ait jamais faite, il avait choisi de s'en aller ; ce n'était pas une décision qu'on avait prise pour lui.

Elle lui avait dit qu'elle l'aimait. Il l'aimait. Il aurait été bien plus simple de poursuivre leur histoire et de croire qu'ils pouvaient vivre heureux jusqu'à la fin de leurs jours, mais la vraie vie n'était pas aussi simple que cela. Malheureusement, aimer signifiait sacrifier son indépendance, une chose pour laquelle il s'était battu trop âprement pour l'abandonner maintenant.

Il fit démarrer sa voiture et jeta un bref coup d'œil en arrière, espérant entrevoir Quinn une dernière fois avant de partir. La porte était déjà refermée, lui interdisant pour toujours l'accès de chez elle. Il continuerait à la voir de temps en temps à l'hôpital, mais il ne faisait plus partie de son existence, désormais. À partir de maintenant, Quinn, Simon et Maisie n'étaient plus sous sa responsabilité. Exactement ce qu'il voulait. Alors pourquoi ce sentiment d'avoir jeté à la poubelle la meilleure chose qui lui soit jamais arrivée ?

12

— Comment vas-tu, Simon ?

Cela faisait quelques semaines que le monde de Matt avait implosé. Il avait laissé les infirmières changer les pansements du petit garçon, pour l'habituer au fait qu'il ne serait pas toujours à ses côtés.

Cela avait été plus dur que prévu. Bien sûr, il suivait la guérison du petit, interrogeant le personnel qui s'occupait de lui et examinant les comptes rendus pour se tenir au courant. Ce n'était toutefois pas comme le voir en personne.

Il opérait des prodiges pour des centaines de patients et leur famille, mais ce n'était pas pareil. La connexion entre eux était apparemment unique.

— Ça va, répondit Simon en lui lançant le même regard inquiet qu'au début du traitement, quand il hésitait encore à lui faire confiance.

Cette défiance fit à Matt l'effet d'un coup de poing dans le ventre : après tout le temps qu'ils avaient passé ensemble ! Enfin, il était l'unique responsable de ce revirement.

Il n'avait pas dormi de la nuit, à la pensée de leur rendez-vous. Quinn avait fait en sorte de rester hors de son champ de vision, mais il avait toujours eu les mains moites à la pensée qu'elle se trouvait dans le bâtiment.

— Comment va Maisie ? demanda-t-il en inspectant le visage de Simon, dont la peau cicatrisait très bien.

— Ça va.

Simon ne voulait visiblement rien dire. Peut-être s'agissait-il d'une forme de loyauté envers Quinn. Il n'aurait pas dû se retrouver coincé au milieu de tout cela. Expliquer les raisons de sa disparition à Simon n'avait pas dû être aisé, puisqu'ils avaient veillé à ce qu'il ne sache rien de leur relation.

La méfiance de Simon pouvait aussi s'expliquer parce qu'il voyait en lui une autre figure paternelle l'ayant abandonné. Cependant, il était important qu'il fasse confiance à Matt quand il venait dans son cabinet.

— Elle me manque, même si mes chaussures sont plus en sécurité sans elle, dit-il à propos de Maisie.

Il n'aurait jamais cru souffrir autant de son absence.

— C'est pour ça que tu ne veux plus nous voir ? Je ne la laisserai plus jamais manger tes affaires, je te le promets.

Un frisson glacial traversa Matt. Il ne pouvait pas laisser Simon penser que cette situation était sa faute. Il avait été impliqué malgré lui dans des problèmes qui étaient en fait ceux de Matt.

Deux grands yeux verts pleins de perplexité s'étaient posés sur lui.

— Ce qui s'est passé entre Quinn et moi... Ça n'a rien à voir avec quelque chose que Maisie ou toi auriez fait. Nous avons simplement décidé que ce serait mieux si nous ne nous voyions plus.

Ç'aurait été plus facile s'ils avaient coordonné leur histoire, il ne voulait pas contredire la version de Quinn.

Au moins ne l'avait-elle pas présenté comme un sale type, puisque Simon pensait porter une part de responsabilité dans leur rupture. C'était plus que Matt n'en méritait.

— Vous ne vous aimez plus ?

Si la situation avait été aussi simple, ils seraient encore ensemble. Matt aimait Quinn et elle l'appréciait assez pour vouloir l'inclure dans leur cocon familial. Sur le papier, c'était parfait, mais la réalité ne coïncidait jamais avec ces rêves teintés de rose.

— Ce n'est pas vraiment la question.

En dépit de ses efforts, il n'avait pas pu éteindre ses sentiments pour Quinn. Ne pas la voir ni la toucher ne l'avait pas empêché de penser à elle. En essayant de se protéger, il n'avait fait qu'aggraver la situation.

Comment expliquer à un gamin de cinq ans qu'il avait perdu la plus belle chose de sa vie parce qu'il avait trop peur de faire de nouveau partie d'une famille, alors que c'était le but pour un enfant en famille d'accueil ?

— Tu lui manques, dit Simon. Elle est très triste quand elle pense que je ne la vois pas. Mais elle dit qu'elle va être ma nouvelle maman et qu'on va bien s'amuser tous les deux.

Matt était tout près de craquer, de tout donner pour faire encore partie de tout ça, sachant que Quinn se trouvait juste à l'autre bout du couloir.

— Tu sais quoi ? Après cette opération, je vais discuter avec elle et voir si on peut aller manger une glace tous les trois.

Ils avaient fait le plus dur en rompant ; se revoir pour le bien de Simon ne pourrait pas les faire souffrir davantage. Savoir qu'il avait échappé de justesse à une nouvelle vie de famille ne lui tenait pas chaud, la nuit.

Sa promesse parut rassurer Simon. Ils recommençaient donc à communiquer. *Ouf !* Le petit bonhomme était si différent du gamin renfermé qu'il avait connu. Le mérite en revenait à Quinn. Il voulait croire qu'il y avait contribué autrement que sur le plan esthétique. C'était bon de savoir qu'en dépit de ses manquements il n'était pas le seul dont le cœur avait été touché par leur amitié.

Il ne s'était pas rendu compte à quel point il tenait à ce gamin avant leur retour en salle d'opération. Devant Simon endormi, il sentit soudain pour la première fois de sa carrière ses mains trembler en prenant le scalpel.

Jamais il n'aurait opéré ses sœurs ou ses nièces, ils étaient trop proches, cela aurait pu créer une confusion. Si quelque chose se passait parce qu'il n'avait pas eu les idées claires, il n'aurait pas pu le supporter.

Or voilà qu'il se penchait sur un garçon qui avait trop d'importance pour lui, une lame à la main.

Simon était sa famille, comme Quinn, et il les avait abandonnés par pur égoïsme. Il s'était souvent demandé ce que serait sa vie s'il avait refusé ses responsabilités pour ne penser qu'à lui. Maintenant, il savait : solitude, regrets et personne de cher avec qui partager ses expériences.

Sa peau était moite sous sa blouse.

— Tout va bien ? demanda l'un de ses assistants, qui avait noté son trouble.

— Oui, répondit-il d'une voix assurée.

Il était au bloc, il ne pouvait pas laisser ses problèmes personnels contaminer l'atmosphère stérile.

Il prit une profonde inspiration pour que le professionnel en lui mette ses émotions de côté et fasse ce que l'on attendait de lui. Mais c'était la dernière fois qu'il opérait Simon.

Quinn ne s'habituerait jamais à l'attente. Aujourd'hui, c'était curieusement plus dur que jamais, car à l'anxiété parentale se mêlait l'angoisse de tomber sur un ex.

Comme Matt soignait toujours Simon, cette situation déjà stressante était devenue insupportable. Ils n'avaient pas eu de rupture claire et nette, comme avec Darryl, qu'elle n'avait jamais revu ensuite. Cette fois, elle risquait de croiser l'homme qui avait brisé son cœur à chaque fois qu'elle avait rendez-vous à l'hôpital. Tous les jours, elle risquait, en l'apercevant, de se retrouver au bord du précipice.

Certes, la guérison de Simon était en aussi bonne voie que son adoption, mais elle n'arrivait pas pour autant à oublier ce que Matt et elle avaient vécu et auraient pu vivre. Elle l'aimait et elle était presque sûre qu'il en allait de même pour lui, bien qu'il ne lui en ait rien dit. Cela la hanterait chaque fois qu'elle verrait son beau visage. Quand Simon n'était pas là, elle pleurait, écoutait des chansons tristes... Elle n'était pas encore capable d'aller de l'avant. Peut-être n'y arriverait-elle jamais, d'ailleurs.

Personne ne la comprenait mieux que Matt. Il semblait deviner ce dont elle avait besoin et le lui donnait. Hormis ce qu'elle voulait le plus. Lui. C'était pour cela que ça faisait si mal. Il savait exactement ce que cela lui ferait quand il s'en irait, il l'avait d'ailleurs prévenue. Elle pouvait être une mère célibataire, mais elle ne le voulait pas.

Matt était la dernière pièce qui manquait au puzzle familial, il comblait un vide entre Simon et elle. Sans lui, ils auraient toujours le sentiment d'être incomplets. Tout ce qu'elle pouvait faire, c'était s'efforcer d'offrir un foyer aimant à Simon et prier pour que cela remplace le reste.

Malgré l'absence de figure paternelle, le petit avait fait de gros progrès, aussi bien dans sa guérison qu'à l'école. Une relation mère-fils normale semblait désormais à leur portée, et seules des journées comme celle-ci faisaient resurgir le souvenir de l'incendie et de ses angoisses de ne pas être aimable.

Le pouce levé d'une infirmière était le signe que Quinn attendait pour se détendre avant que Simon ne se réveille de l'anesthésie. Cette fois, le soulagement fut de courte durée, car Matt surgit, ajoutant un degré supplémentaire de tension à son quota du jour.

— Tout s'est passé comme il faut ? demanda-t-elle.

C'était la première fois qu'elle lui parlait directement depuis le jour fatidique, si bien que sa voix et son pouls se mirent à palpiter. Pire, elle remarqua qu'il fronçait les sourcils, ce qui l'alerta. Matt n'aimait pas les psychodrames ; s'il était préoccupé, c'était qu'il y avait vraiment des raisons de paniquer.

— Oui, super… Il faut que je te parle.

Il avait baissé la voix, la mettant au bord de la panique.

Ce n'était jamais bon signe, quand un médecin vous prenait le bras pour vous attirer dans un box et échanger quelques mots en privé. Le cœur battant à tout rompre, elle était sur le point de perdre connaissance.

— Que s'est-il passé ? Une infection ? J'ai gardé ses pansements propres, mais tu connais les garçons.

Sa respiration s'accélérait à mesure qu'elle envisageait les catastrophes possibles.

Matt l'entraîna près d'un lit où il l'obligea à s'asseoir.

— Il va bien. Il n'y a eu ni problème ni complication. Mais je ne peux pas continuer à le soigner. Je suis désolé, je…

Elle eut l'impression de se vider de son sang. Alors que les choses allaient bien pour Simon, elle trouvait le moyen de tout gâcher. Elle ne pouvait pas laisser Matt agir ainsi à cause d'elle. Simon avait besoin de lui.

— C'est à cause de moi ? La prochaine fois, je ne resterai pas. Tu n'auras pas besoin de venir en salle d'attente, je parlerai aux infirmières ou j'enverrai Mme Johns l'accompagner à ses rendez-vous. Je m'arrangerai. Je ne veux pas tout flanquer par terre.

Elle ne put pas aller plus loin, car il scella ses lèvres des siennes. Ce baiser impérieux fit dérailler le cours de ses pensées, la laissant avide de plus. Elle se toucha les lèvres, redoutant qu'il s'agisse d'un rêve.

— C'était pour quoi, ça ? demanda-t-elle.

— C'était la seule façon de te faire taire, je dois terminer ce que j'avais à dire. Bon, ce n'était peut-être pas la meilleure manière, mais la meilleure que j'aie trouvée.

Il sourit. La petite lueur de ses yeux envoyait des frissons dans tout le corps de Quinn, qui ne comprenait pourtant toujours pas ce qu'il y avait d'amusant.

— Mais pourquoi ? Pourquoi m'embrasser après m'avoir dit que tu laissais tomber Simon ? Ça n'a pas de sens. À moins que tu ne trouves ça drôle. Dans ce cas, laisse-moi te dire que ça ne m'amuse pas du tout.

Elle avait la tête qui tournait sous le choc, le baiser et la force décuplée de son désir pour lui après tout ce qu'il avait fait.

— Dois-je recommencer pour t'obliger à m'écouter ?

Il emprisonna son visage de ses mains, et plongea son regard dans le sien.

— Oui, répondit-elle sans hésiter.

Elle ferma les yeux pour jouir du dernier contact de ses lèvres sur les siennes.

Quel que soit le motif de ces baisers, ils lui avaient manqué. Elle s'en voulait d'être aussi faible et de lui laisser prendre le contrôle de sa bouche, de ses émotions, alors qu'elle aurait dû lui hurler dessus et lui faire vivre l'enfer.

Même si elle lui rendait son baiser, elle restait sur ses gardes, bridant ses espoirs. Ce n'était sans doute rien d'autre chez Matt qu'un coup de tête.

— Et donc, Matt, de quoi s'agit-il ?

Il fourragea dans ses cheveux avant de planter ses yeux dans les siens.

— Tu m'as trop manqué.

Son estomac fit une pirouette, mais elle s'abstint de répondre, cette fois. Les mots et les baisers ne changeaient rien s'ils n'étaient pas accompagnés d'un minimum d'honnêteté. Elle n'allait pas retomber dans le piège en espérant changer un homme pour qu'il veuille rester dans sa vie.

— Je ne peux plus opérer Simon parce que je suis trop proche de lui, trop impliqué émotionnellement. C'est un conflit d'intérêts ; autrement dit, je dois choisir entre mes rôles personnel et professionnel.

— Je ne comprends pas. Tu choisis de ne plus le soigner. Pourquoi est-ce censé être une bonne nouvelle ?

Pour elle, cela revenait plutôt à tirer sur l'ambulance.

— Je te choisis toi… Si tu veux encore de moi. En voyant Simon au bloc, aujourd'hui… c'était comme voir mon propre fils passer sous le scalpel. J'ai compris que je faisais déjà partie de cette famille. Je t'aime, Quinn. Je vous aime tous les deux.

Elle avait trop peur pour y croire. Ils n'avaient pas communiqué pendant des semaines et, tout d'un coup, son rêve devenait réalité ? Il lui faudrait plus qu'un sourire et des baisers passionnés. Enfin, peut-être.

— Qu'est-ce qui a changé, Matt ? La dernière fois que nous nous sommes vus, tu m'as dit le contraire. Le chien te manque, c'est ça ? Je suis sûre que nous pouvons prendre des dispositions sans t'obliger à une vie de famille.

OK, elle était un peu brutale, mais elle avait bien le droit, il lui avait brisé le cœur et elle avait eu tant de peine à recoller les morceaux.

Le froncement de sourcils était de retour : peut-être avait-elle été trop loin ?

— C'est ce que j'essaie de te dire. Vous me manquez tous. Les semaines que j'ai passées loin de vous m'ont montré ce que je ratais. Je ne veux pas finir tout seul au milieu de meubles et de vêtements de luxe. Une vie sans Simon et toi, ce n'est pas pour moi. Je t'aime. Je veux être avec toi, élever Simon et même une pleine maison de Simon, si c'est ça que tu veux.

— Il n'y a rien que je veuille davantage, mais seulement si c'est ce que tu veux vraiment. Comment pourrais-je être sûre que tu ne vas pas changer d'avis une fois l'adoption acquise ou quand un autre enfant problématique frappera à notre porte ? Il n'y a pas de place pour le doute, Matt.

Elle refoula l'espoir qui enfin battait dans sa poitrine et la poussait dans les bras de Matt.

Il se redressa et traversa la pièce, les mains sur les hanches.

— Voilà, j'ai dit ce que j'avais à dire, dit-elle d'une voix frémissante.

— Attends, où vas-tu ? demanda-t-il en la voyant se lever à son tour.

— Voir Simon.

C'était grâce à lui qu'elle ne s'était pas effondrée. Elle devait être forte, il aurait besoin d'elle en se réveillant, avant d'apprendre la mauvaise nouvelle.

Matt lui emboîta le pas, comme pour prolonger encore son supplice.

— Que faut-il que je fasse pour te convaincre que je suis sérieux ? Je vais résilier mon bail, tout vendre, prendre un travail d'homme de ménage à l'hôpital si cela signifie que je peux rester. Je m'en moque. Je veux juste être avec toi.

Cette déclaration la fit sourire.

— Je pense que l'hôpital fera tout pour te garder.

— Et toi ?

Il avait le même regard préoccupé que Simon quand il avait cru qu'elle ne voulait pas de lui. Alors elle sut qu'il pensait chacun de ses mots. Il lui avait ouvert son cœur, et sa sincérité était tout bonnement adorable.

— Comme tu le sais, je ne sais pas résister aux animaux errants ; je vais te garder, toi aussi.

C'était plus simple de plaisanter, maintenant qu'elle était sûre de ses sentiments pour elle.

— Dis-moi que tu m'aimes, murmura-t-il en l'enveloppant de ses bras.

— Tu es bien exigeant !

— Dis-le, répéta-t-il, sa bouche contre la sienne.

— Je t'aime.

Elle avait tenté de se convaincre du contraire, après son départ, mais c'était un vrai soulagement de pouvoir l'admettre à présent, sans crainte des conséquences.

— Je t'aime aussi. Et Simon. Et Maisie. Et la famille folle et dysfonctionnelle que nous avons créée.

— Je pense que quelqu'un sera enchanté d'apprendre la nouvelle.

— Allons voir notre garçon.

Matt lui prit la main et la conduisit vers la chambre de Simon pour que leur groupe soit au complet.

Le cœur de Quinn était si plein qu'elle ne pourrait plus jamais s'arrêter de sourire.

Maintenant, sa famille était enfin telle qu'elle l'avait rêvée.

ANNIE O'NEIL

Envoûtée par un cheikh

PADDINGTON, HÔPITAL POUR ENFANTS
VOLUME 2

Traduction française de
MICHELLE LECOEUR

SAGAS

HARLEQUIN

Titre original :
HEALING THE SHEIKH'S HEART

Ce roman a déjà été publié en 2021.

1

Idris al-Khalil se leva et tendit la main à son interlocuteur pour lui signifier courtoisement que l'entretien était clos.

— Je vous tiendrai informé, merci.

Encore un entretien inutile !

Pourquoi donnerait-il son nom à une aile de la clinique pour enfants de Chelsea s'il y faisait opérer sa fille ? C'était tout simplement ridicule ! Tous ces gens le croyaient-ils donc si superficiel ? S'il comptait faire un don important, c'était pour que cela serve aux enfants hospitalisés, pas pour étaler ses richesses ni pour gaspiller l'argent en plaques commémoratives ! Il avait un seul souci, celui d'offrir à sa fille ce merveilleux cadeau : faire pénétrer le son dans son monde totalement silencieux depuis sa naissance.

— Hem...

Entendant la voix discrète de Kaisha, il se retourna, douloureusement conscient que c'était justement le genre de chose que sa petite Amira ne pouvait pas faire.

— Êtes-vous prêt pour la personne suivante ?

— Il en reste beaucoup ? Je crains de ne pas pouvoir supporter encore longtemps cette adulation parfaitement déplacée.

— Non, Votre Excellence. Il n'y en a plus qu'une.

— Kaisha, je vous en prie ! C'est *Idris* lorsque nous sommes seuls. J'ai eu assez de courbettes à supporter pour la journée. Vous êtes mieux placée que quiconque pour savoir combien il est important que nous trouvions le bon médecin pour Amira.

— Oui, Votre… Idris, répondit Kaisha en esquissant une révérence, avant de se raviser et de lever les yeux au ciel avec une mimique d'impuissance.

Tous deux savaient pourtant que les révérences étaient inutiles ! D'ailleurs, son humeur maussade était virtuellement impossible à changer. Depuis sept ans, il arborait pratiquement en permanence son « visage des mauvais jours », comme disait sa défunte grand-mère.

Pourtant, malgré son mal de tête causé par une overdose d'entretiens avec de grands pontes de la médecine et son besoin croissant de sortir évacuer sa frustration dans un des parcs de Londres, il sourit à son assistante.

Kaisha était loyale, intelligente, et c'était certainement la dernière personne qui méritait qu'il se défoule sur elle. Il l'avait engagée en tant que spécialiste de l'histoire du Da'har, et non pour ses qualités de secrétaire particulière. Peut-être devrait-il engager quelqu'un qui remplisse cette fonction auprès d'elle ?

Il tourna la tête dans un sens puis dans l'autre, dans l'espoir que la tension de la journée l'abandonnerait — à défaut de son cortège de flatteurs —, puis il entreprit de traverser la vaste suite, d'où la vue était impressionnante.

À Wickham Place, le mobilier, composé uniquement de pièces uniques, était fait sur mesure pour s'harmoniser avec la décoration, moderne mais indéniablement de grande classe. Il préférait cette élégance discrète aux étalages de richesse clinquants. Amira appréciait la vue qu'ils avaient d'ici sur le London Eye — la Grande Roue — et les bâtiments du Parlement.

En fait, il était prêt à tout pour voir un sourire s'épanouir sur le visage de sa petite fille. Elle était toujours si sérieuse… Rien de surprenant, puisqu'elle était privée de la tendresse d'une mère et que son père était plus enclin à la gravité qu'à la gaieté.

Son reflet rencontré dans un miroir le conforta dans cette opinion : son visage aux angles marqués et ses yeux au sombre éclat étaient ceux d'un homme qui semblait porter le poids du monde sur ses épaules. Pourtant, à une époque, il aurait aperçu un large sourire lui faire face — lorsque sa vie était proche de la perfection.

Il se vit grimacer dans la glace.

La perte de sa femme avait pratiquement fait disparaître ce sourire. Tout ce qui lui importait à présent, c'était le bonheur de sa fille et le bien-être du Da'har.

Si l'on peut retrouver le caractère d'une nation dans les gènes d'un homme, il était certain d'incarner tout ce que représentait ce petit pays du Golfe : la fierté. La force. La résilience.

Derrière la porte de la suite se trouvaient deux de ses plus fidèles employés. Plus loin, au niveau de l'ascenseur, il y en avait deux autres. Et dans le hall de l'hôtel, deux autres encore. Ils étaient censés lui procurer un sentiment de sécurité. Mais aujourd'hui, il avait l'impression d'étouffer. Et soudain, il fut pris d'une envie irrépressible de semer ses gardes du corps et d'aller marcher dans les rues de Londres. De devenir… personne en particulier.

Mais il devait trouver le bon chirurgien pour sa fille, c'était la priorité absolue. Il était prêt à tout supporter pour elle — même les démonstrations déplacées des officiels de l'hôpital.

Après tout, il n'était qu'un simple mortel ! Un être d'essence divine aurait pressenti les complications que son épouse avait endurées à la naissance de leur fille. Il aurait pu la sauver.

— Cela fait combien de temps qu'Amira est au zoo ? demanda-t-il par-dessus son épaule.

Kaisha réapparut.

— Seulement une heure, Votre… Idris. Conformément à votre demande, le zoo a été vidé de ses autres visiteurs pour que votre fille ait droit à un tour privé.

Comment Kaisha faisait-elle pour apparaître et disparaître ainsi en un clin d'œil ? Peut-être avait-elle été tout le temps dans la pièce sans qu'il l'ait remarquée ? Il manquait parfois d'attention aux autres. Encore un trait de caractère qu'il avait acquis au cours de ces sept dernières années — les plus longues de sa vie. La seule lumière qui les ait éclairées avait été sa merveilleuse petite fille.

— Parfait, dit-il. Amira passe toujours un temps fou auprès des girafes et des pingouins. Et n'oubliez pas, je veux qu'on ait trouvé la bonne personne avant qu'elle ne soit revenue. Si je dois payer pour que le zoo reste ouvert plus longtemps, ce n'est pas un problème.

Cette fois, même lui remarqua l'air affligé de Kaisha juste avant qu'elle ne cache son visage derrière son bloc-notes.

— Qu'y a-t-il, Kaisha ?

— C'est juste que...

— Allez-y, parlez, dit-il avec impatience.

— Vous avez déjà vu presque tous les spécialistes, mais n'avez pas daigné en écouter un seul jusqu'au bout.

— Parce qu'ils me semblaient tous plus intéressés par mon argent que par ma fille. Elle est l'unique but de cet exercice. Je veux la médecine de pointe, la meilleure que l'on puisse trouver. C'est cela seul qui compte, et non pas de voir mon nom étalé à travers Londres ! Si Amira n'avait pas voulu voir cette comédie musicale, j'aurais fait venir tout le monde en avion au Da'har, et je n'aurais pas perdu mon temps.

Kaisha se contenta de hocher la tête d'un air sombre.

Elle savait déjà tout cela par cœur, pour l'avoir entendu maintes fois depuis deux jours. Dans cette pièce, elle était la seule à faire preuve de patience. Lui, il avait conscience qu'il était sur le point de craquer.

— Bon ! Soit nous choisissons la prochaine personne sur la liste, soit nous partons pour Boston ou New York. C'en est assez de ces absurdités. D'accord ?

— Oui, Votre Ex... Idris, répondit Kaisha avec un bref sourire. Je vais chercher le prochain candidat ?

— On ferait peut-être aussi bien de le zapper, grommela-t-il en s'enfonçant dans son fauteuil. De qui s'agit-il ?

— Hum, désolée... De Robyn Kelly. Dr Robyn Kelly. *Salam Alaykoum.*

Il releva vivement la tête.

La voix qui lui avait répondu n'appartenait pas à Kaisha, et la paire d'yeux qui rencontra les siens était dotée d'une couleur extraordinaire : une nuance d'ambre à la fois chaude et lumineuse, comme éclairée de l'intérieur.

Soudain, il se rendit compte qu'il restait figé sur place, fasciné comme ça ne lui était arrivé qu'une fois dans sa vie.

— Comment êtes-vous entrée ?

Elle se mit à pouffer de rire, comme s'il avait posé une question complètement idiote. Elle pencha la tête en avant, et ses boucles blondes retombèrent sur son visage.

— Avec ça, répondit-elle en désignant ses pieds, chaussés d'un genre de chaussures de sport qu'il aurait plutôt vues chez une ado. Vos... gardes du corps, je suppose, m'ont gentiment laissée entrer il y a quelques minutes pour que je puisse me « repoudrer le nez » dans les toilettes des dames.

La nouvelle arrivée paraissait à peu près aussi dangereuse qu'un agneau. Néanmoins, il plissa les yeux en l'étudiant avec toute la rigueur dont il était capable.

Personne n'était censé franchir le barrage de ses gardes du corps. Jamais. C'était pourtant ce que venait de faire cette sylphide aux yeux d'ambre. Et si elle avait trouvé Amira et l'avait kidnappée ?

Son cœur se serra à cette pensée.

Mais sa fille se trouvait en sécurité, et cette... Robyn était inoffensive, se dit-il en poursuivant son inspection.

Elle était mince, un peu plus grande que la moyenne, et devait avoir son âge — environ trente-cinq ans. Ce fut à peu près tout ce qu'il put voir d'elle, car elle était enveloppée dans un trench-coat trop ample qui aurait pu être élégant s'il avait été de la bonne taille et si elle avait attaché sa ceinture correctement. Une cascade de boucles blondes indisciplinées et un visage dépourvu de maquillage complétaient le tableau.

À l'évidence, elle ne s'était guère « poudré le nez », mais ses joues étaient roses... De froid, peut-être ? D'après les normes da'hariennes, la journée était quasiment hivernale. Mais ses trois ans passés dans une université anglaise lui avaient appris que les pluies torrentielles de fin d'été étaient considérées ici comme normales.

Robyn Kelly avait l'air ébouriffé par le vent et était quelque peu négligée dans sa tenue. À son idée, les créatures mythiques ne pouffaient pas et ne jouaient pas avec leurs cheveux. Sans doute ressemblait-elle davantage à une fée ou un lutin fantaisiste qu'à une sylphide, après tout. Il pouvait facilement l'imaginer dotée d'une paire d'ailes diaphanes, en train de survoler les jardins du palais au Da'har.

Heureusement, l'apparition de Kaisha effaça les images délirantes que la présence de Robyn suscitait en lui. Elle lui jeta un coup d'œil désolé, semblant ignorer autant que lui comment cette femme était entrée dans la suite.

— Docteur Kelly, pouvons-nous vous offrir quelque chose à boire ou...

— Oh ! quelle bonne idée ! Je serais prête à faire des folies pour une tasse de thé, répondit Robyn, dont le visage s'était aussitôt éclairé d'un sourire radieux. Excusez-moi, ajouta-t-elle en riant. J'oubliais que vous ne connaissez pas forcément notre langage familier. L'anglais n'est que votre... troisième ou quatrième langue ?

— Quatrième, répondit Kaisha avec un sourire timide.

— Quatrième ! Comme j'aimerais avoir votre don pour les langues...

Idris vit les yeux d'ambre chercher les siens, et elle fit une mimique pouvant signifier : « C'est à peine croyable comme cette fille est douée ! ».

— Si je me rappelle bien notre échange de mails, vous connaissez le dialecte du Da'har, l'arabe, le français et l'anglais ?

Kaisha hocha la tête.

— Impressionnant. Personnellement, la seule autre langue que je parle est celle des menus dans les restaurants étrangers.

— Comment désirez-vous votre café ?

— Assez fort, avec un peu de lait.

— Pas de crème ?

— Non, merci, répondit Robyn en souriant à Kaisha.

Elle se tourna de nouveau vers lui.

— Je suis désolée pour mon arrivée intempestive. Si nous faisions les présentations de façon un peu plus officielle ?

Elle lui tendit la main sans attendre sa réponse.

— Dr Kelly, de l'hôpital pour enfants du Paddington. Et vous êtes… ?

— Le cheikh Idris al-Khalil, répondit-il en acceptant sa main tendue, un peu surpris tout de même d'avoir à se présenter.

— Super !

L'échange fut ferme mais bref. Robyn retira rapidement sa main comme s'il l'avait serrée trop fort.

— Je suis le père d'Amira, précisa-t-il.

— Parfait. Vous permettez que je pose mon imper sur le canapé ?

Déjà, elle ôtait son vêtement trempé ainsi qu'une écharpe en laine d'au moins trois mètres de long. Elle abandonna le tout dans un coin du canapé ultra-chic avant de se laisser tomber à l'autre extrémité en poussant un soupir faussement exaspéré, en se plaignant des caprices de l'été britannique.

Rien qu'à la regarder, il se sentait épuisé. Et aussi un peu intrigué. Qui diable était cette femme ? Une minitornade ou une bouffée d'air frais bienvenue ?

Il dut faire un effort pour détourner les yeux de son regard doré fascinant…

Davantage que sa tenue, en tout cas : une jupe en velours côtelé qui avait dû passer trop de temps dans la machine à laver et un haut à fleurs dont un bouton menaçait de se désolidariser de son fil. Quant aux chaussures…

Décidément, Robyn Kelly ressemblait plus à une étudiante qu'à un chirurgien d'élite. Le contraste était frappant avec les quatre précédents candidats, qui arboraient tous une tenue irréprochable : costume coûteux, chemise immaculée, cravate en soie, chaussures impeccablement cirées. On aurait dit qu'ils avaient été passés en revue par leur mère avant d'affronter leur premier jour de classe.

En l'occurrence, ça ne leur avait pas réussi.

Il réprima un petit rire sans joie.

— Qu'y a-t-il ? Quelque chose ne va pas ? demanda Robyn tandis que son regard s'attardait sur son chemisier crème parsemé de tulipes roses.

Elle posa le doigt sur une tache rose, et il la vit rougir.

— Ah, désolée. Juste avant que je ne vienne, on a fêté les fiançailles d'un des chirurgiens de l'hôpital en mangeant des cupcakes, et j'ai partagé un gâteau avec un jeune patient.

Du bout du doigt, elle gratta le petit morceau de glaçage collé sur son chemisier, et il regarda, captivé, ses lèvres s'arrondir autour de son index.

— Mmm... J'adore ça, même si les enfants s'en mettent partout. Mais quelle importance ? C'est déjà suffisamment difficile pour eux de se retrouver à l'hôpital, s'il fallait en plus qu'ils se soucient de manger proprement ! Vous ne croyez pas ?

À l'évidence, elle se préoccupait assez peu de son avis, car elle poursuivit son monologue.

— Si l'hôpital n'était pas sur le point de fermer, je ne serais sans doute pas là à me ridiculiser, mais plutôt en train d'opérer.

Leurs regards se rencontrèrent.

— Voilà ce qu'il se passe quand on envoie la chef du service de chirurgie au lieu du responsable des relations publiques...

Il l'écoutait toujours, bouche bée, n'arrivant pas à décider si elle était folle ou bien s'il devait la laisser jacasser alors qu'elle continuait de frotter la tache avec un mouchoir en papier sur le tissu tendu par le renflement de ses seins...

Par bonheur, elle ne semblait pas remarquer son trouble.

— Au Château — comme nous appelons l'hôpital du Paddington —, nous supposons tous qu'Amira est une merveilleuse petite fille, et pour ma part, j'ai hâte de faire sa connaissance. Alors, où est-elle ? demanda Robyn en rangeant son mouchoir dans son sac.

— Pardon ? fit-il avec un peu de hauteur.

Il était habitué à diriger les entretiens, et non l'inverse.

Pendant deux secondes, Robyn craignit de s'être trompée d'hôtel et de cheikh. Le luxe de l'endroit la rendait nerveuse. Ou bien était-ce son hôte... ?

La simple présence d'Idris al-Khalil l'impressionnait. Elle l'avait trouvé très séduisant sur la photo que l'hôpital avait fournie avec sa bio — yeux de braise, pommettes hautes, cheveux châtain foncé —, mais en réalité, il était encore mieux. Elle en avait les genoux tremblants.

Pourvu qu'il n'ait rien remarqué !

En même temps, il n'était pas non plus le fils caché d'Omar Sharif, et elle sentait en lui une impatience grandissante.

— Votre fille, Amira, où avez-vous dit qu'elle se trouvait ? demanda-t-elle d'une voix qu'elle s'efforça de rendre plus ferme.

— Sortie, répondit-il brièvement.

D'accord. À l'évidence, elle avait affaire à un père très protecteur.

Elle n'était pas habituée à se mettre ainsi en avant en tant que chirurgien, mais elle était certaine d'une chose : pour tout ce qui touchait aux oreilles, au nez et à la gorge, elle était parmi les meilleurs. Si elle avait connu quelqu'un de plus performant, elle ne se serait pas positionnée, mais ce cas était pour elle. Elle l'avait su à l'instant où elle avait eu connaissance de l'histoire d'Amira.

Relevant le menton, elle soutint le regard de l'homme qui la regardait toujours, ses yeux noirs fixés sur elle avec une force déconcertante.

Peut-être s'agissait-il d'un test, d'une sorte de rite initiatique que l'on pratiquait dans son pays ?

Elle détourna les yeux quelques secondes sous prétexte de consulter sa montre, avant d'oser lui jeter un nouveau coup d'œil.

Il la fixait toujours, plus intimidant que jamais, comme s'il attendait d'elle quelque chose.

Soudain, elle se rappela un truc que lui avait donné une de ses collègues lorsqu'elle était impressionnée par quelqu'un : l'imaginer en petite tenue, voire dans le plus simple appareil...

Cela n'arrangea rien, au contraire : en se représentant ce bel homme d'environ un mètre quatre-vingt-cinq tout nu, elle se sentit rougir jusqu'à la racine des cheveux.

Ce jeu du chat et de la souris devenait vraiment stressant. Elle claqua les mains sur ses cuisses et se redressa.

— Alors, comment dois-je vous appeler ?

Il fronça imperceptiblement les sourcils.

— Idris.

— Oh ! s'étonna-t-elle. Je craignais de devoir m'incliner devant vous en vous appelant « Votre Grandeur » ou quelque chose comme ça. Idris. Super. Très beau prénom. Je suppose que c'est en hommage à un prophète islamique ? Savez-vous que c'est aussi un nom gallois qui signifie « seigneur ardent » ou « prince » ?

— Je ne suis ni un prophète ni un prince, répondit-il sèchement.

Bon. Alors, il était roi ou cheikh... Peu importe.

Elle se mordit la lèvre en entamant avec lui un nouvel échange de regards, espérant pouvoir tenir jusqu'à l'arrivée de sa fille.

Naturellement, ce fut lui qui gagna.

Comment contempler une telle perfection sans cligner des yeux ? Il avait tout pour lui : les pommettes, le nez aquilin, la légère nuance caramel dc la peau, le menton discrètement fendu. Ses cheveux coupés très court n'auraient pas pu flotter au vent lors d'une chevauchée à travers les dunes.

— Savez-vous qu'il existe aussi au pays de Galles une montagne qui s'appelle la « Chaise d'Idris » ?

À la place de cet homme, n'importe qui aurait au moins esquissé un sourire. Pas lui.

Il avait aussi un corps d'athlète. Ses épaules remplissaient parfaitement son costume, vraisemblablement fait sur mesure. Et elle avait oublié la bouche ! Même fermement serrées, ses lèvres restaient sensuelles...

Elle se mordit l'intérieur de la joue pour se retenir de soupirer.

Qu'était-elle en train de faire ? Elle n'était pas venue ici pour se chercher un petit ami ! Seuls comptaient pour elle l'avenir de l'hôpital et l'interminable liste de patients que le Château pourrait soulager si seulement il restait ouvert.

Levant les yeux, elle vit avec soulagement s'avancer l'assistante d'Idris portant un plateau de thé chargé, outre une magnifique théière et des tasses en porcelaine de Chine, d'une énorme pile de biscuits extrêmement appétissants.

— Oh ! Des biscuits au gingembre recouverts de chocolat noir. Mes préférés !

— Nous avons fait nos recherches, dit Idris, prenant enfin la parole. Espérons que vous avez fait les vôtres.

Ces paroles sonnaient comme un défi.

— Le dossier d'Amira m'a beaucoup intéressée, au point de me tenir éveillée la nuit...

L'assistante déposa le plateau entre eux.

— Mon Dieu ! Mais il y a de quoi nourrir une armée ! Amira va-t-elle arriver avec un groupe d'amies ?

— Non. C'est seulement pour vous, répondit la jeune femme, son joli foulard ondulant légèrement tandis qu'elle se penchait pour servir le thé à la menthe.

— Vous êtes un amour, merci... Kaisha, n'est-ce pas ?

— C'est bien cela.

— En japonais, ça signifie « entreprendre », je crois, dit Robyn avant de se tourner vers Idris, cherchant une confirmation.

Il avait l'air d'un homme très savant. Sur de nombreux sujets.

— J'ai cru comprendre que vous n'étiez pas seulement une linguiste, mademoiselle.

— Docteur, rectifia-t-elle avec un sourire.

Son travail au Paddington était toute sa vie, et elle préférait de beaucoup être définie par son travail plutôt que par sa vie privée, moins gratifiante.

— Docteur, reprit Idris, haussant un sourcil d'un air amusé. Pour quelqu'un qui prétend ne pratiquer que la langue des menus de restaurants, vous semblez vous y connaître.

— Eh bien, en fait, j'ai étudié plusieurs langues des signes à travers le monde. Cela me semblait approprié pour une ORL. De nombreux pays ont des signes similaires, mais c'est toujours utile de connaître ceux du pays de nos patients, étant donné qu'ils nous arrivent de partout et que beaucoup d'entre eux lisent sur les lèvres — ce que je les encourage à faire. Je m'étais préparée à rencontrer Amira… Et non pas vous, ajouta-t-elle en signant avec les mains.

Oh ! pourquoi l'administration avait-elle choisi de l'envoyer dans ce genre de speed dating ? Ça la rendait nerveuse, et elle parlait beaucoup trop. Elle aurait nettement préféré voir l'enfant — d'ailleurs, les administrateurs de l'hôpital insistaient pour qu'elle rende elle-même visite aux patients.

Ses « patients ». Le mot la faisait frissonner. Ceux qui avaient recours à elle quand ils étaient malades ou blessés étaient tous des enfants. Avec un nom et un visage, des préférences et des dégoûts, et même dans certains cas la capacité de lui tricoter la plus longue écharpe du monde.

Ses doigts coururent sur le canapé, et elle se mit à jouer avec un bout de laine humide.

Ce cadeau était aussi précieux pour elle que s'il avait été fait par son propre enfant — qu'elle n'aurait jamais. Une grossesse extra-utérine avait mis fin à ce rêve. Et depuis, sa vie était remplie d'un nombre incalculable d'enfants « adoptés ».

Tout le personnel du Château — ainsi qu'ils avaient surnommé ce bâtiment victorien couronné de tours — se donnait beaucoup de peine pour que les enfants venant à eux soient traités individuellement avec respect et sollicitude, quel que soit leur état. C'étaient avant tout des *enfants,* pour lesquels elle faisait tout son possible afin que le monde — ou tout au moins l'hôpital pour enfants du Paddington — devienne pour eux un endroit plus agréable à vivre.

D'après le rapport sur Amira — et si son père était prêt à accepter le traitement que l'hôpital pouvait lui offrir —, Robyn était certaine que, avec l'équipe de chirurgiens et de spécialistes adéquate — et aussi les fonds nécessaires —, elle permettrait à la petite fille d'entendre pour la première fois de sa vie.

Auparavant il fallait qu'elle s'attire les bonnes grâces du cheikh pour pouvoir aider sa fille, et sauver l'hôpital dans la foulée.

Voyant qu'Idris écarquillait les yeux comme s'il était devant une énigme insoluble, elle sentit son cœur se serrer.

— Permettez-moi de recommencer par le début, dit-elle humblement, en lui dédiant son plus beau sourire.

2

Son impatience grandissante l'emporta sur son désir de répondre au sourire contagieux du Dr Kelly.

— Je n'ai pas l'impression que nous ayons commencé quoi que ce soit, et surtout pas l'entretien que je pensais mener, dit-il sèchement.

Idris savait qu'il se montrait blessant, mais cette femme le déconcertait avec ses yeux de tigresse attentifs à tout. Si elle voulait qu'il la choisisse pour opérer sa fille, il allait falloir qu'elle fasse un peu plus que sourire et le prendre au dépourvu ! Il était le rempart qu'elle devait franchir pour parvenir jusqu'à Amira. Il avait perdu le premier amour de sa vie à cause de la médecine, il était hors de question qu'il perde le second !

Avec Robyn Kelly, pourtant, il sentait ses défenses habituelles se ramollir malgré lui. Cette femme était un véritable rayon de soleil, l'antithèse presque parfaite de ce qu'il avait été ces sept dernières années : il se montrait méfiant et protecteur, elle débordait de vie, d'enthousiasme, de générosité.

Il était persuadé que les autres chirurgiens n'avaient parlé à Kaisha que pour lui demander du thé ou du café — peut-être avec un hochement de tête ou un bref « merci ». Or, selon ses critères, et particulièrement en tant que chef du Da'har, la considération était tout. Chacun de ses choix concernant le petit royaume désertique finissait par affecter tous les citoyens, il en avait conscience. Aussi ne se décidait-il jamais à la légère et ne changeait-il pas les lois si elles risquaient de désavantager certains. La vie sur cette planète était déjà suffisamment injuste, il l'avait appris à ses dépens.

La dernière chose qu'il fallait au peuple du Da'har, c'était un leader inconsolable de la mort de sa femme. Sept ans auparavant, Amira, tout juste née, avait eu besoin d'un père qui sache où il allait. Alors il s'était consacré à elle, se concentrant sur le rôle qu'elle serait appelée à jouer un jour à la tête du Da'har et de son peuple. Des gens dont elle se languissait d'entendre la voix.

— Où sont ses jouets ? demanda Robyn Kelly d'un ton ferme.

— Je vous demande pardon ? dit-il, brusquement ramené à la réalité.

Le regard de la jeune femme faisait le tour du salon immaculé.

— Les jouets de votre fille. Vous les avez bien emportés avec elle, n'est-ce pas ? Elle n'a que sept ans... Où est-ce qu'elle joue ?

— Elle est au zoo avec Thana.

Il vit les yeux de Kaisha s'écarquiller.

Normalement, il ne révélait jamais à un étranger où se trouvait sa fille. Ni ne lui demandait de l'appeler Idris. Mais quelque chose chez cette femme lui procurait une sensation de bien-être et de réconfort. Elle irradiait une telle chaleur humaine qu'elle lui semblait digne de confiance.

— Et Thana est... ?

Cette question le hérissa. On ne la lui avait encore jamais posée, que ce soit au Da'har ou ailleurs. La nouvelle de la mort de sa femme des suites de l'accouchement avait été diffusée dans le monde entier, de même que ses funérailles. « Le cheikh veuf et sa fille nouveau-née se retrouvent seuls à la mort de la cheikha », avait-on lu à la une de tous les journaux. Il se rappelait encore cette sensation de jambes de plomb qu'il avait eue en suivant son cercueil, le petit corps d'Amira blotti dans ses bras.

— Sa nounou.

L'expression de Robyn changea, et il sut qu'elle avait compris.

Il la vit ouvrir son sac et en sortir une épaisse liasse de papiers, qu'elle posa d'un geste décidé sur la table basse.

— Bien, dit-elle. Généralement, je préfère effectuer le premier entretien avec l'enfant. Même si je suis pratiquement sûre que l'opération et le traitement que je propose sont les plus appropriés pour son cas, je tiens aussi à m'assurer qu'ils lui conviennent.

Voilà qui était intéressant ! Aucun des autres chirurgiens n'avait paru se soucier une seule seconde de ce que pensait sa fille. Ils avaient été trop occupés à faire étalage de leurs derniers essais cliniques… disponibles à un prix élevé, bien sûr.

— Que voulez-vous dire ?

— Lorsque quelqu'un qui est profondément sourd se met à entendre, cela peut être un choc pour lui. Vous serez peut-être étonné d'apprendre que certains sourds *ne veulent pas* entendre.

— Ce n'est pas le cas d'Amira.

Robyn esquissa un sourire tout en hochant la tête.

— Il serait préférable que je l'entende de sa bouche. Parfois, ce qu'un parent désire pour son enfant est différent de ce que celui-ci souhaite au fond de lui. Comment communique-t-elle actuellement ?

— Elle lit surtout sur les lèvres. Et nous avons notre propre langue des signes. Comme vous le savez sûrement, il n'y a pas dans les pays arabes de langue des signes officielle comme cela existe en Amérique ou en Europe.

Robyn hocha de nouveau la tête.

— Est-elle capable de lire sur les lèvres en arabe, français et anglais ?

Il sentit l'irritation le gagner de nouveau.

— Le dialecte du Da'har est ce qui l'intéresse le plus, étant donné qu'un jour c'est elle qui dirigera le royaume. Mais elle a aussi des notions d'anglais, car nous voyageons souvent ensemble. Veuillez garder à l'esprit, docteur, qu'elle n'a que sept ans.

— J'ai connu des enfants de sept ans très débrouillards, répliqua Robyn sans se démonter.

Était-elle en train de se moquer de lui ? Amira était ce qu'il avait de plus précieux dans la vie. Il n'allait pas submerger sa petite fille, déjà si sérieuse, d'un flot de langues et de précepteurs alors que la vie représentait un tel défi pour elle…

Mais lorsqu'il croisa le regard de Robyn, le réel respect pour ses patients qu'il y vit le réconforta. Il lui accorda mentalement un bon point.

— Dommage, dit-elle en étalant sur la table plusieurs feuilles de sa liasse. C'est beaucoup plus facile d'apprendre plusieurs langues à un enfant. Plus il est jeune, mieux c'est, surtout si l'on n'est pas dans un cadre scolaire, ajouta-t-elle en jetant un coup d'œil entendu à la suite luxueuse de l'hôtel.

— En fait, l'anglais d'Amira est plutôt bon, intervint timidement Kaisha. Nous avons pratiqué la langue des signes britannique, et cela a l'air de lui plaire.

— Vous ne me l'avez jamais dit ! protesta Idris. Pourquoi ?

Une petite voix intérieure lui soufflait que c'était peut-être à cause de son attitude sévère. Mais après tout, il était ainsi : un père qui plaçait sa fille au-dessus de tout.

Kaisha se plongea dans ses notes pour éviter son regard.

— C'était une surprise, répondit-elle précipitamment.

— Excellent ! s'exclama Robyn. La langue des signes britannique est semblable à la française. Si Amira s'y met sérieusement, elle va avoir accès au monde merveilleux des polyglottes.

Kaisha eut un sourire radieux.

— Une minute ! dit-il. Qu'est-ce que cela vient faire avec l'opération censée lui permettre d'entendre ?

— Tout, répondit Robyn d'un ton ferme. Parce qu'il existe toujours un risque que l'opération ne marche pas.

Un lourd silence s'ensuivit, le temps pour lui d'assimiler ce qu'aucun autre chirurgien n'avait osé envisager : l'échec. Il nota en passant que le mentionner était une preuve de courage et d'honnêteté.

— Je croyais que vous étiez une des meilleurs, dit-il pourtant.

— C'est le cas, répondit-elle en le regardant sans ciller. Mais le cas d'Amira est particulièrement délicat, le traitement que je propose n'a pas encore été effectué dans ce contexte. Et je ne l'ai jamais pratiqué en tandem avec la thérapie génique.

— La thérapie génique ? répéta-t-il, sentant ses poils se hérisser.

Cela lui semblait invasif, voire dangereux.

— Ne vous inquiétez pas, dit Robyn en balayant ses inquiétudes d'un geste. C'est quelque chose de tout à fait excitant. Pendant que je travaillais en service pédiatrique à Boston...

— Je croyais que vous étiez basée au Paddington ?

— C'est le cas. Mais contrairement à la plupart des humains, j'aime passer mes vacances dans d'autres hôpitaux pour voir où en sont mes collègues ORL.

— Vous voulez dire que... vous travaillez pendant vos congés ?

— Je n'ai jamais l'impression d'être au travail, assura Robyn. J'adore ce que je fais, et je vis en permanence un rêve éveillé...

À cet instant, il perçut pourtant un léger fléchissement dans sa voix.

Il ne doutait pas qu'elle soit passionnée par la médecine. Mais il lui semblait qu'il y avait une faille quelque part, sur le plan personnel. Le travail et les loisirs ne faisaient peut-être qu'un pour ce Dr Soleil, mais il fallait qu'il en sache davantage sur ce qu'elle avait l'intention de faire pour sa fille. À quoi pouvait-on s'attendre ? À ce qu'Amira doive être protégée toute sa vie après avoir perdu sa mère à la naissance, pour pouvoir diriger le pays tout en gérant une surdité profonde ?

Il jeta un coup d'œil à sa montre, se demandant combien de temps cela prendrait de ramener Amira du zoo.

Robyn se pencha vers lui, comme si elle avait lu dans ses pensées.

— Je suis particulièrement excitée par les différents éléments de cette opération. Je crois qu'Amira — lorsque je la rencontrerai enfin — sera très intéressée d'apprendre qu'elle sera un des premiers enfants à recevoir une impression en 3 D de l'étrier et l'enclume, deux os de l'oreille interne. Je suppose que vous êtes déjà au fait de cette terminologie ?

Sans attendre de réponse de sa part, elle poussa quelques schémas d'une oreille dans sa direction, avant de sortir de son inépuisable sac une maquette colorée.

— C'était plutôt destiné à Amira mais, puisqu'elle n'est pas là, vous ferez l'affaire.

— Trop aimable, marmonna-t-il.

Robyn ne parut pas remarquer son ton, trop occupée à

démonter plusieurs pièces de la maquette pour révéler l'intérieur de cet organe si complexe.

— Comme Amira est née prématurée, il semble que quelques os de son oreille moyenne ont eu du mal à se développer complètement, ce qui a pu entraîner la perte auditive. Il peut y avoir différentes raisons à cela, par exemple l'alimentation de sa mère. Apparemment, les poils sensoriels de son oreille ont également été endommagés. Cela a pu se passer pendant la grossesse, mais je crois plutôt que cela vient de la période du travail. Parfois, l'usage de médicaments bénéfiques pour la mère peut affecter le bébé...

— Cela suffit. J'en ai assez entendu !

Personne n'avait encore osé suggérer que le problème d'audition d'Amira était lié au traitement médical administré à sa femme !

Il n'avait jamais considéré que la lutte de cette dernière pour survivre était à l'origine de l'état de sa fille. Au début, il avait cru que c'était son châtiment pour avoir été trop heureux. Une épouse très belle, une nation qui adorait le couple qu'ils formaient, un enfant en préparation... La foudre était tombée de manière brutale et impitoyable, démontrant combien la vie peut être cruelle.

Se penchant davantage, Robyn lui prit la main.

Décontenancé, il eut instinctivement envie de reculer. Cela faisait des années qu'il n'avait pas connu le contact réconfortant d'une femme. Des années qu'il n'avait pas envisagé qu'une telle chose soit possible après la perte de son épouse bien-aimée.

Si Robyn remarqua sa réticence, elle n'en laissa rien paraître.

— C'est un grand pas à franchir, commença-t-elle tandis que la chaleur de ses doigts se mêlait à la sienne. Pour votre fille *et* pour vous. Je préférerais tout arrêter si l'issue vous paraît trop incertaine. Il reste toujours la solution des implants cochléaires ou des aides auditives. Ils constituent une excellente solution pour de nombreux enfants malentendants. Mais étant donné l'étendue des dommages subis par les poils sensoriels d'Amira, je pense qu'ils ne seront pas d'une grande efficacité dans son cas. Si vous voulez, je peux vous décrire en détail les autres opérations.

— Inutile.

Il retira sa main de la sienne et se leva, soudain impatient de mettre les choses en route.

Quelque chose lui disait que cette femme ferait tout ce qui était en son pouvoir pour Amira. L'idée de devoir mettre Amira entre les mains d'un chirurgien le terrifiait, mais, pour le bien de sa fille, il fallait qu'il parvienne à maîtriser ses propres craintes et son besoin de contrôler la situation. Tout ce qu'il savait, c'était que si Robyn Kelly voulait qu'il se plie à ses exigences, elle allait devoir faire une partie du chemin.

— Nous allons pratiquer l'opération que vous proposez, mais à une condition, déclara-t-il d'un ton décidé.

— Oh ! Mais... Je..., bredouilla-t-elle.

Il réprima un sourire.

À l'évidence, cette femme n'était pas une négociatrice. Les enfants étaient le moyen à travers lequel elle communiquait avec le reste du monde. Elle était sur un terrain moins confortable avec les adultes...

Ou bien était-ce lui qui la mettait mal à l'aise ?

Il fut étonné de sentir une pulsion de désir le traverser.

— Quelle est cette condition ? demanda Robyn en lui jetant un coup d'œil méfiant.

— Que vous veniez au Da'har.

Elle haussa les sourcils, et ses lèvres s'arrondirent de surprise.

— Pourquoi ?

— Pour passer du temps avec Amira, bien sûr — comme vous l'avez demandé, souligna-t-il avec perfidie.

Robyn se leva d'un bond. Son regard hésita entre lui et Kaisha, comme si elle cherchait à découvrir le sens caché de sa demande.

— Lorsque nous serons au Da'har...

— Eh, pas si vite ! Ne vendez pas la peau du chameau..., l'interrompit Robyn en riant nerveusement.

Puis elle se ressaisit et arbora un air sévère.

— Je ne me rappelle pas avoir dit que j'acceptais. Je suis à la tête du service de chirurgie d'un hôpital en pleine activité...

— Qui est menacé de fermeture pour être relocalisé en dehors de Londres, si je ne m'abuse, acheva-t-il froidement.

Si quelqu'un avait les moyens d'empêcher que l'hôpital pour enfants du Paddington ne ferme, c'était lui. Il avait les poches pleines. *Très* pleines. Mais le sort d'Amira était sa principale préoccupation. La simple idée qu'il risquait de perdre sa fille le terrifiait. Or, il avait maintenant l'intuition profonde que Robyn Kelly était celle qui devait pratiquer l'opération — sous réserve que soient faites quelques mises au point.

— Vous viendrez au Da'har afin de dissiper mes inquiétudes de père. Je suppose, docteur Kelly, que vous n'ignorez pas la profondeur de l'amour d'un parent pour son enfant ?

Il vit Robyn se figer. Elle détourna le regard, mais il avait eu le temps de voir la souffrance qu'il contenait.

— En ce cas, il faut que j'informe le conseil d'administration de l'hôpital, dit-elle. Et que je m'assure que les remplacements seront correctement effectués.

— Parfait.

Il hocha la tête, conscient qu'il ne pouvait lui apporter aucun réconfort. Ce n'était pas lui qui la prendrait dans ses bras en lui disant que tout irait mieux un jour pour voir son regard s'illuminer de nouveau. Il était la preuve vivante que le temps ne guérit pas toutes les blessures.

— Pour quel jour réservons-nous votre vol ? À moins que vous ne puissiez vous joindre à nous ? Je crois que nous reprenons le jet demain après-midi, n'est-ce pas, Kaisha ? Amira a tenu à assister à la première d'une comédie musicale qui a lieu ce soir.

Ses pensées sombres s'envolèrent d'un coup.

— Vous allez voir *La Princesse et la Grenouille* ? s'exclama Robyn.

Voilà des mois que toutes les places étaient réservées pour cette comédie musicale très attendue. Elle qui avait espéré pouvoir y amener quelques-uns de ses jeunes patients de l'hôpital...

— Oui, répondit Idris. Cela vous dirait de nous accompagner ?

Elle laissa échapper un petit rire incrédule.

— Je doute que vous puissiez obtenir encore une place.

— Ce n'est pas un problème. Nous réservons toujours la corbeille royale, au cas où Amira voudrait amener une ou deux amies. Comme vous parlez la langue des signes britanniques, vous pourriez l'aider si elle a des difficultés de compréhension. Y a-t-il quelqu'un d'autre que vous aimeriez inviter ?

Voyant le regard d'Idris se poser sur son annulaire dépourvu d'alliance, elle recouvrit sa main gauche de sa droite en un geste protecteur.

Cet homme n'avait pas besoin de savoir qu'elle était une célibataire endurcie, et que c'était à la fois un plaisir et une torture pour elle de passer ses journées au Paddington entourée d'enfants en sachant qu'elle n'en aurait jamais un à elle.

Une fois de plus, en se rapprochant d'une nouvelle petite patiente, elle courait le risque de mettre son cœur à rude épreuve. Mais elle y était prête si cela permettait de sauver l'hôpital, qui l'avait elle-même sauvée quand elle avait connu des jours sombres.

Instinctivement, ses mains se posèrent sur son ventre, là où elle aurait dû porter son enfant à terme si les choses avaient tourné différemment. Si la vie avait été clémente.

Mais la vie n'avait pas été tendre non plus pour Idris.

Elle se redressa.

— J'aimerais beaucoup faire la connaissance d'Amira ici, dit-elle. Cette rencontre vous permettrait d'éviter de gaspiller votre temps et votre argent en me faisant venir au Da'har.

— L'argent est le cadet de mes soucis, répondit Idris.

Il la rejoignit près du canapé où elle était assise et souleva son imperméable pour s'asseoir à côté d'elle. L'écharpe tricotée tomba par terre.

Elle se pencha en avant pour la ramasser en même temps que lui, et leurs têtes se heurtèrent.

Ils se relevèrent en même temps en se tenant le front, mais aucun des deux n'avait envie de rire. Et elle vit la pomme d'Adam d'Idris descendre, puis remonter.

Ressentait-il la même chose qu'elle ?

Les beaux yeux presque noirs étaient accrochés aux siens, et ils engagèrent une conversation silencieuse qui l'atteignit au plus profond d'elle-même, la remplissant d'une douce chaleur et la laissant comme étourdie.

Le Da'har devait être agréable à cette époque de l'année…

Idris se ressaisit plus vite qu'elle mais, pendant qu'il parlait, elle ne put que garder les yeux fixés sur ses lèvres.

— Si vous avez besoin de quelques jours pour vous organiser… Je suis certain que l'administration de l'hôpital saura se montrer flexible… Ma fille est ce qui compte le plus au monde pour moi… De même que vous voulez comprendre Amira, j'ai besoin de vous comprendre, vous.

— Oh ! désolée, il n'est pas question que je me soumette à un examen.

Aucune chance ! Personne — et peu importe que ce soit quelqu'un de sexy ou de puissant — n'avait le droit de franchir le seuil de sa vie privée. La porte restait hermétiquement close.

Elle enfonça ses chaussures dans l'épais tapis en secouant énergiquement la tête, ce qui fit voler ses boucles.

— Ce n'est pas négociable.

— Et pourtant, c'est la condition *sine qua non* pour opérer ma fille.

Elle eut beau essayer de tempérer sa réponse, celle-ci sortit toute seule :

— Il y en a qui sont un peu trop habitués à obtenir tout ce qu'ils veulent.

La réaction d'Idris ne se fit pas attendre.

— Et il y en a qui feraient bien d'apprendre à être un peu plus souples pour obtenir ce qu'ils veulent.

Elle crut voir l'esquisse d'un sourire sur ses lèvres, mais il poursuivit aussitôt :

— Naturellement, vous devrez rencontrer au Da'har l'équipe avec laquelle vous allez opérer avant que je ne vous donne mon aval.

— Votre *aval* ? s'exclama-t-elle.

Cheikh ou pas cheikh, c'était à elle seule de donner le feu vert !

— Oui, mon aval, répéta Idris sans se démonter. C'est moi qui prends les décisions concernant Amira, et personne d'autre. N'est-ce pas le rôle d'un parent de protéger son enfant ?

Elle ouvrit la bouche pour parler mais se mordit l'intérieur de la joue sans répondre, puisqu'elle n'avait jamais été mère.

— De quelle autre façon devrais-je m'occuper du bien-être de ma fille, selon vous ? demanda sèchement Idris.

Il remuerait ciel et terre pour celle-ci. Une chose était sûre : la douleur qu'il avait éprouvée à la mort de sa femme, il ne voulait jamais la revivre. Contrôler son traitement médical était primordial. Tant qu'il avait ce contrôle, il avait l'impression que rien ne pourrait arriver à son enfant.

Il pinça les lèvres, appréhendant sa réponse.

— En vous fiant à moi ainsi qu'aux autres médecins du Paddington pour que nous fassions de notre mieux — ce que nous faisons toujours.

Du coin de l'œil, il vit que Kaisha cherchait à sortir discrètement de la pièce.

— Eh bien, vous ferez de votre mieux au Da'har.

— Ah, ça non ! dit Robyn d'un ton ferme, en agitant son index de droite à gauche. Pas pour la chirurgie. L'opération aura lieu ici. Ce sera le Paddington avec ses techniques de pointe, ou nulle part.

Il lui sembla que l'air se chargeait d'électricité entre eux et, pendant quelques secondes, il sentit en Robyn une force que peu de gens devaient soupçonner.

Intéressant.

Qu'est-ce qui animait cette femme au point de lui donner la force d'être en désaccord avec lui, alors que le reste du monde se mettait en quatre pour lui plaire... ? quel effet cela ferait-il de partager la responsabilité d'Amira avec quelqu'un de cette trempe ?

Mais il retrouva vite son bon sens. Prendre soin d'Amira lui était entièrement dévolu — à lui et à lui seul.

— Je peux vous obtenir tout ce que vous voulez et les gens qu'il vous faut pour travailler au Da'har. Quelle différence cela peut-il faire, l'endroit où a lieu l'opération ?

— Une *énorme* différence !

Tous deux se toisèrent en silence.

Tandis que lui-même se retranchait automatiquement derrière le masque impénétrable qu'il avait adopté depuis si longtemps, il lui sembla que Robyn luttait contre les larmes.

Son cœur se serra.

Certes, il voulait le contrôle, mais pas dans ces conditions.

— Un bloc opératoire n'est-il pas le même partout ? demanda-t-il.

Robyn se contenta de secouer la tête.

— Le bien-être de ma fille passe avant tout. Et elle est plus heureuse à Da'har, ajouta-t-il.

— Le bien-être de mes patients passe avant tout, répliqua-t-elle. Et ils sont assurés de le trouver en étant opérés au Paddington.

— Qu'a-t-il de si spécial, cet endroit ?

Robyn nota que le ton d'Idris s'était adouci.

Mais elle n'allait pas changer d'avis pour autant et se confier à lui. Même ses collègues n'étaient pas au courant de la grossesse ectopique qui avait mis fin à ses rêves de fonder une famille. Ils savaient seulement qu'elle se donnait corps et âme au Paddington et faisait partie intégrante de cet endroit, au même titre que les briques et le mortier.

— Venez passer quelque temps au Da'har avec nous, dit Idris avec un sourire engageant — un sourire dont il devrait faire usage plus souvent. Si vous acceptez mes conditions, j'accepterai les vôtres.

— Vous voulez dire que l'opération aurait lieu au Paddington ?

— Si vous nous rejoignez au Da'har. Le plus tôt sera le mieux.

Un voyage au Da'har...

Ce n'était pas comme si elle devait décider de la vie ou de la mort de quelqu'un. Même si quelque chose lui disait que c'était faire fi de toute prudence, quel mal y avait-il à aller voir une comédie musicale pour enfants et à passer un ou deux jours au Da'har ? Ces quelques jours pouvaient changer le cours des choses pour le Paddington, et ça valait la peine de supporter encore un peu le regard scrutateur du chef de cet État désertique.

Idris, les mâchoires contractées, attendait manifestement une réponse.

Elle prit une profonde inspiration et lui tendit la main.

— J'espère qu'il y a aussi des biscuits au chocolat et au gingembre, là-bas ?

— Plus que vous ne pourrez en avaler !

La voix d'Idris avait pris des accents plus profonds, et elle vit sa main disparaître entre les siennes.

Comment n'avait-elle pas remarqué auparavant combien elles étaient grandes et fortes ? Et en même temps suffisamment douces pour qu'elle ait l'impression d'être quelqu'un à manipuler avec délicatesse...

— Kaisha, appela Idris par-dessus son épaule, en tenant toujours sa main dans les siennes comme s'il s'agissait du joyau le plus précieux, pouvez-vous mettre les biscuits restants dans une boîte pour que le Dr Kelly les apporte à l'hôpital ?

Quelques instants plus tard, les joues en feu, elle appuyait sur le bouton de l'ascenseur avec, à son bras, un sac rempli de biscuits en quantité suffisante pour nourrir une armée.

Les gardes du corps du cheikh la regardèrent passer, et elle pria qu'ils ne remarquent pas le tremblement nerveux qui s'était emparé de ses mains.

Elle avait l'impression que le regard du cheikh Idris al-Khalil avait pénétré jusqu'à son âme. Comment était-ce possible ? Elle avait passé moins d'une heure avec cet homme à qui tout l'opposait apparemment. Et pourtant, qu'avait-elle fait ?

Elle venait de donner son accord pour aller se perdre dans un petit royaume au bord du désert avec un homme d'une froideur énigmatique, mais capable de lire en elle. Combien de temps pourrait-elle résister à ses yeux perçants ?

Elle laissa échapper un gémissement de désespoir. Puis, soulagée d'entendre l'ascenseur arriver, elle se retourna pour décocher un sourire bravache aux gardes du corps qui la regardaient toujours.

Plus tôt elle regagnerait l'univers rassurant du Paddington, mieux cela vaudrait.

3

— Qu'est-ce qu'il a dit exactement ?

Robyn regarda tous les visages autour d'elle, gênée d'être ainsi le centre de l'attention.

Se retrouver sous les feux de la rampe, ce n'était vraiment pas sa tasse de thé. Mais ces gens étaient ses amis tout autant que ses collègues. Médecins et chirurgiens mettaient tout leur cœur et leur énergie dans le même but : garder ouvertes les portes de l'hôpital pour enfants du Paddington.

Pourquoi l'avaient-ils désignée, elle ?

— Eh bien, voilà… Quelqu'un veut un biscuit ?

Se forçant à sourire, elle poussa le panier de gâteaux au milieu de la table.

— Claire m'a dit que *tu* lui avais dit qu'*il* t'avait dit que *tu* devais aller au Da'har, intervint Alistair. Y a-t-il la moindre chance que nous puissions empêcher cette délocalisation insensée ?

Plus le groupe la fixait, plus elle devenait muette.

Rosie Hobbes — radieuse après ses récentes fiançailles avec le Dr Marchetti — l'interrogea à son tour.

— Robyn, peux-tu nous résumer en quelques mots ce que t'a dit Son Excellence ?

— Tu veux dire Idris ?

Après tout, le fiancé de Rosie était un duc, mais personne ne l'appelait « Son Excellence ».

Un « ooh ! » général s'ensuivit.

— Parce que vous en êtes déjà aux prénoms ?

— Ce n'est pas parce que la plupart d'entre vous nagent en pleine romance que je ne peux pas avoir une relation professionnelle détendue avec un homme, protesta-t-elle.

— À mon avis, elle se défend un peu trop fort, dit Alistair d'un ton taquin, en déposant au passage un baiser sur la joue de Claire, sa fiancée.

— Si vous en êtes au stade des prénoms, c'est qu'il voudrait que ce soit toi qui pratiques l'opération, observa Rosie.

— C'est exact. Mais quand je lui ai répondu que je n'opérerais qu'ici, au Château, Idris a dit qu'il n'accepterait que si j'allais d'abord passer quelques jours au Da'har.

Curieusement, son prénom lui semblait familier quand elle le prononçait. Mieux valait ne pas s'habituer à cette sensation.

Et si Alistair avait raison ?

— Tu n'as pas plus envie que nous de déménager, n'est-ce pas ?

— Evidemment. Mais je voulais avoir votre avis.

— Ton cheikh chic t'a-t-il demandée en mariage ? plaisanta Matthew, ce qui lui valut un coup de coude dans les côtes de la part de Claire.

— Il a probablement déjà cinq épouses, et notre Robyn mérite d'être l'épouse numéro un, décréta Victoria en prenant un autre biscuit dans la pile qui diminuait à vue d'œil.

Tout le monde hocha la tête en signe d'approbation.

— Vous n'avez pas bientôt fini, tous autant que vous êtes ! s'exclama Robyn. Idris adorait sa femme, qui est décédée il y a sept ans. Et à en juger par la froideur de son attitude, je peux vous assurer qu'il n'est pas près de mettre un genou à terre pour demander à une femme de l'épouser !

Quant à elle, si elle avait envisagé de se marier autrefois, c'était avant l'échec de sa grossesse.

— Vraiment, je vous trouve vraiment stupides de vous moquer de cet homme, ajouta-t-elle en s'efforçant de prendre l'air sévère.

Ce qui n'empêchait pas qu'ils lui manqueraient tous terriblement s'ils devaient se trouver dispersés à la fermeture de l'hôpital. Médecins, chirurgiens, auxiliaires médicaux, infirmières sans le savoir ils avaient tous joué un rôle dans sa lutte pour survivre aux jours sombres.

— Idris veut que je passe quelques jours au Da'har pour mieux connaître sa fille, précisa-t-elle.

Elle fit le tour du groupe du regard, dans l'espoir que quelqu'un s'opposerait à ce qu'elle quitte le Paddington.

— Si cela peut aider l'hôpital, vas-y, répondit Dominic sans hésiter.

Elle baissa les yeux, hésitante.

Le Paddington était tout pour elle. Il lui avait pratiquement sauvé la vie. On lui avait proposé d'y travailler juste après son opération et l'explosion de son couple. Cela l'avait littéralement tirée du gouffre, en lui ouvrant un nouveau monde de possibilités : même si elle ne devenait jamais maman, elle pouvait aider d'autres femmes en sauvant leur bébé. Treize ans plus tard, elle était toujours là, mais c'était Paddington qui risquait de disparaître. Elle n'avait donc plus qu'une chose à faire : sortir sa valise.

À moins que…

— Et si c'était toi qui partais pour le Da'har, Dominic ? Ce soir, je dois déjà aller au spectacle avec Idris et sa fille pour faire la connaissance de la petite. Je suis certaine que nous nous entendrons très bien, et j'annoncerai ensuite à Son Excellence que c'est toi qui l'accompagneras.

— Quoi ? s'exclama Rebecca, la bouche pleine de biscuit. Tu as un rendez-vous avec le cheikh ?

— Une minute ! intervint Dominic. Pour autant que je sache, c'est toi qui es à la tête du service de chirurgie du Château et qui es responsable du traitement d'Amira. Non seulement tu iras au théâtre avec ton cheikh, mais tu ferais bien de te préparer à te rendre au Da'har. Car c'est à toi d'y aller, ma chère.

Elle consulta les autres du regard, mais tous semblaient d'accord.

— Et c'est toi qui pratiqueras cette opération, qui va faire de la publicité au Paddington en le mettant à la une des journaux. Mais seulement si tu remportes les faveurs du cheikh, ajouta Dominic avec un petit sourire, en la fixant de ses yeux très bleus.

Cela lui rappela une certaine paire d'yeux presque noirs, qu'elle s'efforça aussitôt de chasser de son esprit.

Il passa un bras autour de ses épaules tandis qu'elle se tortillait, mal à l'aise sous le regard implorant de ses collègues.

— On peut revoir ton planning dès demain, dit-il encore, avec cette autorité naturelle qui prouvait qu'elle avait fait le bon choix en le mettant à la tête de la campagne pour le sauvetage de l'hôpital.

— Oup... Doucement, Ryan !

Elle échappa à l'étreinte de Dominic pour retenir l'enfant chancelant sur ses béquilles toutes neuves, qu'il essayait dans les couloirs de l'hôpital.

— Ça te change du fauteuil roulant, hein ?

Le petit garçon la gratifia d'un sourire radieux, trop occupé à maintenir son équilibre pour lui répondre.

Il revenait de loin, après avoir échappé à l'horrible incendie de l'école primaire du centre-ville. Il faisait partie de ces dizaines d'enfants qui se remettaient à pas de géant grâce aux soins qu'ils recevaient ici, au Paddington. Une aide qu'ils n'obtiendraient plus si elle ne venait pas à bout de sa réticence à prendre cet avion qui l'emmènerait dans un endroit dont elle connaissait à peine l'existence.

Elle se tourna vers ses collègues, tous suspendus à ses lèvres, et poussa un soupir.

— C'est bon, vous avez gagné. J'irai.

Quelques applaudissements saluèrent sa décision tandis qu'elle encourageait Ryan à regagner sa chambre.

S'il était capable de lutter contre l'adversité, elle le pouvait aussi.

Idris tapa du pied avec impatience.

Où était Robyn Kelly ?

À sa demande, Kaisha avait pourtant téléphoné à l'hôpital pour lui donner les horaires du spectacle.

— Vous lui avez bien dit de nous retrouver à la corbeille royale ?

— Oui, et j'ai précisé qu'elle devait signaler à la sécurité qu'elle était autorisée à rejoindre notre section.

— Et vous lui avez bien dit 19 h 30 ?

— Oui, trois fois, répondit calmement Kaisha.

Il la vit parcourir sa tablette, à la recherche du mail de confirmation qui avait accompagné son appel.

Dans ces moments-là, il était toujours un peu surpris que son assistante ne lui remette pas sa démission après lui avoir dit de la fermer. Il était tout sauf un joyeux drille, et cela faisait au moins la dixième fois aujourd'hui qu'il se montrait insupportable.

C'était juste que… il s'était passé aujourd'hui quelque chose qui allait peut-être changer le cours de sa vie — même s'il doutait que ce soit possible. Et ce changement avait l'aspect d'une blonde aux yeux d'ambre. Une seule rencontre avec cette femme avait suffi pour qu'elle imprègne son cerveau, tissant son fil d'or sur ses réflexions ternies par le chagrin.

Quoi qu'il en soit, Kaisha n'avait pas à faire les frais de son humeur capricieuse.

— Ne vous inquiétez pas pour ça, dit-il en lui faisant signe d'éteindre sa tablette. De toute façon, le rideau ne va pas tarder à se lever.

Il ne pouvait tout de même pas parcourir toute la capitale à la recherche de Robyn Kelly, ni demander à la production d'attendre qu'elle arrive !

Il tapa de nouveau du pied.

Fil d'or ou pas, cette femme était en retard, et il se demandait si ce n'était pas en partie sa faute. Sans doute s'était-il montré trop dur, obnubilé qu'il était par ses propres craintes…

Se penchant sur sa fille, il déposa un baiser sur ses cheveux d'ébène tandis qu'elle parcourait le programme du spectacle.

Amira se tourna vers lui et appuya sa petite main sur son genou pour lui indiquer qu'elle avait quelque chose à lui dire.

— Papa ! Tu secoues tout le balcon avec ton pied, signa-t-elle avec ses mains tout en formant les mots avec ses lèvres.

— Désolée, ma chérie. C'est parce que je suis impatient que le spectacle commence. Pas toi ?

— Bien sûr, signa-t-elle. Est-ce que tu crois qu'on verra des grenouilles danser ?

— Pourquoi pas ? répondit-il, prenant un air enthousiaste.

Si cela pouvait éclairer le visage si sérieux de sa fille...

Les lumières s'éteignirent peu à peu, et il sentit le regard d'Amira sur lui alors qu'une flûte commençait à jouer, suivie par un violon.

Son cœur se mit à saigner pour elle, et il rêva une fois de plus au jour où elle pourrait, comme lui, entendre la musique. Celle-ci avait tenu une grande part dans sa vie avant la mort de la mère d'Amira, l'accompagnant dans de nombreux moments. Mais sa passion pour le chant avait pâli devant le sourire de sa femme...

Des murmures sur sa droite attirèrent son attention.

Était-il possible que ses gardes du corps soient en train de rire avec quelqu'un ?

Il eut bientôt la réponse en apercevant une masse de boucles blondes.

Robyn Kelly !

Elle prit pied sur leur balcon réservé comme une bouffée d'air frais. Il se surprit à passer une main dans ses cheveux, qui n'avaient pourtant pas besoin d'être recoiffés.

C'était à elle de les impressionner, et non le contraire, se dit-il, irrité contre lui-même.

Robyn regardait derrière elle, riant encore à ce qu'avait dit un des hommes de la sécurité, et quand elle se retourna, il fut frappé comme la première fois par l'éclat de ses yeux d'ambre et par la chaleur de son sourire.

Son regard s'éclaira quand elle aperçut Amira, mais il perçut de nouveau chez elle un fond de tristesse. Une tristesse dont elle seule connaissait la cause et que, contrairement à lui, elle portait en elle sans colère ni révolte.

Elle s'avança vers lui pour s'excuser de son retard et, lorsqu'elle s'assit à sa droite, il sentit un agréable parfum fleuri. Se penchant en avant, elle fit un petit signe à Amira qui était assise à sa gauche.

Stupéfait, il vit sa fille lui sourire en retour.

Qu'y avait-il chez Robyn qui déclenchait une telle sympathie ?

Il ne quitta pas ses mains des yeux quand elle se présenta à Amira en signant, d'abord en arabe, puis en anglais.

« Robyn », épelèrent ses doigts minces.

— Comme l'oiseau ? demanda sa fille, dont les yeux étaient rivés sur les lèvres de Robyn tandis que ses petites mains faisaient le signe arabe pour « oiseau ».

Effectivement, en anglais, « rouge-gorge » se disait *robin*, nota-t-il.

— Presque, signa Robyn. Veux-tu m'appeler comme ça ?

Amira hocha la tête en souriant, visiblement d'accord : le signe pour cet étrange chirurgien qui semblait plutôt une réincarnation de Mary Poppins serait donc celui du petit oiseau.

Ça lui allait bien, se dit Idris en faisant aller son regard de l'une à l'autre. Elles se penchaient en avant de lui pour communiquer comme s'il n'était pas là, se rendant à peine compte que le rideau était en train de se lever sur la scène.

Robyn se remit à signer à la vitesse de l'éclair en même temps qu'elle articulait les mots pour dire qu'elles chercheraient un signe approprié pour « Amira » pendant l'entracte. Puis elle attira l'attention de sa fille sur la scène où la princesse faisait son entrée : le moment du conte de fées était arrivé.

En s'enfonçant dans son fauteuil, il se surprit à sourire.

Dans ce scénario précis, il n'était pas difficile de deviner qui allait jouer le rôle de la grenouille.

— Je peux m'asseoir ici ? signa Amira.

Ses grands yeux noirs étaient pleins d'espoir tandis qu'elle désignait le fauteuil que son père avait occupé avant l'entracte. Comment dire non à un petit visage pareil ?

Robyn consulta Idris du regard.

— Pas de problème, répondit-il.

Elle s'efforça de ne pas trop se réjouir du sourire heureux d'Amira.

À l'instant où ses yeux s'étaient posés sur cette merveilleuse petite fille, elle avait senti son cœur fondre pour elle. La connexion avait été immédiate. Et elle ne savait que trop où cela pouvait la mener.

Elle avait beau s'efforcer de considérer uniquement les enfants comme faisant partie de son travail, ils finissaient toujours par devenir beaucoup plus. Elle ne comptait plus le nombre de fois où elle leur avait ouvert son cœur, pour connaître ensuite la douleur de les voir repartir...

Secouant brièvement la tête, elle résolut de s'en tenir à la promesse faite à Victoria d'accéder à la demande d'Idris en venant voir la comédie musicale. Le but était de sauver l'hôpital, et non pas de se pencher sur son cas personnel en s'apitoyant sur son sort. Ce moment devait être savouré comme il convenait.

Elle sourit à Amira, qui se laissait tomber dans le fauteuil à côté d'elle avec un air satisfait.

Elle était la réplique de son père au féminin : mêmes grands yeux noirs, mêmes cheveux brillants couleur ébène, et un visage en forme de cœur, sérieux et concentré à la fois.

La beauté d'Amira n'était pas une surprise, étant donné les gènes dont celle-ci avait hérité. D'ailleurs, en faisant une rapide recherche sur Internet, Robyn avait appris que sa mère décédée dont son père avait été fou amoureux était aussi très belle.

— Alors, qu'avez-vous décidé ? demanda Idris.

Elle le regarda sans comprendre.

— Pardon ?

— Au sujet du nom d'Amira en langue des signes.

— Oh !

Tout en signant, elle se pencha vers la petite fille pour qu'elle puisse lire sur ses lèvres :

— Je crois bien que nous avons oublié. Quel nom aimerais-tu ?

— Je voudrais que ce soit toi qui choisisses, signa Amira.

— Moi ?

Robyn jeta un coup d'œil à Idris, qui semblait aussi étonné qu'elle.

— Il faudrait que je prenne le temps d'y réfléchir, répondit-elle en signant.

— Mais si je ne te revois pas ?

Elle sentit sur elle le regard intense d'Idris et se rappela les paroles de Victoria. « On peut reporter tes opérations de chirurgie, mais on ne peut pas attendre davantage pour sauver le Paddington. Nous sommes vraiment sur le fil, et le cheikh est probablement notre dernière chance. »

Incapable de soutenir le regard d'Idris, elle se tourna vers Amira.

— Et si on décidait ensemble du nom le plus approprié quand je viendrai au Da'har ?

Si elle avait osé regarder Idris à ce moment, elle aurait sûrement vu un éclair de triomphe dans ses yeux noirs. Sans doute avait-il deviné son point faible : les enfants. Même si elle n'était pas devenue mère, elle savait ce que c'était que de ressentir un amour profond pour eux, et elle avait connu bien des fois la douleur de les perdre.

Amira regarda son père avec un sourire incrédule. Tandis que les lumières s'éteignaient pour le deuxième acte, elle tourna la tête vers elle, poussant une exclamation de joie contagieuse. Robyn dut se retenir de lui prendre la main. Elle garda les siennes sagement rassemblées sur ses genoux pendant qu'Amira, penchée en avant, s'accoudait contre le velours rouge du balcon pour mieux profiter du spectacle.

C'était une petite fille si pleine de vie ! Elle méritait que l'on tente de restaurer son ouïe.

Pourquoi lui était-il donc si difficile à elle de se rendre au Da'har ?

Elle eut la réponse en voyant la grande main protectrice d'Idris se poser sur l'épaule de sa fille.

Le problème, c'était lui. À l'évidence il adorait Amira, mais son attitude réservée envers elle la déstabilisait, doublée de ce regard perçant qui lui donnait l'impression d'être observée au microscope. Et elle allait se retrouver à des milliers de kilomètres de sa vie habituelle.

Un changement de rythme dans la musique attira de nouveau son attention sur la scène, où le méchant roi grenouille se dirigeait vers la belle fée princesse, laquelle affrontait courageusement celui qui pouvait tout changer d'un seul geste...

Avant d'avoir pu comprendre ce qu'il lui arrivait, elle se retrouva avec Amira sur les genoux. Les yeux toujours rivés sur la scène, la petite fille était venue chercher la sécurité auprès d'elle.

Instinctivement, Robyn l'entoura de ses bras, tout en guettant du coin de l'œil l'expression d'Idris.

Elle était indéchiffrable. On aurait pu croire que sa fille avait l'habitude de se précipiter sur les genoux des étrangers pour un câlin. Mais elle savait qu'il n'en était rien.

Tout cela allait trop vite.

Soulevant Amira, elle la tendit à Idris, dont le visage s'adoucit tandis qu'il récupérait sa fille, toujours fascinée par ce qui se déroulait sur scène. Puis elle décrocha son biper de sa ceinture et le désigna à Idris avec un haussement d'épaules signifiant : « Que peut-on y faire ? C'est le travail. » Ensuite, elle prit son imperméable et se glissa hors de l'auditorium.

Avant de partir, elle se retourna pour jeter un coup d'œil à travers les rideaux de velours rouge.

C'était comme si elle n'avait jamais été là. Amira avait noué les bras autour du cou de son père, qui la tenait tendrement serrée contre lui. Père et fille. Un lien indestructible.

Elle dévala les escaliers et se retrouva dehors, où elle inspira longuement l'air frais de la nuit londonienne. Elle leva la main pour héler un taxi, puis la laissa retomber.

Marcher jusqu'à l'hôpital lui ferait du bien. Elle y passerait juste une heure, le temps de jeter un coup d'œil sur les visages endormis de ses petits patients.

Tout en avançant d'un pas vif, elle établit mentalement la liste de ses dernières résolutions :

Revoir le planning de ses opérations.

Passer un ou deux jours maximum au Da'har.

Se concentrer sur le travail.

Ne pas s'attacher. À personne. Garder ses distances.

C'était bien ce qu'elle comptait faire avec Amira. Quant à son père un peu trop séduisant, il faudrait qu'il reste à sa place. Ce court séjour au Da'har serait ensoleillé et enrichissant, point final, décida-t-elle.

Devrait-elle porter les tenues vaporeuses et mystérieuses de là-bas ? Monterait-elle sur un chameau ?

La pluie se mit à tomber à verse, la dispensant de réfléchir à ces nouvelles interrogations.

— *Quinze* jours ? s'exclama Robyn.

— Oui, docteur Kelly. Quinze jours, répondit Idris au téléphone. Il y a des gens qui donneraient leur bras droit pour pouvoir passer une seule journée au palais. À plus forte raison deux semaines.

Sous le choc, elle ne sut que répondre, et un lourd silence s'installa. Ce fut Idris qui le rompit d'une voix ferme :

— Docteur Kelly ? Quinze jours, ou bien nous allons voir ailleurs.

Elle resta figée près du téléphone.

— Kaisha réglera tous les détails, et je serai votre contact pour tout ce qui concerne Amira et son traitement médical.

— Ce n'est pas nécessaire.

— Si, ça l'est.

— Il en sera donc fait selon votre désir, Votre Excellence, répondit-elle avec une ironie à peine voilée.

Elle raccrocha sans les formules de politesse d'usage.

Autour d'elle, l'agitation habituelle continuait dans les couloirs du Paddington, comme si rien n'avait changé dans le monde…

Et pourtant, si. Le sort de l'hôpital était sur le point de se décider. Et la direction qu'il prendrait dépendait entièrement d'elle. Idris al-Khalil était prêt à tout pour sa fille. Cela l'impressionnait toujours de voir quels sacrifices les parents étaient capables de faire pour leurs enfants. Des sacrifices auxquels elle-même aurait consenti sans hésiter pour en avoir un à elle.

Elle se rappela l'incroyable sensation qu'elle avait éprouvée lorsque Amira était venue se blottir sur ses genoux, le soir du spectacle.

La douleur de ne pas avoir d'enfant à aimer ne s'apaiserait-elle jamais ?

— Toc-toc ?

Victoria entra dans son bureau.

— Alors, est-ce que tu as préparé ton bikini et ton écran total ?

— Je ne crois pas que le bikini soit la tenue de rigueur au Da'har.

Victoria la regarda avec attention, tout en caressant d'un geste inconscient son ventre rond de future maman.

— Tu n'es pas obligée d'y aller, tu sais.

Robyn poussa un soupir.

— Le problème, c'est que je ne vois pas comment faire autrement. Et c'est pourquoi je viens d'accepter.

Le visage de Victoria s'illumina instantanément.

— Vraiment ? Oh ! c'est fantastique ! Je vais en informer le conseil de ce pas.

Robyn se mit à rire devant cet enthousiasme.

— Bonne idée. De mon côté, j'ai un millier de choses à faire avant de partir.

— Je suis jalouse, marmotta Victoria. Le soleil, la mer, les jus d'oranges fraîchement pressées et toutes ces sortes de fruits…

— Tu n'as pas des gens à aller voir ? Je te rappelle que j'y vais uniquement pour le travail. Pas pour le plaisir !

Victoria lui fit un petit signe joyeux de la main avant de s'éloigner.

Au moins, elle avait fait *une* heureuse.

Les semaines à venir allaient être une véritable plongée dans l'inconnu — un monde où tout semblait possible.

Pourvu que tout se passe bien pour Amira…

Et si l'opération échouait ?

Elle leva les pouces en direction de Ryan, qui passait devant son bureau en fonçant sur ses béquilles.

L'opération *ne pouvait pas* échouer. L'avenir de l'hôpital en dépendait.

4

Idris marchait deux fois plus vite qu'elle. Robyn n'était pourtant pas petite, mais elle devait parfois courir pour rester à sa hauteur.

Il avait sûrement à sa disposition de nombreux serviteurs qui auraient pu tout aussi bien lui montrer sa chambre ?

Pourtant, c'était le cheikh Idris al-Khalil en personne qui l'avait accueillie à la porte de son palais, lorsque le chauffeur l'avait déposée devant le bâtiment niché comme un joyau au milieu de jardins luxuriants.

Elle avait admiré en passant la magnifique cour intérieure du palais, dont le centre était occupé par un grand bassin décoré d'une mosaïque évoquant des pierres précieuses multicolores scintillant au soleil. Une minijungle de plantes luxuriantes habillait la multitude de balcons. Et tout était si beau qu'elle s'en extasiait à chaque instant.

Comment aurait-elle pu imaginer l'existence d'un tel endroit ?

— C'est vraiment très beau, dit-elle.

— Je suis content que cela vous plaise.

Ce n'était pourtant pas ce qu'indiquait le langage corporel d'Idris. Elle lui aurait volontiers conseillé de prendre quelques cours de courtoisie.

— J'espère que cela vous conviendra, dit-il enfin, en ouvrant à deux battants une porte en bois sculpté.

Il s'effaça pour la laisser entrer dans la chambre — ou plutôt la suite.

Elle en resta bouche bée.

— Idris, c'est magnifique ! Mais je n'ai pas besoin…

Il l'interrompit d'un geste.

— Nous tenons à ce que vous vous sentiez bien le temps de votre séjour ici.

Elle fit un effort pour se rappeler qu'elle était là uniquement pour le Paddington. Et aussi pour une adorable petite fille.

— Nous pouvons vous installer dans une autre suite si celle-ci n'est pas à votre goût…

— Non ! C'est parfait.

Son appartement de Londres aurait facilement tenu tout entier dans la suite en question.

En faisant quelques pas dans la pièce, elle eut envie d'ôter ses escarpins pour enfoncer ses orteils fatigués dans ces somptueux tapis. Quelle idée de les avoir portés pendant tout le voyage ! Elle n'était pourtant pas ici pour tenter d'impressionner qui que ce soit par sa façon de s'habiller, mais pour passer du temps avec Amira.

— Hem…

Idris se gratta la gorge d'un air impatient pour attirer son attention, et elle lui répondit par un sourire poli.

— Voici votre patio personnel, dit-il en ouvrant une porte-fenêtre qui donnait sur une petite cour débordant de végétation. Vous pourrez y prendre votre petit déjeuner si vous le souhaitez.

— Oh ! Je croyais que je le ferais avec Amira, coupa-t-elle avant de se laisser tomber sur le lit au milieu d'une profusion de coussins de soie.

Le matelas était excellent.

Les yeux d'Idris se posèrent sur elle, et se sentant rougir sous son regard pénétrant, elle se hâta de se relever.

Après tout, elle n'avait fait que tester le lit ! Ne pouvait-il pas la lâcher un peu ? Avec lui, elle se sentait constamment examinée, et pas forcément à son avantage.

En fait, elle ne s'était toujours pas remise d'avoir dû passer le témoin à l'équipe du Paddington.

Elle n'avait cessé de donner des instructions à tout le monde jusqu'à ce que, au dernier moment, Victoria la pousse littéralement dans un taxi, direction l'aéroport où une place l'attendait dans l'avion pour le Da'har.

À en juger par l'attention dont elle avait fait l'objet, elle soupçonnait qu'elle avait été signalée comme une invitée de Son Excellence.

— La salle de bains est là.

Idris étendit la main vers une porte cintrée, et pendant quelques folles secondes, elle se demanda à quoi pourrait ressembler le contact de ces longs doigts bruns sur sa peau.

La salle de bains était entièrement habillée de marbre. Évidemment.

Elle se tourna vers Idris dont le regard noir était toujours posé sur elle, mais elle dut renoncer à le soutenir. Elle ne tenait pas à montrer la vraie Robyn à cet homme qui semblait vouloir préserver sa vie privée autant qu'elle.

— J'adorerais voir cet endroit avec les yeux d'Amira... Je suppose que vous allez être très occupé à gérer votre royaume ?

— J'ai réussi à me libérer pour la durée de votre visite.

Ah.

— Pas pour vous occuper de moi, j'espère !

— Plutôt pour m'occuper des intérêts de ma fille, répliqua sèchement Idris.

— Bien sûr.

Comment pouvait-il être à la fois si hautain et si sensuel ? Tout chez lui laissait deviner l'homme habitué à commander et à être obéi. Était-il le même quand il faisait l'amour ?

Elle sentait ses joues en feu. Elle avait l'impression d'avoir laissé à la douane la Robyn qui ne vivait que pour le Paddington. La Robyn familière qui ne pensait qu'en termes de patients et d'opérations. Que dire de cette nouvelle Robyn qui imaginait toutes sortes de choses incongrues en attendant de revoir une petite fille cachée dans ce vaste palais ? Il fallait vraiment qu'elle se trouve des choses à faire ici pour s'occuper l'esprit !

Cependant, Idris ne montrait toujours pas l'intention de se retirer. Plusieurs mètres les séparaient, mais il l'inspectait de la tête aux pieds, à tel point qu'il lui sembla qu'il la touchait des yeux. Elle aurait été moins mal à l'aise nue au milieu d'un millier de pingouins !

Son tailleur terriblement londonien commençait à la démanger, tant elle avait chaud. En sortant de l'avion, elle s'était trouvée entourée d'hommes et de femmes portant la tenue traditionnelle adaptée au climat : la *dishdasha* pour les hommes — cette robe ample sans col qui arrive aux chevilles — et, pour les femmes, l'*abaya* dont le tissu souple flotte à la moindre brise. Tout cela devait être beaucoup plus agréable à porter ici que sa jupe en laine et sa veste assortie, le costume parfait pour Londres, dix heures plus tôt.

Maudit été britannique !

Idris portait des vêtements occidentaux — une veste souple et un pantalon noir assorti en lin —, mais il ne semblait nullement affecté par la chaleur de l'après-midi.

— Y a-t-il une sorte de code que je suis censée utiliser ? demanda-t-elle. Quelque chose qui me permettra d'aller et venir à ma guise ?

Il fronça les sourcils.

— Vous n'avez jamais été en vacances, n'est-ce pas, docteur Kelly ?

Elle se retint de lui demander s'il avait gagné le Prix de l'homme le plus perspicace de l'année.

— Avez-vous déjà fait quelque chose juste pour vous amuser, docteur Kelly ?

Pourquoi passait-il son temps à répéter son nom de famille ?

— C'est Robyn, rectifia-t-elle. Il me semble que c'est un peu l'hôpital qui se moque de la charité, non ?

Elle venait de se rendre compte que, au fond, ils se ressemblaient. Après tout, elle gérait elle-même un département qui brassait des millions…

Idris ne devait pas avoir l'habitude qu'on lui parle aussi franchement. Son expression changea.

Il la défia du regard, et l'onde de chaleur qui s'empara d'elle la troubla vivement.

Qu'en aurait-il été s'ils s'étaient vraiment touchés !

Elle s'efforça de se ressaisir, certaine que si elle baissait sa garde face à cet homme elle se retrouverait sans aucune défense.

Idris pivota sur ses talons et quitta la chambre de Robyn.

Cette chambre dans laquelle elle se déshabillerait ce soir et s'étirerait comme une chatte de tout son long, sur le lit qu'elle avait semblé tant apprécier.

Il aurait préféré ne pas la voir faire. Qu'est-ce qu'il lui avait pris de l'inviter au Da'har ? Dans son palais, *chez lui* ? Le seul endroit où il pouvait s'isoler du monde, à l'abri de toutes les émotions qu'il ne voulait pas ressentir.

Certes, Robyn devait apprendre à connaître Amira, sa petite fille chérie, mais fallait-il vraiment que leurs rapports deviennent aussi personnels ?

Certainement pas.

Il serra les mâchoires et se dirigea à grandes enjambées vers son bureau en s'efforçant d'oublier l'attirance soudaine qu'il venait d'éprouver pour son invitée.

Amira surgit de derrière un arbuste de la cour, signant son nom dans le dialecte du Da'har qu'il espérait tant qu'elle puisse entendre un jour.

— Papa !

Il la souleva dans ses bras et, en tournant sur lui-même, il aperçut Robyn à l'autre extrémité de la cour.

— Oui ? dit-il avant d'asseoir sa fille sur le banc carrelé disposé autour de la fontaine.

— Je cherchais Amira.

À cet instant, la petite fille l'aperçut et se mit à courir vers elle pour se jeter dans ses bras, comme si elle venait de retrouver sa...

Il n'osa pas penser « mère », mais le sourire qui illumina le visage de Robyn quand elle se pencha pour lui ouvrir les bras était rempli d'amour maternel. Et il ne semblait pas altéré par la cruauté de la vie, comme l'était le sien.

Malgré lui, il sentit l'aiguillon de la jalousie le titiller en les voyant se mettre toutes les deux à agiter les mains et à faire des mimiques avec la bouche exagérément ouverte pour marquer les mots.

Il se surprit à fixer les lèvres de Robyn, d'un joli ton rose pâle. De nouveau il se sentit attiré par elle, ce qu'il n'aurait pas cru possible.

Mais presque aussitôt, un nom lui revint à l'esprit.

Malikah.

Jamais le pays n'avait connu une telle liesse que le jour de leur mariage. Et jamais le chagrin de son peuple n'avait été aussi grand que le jour où sa femme était morte en donnant naissance à leur fille, ce précieux joyau que maintenant il entendait...

Rire ? Comment était-ce possible ? se demanda-t-il en cherchant Amira du regard. Il entendait si rarement le son de son rire. Robyn était en train de lui chatouiller le ventre, et il découvrit alors son rire en cascade.

C'était extraordinaire.

Elle était habituellement une petite fille si sérieuse ! Tout le monde disait qu'elle tenait de lui et qu'elle prenait déjà ses futures responsabilités au sérieux. Il s'était senti fier de sa fille, prenant ces paroles pour un compliment. Mais à présent, il en doutait, car ce rire joyeux était plus beau que le chant de tous les oiseaux du pays.

Robyn se redressa et prit la main d'Amira dans la sienne avant de se tourner vers lui.

— Amira et moi avons besoin de votre aide, dit-elle.

— Mmm ?

Robyn signa quelque chose à Amira, qui le regarda d'un air grave.

— Nous avons une barrière de langage. Il faut que tu nous aides, signa-t-elle dans leur langage secret, que père et fille avaient développé au fil des années comme une sorte de langue abrégée.

Elle lui expliqua que les chaussures de Robyn étaient stupides, trop chaudes pour être portées au Da'har, et qu'elle devait en changer, ainsi que de vêtements. Ils devaient aller au souk.

Il écarquilla les yeux.

Sa fille n'avait jamais formulé une telle demande. Ils quittaient rarement le palais, excepté pour les commémorations publiques où la sécurité pouvait garder un œil attentif sur elle.

— *On peut envoyer quelqu'un lui chercher tout ce qu'elle voudra*, répondit-il.

— Ce serait amusant. Je ne suis jamais allée au souk, intervint Robyn avec un sourire un peu timide.

— Amira non plus. Elle ne sort que pour les manifestations officielles.

Il y avait une raison à cela : les bousculades dans la foule pouvaient rapidement créer la panique dans un endroit comme le marché. Même avec des gardes du corps, Idris n'avait pas jugé que ce soit bon pour une petite fille. *Sa* petite fille.

— Ce serait de la folie d'apparaître au souk, dit-il. Cela n'aurait rien d'amusant.

Il sentit qu'on le tirait par la main.

Les doigts d'Amira s'enroulèrent autour des siens, tandis que son autre main se fermait en un poing et qu'elle le passait sur son cœur en formant un cercle.

— S'il te plaît.

La langue des signes pouvait être très imagée. Son visage suppliant renforçait encore son pouvoir de persuasion.

— S'il te plaît.

Il se rappela sa propre enfance sans gardes du corps : les heures à flâner dans les souks et dans les campements qui s'étalaient à l'orée de la ville. Il avait parlé à tous ces gens dont il allait être responsable un jour, et il les avait écoutés.

Écouter, ce serait difficile pour Amira. Trop de gens l'entoureraient pour lui raconter leurs histoires, sans possibilité pour elle de communiquer avec eux.

Des histoires que sa fille pourrait entendre un jour si cette blonde extravagante qui se tenait en face de lui, les mains sur les hanches, arrivait à comprendre les décisions qu'il prenait.

— Pas de souk. Pas aujourd'hui.

De nouveau, sa fille le tira par la main, et il contempla son petit visage rempli d'attente.

— Deux contre un, signa Amira.

Il leva les yeux au ciel avec un geste résigné et croisa le sourire radieux de Robyn.

Les deux semaines à venir allaient être terriblement longues.

— On s'amuse bien, non ? dit joyeusement Robyn, qui semblait indifférente à son humeur sombre, tandis qu'ils obéissaient à sa fille qui leur faisait signe d'entrer dans une autre boutique de vêtements.

Idris émit un vague grognement.

« S'amuser » n'était pas exactement le mot qu'il aurait choisi. Pour lui, c'était plutôt le meilleur moyen de se créer un ulcère. Comme Amira avait insisté pour que les hommes de la sécurité soient laissés en arrière, c'était à lui de porter les sacs contenant les vêtements et les foulards que Robyn accumulait — ou plutôt qu'Amira accumulait pour le compte de Robyn, qui se retrouvait aussi impuissante que lui face à la fièvre acheteuse de sa fille.

Bon sang, il était à la tête d'un royaume, tout de même ! Et là, il se retrouvait entraîné bon gré mal gré dans le labyrinthe que composait le plus grand souk de la capitale.

— Plus qu'une ! signa Amira en prenant un air implorant.

Il ne put s'empêcher de sourire en voyant qu'elle n'attendait même pas sa réponse pour entrer dans la boutique aux murs recouverts de soieries.

L'arrivée de Robyn semblait avoir transformé sa sérieuse petite fille en une redoutable acheteuse, qui inspectait attentivement la qualité des tissus et des modèles avant de les proposer à Robyn, laquelle — il devait le reconnaître — se prêtait merveilleusement au jeu.

Elle faisait le mannequin de bonne grâce, s'agenouillant pour qu'Amira puisse tenir le tissu devant son teint clair. Et toujours, ses yeux d'ambre cherchaient les siens — il ne savait pas trop pourquoi.

Guettait-elle son approbation ?

Une sensation physique qu'il n'avait pas éprouvée depuis

longtemps — sept ans, pour être précis — lui fit comprendre qu'ils avaient fait assez de shopping pour la journée.

— Je crois que votre fille se plairait beaucoup à Paris ! observa Robyn en riant tandis qu'Amira rejetait une série de sarouels riches en couleurs — ces pantalons resserrés aux chevilles qui attirent directement le regard des hommes sur cette partie de la jambe féminine.

Il sentit sa mâchoire se contracter à l'idée que sa fille allait encore grandir. Sa précieuse petite fille.

— Ma fille se plaît beaucoup au Da'har, répondit-il.

— Je ne voulais pas dire que..., protesta Robyn.

Puis elle s'arrêta, son regard rivé au sien, comme si elle essayait de comprendre ce qui le rendait aussi irritable.

— Je n'en doute pas, dit-elle doucement. Il suffit de la regarder.

Il observa sa fille tandis qu'elle examinait une paire de sandales traditionnelles en cuir, pour le plus grand plaisir du marchand.

Elle utilisait son propre mode de communication, un mélange de gestes et de mimiques tout en épelant les mots avec la bouche dans le dialecte local. Elle n'avait jamais été inhibée par son incapacité à communiquer de la manière habituelle. Et elle ne se comportait jamais comme quelqu'un qui est affligé d'un handicap. Pour elle, c'était normal.

Une « normalité » qu'il supportait beaucoup moins bien qu'elle. Elle méritait de jouir de tous les sens que lui-même possédait. Elle était sa fille, que diable !

La femme qui se tenait près de lui pouvait rendre cela possible. Il n'avait pas mesuré à quel point ce serait angoissant de devoir placer tous ses espoirs en une seule personne.

À en juger par ses yeux brillants de plaisir, Robyn semblait enchantée de voir Amira se lancer dans les achats avec une telle fougue. Ce qu'elle ignorait en la voyant plier et déplier les foulards avec un plaisir évident, c'est qu'Amira était en train de marchander ! Aussi bien pour une *dishdasha* que pour un pantalon de harem... Elle n'était plus la petite fille qu'il côtoyait tous les jours. Et la voir s'épanouir comme elle le faisait avec Robyn lui était plus douloureux qu'il n'aurait pu l'imaginer.

Il y aurait des moments dans les années à venir où Amira aurait particulièrement besoin d'une mère pour remplacer celle qu'elle n'avait pas connue.

Il regarda sa fille avec Robyn, toutes deux penchées sur les sandales en cuir — une tête noire comme la nuit, l'autre dorée comme les blés —, et son cœur se serra.

— Très bien, dit-il d'une voix éraillée par l'émotion. Il est temps de rentrer, maintenant.

Pendant le trajet du retour, Robyn ne réussit pas à obtenir ne serait-ce que l'ébauche d'un sourire de la part d'Idris. Ses yeux noirs restaient fixés sur la route tandis qu'ils traversaient les belles structures anciennes de la vieille ville. La partie moderne était plus proche de l'aéroport et ressemblait tout à fait au cœur du monde des affaires que le Da'har était censé représenter au Moyen-Orient.

Elle se retourna pour jeter un coup d'œil à Amira, qui s'était endormie au milieu des sacs de shopping jetés pêle-mêle à l'arrière de la voiture, son joli visage perdu au milieu des papiers et plastiques colorés...

Sentant les larmes lui monter aux yeux, elle se tourna vers la vitre et s'efforça de se concentrer sur les beautés de la capitale.

Elle pourrait aimer cette enfant à distance...

Elle ferait mieux de ne pas l'aimer du tout, se dit-elle ensuite en serrant les poings.

— Est-ce que tout va bien ?

— Oui, merci, répondit-elle, étonnée qu'Idris ait senti son changement d'humeur. C'est juste que la journée a été longue.

Une journée parmi une infinité d'autres dans le désert de sa vie sans enfant.

— Si vous regardez sur votre droite, vous verrez le musée des Épées, dit Idris en ralentissant.

— Un musée rien que pour des épées ?

— Parfaitement. Il y en a plusieurs qui appartenaient à mon

père, et même une ou deux à moi, ajouta-t-il avec un petit rire, comme si cela lui paraissait maintenant tout à fait improbable.

Pourtant, elle l'imaginait bien en train de brandir un ou deux cimeterres pour les protéger, Amira et elle, de kidnappeurs arrivant à dos de chameau !

— Mon Dieu, murmura-t-elle, déclenchant chez Idris un autre rire.

Et pourtant, il ignorait ce qu'il se passait dans sa tête !

Quelle idée de l'imaginer comme une sorte de chevalier en armure ! Elle n'était pas attirée par Idris al-Khalil. Pour commencer, il lui paraissait trop inaccessible. Et puis, un homme comme lui ne regarderait jamais une femme comme elle. Il était sérieux, alors qu'elle était fantasque. Il était souvent sous les projecteurs, alors qu'elle préférait se cacher dans un bloc opératoire plutôt que d'être l'objet de l'attention générale. Il était le soleil, elle était la lune — elle appréciait la lumière, la chaleur et l'électricité qu'il dégageait, mais de loin.

Bon. Peut-être bien qu'il lui plaisait un peu.

Il n'était pas seulement beau, il était sensuel, et terriblement viril avec son visage aux traits puissants et son autorité naturelle.

Et elle ?

Ils devaient être à peu près du même âge, mais elle ne se sentait plus de la première jeunesse. Certes, elle n'était pas vieille, mais du fait qu'elle ne pouvait plus avoir d'enfant, il lui semblait que quelque chose lui avait été volé. Comme, peut-être, le fait pour Idris d'avoir perdu sa femme l'avait privé de sa gaieté.

— Et là, vous avez le vieux château, poursuivit Idris en pointant du doigt sur sa gauche une forteresse qui devait être là depuis au moins un millier d'années.

L'édifice, imposant, se composait d'une multitude de tours et de hauts murs. Les volets de bois de ses étroites fenêtres étaient fermés pour faire barrage au soleil et à l'atmosphère chaude et lourde de senteurs épicées de cette fin d'après-midi.

— Donc, vous vivez dans le nouveau château ? demanda-t-elle.

Idris secoua la tête, et il lui sembla que ses yeux avaient perdu de leur éclat.

— Non, répondit-il en tournant dans une autre rue au moment où la lumière du soleil couchant se chargeait de merveilleuses teintes de rose et d'orangé. *Ceci* était le nouveau château.

Une large avenue s'ouvrait maintenant devant eux, ressemblant à celle qui menait au palais de Buckingham. Tout au bout se dressait majestueusement un superbe édifice qui faisait référence à l'architecture traditionnelle tout en intégrant celle du futur.

C'était un Taj Mahal des temps modernes, comprit-elle instinctivement. Un palais dans lequel on ne vivait plus et qui servait de mémorial pour un amour mort sept ans plus tôt.

Amira venait de se réveiller. Du coin de l'œil, Robyn la vit appuyer ses petites mains sur la vitre et envoyer un baiser en direction de la tombe de sa mère.

Une vague d'émotion s'empara d'elle, si forte qu'elle dut se détourner pour ne plus voir le profil impassible d'Idris, ni celui de sa fille rendant hommage à une mère qu'elle n'avait jamais connue et qui reposait dans ce palais vide et solitaire au milieu de la ville.

5

Ils avaient choisi de prendre le dîner dans le patio central, dans la fraîcheur relative ménagée par le jet d'eau et les plantes environnantes.

Il y avait dans le palais du gouvernement du peuple, des pièces dédiées aux repas et d'autres plus formelles encore pour impressionner les visiteurs. Mais cette partie du palais où Idris s'était retiré depuis la naissance d'Amira était leur cocon à eux : un endroit intime, isolé, où tout était beau, pour compenser la tristesse qui habitait son cœur et menaçait souvent de le consumer. Et il était surpris de constater à quel point Robyn s'y intégrait parfaitement...

À ceci près que ce tailleur de laine ne rendait pas du tout grâce à sa féminité.

Repensant à tous ces achats qu'ils venaient d'effectuer, il imagina le temps d'un éclair Robyn défilant devant eux et découvrant sa mince silhouette voile après voile.

— Et si on faisait un défilé de mode ? s'entendit-il lancer.

Robyn, occupée à déguster une savoureuse pâtisserie qu'elle avait choisie sur le plateau posé devant eux, eut l'air aussi étonné d'entendre ces paroles qu'il l'était de les avoir prononcées.

Et pourquoi pas un défilé de mode ? Même si leur humeur avait changé à leur retour du souk, une atmosphère lugubre ne pouvait pas s'éterniser avec Robyn dans les parages. Après ces sept années passées à ressasser son malheur, le moment était peut-être tout de même venu de prendre un nouveau tournant.

— On n'a pas arpenté en tous les sens le plus grand souk de Sanhella pour continuer à vous voir de plus en plus mal à l'aise dans ce tailleur !

Robyn secoua la tête, visiblement peu emballée par sa proposition.

— Je ne crois vraiment pas que ce soit nécessaire.

— J'insiste, dit-il, corrigeant aussitôt d'un sourire le ton de commandement qu'il avait employé.

Il allait devoir travailler sur cette voix. Et aussi sur beaucoup d'autres choses, notamment son attitude souvent brusque et distante qui éloignait de lui son entourage. Car il s'en rendait bien compte, ses amis et sa famille ne savaient plus comment réagir devant la froideur dont il faisait preuve depuis la mort de sa femme.

Il posa les yeux sur Amira.

Le seul être qui avait réussi à le maintenir hors du gouffre était sa petite fille assise en face de lui, et qui pour l'instant était en train de finir son dîner de bon appétit tout en observant leur échange d'un œil curieux.

Levant les mains vers le ciel en un geste de prière, il se tourna vers Robyn.

— Je vous en prie. Faites-nous le plaisir d'essayer vos nouvelles tenues devant nous.

Ce n'était pas seulement pour lui qu'il la priait ainsi, mais pour sa fille, qui faisait déjà de Robyn ce qu'elle voulait alors que cette dernière n'était au Da'har que depuis quelques heures.

Sous le regard intense d'Idris, Robyn sut qu'il n'y avait aucune échappatoire. Elle avait l'impression qu'il pénétrait jusqu'à son âme, devinant le cœur de l'être qu'elle était devenue.

Et pourtant, il ne savait rien de sa vie ! Il ignorait qu'elle était une femme qui souffrait. Qui ressentait toujours la perte de l'enfant qu'elle n'avait pas pu mettre au monde.

Se sentant rougir, elle abandonna à regret les coussins sur

lesquels elle s'était appuyée en mangeant, et Amira battit des mains, tout excitée.

— Les achats ont été déposés dans le petit salon sur la gauche, indiqua Idris.

Naturellement. Et si elle le demandait, il y aurait sans doute quelqu'un pour l'aider à tirer le meilleur parti de ces mètres de tissus qu'Amira avait choisis pour elle, même si elle avait eu l'agréable surprise de constater que les serviteurs ne se bousculaient pas dans cette partie du palais : Idris semblait tenir par-dessus tout à préserver son intimité.

Il lui avait appris, pendant le repas, avoir étudié l'architecture en plus des sciences politiques, et avoir tout conçu lui-même ici, s'inspirant des mythiques jardins suspendus de Babylone.

Quelle merveilleuse réalisation ! C'était une véritable déclaration d'amour à l'architecture traditionnelle de son pays, avec quelques discrètes concessions au monde moderne. Et plus Idris parlait, plus elle comprenait que ce projet était l'aboutissement d'un rêve élaboré par son esprit tourmenté par le deuil et à la fois plein de créativité. De la part d'un homme qui se montrait plutôt rigide dans ses manières et ses convictions, c'était étonnant.

— Encore une ! demanda Idris.

Robyn leva les yeux au ciel avant de retourner dans la cabine d'essayage improvisée.

Jusqu'à présent, elle avait essayé trois tenues et, à chaque fois, elle avait paru se détendre un peu plus sous les yeux de son public constitué d'Amira et de lui.

Il sentit qu'on le tirait par la manche, et Amira, toujours aussi excitée, lui signa une rapide liste de demandes.

Pourquoi Robyn serait-elle la seule à se déguiser ? Où était sa boîte de déguisement à elle, Amira ? Pouvait-elle lui enrouler un turban autour de la tête et lui dessiner une moustache ?

Il se mit à rire et souleva sa fille en la faisant tourner sur elle-même près de la fontaine, déclenchant chez elle de petits cris de plaisir.

Il suffit d'un coup de téléphone pour qu'apparaissent plusieurs boîtes dans lesquelles sa fille se mit à fouiller.

Robyn remarqua que des rideaux avaient été tirés entre deux colonnes, dans le patio. Elle entendit le rire d'Amira et s'avança.

La scène qu'elle surprit derrière les rideaux la fit sourire.

Le visage redevenu sérieux, la petite fille était en train de dessiner une moustache bouclée sur le visage de son père. Idris était assis, attendant patiemment qu'elle ait terminé, et lorsque ce fut le cas, il roula des yeux terribles, provoquant une nouvelle cascade de rires. Puis Amira prit une longue écharpe de soie qu'elle lui enroula autour de la tête. Il l'aida à la fixer, puis se dressa de toute sa stature, royal.

Il était si convaincant qu'elle en fut impressionnée.

Si une partie d'elle-même mourait d'envie de les rejoindre, l'autre lui rappela qu'elle ne faisait pas partie de leur monde. Ni de leur vie. En arrivant au Da'har, elle avait pénétré dans un autre univers. Non seulement par rapport à ce qu'elle voyait et entendait, mais aussi parce que les réactions et le ressenti étaient différents. Devait-elle s'effacer pour ne pas interrompre un merveilleux moment entre un père et sa fille ?

Elle inspira profondément.

La Robyn anglaise aurait préféré aller se cacher dans sa chambre plutôt que de s'exhiber dans ces tenues exotiques. Mais ici, elle était une autre Robyn — « le petit oiseau » du Da'har —, et elle avait l'impression de pouvoir voler.

— Et ça, qu'en pensez-vous ? demanda-t-elle en s'avançant entre les colonnes dans un tourbillon de tissus vaporeux.

Idris leva les yeux et fut subjugué.

Si Robyn était amusée par sa moustache et son turban, elle n'en laissait rien paraître. En revanche, elle s'était enhardie et défilait d'un pas nonchalant, tournoyant par moments sur elle-même. Il n'avait pas de mal à l'imaginer un peu plus jeune, en train de jouer à se déguiser. Mais lorsqu'il capta son regard, il lui sembla qu'elle découvrait elle-même en elle une sensualité qu'elle n'avait pas soupçonnée jusqu'à maintenant.

Leurs regards s'accrochèrent l'un à l'autre, et il se redressa, fouetté par le désir.

Il avait envie d'elle. Envie de l'attirer contre lui et de repousser du bout des doigts le foulard vert émeraude drapé sur ses cheveux blonds. Il la tiendrait par la nuque, pendant que son autre main se glisserait sous la soie légère. Alors enfin, il goûterait ses lèvres roses, sa bouche offerte...

Le battement de mains de sa fille le ramena à la réalité. Les yeux de Robyn s'écarquillèrent, et il se sentit envahi d'un mélange de honte et de colère contre lui-même.

Robyn Kelly n'était pas là pour devenir son amante. Ni même une amie. Elle était venue dans un but précis, et c'était stupide de sa part de penser, même un seul instant, qu'elle pouvait être autre chose pour lui qu'un moyen d'atteindre son but : une solution à la situation désespérée de sa fille.

— Nous nous sommes suffisamment amusés pour ce soir, dit-il sèchement.

La brusque froideur d'Idris la doucha plus sûrement qu'une pluie glaciale.

— Oui, répondit-elle précipitamment. D'ailleurs, je vais me retirer tout de suite, si vous le voulez bien.

Elle trébucha en se détournant pour repartir.

Pendant une heure, elle s'était sentie belle et gracieuse...

Amira avait compris qu'elle s'en allait. Elle se précipita sur elle et passa ses petits bras autour de sa taille.

Robyn l'étreignit brièvement et l'embrassa sur le sommet de la tête, avant de se hâter de rejoindre sa chambre et de fondre en larmes.

— Parfait ! dit Robyn en prenant la pile de dossiers que lui tendait le Dr Hazari. Toutes les notes sont là ?

— Son Excellence s'est assuré que vous auriez tout ce dont vous aviez besoin.

Robyn fronça les sourcils.

Elle aurait bien voulu pouvoir de temps en temps gérer les choses elle-même !

— Vous voulez dire que vous vous êtes parlé ce matin ?

— Bien sûr. Les dossiers médicaux de Son Altesse ne peuvent pas être remis à n'importe qui.

— Non, bien sûr… Alors il lui suffit de prendre son téléphone et de vous appeler ?

— Quand il s'agit d'Amira, oui. Je suis toujours disponible pour la fille de Son Excellence.

Pas de personnel, pas d'intermédiaire. Ce père était un lion protecteur !

Elle remercia le Dr Hazari d'un sourire et tenta de se concentrer sur les dossiers, refusant d'écouter la voix de sa conscience qui lui reprochait de s'être faufilée hors du palais pour se rendre à l'hôpital par ses propres moyens.

Allons, quelques heures passées ici ne feraient de mal à personne. Et sûrement pas à cette forteresse impénétrable qu'était Idris.

Mais un visage, toujours le même, se superposait au document qu'elle compulsait : Idris al-Khalil.

Une vague de chaleur l'envahit quand elle se rappela son expression au moment où elle était apparue, un foulard vert émeraude lui couvrant la tête, une *dishdasha* fluide d'un vert plus profond effleurant sa peau.

Il avait écarté légèrement les lèvres, et son regard s'était rempli de… Oui, de désir.

Elle avait senti un long frisson parcourir tout son corps. Idris avait longtemps hanté ses pensées, et lorsqu'elle avait enfin réussi à s'endormir, elle avait rêvé de lui…

Assez !

Cette fois, elle fit une pile bien nette de tous les dossiers et entreprit de les parcourir l'un après l'autre. Mais ses pensées ne tardèrent pas à vagabonder de nouveau.

Elle sourit toute seule en se rappelant Idris en train de jouer avec sa fille. C'était un aspect de sa personne que peu de gens devaient connaître : un père de famille aimant et chaleureux, prêt à se laisser barbouiller de noir et à improviser un défilé de mode.

Que s'était-il passé lorsque leurs yeux s'étaient rencontrés ? Le regard d'Idris avait été si intense qu'elle était certaine qu'ils avaient ressenti la même chose.

Du désir, oui, peut-être. Mais la passion, l'amour, ce n'était plus pour elle. À cause de ce passé qu'elle avait affronté seule et qui ne l'avait plus jamais laissée retrouver la paix.

Elle s'étonnait encore de la rapidité avec laquelle cette grossesse inattendue était devenue le plus noir des films d'horreur. Elle avait pourtant été si heureuse ! Un petit ami merveilleux, des projets de mariage… Et puis cette grossesse extra-utérine diagnostiquée alors qu'elle était déjà trop avancée. Et pas d'espoir de survie pour elle ni pour l'enfant à moins d'un miracle…

Sans doute était-ce son subconscient qui l'avait amenée jusqu'ici, aujourd'hui. Au service de maternité. Comme dans n'importe quel hôpital, il y avait tout une rangée de mignons bébés disposés sur des draps roses ou bleus.

Son bébé n'était pas arrivé à terme lorsqu'ils avaient dû mettre fin à la grossesse qui menaçait sa vie, mais elle aurait tellement voulu le tenir un instant ! Cette douleur la poursuivrait jusqu'à son dernier souffle. Elle-même, elle était étonnée de constater à quel point il lui était impossible d'oublier ce tout petit enfant.

Saisissant son téléphone, elle se livra à un rapide calcul.

Il était trop tôt pour appeler le Paddington, mais il y avait sûrement quelqu'un qu'elle connaissait pour assurer la garde de nuit.

Elle était sur le point de composer le numéro quand elle entendit une voix devenue familière.

— Est-ce toujours ainsi que vous menez vos recherches ?

Un frisson lui parcourut le dos, et elle leva les yeux.

Idris se tenait devant elle, les bras croisés sur la poitrine, et elle remarqua une ombre de barbe sur ses joues qu'elle avait toujours vues rasées de près.

— Vous voulez dire, en me rendant à l'hôpital pour consulter les dossiers d'Amira ? Oui, répondit-elle, le cœur battant un peu trop vite.

Elle se leva pour moins avoir l'impression d'être un enfant de cinq ans convoqué dans le bureau du directeur, mais, une fois debout, elle dut résister au besoin physique de le toucher qui s'empara d'elle.

— Je veux dire, sortir ainsi sans crier gare. Cela a mis ma fille dans une grande détresse : elle a cru que vous étiez repartie et que cela ne vous intéressait plus de passer du temps avec elle et de l'opérer.

Idris pinça les lèvres, comme s'il se retenait d'en dire plus.

Elle sentit sa gorge se serrer.

— Je n'ai pas pensé...

— Justement, coupa Idris. Vous n'avez pas pensé ! Je ne suis pas surpris d'apprendre que vous n'avez pas d'enfant, et c'est sans doute préférable si c'est ainsi que vous traitez ceux dont vous avez la charge !

En voyant l'expression de souffrance qui emplissait les yeux de Robyn, Idris comprit qu'il avait été cruel. Il s'en voulut d'avoir parlé aussi durement, comme s'il était seul à porter le poids du monde.

Qu'aurait-il dû dire à la place ? Qu'à son réveil il avait découvert une pièce vide, sans aucune trace de Robyn dans le palais, et le petit visage défait de sa fille qui croyait qu'elle s'était enfuie ? Devait-il lui avouer que lui aussi avait eu peur de se trouver de nouveau seul ?

Mais cette peur s'était manifestée sous forme de rage.

Robyn s'était figée sur place, prenant de plein fouet les paroles qu'il avait lâchées sous la colère. Elle s'exprima d'une voix éteinte :

— En effet, Votre Excellence. Je vous confirme que je n'ai pas d'enfants et que je ne peux pas en avoir, ce qui vous satisfera sans doute. Je suis sincèrement désolée. Je n'ai jamais voulu faire de peine à Amira…

Elle s'essuya les yeux après avoir vainement tenté de retenir ses larmes.

— Ni à vous, ajouta-t-elle en détournant le regard.

Comment pouvait-elle s'excuser ainsi, alors qu'il s'était montré aussi désobligeant avec elle ?

À cet instant, il éprouva un besoin irrépressible de la serrer sur son cœur jusqu'à ce que toute la peine qu'il lui avait causée se soit envolée. Ouvrant les bras, il l'attira à lui.

Il ne fut pas surpris de la voir se raidir. Pourtant, tout de suite après, il la sentit se détendre contre lui, et elle appuya sa joue sur son torse, comme si elle cherchait un réconfort dans les battements de son cœur.

Il fit de son mieux pour ignorer son parfum fleuri et la douceur de sa main sur sa poitrine. Instinctivement, il appuya la joue contre sa tempe, étonné que Robyn, après avoir déclenché son humeur le plus sombre, réussisse à remettre en lumière l'homme qu'il avait été autrefois. Celui qui consolait, souriait et même riait.

Celui qui aimait tout simplement vivre !

Pendant sept ans, il s'était fermé à cet homme, plus enclin à voir le monde à travers le filtre de son chagrin, de sa frustration et de ses inquiétudes pour sa fille.

Et voilà qu'à présent il tenait Robyn dans ses bras !

Du bout du doigt, il lui caressa la joue, se rendant seulement compte alors qu'elle portait un foulard tellement ce tissu bleu ciel semblait naturel sur elle. Une couleur qui allait si bien avec sa personnalité pleine de lumière et d'optimisme.

Tous deux restèrent sans parler, mêlant leurs respirations.

Il lui semblait maintenant qu'ils partageaient quelque chose, parce que tous deux savaient ce que cela signifie de perdre quelqu'un.

Robyn s'était maintenant apaisée.

Du bout du doigt, il lui releva le menton, se disant que c'était pour s'assurer qu'il n'y avait plus de larmes dans ses yeux. Mais il se rendit compte alors que, en se penchant à peine, il pourrait facilement l'embrasser.

Elle écarquilla les yeux comme si elle avait fait la même constatation, puis elle lui sourit timidement avant de s'écarter de lui.

— Était-ce notre première dispute ? dit-elle.

— Je crains que ce ne soit pas la dernière, très chère.

Très chère ?

Mieux valait ne pas se laisser emporter par l'émotion. C'était souvent le cas quand il était question d'Amira. Il y avait eu un moment de grâce entre lui et Robyn. Rien de plus.

À son tour, il voulut faire un pas en arrière, et il se cogna à une infirmière.

— Votre Excellence...

Se rendant compte de qui il s'agissait, la jeune femme esquissa une révérence, mais il l'arrêta d'un geste et lui sourit.

Il n'avait jamais voulu être adulé. Mériter le respect de son peuple, c'était tout ce qui lui importait.

Il se tourna de nouveau vers Robyn.

— Donc, je suppose que vous envisagiez de rencontrer nos spécialistes ORL ? dit-il de son ton d'homme d'affaires.

Elle hocha la tête, manifestement soulagée de se retrouver sur un terrain plus familier.

— En effet. J'aimerais faire la connaissance de toute votre équipe, si c'est possible. Il est important d'établir qui soignera Amira à son retour.

— Vous ne vous en chargerez pas ?

— Immédiatement après l'opération, si, bien sûr. Mais lorsque vous rentrerez chez vous, je serai au Paddington... Ou Dieu sait où, si jamais nous devons fermer.

Il trouva le sourire de Robyn un peu forcé, comme si elle cherchait à se remettre rapidement de ce moment qu'ils venaient de partager.

Depuis que cette femme était là, il éprouvait la sensation d'exister davantage. Il avait été si longtemps seul... L'avoir ici avec lui l'aidait à rassembler les pièces d'un puzzle qu'il n'avait jamais vraiment pris conscience d'avoir éparpillées. Mais elle ne ferait que traverser brièvement sa vie.

— Bien, dit-il en lui retournant son sourire contraint. Heureusement que nous avons près de deux semaines pour régler tous les détails ! Je vais pouvoir apaiser les craintes d'Amira à propos de votre mystérieuse disparition, et je pense que vous serez en sécurité ici pendant quelques heures. Néanmoins, nous comptons sur vous pour déjeuner à la maison… Et j'espère que vous ne m'en voudrez pas, mais j'ai fait préparer quelques-unes de vos nouvelles tenues, car nous allons partir pour un petit voyage cet après-midi.

— Oh ?

Il nota avec satisfaction que c'était la première fois qu'elle ne protestait pas.

— En attendant, je vous remets entre les mains compétentes du Dr Hazari.

Robyn se contenta de hocher la tête, son expression reflétant exactement ce qu'il ressentait.

Ils partageaient quelque chose à présent : une même compréhension du poids du chagrin. Mais alors qu'il ne faisait aucun effort pour cacher sa douleur, Robyn, au contraire, l'avait enfouie en elle sous une apparence de gaieté. Il était l'ombre, elle la lumière. Les deux composants essentiels pour rendre un objet réel.

Mais il ne devait pas la laisser prendre trop de place dans sa vie. Le Dr Robyn Kelly était là pour Amira, pour améliorer son état. Un point, c'est tout.

Il se retrouva dans la rue et contempla l'animation matinale.

Les gens vaquaient à leurs occupations, sans savoir que leur cheikh faisait de gros efforts pour retirer les flèches de Cupidon de sa poitrine.

6

Après deux heures de travail intense à l'hôpital, Robyn était de retour au palais, arborant son plus beau sourire pour tenter de faire oublier sa bévue involontaire de la matinée. Seulement, depuis qu'elle était revenue de l'hôpital, Idris se montrait distant.

Elle qui croyait avoir retrouvé ses bonnes grâces…

Mais elle ne pouvait pas l'en blâmer. Elle effectuait un voyage professionnel et n'était pas là pour se lamenter sur sa vie privée. Sa préoccupation devait être l'avenir d'Amira et du Paddington.

Amira lui tapota la main.

— Est-ce que tu aimes les chevaux ? signa-t-elle.

— Beaucoup, fit-elle avec enthousiasme.

L'équitation avait été une de ses échappatoires favorites durant les mois qui avaient suivi son hystérectomie. Avec le travail, bien sûr. Mais lorsque le contact constant avec les enfants de l'hôpital lui était trop difficile à supporter, elle partait pour le week-end, louait un cheval dans un centre équestre et chevauchait pendant des heures, jusqu'à ce que la douleur s'apaise — au moins pour un instant.

Elle regarda Idris, ce qu'elle faisait automatiquement à présent, que ce soit pour chercher son approbation ou savoir ce qu'il pensait.

— Allons-nous monter à cheval ? demanda-t-elle.

— Quelque chose comme ça, répondit-il, laconique.

Pas un sourire. Aucune trace d'un échange quelconque.

Cela la conforta dans sa résolution : elle était là pour écouter et apprendre, et non pour s'attacher à qui que ce soit, comme cela arrivait trop souvent quand il était question d'enfants qui la touchaient au cœur — ce qui était évidemment le cas avec Amira, en dépit de ses efforts pour rester uniquement scientifique.

La sollicitude faisait d'elle un meilleur médecin, mais elle comportait aussi le risque de trop s'attacher.

Cependant, elle souhaitait qu'Idris la traite davantage comme le chirurgien respecté qu'elle était. Il n'était pas question qu'il se serve d'elle comme d'un punching-ball émotionnel, commençant par l'agresser verbalement, puis la prenant dans ses bras pour la consoler, pour ensuite la tenir de nouveau à distance comme si elle était un caillou dans sa chaussure ! Après tout, ce n'était pas elle qui avait voulu venir ici !

Elle haussa le ton.

— Y a-t-il une chance pour que vous me disiez ce que nous allons faire ?

Une lueur d'irritation apparut dans les yeux d'Idris, qu'il ne chercha pas à cacher.

— Nous allons faire un petit voyage hors de la capitale. J'ai pensé que vous aimeriez découvrir certaines parties du pays, dit-il. Et il serait bon qu'Amira rencontre les gens qu'elle dirigera un jour. Vous voyez pourquoi son avenir et le succès de son opération sont si importants.

Elle regarda la petite fille et lui sourit.

— Allons-nous dans un endroit que tu connais ? signa-t-elle tout en parlant.

Amira secoua la tête tout en sautillant d'excitation.

— Elle n'a pas beaucoup voyagé dans le pays, dit Idris.

— Pourquoi ? s'enquit Robyn.

C'était une question simple, mais il parut chercher sa réponse. Surprotégeait-il sa fille ?

Difficile de l'en blâmer.

Elle vit passer des gens chargés de bagages et de paquets.

— Qu'est-ce que c'est ?

— Essentiellement des provisions. Elles seront surtout dans les véhicules qui nous suivront. Je n'aime pas me rendre dans les endroits moins prospères du Da'har sans apporter des cadeaux.

— Je croyais que c'était plutôt quelqu'un dans votre position qui recevait des cadeaux, et non l'inverse, s'étonna-t-elle.

Idris serra les lèvres.

— Ce n'est pas le cas au Da'har, dit-il.

Il regarda sa fille, et Robyn comprit que sa réponse était aussi destinée à celle-ci. L'homme qui dirigeait le pays et se devait d'être un exemple pour sa fille prenait maintenant le pas sur celui dont elle semblait si facilement susciter l'irritation.

— Ma famille a bénéficié des énormes ressources naturelles du royaume. Je suis conscient de ma chance d'être né dans la famille dirigeante du Da'har, et il est inévitable que cette société — quelles que soient les largesses de son chef — souffre d'inégalités. Il y aura toujours des gens plus riches que d'autres, de même que certains sont plus heureux, plus intelligents ou plus beaux...

Il fit une pause et la regarda longuement.

Voulait-il lui dire qu'elle était belle ?

Arrête ça, Robyn !

— Nous essayons de réparer les inégalités de la vie en apportant des cadeaux, poursuivit-il. J'ai pensé que nous pourrions nous arrêter à l'hôpital. Vous pourriez y prendre ce qu'il vous faut pour donner ensuite quelques consultations aux communautés tribales auxquelles nous rendrons visite.

— Oh ! J'adorerais ça ! s'exclama-t-elle.

La nounou d'Amira apparut pour emmener la fillette se changer. Ses nouveaux vêtements avaient disparu de sa chambre pour être chargés dans un véhicule, se rappela Robyn.

— La voiture sera devant la maison dans dix minutes. Ne soyez pas en retard, lui recommanda Idris avant de s'éloigner.

Elle s'assit au bord de la fontaine et laissa courir ses doigts dans l'eau en regardant flotter les nénuphars.

Les fontaines, les magnifiques mosaïques, le confort de

l'endroit… Était-ce l'expression de la vraie nature d'Idris ? L'avait-il invitée ici pour lui montrer son bon côté ?

Et elle, était-elle une gêne pour lui, ou au contraire apportait-elle une amélioration dans sa vie ?

Elle s'efforça de rassembler ses connaissances sur le Da'har.

Contrairement à d'autres royaumes semblables composés de plusieurs tribus, le Da'har n'avait jamais connu de troubles civils. Le pouvoir détenu par une seule famille était beaucoup plus progressiste que dans de nombreux pays voisins. La capitale, d'après le peu qu'elle en avait vu, semblait un endroit où tradition et progrès se trouvaient sur le même pied. Un peu comme dans la maison d'Idris, où l'on gardait un œil vers un riche passé culturel sans perdre de vue l'avenir.

C'était un véritable contraste avec le palais résolument moderne dans lequel il avait vécu étant marié. Peut-être que, quand il était rempli de vie et d'amour, ses angles aigus et sa façade froide semblaient moins austères…

Elle joua de nouveau avec l'eau, et un soupir lui échappa.

Le cœur d'Idris était dans le passé. C'était de là qu'Idris paraissait prendre ses décisions. Comment sa fille parviendrait-elle à quitter son aile protectrice et à se tourner vers le futur ? Tous deux avaient une telle responsabilité… Avec ce poids qu'Idris portait en permanence, la perspective d'un avenir différent semblait pratiquement impossible.

— J'ai l'impression d'être le chauffeur avec vous deux assises à l'arrière, grommela Idris.

— C'est que nous sommes très occupées à dessiner tout ce que nous voyons, répliqua gaiement Robyn. Ne devriez-vous pas garder les yeux sur la route ?

Elle trouvait très précieux le lien créé avec Amira — un échange de signes, et aussi des esquisses crayonnées sur le grand bloc-notes posé sur leurs genoux. Ainsi, elle pouvait pénétrer dans le monde de la petite fille et mesurer à quel point celle-ci était capable de comprendre et de communiquer.

— Je pensais vous montrer des choses intéressantes pendant le trajet, mais ce sera difficile si vous vous extasiez constamment devant des chameaux, des chèvres ou je ne sais quoi d'autre, déclara Idris avec humeur.

— On pourrait croire que vous êtes jaloux, répondit-elle distraitement, occupée à dessiner.

— Je *ne suis pas* jaloux.

Elle jeta un coup d'œil dans le rétroviseur, pensant trouver de l'irritation dans son regard, mais, à sa surprise, quand ils se regardèrent, elle sentit une sorte de connexion.

— C'est délicat, avec Amira qui a besoin de lire sur les lèvres. Je ne voudrais pas qu'elle se sente mise à l'écart. En même temps, la plupart des enfants de son âge ne sont pas intéressés par les conversations d'adultes.

— Ils ne sont pas non plus responsables d'un pays.

— C'est exact...

Les abords de la ville s'éloignaient et la route s'ouvrait sur le désert.

Elle se pencha en avant et posa le bras sur le siège vide du passager avant.

— Si vous cherchez des compliments sur votre fille, je vous en fais un : elle est tout simplement exemplaire.

— Et votre avis médical ? dit Idris avec un petit sourire. Faut-il payer pour l'avoir ?

Elle laissa échapper un rire désabusé.

Son monde était bien différent de celui d'Idris, dont les caisses étaient toujours pleines.

— Si je n'avais pas besoin de payer mon loyer et ma nourriture, je travaillerais au Paddington gratuitement, assura-t-elle. Surtout si cela permettait que l'hôpital reste ouvert plus longtemps.

— Vous semblez sincère.

— Bien sûr ! Du fait que je suis à la tête du service de chirurgie, il y a un aspect de représentation à assumer que je n'apprécie pas spécialement, mais pour ce qui est de travailler avec des enfants et de leur venir en aide... C'est vraiment ma passion.

— Est-ce que ce n'est pas un peu dur parfois ?

— Si, je le reconnais, mais…

— Et à propos de cette délocalisation vers la banlieue de Londres ?

— Pour l'hôpital de Riverside ? demanda-t-elle, surprise qu'il aborde le sujet.

— Oui. Qu'est-ce qui ne vous plaît pas dans l'idée de déménager là-bas ?

— Tout ! Ce ne serait qu'une réplique sans âme de ce que nous avons actuellement.

Comme ce palais moderne qui se dressait, vide et silencieux, au milieu de la ville trépidante.

— Et nos petits patients ne pourraient plus se faire soigner au centre-ville, ajouta-t-elle.

— Quelle est la raison de ce changement ?

— Les administrateurs veulent vendre le site, soupira-t-elle. Certes, cela rapporterait de l'argent à l'hôpital, mais cela entraînerait beaucoup de frais de déplacement et d'hôtel pour les familles des patients.

— Vous plaidez bien votre cause, dit Idris en souriant.

— Vraiment ? Il me semble que les discours doivent plutôt être votre spécialité.

— Lorsque c'est nécessaire, admit-il. Mais ceci…

Il désigna la vue qui s'offrait à eux alors qu'ils venaient de franchir une colline.

— Ceci est ce qui me parle le plus.

Elle en resta sans voix.

Si la capitale qui se trouvait au bord de la mer était très belle, la vaste péninsule qu'ils surplombaient à présent était à couper le souffle. Vergers et marais s'étendaient à profusion le long d'un littoral paradisiaque.

— Rien d'étonnant…

— Qu'est-ce qui n'a rien d'étonnant ?

— Que vous soyez si passionné quand il s'agit du Da'har. C'est absolument magnifique.

— Pas plus magnifique que…

Idris s'interrompit avant d'aller trop loin.

C'était Robyn qui était magnifique. Si intelligente, et passionnée pour les enfants et ces familles modestes dont d'autres se seraient désintéressés. En sa compagnie, il sentait des parties de lui-même revenir à la vie.

— … votre passion pour le Paddington, dit-il.

— On dirait qu'on se ressemble, tous les deux.

Devant cette réponse si spontanée, il regretta de ne pas lui avoir dit franchement ce qu'il pensait.

En fait, il avait de plus en plus de mal à faire comme s'il était insensible à sa beauté. Peut-être aurait-il mieux fait de choisir comme chirurgien un des cinquantenaires ventripotents qui s'étaient répandus en courbettes pour avoir l'honneur de pratiquer l'opération d'Amira ?

Robyn, elle, ne faisait pas de courbettes. Elle ne suppliait pas non plus. Plus il la connaissait, plus il se félicitait d'avoir suivi son instinct. Comme lui, elle était quelqu'un qui ne tournait pas autour du pot. Elle était la meilleure dans son domaine et n'avait pas besoin de chercher à faire impression. Ce n'était pas de l'arrogance, mais la simple connaissance de la réalité. Son engagement, ses compétences avérées et sa capacité à aider sa fille n'avaient pas été les seuls facteurs à jouer en sa faveur. Il avait été *touché* par elle. Elle atteignait des recoins de son cœur qu'il croyait devenus inaccessibles pour toujours. À la pensée de rouvrir ces portes et de s'autoriser à aimer de nouveau, il frémit.

C'était plus facile d'imaginer Amira capable d'entendre que de se voir heureux et amoureux.

— Qu'est-ce que c'est ? demanda Robyn en regardant dans la même direction que sa fille qui, le front appuyé contre la vitre, ne perdait rien du paysage qui défilait.

C'était une première pour Amira, et il regretta de n'avoir pas fait ça plus tôt et d'avoir voulu conduire plutôt que de s'asseoir à côté d'elle pour lui raconter l'histoire de la vallée fertile qui s'étalait sous leurs yeux.

— C'est une ferme solaire, répondit-il. Pour les vergers et les cultures.

— Les vergers ? J'aurais pensé que vous aviez assez de soleil pour faire mûrir les récoltes.

— Vous avez en partie raison. Nous avons du soleil à revendre, mais pas assez d'eau. Vous ne la voyez pas mais, à l'extrémité de la vallée, il y a une usine de dessalinisation. Nous l'avons construite en dehors des villages qui occupent cette vallée, car elle n'est qu'un complément pour le domaine rural. L'électricité produite permet de pomper l'eau des réseaux souterrains et de la redistribuer pour les orangeraies et les grenaderaies.

— Tout cela a l'air incroyablement bien pensé.

— C'est le genre de décision que j'aime prendre, avoua-t-il, surpris par la satisfaction qui se manifestait dans sa propre voix.

— Est-ce que vous avez étudié tout ça ? L'énergie solaire, la dessalinisation, l'énergie hydro-électrique et tout le reste ? demanda Robyn en trébuchant sur les mots, ce qui la fit pouffer de rire.

Il joignit son rire au sien, tout en se disant que les ingénieurs avec lesquels il avait travaillé auraient eu un certain choc s'ils l'avaient vu céder à un tel accès de gaieté. Ce projet était un des premiers qu'il avait menés à bien après la mort de Malikah, alors qu'il ne se sentait plus que l'ombre de l'homme qui avait accédé au trône. Il se rendait compte à présent de l'impression que ces gens avaient dû avoir de lui : celle d'un homme amer, meurtri, définitivement marqué par le destin.

— En plus de l'architecture, j'ai étudié l'urbanisme et la planification rurale, répondit-il. Une partie de la région — la péninsule du Golfe — est en train de se transformer en désert alors même que nous cherchons encore les moyens de lutter contre la perte de nos précieuses terres agricoles. Si les fermiers abandonnaient leurs cultures pour s'installer en ville, le pays se retrouverait dans une position intenable. Mon peuple doit produire sa propre nourriture et avoir de l'eau pour cela...

Il parcourut du regard les riches terres pour la préservation desquelles il avait joué un rôle clé.

Il en éprouvait une fierté légitime, mais il n'avait pas fait tout cela pour lui.

— Je veux qu'Amira ait un pays capable de se suffire à lui-même quand ce sera son tour de le diriger. Un pays dont les gens de ma génération n'auront pas pillé les ressources pour leur unique profit et sans penser aux conséquences.

— C'est très noble de votre part, murmura-t-elle, touchée de constater à quel point, sous sa froideur extérieure, Idris al-Khalil était un homme bon et généreux.

— Il n'y a rien de noble là-dedans, assura-t-il. C'est une question de responsabilité, de même qu'un père est responsable de son enfant.

— Bien sûr, répondit-elle doucement. Mais ne me dites pas que vous voyez Amira seulement sous cet angle — comme une « responsabilité ». Parce que je ne vous croirais pas.

Idris médita pendant un long moment les paroles de Robyn.

Naturellement, ce qu'il faisait pour sa fille, c'était par amour. Un amour qu'il trouvait difficile à exprimer, de crainte de revivre le chagrin qu'il avait enduré sept ans auparavant.

— Quoi qu'il en soit, dit-il enfin, d'une voix éraillée par l'émotion, quelques journées chargées nous attendent.

Tandis que Robyn se calait de nouveau dans son siège au fond du luxueux 4 x 4, il respira avec mélancolie la trace de son parfum fleuri.

Si une partie de lui recherchait la présence de cette femme, appréciait de la prendre pour confidente et avait envie de l'avoir comme amie, une autre partie, presque sauvage, craignait que sa proximité ne l'entraîne dans des sables mouvants. S'il tombait amoureux de Robyn Kelly, il n'y aurait pas de retour en arrière. Elle méritait qu'un homme lui donne son cœur tout entier...

Or, il n'était pas en mesure de lui offrir cela. Son pays et sa fille en avaient assez enduré pour qu'il se consacre exclusivement à eux. Son avenir resterait solitaire.

7

Robyn tapota la banquette de rotin, invitant Amira à venir s'asseoir à côté d'elle pour déguster la grenade que son père allait leur préparer.

Idris s'assit en face d'elles sous la grande tente salle à manger ouverte d'où ils avaient joui du coucher de soleil tout en mangeant.

Elle n'avait jamais vu une aussi belle grenade.

— Tendez les mains, dit Idris.

Amira se mit à pousser des petits cris de joie, tandis que le visage d'Idris était l'image même de la concentration.

— C'est la technique secrète de mon père, expliqua-t-il, en pratiquant plusieurs incisions légères dans l'écorce du fruit. Faites bien attention.

Il saisit son couteau d'une main ferme et fit une dernière incision plus profonde.

— Attention, elles vont toutes sortir d'un seul coup. Vite, vos mains !

Toutes deux s'exécutèrent, et les graines rouges comme des rubis tombèrent en cascade dans leurs mains ouvertes.

— Oh ! cria Robyn, comme c'est beau !

Idris referma son canif et prit quelques-unes des graines qu'elle lui tendait dans sa main en coupe.

— Alors, qu'en pensez-vous ? demanda-t-il en les portant à sa propre bouche sans la quitter des yeux.

L'odeur de sa peau chauffée par le soleil agit sur elle comme un aphrodisiaque. Son regard descendit sur ses lèvres tentantes, et elle le regarda, fascinée, sortir le bout de la langue pour récupérer une goutte de jus.

Tout dans l'atmosphère était chargé d'érotisme : ce merveilleux dîner pique-nique, le parfum des fruits dans l'air du soir sous le ciel étoilé, le murmure des vagues sur le sable, les bougies des lampes-tempête éclairant le campement...

Ils avaient une crique de sable fin pour eux seuls !

Les tentes bédouines débordant de matelas et d'oreillers, les douches fonctionnant à l'énergie solaire cachées derrière des toiles qui ondulaient doucement, le lit si large qu'elle pouvait y dormir dans le sens qu'elle voulait..., tout la ravissait.

Elle savait que cette extraordinaire escapade au bord de la mer n'était pas faite pour l'impressionner. C'était juste la façon dont vivaient ses hôtes : dans un luxe qui n'avait pour eux rien d'ostentatoire.

Risquant un nouveau coup d'œil du côté d'Idris, elle fut immédiatement piégée par l'intensité de son regard, et elle se sentit incapable de bouger.

L'attirance était mutuelle. Le même genre de magnétisme qui lie entre eux la Lune, la Terre et le Soleil.

Elle avait peine à résister aux vagues de désir que déclenchait en elle la proximité d'Idris.

Elle esquissa un geste de la main comme pour caresser l'ombre de barbe qui couvrait sa joue, mais il détourna les yeux, et elle se souvint qu'ils n'étaient pas seuls.

Une fois de plus, elle se força à se rappeler qu'Amira était l'unique raison de sa présence ici. Ce n'était pas pour avoir des moments privilégiés avec la dernière personne sur la planète dont elle aurait dû s'enticher.

Idris rompit le silence survenu après le moment nettement sensuel qui avait surgi entre eux.

— Hum... Je pense qu'il est temps pour Amira d'aller au lit.

— Déjà ? s'exclama Robyn.

Pour un peu, il aurait cru qu'elle était prête à utiliser sa fille comme bouclier pour se protéger de lui.

— Est-ce que vous lui faites la lecture ?

— Dois-je vous rappeler que ma fille est sourde, docteur Kelly ? dit-il en fronçant les sourcils.

Il vit Robyn se raidir en l'entendant l'appeler par son titre, et il regretta aussitôt le ton condescendant qui lui était venu si facilement.

D'autant plus que sa fille suivait ce qu'il disait sur ses lèvres. Il savait qu'elle n'aimait pas beaucoup le comportement qu'il avait parfois — froid, insensible, indifférent. Des sentiments qu'il était certain maintenant de ne pas éprouver et dont il devait cesser de faire étalage.

Robyn essuya les doigts d'Amira avec un mouchoir en papier et lui en donna un autre pour qu'elle fasse la même chose pour elle, puis elle lui jeta un coup d'œil désabusé.

Ses yeux parlaient pour elle : « Il ne s'agit pas de vous, disaient-ils. De votre ego ou de vos espoirs. Il est question de votre fille et de son bien-être. Ici et maintenant. »

— Personne ne vous a appris que faire la lecture à un sourd est une expérience différente pour lui ?

Il secoua la tête, mortifié.

Communiquer avec sa fille, l'éduquer était quelque chose d'incroyablement complexe. Et comme Robyn l'en avait averti, l'opération ne serait pas nécessairement un succès.

— J'ai apporté un livre qui devrait lui plaire, bien que le vocabulaire soit un peu compliqué pour son niveau de langage, poursuivit-elle.

— Vous voulez bien nous le montrer ?

Les yeux de Robyn retrouvèrent la lumière qu'il aimait.

— Très volontiers.

Elle remercia Amira de lui avoir nettoyé les mains et lui expliqua ce qu'elle avait l'intention de faire avant de demander à la petite fille d'aller chercher le livre.

— On aurait pu envoyer quelqu'un, fit-il remarquer.

— Les enfants aiment se rendre utiles, répondit Robyn d'un ton ferme. Ils ont ainsi le sentiment de participer aux choses.

— Je lui donne tout ce dont elle a besoin.

Robyn croisa les mains sur ses genoux comme pour se forcer à rester calme.

— Nul ne dit le contraire. Mais parfois, le plus important pour un enfant, ce n'est pas de posséder des objets, mais que l'on ait besoin de lui.

Il s'enfonça dans la pile de coussins rouges et blancs de son fauteuil sans rien trouver à répondre.

Qu'est-ce qui rendait cette femme si forte ? Personne ne lui parlait jamais ainsi. Et pourtant, c'étaient des choses qu'il avait besoin d'entendre : la voix de la raison, opposée à la vision en noir et blanc du monde — surtout en noir — qu'il avait adoptée après la mort de sa femme.

Amira ne tarda pas à être de retour avec le livre.

— Super ! signa Robyn tout en parlant d'une voix claire. Idris, si ça ne vous ennuie pas de lire l'histoire, je vais signer ma propre interprétation. Ainsi, vous verrez la différence.

— Vous n'allez pas juste répéter ce que je dis ?

— Pas exactement. La langue des signes n'est pas faite pour traduire des mots, mais plutôt… Quand on signe une histoire, on cherche le plus souvent à saisir son essence, en ajoutant les détails seulement si c'est nécessaire. Et on se sert aussi beaucoup des expressions du visage. Parfois, il suffit d'utiliser les images du livre pour illustrer un signe. Tenez, je vais vous montrer…

Elle vint s'asseoir à côté de lui et de sa fille.

Aussitôt, il fut distrait par son parfum et se raidit.

L'une des raisons pour lesquelles il s'était assis en face d'elle, c'était qu'il craignait que son corps n'ait des réactions intempestives lors d'un contact trop rapproché.

Pour le moment, Robyn était entièrement focalisée sur Amira, lui montrant le livre qu'il tenait sur ses genoux.

— Bien ! dit-elle en frappant dans ses mains. Si on commençait ? Vous pourriez déjà lire le titre.

— *La Belle et la Bête.* Je suppose que vous trouvez ça drôle ?

Robyn lui lança un coup d'œil innocent.

— Ce n'est qu'un conte de fées, répliqua-t-elle. N'ayez pas peur.

Il se contenta de plisser les yeux en la regardant.

— Puis-je commencer ?

— Je vous en prie. On va bien s'amuser.

À son grand étonnement, il apprécia beaucoup de raconter l'histoire « à la manière de Robyn ». Il lisait à voix haute, une ligne à la fois. Soit elle la traduisait mot pour mot — en particulier pour les scènes d'action —, soit, si c'était plus subtil, elle expliquait la situation jusqu'à ce qu'une lueur de compréhension apparaisse dans les yeux d'Amira.

À plusieurs reprises, il eut envie de refermer le livre, qui présentait un peu trop de similitudes à son idée avec la réalité. Puis il se laissa prendre malgré lui par l'histoire de cette jeune fille échangée par son père contre une seule rose au parfum exquis, pour le bénéfice d'un monstre hideux — en réalité un beau prince qui subissait un sort pour s'être montré égoïste et cruel.

Il se surprit à écarquiller les yeux comme sa fille lorsque la Belle découvrit la Bête à moitié morte de chagrin parce qu'elle s'était crue abandonnée. Heureusement, à la fin, elle redevenait le beau prince qu'elle avait eu la chance d'être autrefois, devenu meilleur.

— Et voilà comment on raconte une histoire en langue des signes, conclut Robyn avec un sourire satisfait devant son public bouche bée.

— C'est... très convaincant, répondit-il prudemment.

Peut-être Robyn transportait-elle dans son sac magique toute une bibliothèque de contes et de mythes ? Mais, malgré certaines similitudes, ce n'était que de la fiction.

Amira, somnolente, s'était blottie contre lui.

— Cette fois, il est vraiment temps que cette petite fille aille dormir, murmura-t-il en l'embrassant sur le front.

Il la souleva dans ses bras et surprit les yeux pleins de larmes de Robyn avant qu'elle ne se détourne pour regarder la mer en s'essuyant les joues.

Cette nuit, il ne voulait pas la laisser seule. Il avait envie de faire comme lorsqu'il était enfant et que toute la famille venait sur cette même plage. Tout le monde se rassemblait sous une grande tente, on riait et on racontait des histoires, jusqu'à ce que, un par un, tout le monde s'endorme où il se trouvait, bercé par le bruissement des vagues.

— Êtes-vous contente de votre tente ? demanda-t-il, disant la première chose qui lui vint à l'esprit.

C'était une question ridicule. Elle y avait déjà dormi trois nuits depuis qu'ils avaient commencé leur voyage.

Il vit les épaules de Robyn se raidir.

— Très contente, répondit-elle, laconique.

— Je vais coucher Amira et je reviens.

Elle hocha la tête et s'éloigna le long de la plage.

Robyn essayait de faire abstraction du lieu enchanteur et de mettre à profit l'obscurité pour reprendre le contrôle de ses émotions.

Trop de sentiments se mêlaient en elle. En dépit de tous ses efforts, elle était bel et bien en train de tomber amoureuse d'Idris al-Khalil — ou plutôt de l'homme qui se révélait quand il baissait sa garde.

Par exemple, quand il leur montrait la meilleure façon d'ouvrir une grenade, ou lorsque, les mains agrippées sur le volant, il parlait avec passion des transformations nécessaires à son pays pour qu'il évolue du stade tribal au plan international dans les domaines politique et financier. Il y avait aussi la manière dont ses yeux brillaient quand ils se posaient sur sa fille — et occasionnellement sur elle.

Ce qu'elle ne pouvait pas supporter, c'était ce mur qu'il dressait entre eux chaque fois que cela devenait trop intense.

Et pourtant, il avait raison, c'était la seule attitude sensée à adopter. Le cheikh Al-Khalil appartenait à ce pays. Il était un chevalier d'aujourd'hui pour un pays qui avait besoin d'un chef fort. Quelqu'un qui ne craignait pas de regarder l'avenir en face pour le bien de son peuple.

Elle-même, elle était en train de tomber amoureuse de ce pays, mais sa place était au Paddington. Dans les coulisses. À faire ce qu'elle faisait le mieux sous le seul regard des lampes du bloc opératoire...

— Tenez, dit la voix d'Idris derrière elle. Pour que vous ne preniez pas froid.

Elle ne l'avait pas entendu s'approcher sur le sable. Elle le sentit poser un châle en cachemire sur ses épaules, et il lui sembla que ses doigts s'attardaient un peu plus que nécessaire.

— Merci pour l'histoire, ajouta-t-il en accordant son pas au sien. Amira a été captivée de bout en bout.

Elle n'eut pas le courage de le regarder.

— J'en suis ravie.

— Venez, lui dit-il en désignant la douce lumière de la tente. Asseyez-vous un moment avec moi.

— C'est-à-dire que... je dois passer plusieurs appels et prendre des nouvelles de l'hôpital, répondit-elle en s'écartant légèrement pour échapper au contact de sa main sur sa taille.

Si Idris s'en aperçut, il n'en laissa rien paraître.

— Dans ce cas, il serait sans doute préférable que nous parlions avant que vous ne téléphoniez.

Elle s'alarma aussitôt.

— Vous n'envisagez pas d'annuler l'opération, j'espère ?

— Non, non...

Il s'assit dans un fauteuil et l'invita d'un geste à s'installer sur le canapé face à lui.

— En vous voyant ici avec Amira, en train de découvrir ce que j'aime tant au Da'har, je me demande vraiment s'il ne vaudrait pas mieux que l'opération ait lieu ici. Cela éviterait de lui faire subir encore un changement.

Aussitôt, elle secoua énergiquement la tête.

— Non, non, non. Je n'effectuerai l'opération qu'au Paddington. Avec tout le respect que j'ai pour vous et votre équipe, c'est là où je me sens le plus à l'aise, et où je pourrai donner le meilleur de moi-même.

Il frappa du plat de la main la table en bois qui les séparait, lui envoyant des ondes de colère jusqu'au cœur.

— Ce n'est pas ce que je vous demande !

Elle se redressa et le regarda droit dans les yeux.

— Tout le monde n'obtient pas toujours tout ce qu'il veut, Votre Excellence. Comme vous l'avez dit vous-même, la vie est injuste.

Les mots étaient sortis tout seuls, avec une détermination qu'elle-même ne se soupçonnait pas.

— Vous ne m'empêcherez pas de protéger Amira. J'ai le pouvoir de tout arrêter, quand je le déciderai !

Alors, elle vit clairement ce qui animait Idris : la peur. Il était terrorisé à l'idée que quelque chose puisse arriver à sa fille et d'être impuissant à y changer quoi que ce soit.

Elle souffrait pour lui, mais il devait comprendre que les démonstrations d'autorité n'étaient pas de l'amour. La foi, la confiance et le courage étaient parmi les ingrédients qui rendaient l'amour plus fort.

Inspirant profondément, elle le regarda de nouveau.

— Dans le bloc opératoire, je dois être parfaitement concentrée sur mon patient. Le seul endroit où je peux offrir cela à Amira, c'est à l'hôpital de Paddington, au sein de mon équipe. Vous ne pouvez pas tout contrôler, Idris. Et certainement pas moi. Peut-être serait-il temps de voir le côté positif des choses plutôt que le négatif.

— J'ai une fille qui ne peut pas entendre ! s'exclama-t-il d'un ton désespéré.

— Vous avez une petite fille affectueuse, joyeuse, curieuse et tout simplement exceptionnelle, qui serait prête à tout pour vous si vous la laissiez faire.

Il resta un moment silencieux, comme s'il absorbait ses paroles. Il lui semblait que son regard avait changé, qu'il était empreint de compréhension. Peut-être se rendait-il compte qu'en surprotégeant sa fille il finissait par être trop restrictif, et qu'en se raccrochant à son chagrin et à sa peur de l'inconnu il risquait d'étouffer son cœur et son âme ?

Puis il la fixa avec une telle intensité qu'elle se sentit nue sous son regard.

— Qu'y a-t-il ? demanda-t-il d'un ton radouci. Qu'y a-t-il que vous n'avez pas pu avoir et que vous vouliez tant ?

— Un enfant, répondit-elle simplement. Un enfant à moi.

— Vous feriez une merveilleuse mère, dit-il sans hésiter.

Ses paroles lui allèrent droit au cœur.

— Malheureusement, cela n'arrivera pas.

— Puis-je vous demander pourquoi ?

Elle poussa un long soupir.

— Ce n'est pas une belle histoire.

— Quelqu'un de très sensé m'a dit qu'il fallait être positif.

Elle lui répondit par un pauvre sourire, mais un embryon de force grandit en elle. Resserrant le châle autour de ses épaules, elle se carra sur le canapé et replia les jambes sous elle.

— Il est parfois difficile de vous dire non, vous savez.

Idris se pencha et lui prit la main, son pouce lui caressant légèrement la paume.

— À vous aussi.

Puis il la relâcha et se renfonça dans son fauteuil, ses yeux sombres comme éclairés de l'intérieur.

— S'il vous plaît, racontez-moi.

— Cela s'est passé il y a déjà longtemps, commença-t-elle.

Il fronça les sourcils.

— Pas si longtemps que ça, tout de même. Vous ne devez pas avoir plus de trente ans.

— Trente-sept, corrigea-t-elle.

Il eut l'air sincèrement surpris.

— Lorsque j'avais une vingtaine d'années, j'étais à l'école de médecine. J'ai fréquenté quelqu'un, et je suis tombée enceinte.

— Vous étiez mariés ?

— Non, répondit-elle sans le regarder.

— N'était-ce pas un homme honorable ? se récria Idris.

Il la regardait d'un air presque protecteur.

— Si, mais ce qu'il nous est arrivé était difficile à vivre.

Curieusement, elle n'avait aucun mal à parler à Idris. Elle

n'avait jamais ressenti un tel sentiment de sécurité. Lui qui semblait si ancré dans ses opinions, il n'était pas assis là pour la juger, mais plutôt pour la défendre si nécessaire.

Son histoire fut plus rapide à raconter qu'elle ne le craignait. La romance à l'école de médecine, la grossesse non planifiée...

— Je ne m'étais pas rendu compte de mon désir d'enfant jusqu'à ce que je tombe enceinte. Nous nous entendions bien avec John, alors comment aurions-nous pu refuser cette chance ?

— Et que s'est-il passé ? la pressa Idris.

C'était la partie la plus difficile.

— On s'est aperçu que c'était une grossesse extra-utérine.

Le fœtus s'était implanté trop près de l'utérus, et le bébé avait peu de chances de survivre, mais elle avait refusé d'avorter. Et puis, il y avait eu l'hémorragie. Elle avait perdu beaucoup de sang. Pour finir, on avait dû pratiquer une hystérectomie pour sauver sa vie — mais pas celle de son enfant.

Curieusement, au lieu de ressentir de la gêne à raconter ces détails intimes, elle éprouvait un soulagement. Et loin d'avoir l'air rebuté, Idris semblait réellement vouloir savoir ce qu'il lui était arrivé.

— Cela a été trop difficile à supporter pour John, et nous nous sommes séparés, poursuivit-elle. Heureusement, il y a eu cette offre d'emploi au Paddington, ça m'a sortie de l'abîme. Et maintenant, il n'y a plus que mon travail qui compte !

Elle afficha le sourire radieux qui était sa protection dans des moments comme celui-ci. Lorsqu'elle se demandait si elle avait vraiment guéri.

Il n'y avait pas de cicatrice visible, mais elle devait reconnaître que la douleur était toujours enfouie en elle.

— Je suis sincèrement désolé, Robyn. Vous ne méritiez pas ça.

— Personne ne le mérite.

Le voyant se pencher pour lui prendre la main, elle se raidit.

Elle était ici pour son travail, pour donner du réconfort, pas pour en chercher.

— Vous savez, il faut vraiment que je passe ces coups de fil à l'hôpital pour savoir comment vont les choses, dit-elle en se redressant.

— S'ils ne vous contactent pas, c'est que tout va bien, répondit Idris.

Il semblait hésiter entre son habituelle réserve et cette nouvelle intimité, née sans doute des peurs et des chagrins qu'ils avaient partagés.

Idris al-Khalil ne la voulait pas, *elle.* Il voulait que sa fille entende. Et il ferait tout pour ça. Il n'y avait qu'une chose à faire.

Mentalement, elle referma toutes les portes qu'elle lui avait ouvertes et le gratifia d'un nouveau sourire radieux.

— Il y a aussi plusieurs points dont je voudrais m'assurer concernant l'opération d'Amira, ajouta-t-elle de son ton le plus professionnel.

Elle remarqua aussitôt le changement d'expression d'Idris. La froideur qu'elle avait sentie chez lui, la toute première fois qu'ils s'étaient vus, était de nouveau palpable.

— Très bien. À votre guise.

En regagnant son lit, elle devina que le sommeil serait encore long à venir, et elle savait qui allait de nouveau hanter ses rêves.

8

Lorsque l'aube pointa, Idris se redressa sur son lit dans lequel il n'avait pas beaucoup dormi, plissa les yeux pour se protéger du soleil qui franchissait les pics montagneux encerclant la vallée et s'assit dans un silence contemplatif, espérant trouver un peu de paix.

Mais ce fut le besoin d'activité qui prit le dessus : il enfila un slip de bain et saisit une serviette, décidant qu'une longue baignade l'aiderait plus sûrement à recouvrer ses esprits.

En fait, il pouvait bien se l'avouer, il appréciait énormément ces quelques jours de vacances. Voyager en famille était une expérience qu'il n'avait pas faite depuis des années. Et il retrouvait la variété des sensations qu'il avait connues dans son enfance avec ses parents, même si l'expérience qu'il offrait à Amira ne ressemblait pas tout à fait à ça.

En sortant de sa tente, il aperçut un peu plus loin Robyn qui se rongeait nerveusement les ongles, l'air inquiet. Le coton léger de sa robe faisait ressortir la rondeur de ses seins et de ses fesses. Pas de trace de bretelles de soutien-gorge ni de maillot. Le costume traditionnel qu'elle portait dans la journée n'en avait jamais dévoilé autant, et il ne pouvait pas nier qu'il appréciait ce qu'il voyait.

À cet instant, Robyn se retourna et le vit.

Incapable de détourner les yeux, il remarqua que la pointe de ses seins se dressait sous le tissu, et une vague de désir le parcourut.

Il n'y avait personne dehors à cette heure. Ses doigts le démangeaient de lui ôter cette robe — non pas tout en douceur, mais d'un geste brusque qui la dévoilerait d'un seul coup. Ensuite, lentement, langoureusement, il choisirait par où il commencerait à poser les mains et la bouche sur son corps nu…

Il fit un pas vers elle et vit son regard aller de son visage à son torse nu. Elle entrouvrit la bouche et passa la langue sur ses lèvres roses, semblant avoir oublié ce qui la perturbait.

— Cela vous tente de venir nager avec moi ? proposa-t-il.

Il avait un urgent besoin de plonger dans l'eau froide. Tout de suite.

— Euh… Non, en fait… Je voulais vous dire que…

— Allez-y. Je vous écoute, dit-il en nouant rapidement la serviette autour de sa taille pour avoir un aspect plus présentable.

— La presse a eu l'information.

Instantanément, il oublia tout le reste.

— Sur Amira ?

— Sur l'opération, oui.

— Qui avez-vous appelé hier soir ?

— L'hôpital du Paddington, répondit-elle, les sourcils froncés.

— Et à qui avez-vous parlé ?

Elle agita les mains en signe de protestation.

— Non, Idris, je vous en prie. Je suis tellement désolée. J'ai seulement discuté avec un de mes collègues de l'endroit où placer l'imprimante 3 D, et…

— Et ça a fait boule de neige, acheva-t-il, essayant de contenir sa rage.

Robyn hocha sombrement la tête.

Si Idris décidait maintenant de refuser l'opération, la fin du Paddington était scellée. Elle allait devoir se battre pour sauver ce qui importait le plus au monde pour elle.

Idris paraissait absorbé dans ses pensées, envisageant probablement une option après l'autre. Elle qui lui avait dit de relâcher le contrôle…

Il frappa brusquement dans ses mains.

— Pour commencer, je vais annuler la visite d'aujourd'hui à Amaleet.

Instinctivement, elle porta la main à son cœur.

— Celle où on devait aller écouter des enfants chanter et voir la démonstration des faucons ? Pourquoi ? protesta-t-elle. Les médias ne seront sûrement pas là ! Amira avait tellement envie de voir d'autres enfants.

Défendait-elle Amira ou le Paddington ? L'avenir des deux était-il devenu aussi important pour elle ?

— On ira une autre fois, lorsque les enfants ne seront pas là, répondit Idris.

Luttait-il vraiment contre son besoin de tout contrôler ? Cette sorte de fuite était précisément ce qu'elle voulait éviter pour Amira. Elle était bien placée pour comprendre son désir d'intimité. À la pensée que la nouvelle de l'opération allait se trouver dans tous les journaux britanniques, elle avait la nausée. Elle qui avait promis à Idris une confidentialité absolue et le respect de sa vie privée !

Elle le vit contracter les mâchoires.

— Peut-être qu'elle pourra voir la démonstration des faucons si on l'interdit au public, dit-il.

— Ne croyez-vous pas qu'elle a envie d'y assister avec d'autres gens ? Comme vous l'avez fait vous-même dans votre enfance ?

— C'est plus sûr pour elle. Et plus simple.

— Amira est sourde, pas agoraphobe ! s'exclama-t-elle.

— Elle est ma fille, pas la vôtre.

Il ne lui aurait pas fait plus mal s'il l'avait giflée.

Elle fit un pas en arrière, la gorge serrée.

Elle devait respecter la décision d'Idris. Elle lui avait promis le respect de sa vie privée, et il se retrouvait en première page des journaux. Tout ce qu'elle aurait pu lui dire, elle devait le garder pour elle.

Mais si elle avait échoué à ce niveau, elle ne lui donnerait pas la satisfaction de la voir pleurer.

— Dans ce cas, je ferais mieux de retourner en Angleterre. J'ai passé assez de temps avec vous, lâcha-t-elle.

Elle avait deux mots à dire à son interlocuteur de Londres.

— Vous conviendrez certainement qu'il vaut mieux que je retourne au Paddington pour commencer à tout organiser. Surtout dans ces circonstances.

— Non. Vous resterez au Da'har, répliqua Idris, qui avait visiblement du mal à se contenir. Comme convenu.

Enfonçant les talons dans le sable, elle pointa vers lui un doigt accusateur.

— Je sais que vous êtes le père d'Amira. Mais ou bien notre conversation d'hier n'a signifié absolument rien pour vous, ou bien vous êtes un cas assez grave de floccinaucinihilipilification.

Idris haussa un sourcil, ce qui indiquait — elle le savait maintenant — que sa curiosité était piquée au vif.

— Je ne suis pas certain de savoir ce que c'est, même si j'en souffre.

Ha !

— En gros, c'est l'habitude d'estimer qu'une chose est sans valeur, expliqua-t-elle sèchement.

— Autrement dit, c'est le fait de ne pas tenir compte des opinions des autres ?

Du bout du pied, elle dessina un cœur sur le sable.

— Je ne suis pas sûre que je l'aurais formulé en ces termes, mais… en fait, oui.

Levant les yeux, elle fut surprise de le voir sourire.

— Et moi, je ne suis pas sûr que vous soyez aussi timide que vous le prétendez, docteur Kelly.

— Robyn, corrigea-t-elle avec fierté.

— Bon, très bien. Je n'annulerai pas les événements de la journée. On continuera comme le médecin l'a ordonné, ajouta Idris avec un sourire conciliant.

Mais elle ne réussit pas à se dérider.

— Vous venez d'obtenir ce que vous vouliez, ma chère. Habituellement, le vainqueur sourit !

Elle fronça les sourcils.

— Il ne s'agit pas de gagner ou de perdre, Idris. Mais de savoir ce qui est le mieux pour votre petite fille. Si seulement vous vouliez abandonner ce badge de rouspéteur immature que vous portez si fièrement, vous pourriez être sensé, pour une fois !

— *Rouspéteur immature ?*

— Parfaitement, dit-elle avec un hochement de tête indigné. Vous êtes un leader trop jeune...

Elle s'arrêta juste avant d'ajouter « et trop beau ».

— Et trop talentueux pour vous montrer aussi grognon. Habituellement, ce sont les vieux messieurs affligés par la goutte qui se montrent aussi détestables...

— Vous me trouvez détestable ?

Elle était sur le point de lui dire ce qu'elle pensait réellement de lui : que sous l'épaisse couche de protection, il y avait un père bon, aimant, et un chef généreux et réfléchi !

— Juste un peu.

— Vous avez raison, dit Idris en hochant la tête.

— À propos de la goutte ?

— Vous plaisantez ? Je suis fort comme un bœuf, répliqua-t-il en bandant ses muscles, le temps de lui laisser apprécier à quel point il était en forme.

Après quoi, il reprit son ton de leader.

— Nous allons tenir une conférence de presse. Plus exactement, *vous* allez la tenir. On l'organisera dans les locaux de la télévision une fois de retour dans la capitale. En attendant, nous allons terminer notre tour, comme prévu.

Idris sourit d'un air satisfait.

Mais elle était loin d'être enthousiaste. Comme à chaque fois que la pensée d'avoir à parler en public s'insinuait dans son système nerveux, elle sentit sa bouche devenir sèche et son larynx se bloquer, lui donnant envie de se gratter la gorge.

— Y a-t-il une chance que nous puissions éviter cette conférence de presse ?

— Pas la moindre.

— Et si *vous* faisiez une déclaration ? Vous-même, vous êtes si bon dans ce genre d'exercice. Les gens sont sûrement plus intéressés par ce que vous avez à dire…

— Je crois au contraire, docteur Kelly, qu'ils sont curieux de connaître vos compétences chirurgicales et vos prouesses médicales. Cela vous ferait une publicité très bienvenue pour le Paddington, étant donné ses incertitudes financières… À propos, vous avez dit que je souffrais de quoi ?

— De floccinaucinihilipilification.

— C'est cela. Espérons que ce n'est pas contagieux.

— Et si on mettait un sosie à ma place ? proposa-t-elle, ne plaisantant qu'à moitié. Honnêtement, je ne peux penser à rien de plus terrifiant au monde que de donner une conférence de presse.

Idris la considéra pensivement.

— Et si l'avenir du Paddington est en jeu ? Après tout, ce n'est qu'une question de contrôle. Vous savez que je n'aime pas que les situations m'échappent, et je sais que vous ferez tout pour sauver le Paddington. Il serait peut-être temps que vous preniez une cuillerée de votre médicament, Robyn.

Tandis qu'il parlait, ses yeux la caressaient du regard, et elle sentit les pointes de ses seins se durcir sous le tissu de sa robe. Si elle le fixait, elle savait qu'elle rougirait sous son regard brûlant.

— Si cela ne vous ennuie pas, j'aimerais y réfléchir, répondit-elle en détournant les yeux.

— À ce que vous allez dire ?

— Non. Réfléchir si, oui ou non, je vais faire cette conférence de presse.

— Et si je suis d'accord pour la faire avec vous ?

Elle lui jeta un coup d'œil rempli d'espoir.

— Vraiment ? Vous feriez ça pour moi ?

— Je le ferais pour le Paddington.

Idris mentait. Évidemment, il le ferait pour Robyn. Involontairement, elle le rendait de nouveau vivant, elle lui faisait apprécier les bienfaits dont il jouissait au lieu de se focaliser sur ce qu'il n'avait pas. Elle appréciait les plaisirs simples de la vie, lui rappelant à quel point ils étaient importants.

Il y eut une légère brise, et il se pencha pour respirer son parfum.

Il se rendait compte de l'influence qu'elle avait exercée en peu de temps — non seulement sur lui, mais aussi sur sa fille. Avant sa venue, il avait rarement entendu Amira rire, et maintenant... Tendant l'oreille, il devina qu'elle était en pleine séance de chatouilles avec sa nounou. Une séance que cette dernière n'aurait jamais tentée avant Robyn.

— Si vous voulez bien m'excuser, je vais aller nager, dit-il en défaisant sa serviette pour la jeter sur son épaule. Nous allons continuer notre tour comme prévu, et, dans trois jours, nous donnerons une conférence de presse. Si vous pouviez en informer les parties concernées, je vous en serais reconnaissant.

Il s'éloigna, le sourire aux lèvres, sentant que Robyn tournait la tête pour le regarder marcher vers la mer.

Il aimait qu'elle soit ici. À cet instant, il ne pouvait pas envisager sa vie sans qu'elle en fasse partie. Au moins dans une certaine mesure.

Peut-être que, avec une somme suffisante, il pourrait assurer durablement l'avenir du Paddington ? Cela permettrait à Robyn de se libérer pour effectuer des visites périodiques au Da'har. Il était sûr qu'Amira serait heureuse de la revoir. Quant à lui...

Il entra dans l'eau et piqua une tête dans les vagues.

Oui. Cela lui plairait beaucoup aussi.

Robyn était aux prises avec un sentiment de terreur absolue. Malgré cinq heures de route à travers le désert central du Da'har, elle ressentait une panique grandissante à la pensée de ce qui l'attendait.

Une conférence de presse... Devant des journalistes !

Cependant, la publicité créée par la chirurgie innovante

qu'elle allait pratiquer était trop importante pour l'hôpital pour qu'elle refuse. C'était d'ailleurs la seule raison pour laquelle elle avait accepté ce voyage insensé.

Son regard glissa du côté d'Idris.

Bon. Le beau cheikh y était peut-être un peu pour quelque chose aussi.

Mais il n'y avait aucune romance là-dedans, son cœur n'était pas concerné !

Elle regarda Amira qui, après s'être précipitée vers les experts en fauconnerie, était visiblement heureuse au milieu de tout un groupe d'enfants.

Sur ce point-là, au moins, c'était gagné ! La petite fille riait en agitant les mains, et les enfants improvisaient leur propre langue des signes, levant les bras et formant un bec avec leurs doigts pour mimer le rapace saisissant une proie sans méfiance. Amira apprécierait tellement plus ces échanges si elle pouvait entendre ! Il suffisait que l'opération réussisse.

Est-ce que les photographes utilisaient toujours des flashs ?

— N'appréciez-vous pas la démonstration ? demanda une voix grave et chaude derrière elle.

Elle sourit en hochant la tête.

La partie d'elle-même capable de se concentrer appréciait beaucoup le spectacle. Deux hommes en costume traditionnel montaient à cru deux magnifiques étalons. Les faucons, perchés sur leur gant de cuir, étaient lâchés en même temps que leur proie, qu'ils atteignaient en décrivant des cercles.

— Aimeriez-vous me voir en action ? lui demanda Idris, une lueur ardente dans les yeux.

Une vague de chaleur se matérialisa dans son bas-ventre, et elle s'efforça de chasser les images sensuelles qui surgissaient dans son esprit.

Elle avait du mal à le croire. Était-il en train de flirter avec elle ?

— Ma fille m'a souvent dit qu'elle avait envie de me voir torse nu sur un cheval qui m'obéirait au doigt et à l'œil.

Elle écarquilla les yeux, puis elle comprit.

— Je crois, Votre Excellence, que vous êtes en train de me faire marcher.

— Bien vu, docteur Kelly, répondit-il en riant.

Soulagée, elle esquissa une vague révérence, et quand elle releva de nouveau les yeux, il lui sembla que le panneau invisible qui se dressait souvent entre eux avait disparu.

Quand Idris lui prit la main et la porta à ses lèvres, les yeux plongés dans les siens, le martèlement des sabots des chevaux se mêla aux battements de son cœur, et il lui sembla que son sang bouillonnait dans ses veines.

Idris lâcha la main de Robyn aussi spontanément qu'il l'avait saisie.

— Je vais voir comment va Amira.

Il sentit une fois de plus le regard de Robyn dans son dos alors qu'il s'éloignait à grandes enjambées.

Il jugeait son propre geste totalement irréfléchi. Mais l'était-il vraiment ?

Il avait cru que la relation qu'il avait eue avec sa femme ne pouvait être vécue qu'une fois dans une vie. À présent, il savait qu'il s'était trompé. Robyn avait un trousseau entier de clés pour ouvrir son cœur, une porte après l'autre.

Mais il avait un royaume à diriger, le bien-être de sa fille à assurer et un avenir à planifier pour son peuple.

Quand Robyn retournerait à Londres, comment comblerait-il le vide qu'elle laisserait dans sa vie... Qu'elle laisserait dans *leur* vie ?

Il se secoua mentalement en s'approchant de sa fille et posa les mains sur ses épaules.

Tous les enfants se tournèrent vers lui, et les visages devinrent instantanément sérieux quand ils reconnurent leur leader. Quant à Amira, elle se libéra de son étreinte et le regarda avec reproche.

Elle devait savoir aussi bien que lui que cette situation n'était pas « normale ». Elle n'était pas une enfant comme les autres. Un jour, elle serait appelée à décider du destin de ces mêmes enfants avec lesquels elle jouait.

Et il ne voulait pas qu'elle se trouve embarrassée quand ils chanteraient. Ce genre de spectacle pouvait être reporté après l'opération. Une opération qui dépendait de Robyn. Il devait faire tout son possible pour qu'elle soit menée à bien — sans la moindre anicroche.

Kaisha apparut près de lui.

— Les musiciens nous demandent d'aller sous la tente pour les chants, annonça-t-elle.

— Non, dit-il en secouant fermement la tête. C'était surtout pour Robyn, mais...

— Qu'est-ce qui était surtout pour moi ?

Robyn s'approcha en resserrant son foulard autour de ses épaules. Le fin tissu d'un vert profond était parsemé de paillettes dorées qui mettaient encore plus en valeur ses yeux d'ambre. Il résista à l'envie de se perdre en eux et réajusta mentalement les œillères qu'il avait portées pendant les sept dernières années.

— Les chants des enfants, répondit-il. Si vous voulez vraiment les écouter, on peut les faire venir au palais une fois qu'Amira sera couchée. Je ne veux pas qu'elle soit embarrassée.

— Et pourquoi le serait-elle ?

— Vous êtes bien la dernière personne qui devrait me poser cette question, dit-il en étreignant de nouveau les épaules de sa fille.

— Il y a de merveilleuses façons d'interpréter et de traduire la musique, assura Robyn.

Elle s'agenouilla devant Amira.

— Est-ce que tu aimerais entendre ton papa chanter pour toi ? signa-t-elle.

— Vous êtes cruelle ! protesta-t-il à voix basse. Pourquoi lui poser cette question si près de la date de son opération ? Évidemment, elle adorerait entendre ma voix — ainsi que toutes les autres — mais elle ne peut pas.

— Non, en effet, répondit Robyn. Ce n'est pas cruel, c'est une réalité.

Elle se mit à signer tout en parlant :

— Ton père va chanter pour toi le chant traditionnel qu'il préfère.

Puis elle le fixa avec défi.

— Pensez à quelque chose que vous aimez. Il faut dire aux musiciens ce qu'ils auront à jouer.

Un moment d'agitation s'ensuivit. Avec l'aide de Kaisha, Robyn fit asseoir tout le monde sous la tente ouverte préparée pour le spectacle.

Mais qui était cette femme ? Une puissante déesse ou une mule obstinée ?

Il la suivit et la retint par le poignet, la forçant à se retourner.

— Qu'est-ce que vous cherchez à faire ? À humilier publiquement ma fille ?

— Comment osez-vous croire un seul instant que je voudrais lui faire une chose pareille ? s'exclama-t-elle.

— Alors, pourquoi ? Elle est sourde !

— Plus pour longtemps si j'ai quelque chose à y voir. Et elle doit s'habituer au même genre de vie que vous et moi avons la chance de mener.

— Quoi ? Une vie uniquement dédiée au travail ?

Robyn resta muette quelques secondes, le temps d'accuser le coup.

— Je veux parler d'une vie dans laquelle il est facile de considérer le plus précieux des cadeaux comme allant de soi.

Il n'eut pas besoin de lui demander de quoi elle parlait. Il l'avait vu dans ses yeux. Elle éprouvait le même désir que lui. La même envie de se libérer des chaînes qui les emprisonnaient dans leur chagrin.

— Chantez pour votre fille. Je traduirai.

Ce n'était pas une injonction, mais une prière : faire ce qui était bien pour sa fille.

Des émotions complexes se bousculèrent en lui.

Il n'avait jamais chanté pour Amira. Pas une fois. D'un seul coup, il comprenait que, en voulant protéger sa fille de tout ce qui pouvait lui faire du mal, il l'avait privée des liens parmi les plus simples et les plus profonds qu'un parent et son enfant peuvent créer.

Sentant sa gorge nouée par l'émotion, il fit la grimace — encore une chose qu'il ne s'était jamais autorisée depuis la mort de sa femme.

Robyn se tenait non loin des musiciens et des enfants, qui s'étaient installés sur des minigradins improvisés. En face d'elle, sur ses conseils, Idris avait pris sa fille sur ses genoux.

Elle avait encore du mal à croire qu'il avait consenti à son idée, et plus encore à croire que c'était bien elle qui osait se tenir debout face aux spectateurs.

Mais l'enjeu était important. Idris et Amira auraient encore un long chemin à parcourir lorsque la petite fille accéderait au monde des entendants. Plus leurs liens seraient forts, plus ce serait facile pour eux d'avancer.

Sa propre enfance avait été marquée par les berceuses chantées par sa mère. Amira aussi devait connaître la sensation de plénitude qu'elle avait éprouvée quand on chantait pour elle.

La musique commença. Les enfants chantèrent en chœur dans le dialecte du Da'har, bientôt suivis en anglais par Idris.

Les paroles étaient simples et pures. Elles racontaient l'histoire d'un pauvre berger qui s'était endormi sous un grenadier et qui rêvait de la fille qu'il espérait épouser une fois qu'il serait devenu riche en vendant le troupeau qui paissait autour de lui.

Elle signait les mots, et son corps bougeait au rythme de la musique. Les vibrations de la voix de baryton d'Idris passaient dans le dos de sa fille — une sensation aussi puissante que celle qu'elle éprouverait un jour en entendant la chanson. Robyn sentit son cœur fondre quand elle vit la petite fille s'accrocher aux bras de son père glissés autour d'elle, à mesure que l'histoire du berger se déroulait.

Ses doigts s'agitaient à toute vitesse, et ses yeux allaient d'Idris à Amira, tandis qu'elle traduisait les rêves du jeune homme solitaire. Elle avait du mal à séparer la chanson de l'homme qui la chantait.

Celle-ci lui était-elle destinée ? Idris était-il en train de lui dire ce qu'elle-même venait à peine de comprendre ? L'aimait-il, lui aussi ?

Un frisson de joie la parcourut quand Amira, au milieu d'un passage particulièrement syncopé, sauta sur ses pieds et, saisissant son père par les mains, commença à danser avec lui. Idris s'exécuta de bon cœur tout en chantant le refrain à pleine voix. Prenant sa fille dans ses bras, il se mit à tournoyer avec elle en suivant le rythme hypnotique de la musique.

Lorsque la cadence ralentit, il s'assit de nouveau avec Amira, dont la petite main resta posée sur son torse tandis qu'il chantait le couplet final.

La chute d'une grenade avait tiré le berger de son rêve merveilleux. Il avait découvert que tout son troupeau s'était enfui et qu'il n'avait plus rien, à part l'odeur acide du fruit éclaté s'abîmant sous le soleil brûlant.

Quand la musique s'arrêta, Robyn resta debout, figée, hésitant entre le rêve et la réalité.

Idris, les yeux toujours fixés sur elle, embrassait un par un les doigts de sa fille.

Elle détourna les yeux, se rappelant les paroles qu'il avait chantées.

Était-ce de l'amour qu'elle avait vu dans ses yeux ? Ou bien avait-il voulu lui expliquer ce qui était inévitable, à savoir que leur relation ne se concrétiserait jamais ? Ou, pire encore, que tout ce qu'il s'était passé entre eux ces derniers jours n'était que le fruit de son imagination ?

9

Où diable était passée Robyn ?

— Le Dr Kelly doit se trouver au centre, dit Idris aux hommes qui installaient les étiquettes sur la table, tout en regardant par-dessus son épaule s'il ne la voyait pas.

À la demande de Robyn, ils avaient passé une bonne partie des deux jours précédents à l'hôpital, où elle avait revu les détails de l'opération.

Il consulta sa montre.

Dans vingt minutes, ils seraient en direct.

Il avait passé un accord avec la presse : les journalistes poseraient les questions qu'ils voulaient tant qu'elles ne concerneraient pas Amira. Il était pour la démocratie, mais la vie privée de sa fille était sacrée.

Il finit par trouver Robyn dissimulée par le feuillage exubérant d'une plante grasse, dans le coin le plus éloigné de la cour intérieure où les patients et leurs familles venaient parfois oublier un instant l'environnement stérile de l'hôpital.

Il s'assit à côté d'elle sur le long banc en acajou qu'elle occupait, un paquet de notes dans les mains.

— Prête à affronter votre public adoré ?

Elle émit un petit rire désabusé.

— Si je pouvais me cacher ici et me contenter de parler dans un micro...

Il la poussa gentiment du coude.

— Vous savez que vous en êtes capable. Même Amira pourrait

raconter les détails de l'opération, tellement vous vous êtes préparée.

— Et si c'était elle qui faisait la conférence ? plaisanta-t-elle. En fait, c'est vous qui devriez être nerveux.

— Pourquoi le serais-je ? J'ai choisi le meilleur chirurgien qui soit.

Et il était sincère. Plus Robyn affinait son explication à propos du traitement, rendant le langage médical technique accessible aux profanes, plus il avait confiance dans ses capacités à faire entendre sa fille.

Il avait toujours en tête la sensation incroyable éprouvée quand il avait dansé avec Amira, chantant à pleine voix, les mains appuyées sur sa poitrine et les yeux fixés sur ses lèvres. Elle avait suivi l'histoire aussi activement que l'aurait fait un enfant entendant. Ce moment, tous les pères devraient avoir la chance de le partager avec leur enfant. Rien que pour ça, il vouait à Robyn une reconnaissance éternelle.

Le téléphone de celle-ci vibra, et elle lui jeta un coup d'œil d'excuse en fouillant dans les profondeurs de son sac.

Son expression devint grave.

— Tout va bien ? demanda-t-il.

— Non. On nous a ramené un de nos patients que j'espérais ne jamais revoir.

En voyant Robyn prendre si manifestement à cœur le sort de ses petits patients, il sentit le désir de l'aider le prendre aux entrailles.

— Si je peux faire quelque chose…

— Non, hélas, répondit-elle, l'esprit visiblement ailleurs. À moins que vous n'ayez en réserve un certain nombre de millions dont vous ne savez que faire.

Elle avait lancé cela comme une boutade. Elle ne lui avait jamais rien demandé. Elle persistait encore à vouloir le rembourser pour les vêtements qu'il lui avait achetés sur les conseils d'Amira.

Aujourd'hui, pour la conférence de presse, elle avait choisi un ensemble d'un joli bleu ciel qui rehaussait la couleur chaude de ses yeux, le rose clair de ses lèvres, et ses joues rougissaient si facilement sous son regard.

Il lui tapota le genou.

— La meilleure chose à faire pour ce patient est de donner cette conférence de presse, Robyn. Faites au Paddington la publicité que vous et votre équipe méritez.

Elle soupira.

— Je sais. C'est juste que je ne supporte pas toute cette attention.

— N'ayez pas peur.

Oubliant ses résolutions, il prit ses mains dans les siennes, comme il l'avait déjà fait une fois. Mais avec les journalistes qui traînaient un peu partout, ça devenait compliqué. Il ne voulait surtout pas voir paraître des photos donnant une fausse impression de leur relation et prenant le pas sur la conférence de presse. Il imaginait déjà les titres des journaux : « Passion au Palais Royal ».

Si seulement ils savaient comment était Robyn avec sa petite fille. S'ils connaissaient leur connexion immédiate, voyaient leurs sourires, entendaient leurs rires ! Amira aurait du mal à retrouver quelqu'un qui remplisse aussi bien l'espace vide laissé par sa mère.

Choqué, il prit une longue inspiration.

Une mère pour Amira ? Elle en avait déjà une !

Mais qu'elle n'avait jamais connue et qu'elle ne connaîtrait jamais. Robyn présentait une… une possibilité.

Il lui lâcha les mains.

Mieux valait qu'elle n'ait aucune distraction — et lui non plus.

— Venez, dit-il en se levant. Allons éblouir les médias.

Un sourire anxieux lui répondit.

— Vous serez à mes côtés, n'est-ce pas ? lui demanda-t-elle avec des yeux suppliants.

La réponse s'imposa d'elle-même.

— Toujours, tant que vous aurez besoin de moi.

Les paroles d'Idris résonnaient encore dans sa tête quand Robyn s'assit sur la chaise au centre de la table.

« Toujours, tant que vous aurez besoin de moi. »

« Toujours » lui semblait une durée acceptable, en commençant tout de suite. Elle avait vu à cet instant dans les yeux d'Idris quelque chose qui devait être dans les siens quand elle le regardait.

De l'amour.

Elle l'aimait. Elle aimait Amira. Elle aimait le Da'har avec ses paysages variés, sa civilisation ancienne et la manière dont Idris l'amenait vers le futur en gardant la compréhension de son passé.

Prenant conscience de tout cela, elle trouva la force de lever la tête de ses notes et commença à parler.

Regardant directement dans l'œil de la caméra, elle expliqua les principaux points de la thérapie génique dont Amira pourrait bénéficier. Lorsqu'un reporter lui posa une question, au lieu de se crisper, elle fut surprise de s'entendre répondre de façon claire et concise. Par moments, elle avait l'impression de se regarder et de voir une femme sûre d'elle, intelligente et capable.

— Et Son Altesse ? demanda un journaliste particulièrement insistant. Est-elle bien au courant de ce qu'il va lui arriver ?

— Parfaitement, répondit-elle. Je lui ai tout expliqué — en accord avec son père, bien sûr — jusqu'à ce que je sois sûre qu'elle comprenne entièrement le processus.

— Ne risque-t-elle pas d'être très déçue si l'opération ne marche pas ?

— C'est toujours une possibilité, répondit-elle franchement, sans éprouver l'envie de s'enfuir à cette question.

Elle savait d'où lui venait cette nouvelle force : de l'énigmatique et très attirant cheikh du Da'har. L'homme aux cheveux noirs assis à côté d'elle, qui hochait parfois la tête en signe d'approbation à ce qu'elle disait et lui souriait avec confiance. Par son attitude, il disait clairement au monde entier qu'il faisait confiance au Dr Robyn Kelly pour s'occuper de sa fille, son bien le plus précieux au monde.

Emplie de fierté, elle se pencha en avant, son regard allant d'un reporter à l'autre, et parla d'une voix qu'elle reconnut à peine.

— Il n'existe que quelques hôpitaux de par le monde capables de pratiquer cette chirurgie de pointe. Et parmi eux, à l'hôpital pour enfants du Paddington, nous sommes les seuls qui soyons assez courageux pour le faire.

Elle entendit alors la voix grave d'Idris :

— Vous devez savoir que le Dr Kelly est exceptionnelle dans son genre. Je n'aurais pu confier ma fille à personne d'autre. D'autre part, je vous signale que Son Altesse royale a déjà une vie bien remplie et enrichissante. Mais cette opération sera vraiment un plus pour elle.

Il lui jeta un regard reconnaissant avant de continuer.

— Le Dr Kelly est le seul chirurgien à qui je fais entièrement confiance pour entreprendre une opération d'une telle importance, et l'hôpital pour enfants du Paddington possède les meilleurs équipements pour cette chirurgie complexe. La liste des opérations qu'ils ont réalisées avec succès est interminable. Si, pour une raison quelconque, ma fille ne parvenait pas à entendre, elle continuera à mener une vie équilibrée et pleine de sens pour prendre un jour les rênes du pouvoir au Da'har.

Tous les yeux se tournèrent vers elle, et Robyn se surprit à arborer un sourire confiant.

— Merci à tous d'être venus, dit-elle. La prochaine fois que nous nous verrons, ce sera à Londres, après ce qui sera, nous l'espérons, une opération réussie.

Elle se leva et inclina légèrement la tête, comme elle avait vu de nombreuses femmes le faire au Da'har à la fin d'une conversation.

En quittant la pièce, elle s'aperçut qu'Idris l'avait suivie.

— Vous les avez éblouis, lui murmura-t-il à l'oreille.

Elle dut se retenir de lui sauter au cou.

Robyn Kelly, la célibataire endurcie qui passait sa vie dans les couloirs du Paddington, était devenue le chouchou des médias !

Mais elle n'était pas arrivée là toute seule. Ils avaient avancé en duo.

— Et si vous veniez marcher un peu avec moi ?

Idris passa la tête à travers la porte entrebâillée de la chambre d'Amira, où la petite fille s'était retirée avec Robyn pour lire après le dîner. Il était venu jeter un coup d'œil un peu plus tôt et avait souri au spectacle de leurs deux têtes — une blonde, une brune — se touchant au-dessus du livre alors qu'elles étaient occupées à démêler les détails de l'histoire. D'après ce qu'il avait compris, il était question d'aventuriers, de princesses et d'un chameau au nom étrange.

— Robyn ?

Il fit un pas dans la chambre et s'arrêta, ému, en les trouvant endormies toutes les deux sur le lit d'Amira. Tout, dans leur attitude, indiquait une confiance mutuelle. Sa fille était blottie au creux du bras de Robyn, et le livre avait glissé sur le côté. Même dans son sommeil, le langage corporel de Robyn n'était qu'ouverture et tendresse. Sa joue reposait sur les cheveux d'Amira, et elle entourait ses épaules d'un bras protecteur.

Il sentit sa poitrine se gonfler de fierté en se rappelant sa performance devant la presse, malgré sa peur panique.

Il les contempla toutes les deux un moment en silence, avant de s'approcher doucement et d'extraire Amira de l'étreinte de Robyn pour la mettre sous les couvertures.

Elle remua légèrement sans se réveiller et serra contre elle son éléphant en peluche favori.

Il éteignit la lampe en se demandant s'il n'allait pas simplement laisser Robyn là. Elle semblait en paix, totalement détendue... Mais il éprouvait un désir irrépressible de la toucher, de la tenir contre lui.

Sans réfléchir davantage, il la souleva dans ses bras et l'emporta hors de la chambre. Il lui semblait qu'il tenait un ange dans ses bras. Un ange à la peau la plus douce qu'il ait jamais touchée

Les bras de Robyn se nouèrent naturellement autour de son cou, et elle posa sa tête blonde sur son épaule. Il sentit ses cheveux soyeux contre sa joue, et son parfum de fleurs sauvages affola ses sens et eut raison de lui.

N'y tenant plus, il se pencha sur elle et l'embrassa.

Robyn se demanda si elle était en train de rêver. N'ayant aucune envie que cela s'arrête, elle garda les yeux fermés mais, peu à peu, elle prenait conscience de son environnement.

Le contact des lèvres d'Idris sur les siennes, à la fois douces et pressantes, était aussi sensuel qu'elle l'avait imaginé. Elle reconnaissait son odeur, celle de sa peau chauffée au soleil et mêlée à un parfum de cannelle. Et son toucher. Il la portait dans ses bras comme si elle ne pesait pas plus qu'un fétu de paille. Ses doigts agiles se promenaient sur le haut de soie qu'elle portait sur son sarouel, lui déclenchant une cascade de frissons le long du dos.

Était-elle certaine qu'elle ne rêvait pas ?

Ouvrant les yeux, elle croisa son regard brûlant.

Il s'empara de nouveau de sa bouche avec une fougue qui la fit vibrer au plus profond d'elle-même. Son odeur épicée se mêla au goût sucré de ses lèvres. Quand il glissa la langue entre ses lèvres entrouvertes, elle poussa un gémissement.

Le désir entre eux était mutuel et impérieux

Il se mit à lui déposer de petits baisers le long du cou. D'abord doucement, puis sa bouche se fit plus pressante quand il atteignit sa gorge.

— J'ai envie de toi.

Elle eut du mal à croire que c'était elle qui avait prononcé ces paroles, mais elles lui avaient échappé en toute spontanéité. Elle le voulait corps et âme, à un point qu'elle n'aurait pas cru possible.

Idris accéléra le pas et l'emporta dans sa suite, qu'elle n'avait fait jusque-là qu'entrevoir et dont le décor très masculin faisait la part belle aux rouges profonds et aux bleus foncés.

Il la déposa devant son immense lit, les yeux brûlants de désir.

Personne ne l'avait encore regardée ainsi, et cela lui donna une toute nouvelle confiance en elle sur le plan sexuel. Elle glissa la main sous la taille d'Idris, là où son désir pour elle était évident.

Idris gémit à son tour et attira Robyn contre lui. Il posa les deux mains sur ses fesses et reprit possession de sa bouche avec ardeur.

Il allongea Robyn sur le lit et s'immobilisa un instant pour la contempler. Ses yeux d'ambre étaient remplis de désir pour lui. Elle murmura quelques mots indistincts, et il lui sembla qu'elle lui disait qu'elle serait toujours à lui. Rien qu'à lui.

Pour cette nuit, au moins, ils ne feraient qu'un.

Robyn n'en pouvait plus de désir. Elle commença, timidement d'abord puis avec une assurance croissante, à défaire les boutons de la chemise d'Idris.

Il était aussi impatient qu'elle, et ils se furent débarrassés de leurs vêtements en quelques secondes.

Quand il pressa son corps contre le sien, un son rauque qu'elle reconnut à peine s'échappa de sa gorge.

Tout chez Idris était teinté d'érotisme. La caresse de ses mains, ses jambes musclées qu'il enroula autour des siennes, la chaleur humide de sa bouche qu'il promena sur ses seins jusqu'à son ventre. Elle avait envie de le toucher et qu'il la touche, envie de le sentir profondément en elle.

Il glissa une main entre ses jambes, ses doigts caressèrent longuement son sexe, lui arrachant des soupirs de plaisir, jusqu'à ce qu'elle le supplie presque de la prendre. Lorsque leurs deux corps s'unirent enfin, elle connut pour la première fois de sa vie un orgasme complet. Ils se pressèrent l'un contre l'autre, ondulant lentement puis de plus en plus vite, jusqu'à ce que tout explose et qu'elle atteigne le paroxysme du plaisir. Idris la rejoignit presque en même temps, et tous deux mêlèrent leurs cris de volupté.

Ils restèrent allongés en silence, haletants, le temps que leurs corps s'apaisent. Puis Idris l'attira contre lui, et pour la première fois depuis longtemps, elle sut qu'elle dormirait d'un sommeil profond et sans rêves, parce que ce qu'elle avait espéré en secret s'était enfin réalisé.

10

L'aube pénétrait dans la chambre quand Idris s'éveilla dans un subtil parfum de fleurs sauvages épanouies au soleil. Un parfum de paradis, si jamais le paradis existait.

Il lui fallut un moment pour se rendre compte qu'il tenait toujours Robyn dans ses bras et que leurs membres étaient tendrement mêlés. Elle avait dû se blottir contre lui pendant la nuit, et ses boucles blondes lui chatouillaient la joue.

Il éprouvait une sensation de plénitude... Jusqu'à ce qu'il prenne conscience avec un coup au cœur qu'Amira pouvait entrer à n'importe quel moment, comme cela arrivait régulièrement lorsqu'elle avait fait un mauvais rêve ou qu'elle avait une question à propos de quelque chose.

Mais après tout, serait-ce si terrible si elle les trouvait ensemble ?

Il avait tant regretté qu'Amira n'ait pas de figure maternelle. Quelqu'un à qui parler de toutes les choses que les filles ne partagent qu'entre elles. Qui serait là pour elle le jour où elle deviendrait une femme ? Il n'ignorait pas que jouer à la fois le rôle du père et de la mère avait ses limites.

Le plus doucement possible, il réussit à s'extraire de ses bras, ne tenant pas à la réveiller avant de décider...

Quoi exactement ? Ce n'était pas comme si Robyn et lui allaient vivre ensemble. Sa vie à elle était en Angleterre, et notamment au Paddington. Lui, il devait se consacrer à la nation qu'il dirigeait et à l'éducation de sa fille.

Il se rendait compte maintenant qu'il avait décidé bien

légèrement de faire l'amour avec Robyn. Il avait suivi son impulsion au lieu de réfléchir. Quelle légèreté de sa part !

Il enfila rapidement un pantalon et une chemise, comme pour se protéger de son désir de retourner dans ses bras, de s'abandonner à l'inconnu.

Il abaissa les yeux sur Robyn, toujours plongée dans un sommeil innocent.

Robyn...

Elle était belle, solaire, gentille et optimiste, et elle avait apporté la joie et la lumière dans sa vie, mais où cela pouvait-il le mener de tomber amoureux ?

Il s'était montré égoïste en l'attirant si près de lui, se dit-il en pinçant les lèvres. Il n'avait rien à lui offrir en dehors d'un cœur brisé par les aléas de la vie. Elle méritait mieux. Il devait renoncer aux possibilités qu'il avait un moment envisagées et continuer de suivre la même voie que ces sept dernières années, en se consacrant uniquement à sa famille et à son pays. C'était ainsi qu'il avait pu survivre. Il n'y avait de place dans son cœur pour rien d'autre. Après ce qu'il avait traversé, le sien n'était plus disponible.

Et maintenant, comment allait-il se dépêtrer de tout ça sans faire trop de mal à Robyn ?

Il n'avait pas le choix : de la même manière qu'il avait réussi à traverser la tragédie de la mort de sa femme. En blindant son cœur et en se focalisant sur sa famille et son pays. Rien d'autre.

En s'étirant, encore à moitié endormie, Robyn se rendit compte que quelque chose n'allait pas : les draps qui la recouvraient étaient ceux de sa propre chambre.

Elle se redressa brusquement.

Comment était-elle arrivée ici ? N'avait-elle fait que rêver la nuit dernière ?

Non, les sensations de son corps ne mentaient pas, ils avaient fait l'amour. Idris avait dû la ramener dans sa chambre.

Elle se leva et s'habilla rapidement — une tenue locale composée d'un pantalon resserré aux chevilles et d'une tunique ample et légère —, s'efforçant d'ignorer la peine qu'elle ressentait.

Avait-elle fait quelque chose qui l'avait contrarié ? Ou bien avait-elle parlé dans son sommeil — mais de quoi ? Du Paddington ?

Il devait y avoir une explication. Elle ne s'était pas attendue à trouver à son réveil des pétales de roses répandus sur le lit mais, après la nuit qu'ils avaient passée ensemble, elle avait espéré... quelque chose. Ou plutôt quelqu'un.

Si Idris cherchait à lui transmettre un message, celui-ci ne pouvait être que cruel. La déposer dans son lit après cette nuit dans ses bras dont le souvenir lui donnait encore des frissons, comme si ça ne signifiait rien pour lui...

Elle se dirigea vers son bureau, passant en hâte devant les mosaïques, les fontaines et la végétation luxuriante qui l'avaient jusqu'à présent toujours enchantée.

Avait-il honte de ce qu'ils avaient fait ? Elle sentit un pincement d'appréhension et se rendit compte qu'elle craignait de le perdre ainsi qu'Amira — un sentiment qu'elle n'avait pas éprouvé à ce point depuis son hystérectomie.

Deux semaines auparavant, elle avait eu raison de vouloir rester au Royaume-Uni. Elle avait pourtant bien dit à tout le monde qu'il était ridicule de se rendre au Da'har ! Sur place, elle avait perdu pied et laissé Amira s'insinuer trop profondément dans son cœur. Comment avait-elle pu être aussi inconséquente, alors qu'elle n'aurait dû penser qu'à sauver le Paddington ?

À présent, Idris possédait tout : son cœur et son corps. Avec ce qu'il lui restait de lucidité, elle devait regagner le peu de contrôle qu'elle avait sur son avenir. Et sur celui du Paddington. Si elle devait se sacrifier pour cela, elle le ferait. Idris avait le droit de ne pas l'aimer, mais elle ne le laisserait pas lui voler sa dignité.

Elle frappa à la porte du bureau d'Idris et ouvrit sans attendre de réponse.

Il était assis à son bureau avec un air autoritaire, un stylo à la main et une liasse de papiers devant lui comme s'il s'agissait d'un jour tout à fait ordinaire.

Ne se doutait-il pas que sa vie avait changé depuis qu'elle s'était donnée à lui ?

— Est-ce que ce sont vos bagages ? demanda-t-elle à brûle-pourpoint en voyant un serviteur chargé de valises sortir de la chambre voisine, où ils avaient passé la nuit dans les bras l'un de l'autre.

— Oui, répondit Idris, en la regardant comme s'il se demandait ce qu'elle venait faire là.

Ses yeux noirs, si expressifs la nuit précédente, étaient redevenus impénétrables. Il avait retrouvé la froide réserve qui l'avait frappée lors de leur première rencontre.

— Vous feriez bien de rassembler aussi vos affaires, dit-il. Sinon, je peux demander à quelqu'un de le faire à votre place. L'avion décolle aujourd'hui à l'heure du déjeuner.

— L'avion ?

Il hocha la tête comme si c'était l'évidence même.

— Pour le Royaume-Uni.

— Vous me renvoyez en Angleterre ?

Cette fois, il ne prit pas la peine de répondre.

— Et le Paddington ?

Devant l'expression de Robyn, Idris comprit avec un serrement de cœur qu'il avait détruit en un instant jusqu'à la moindre fibre de la connexion qui les avait reliés durant la brève période qu'ils avaient passée ensemble.

Mais il avait pris la bonne décision ! Ce qu'il s'était passé entre eux devait avoir une fin, et les plus beaux yeux d'ambre de la terre n'y changeraient rien.

— Nous allons *tous* en Angleterre, dit-il enfin. J'ai appelé le Paddington à propos de l'admission d'Amira, et vous pourrez poursuivre le processus une fois arrivée. Le plus tôt sera le mieux.

Robyn le fixait, immobile, les yeux remplis de confusion.

Il lutta contre l'envie de la prendre dans ses bras en admettant qu'il s'était conduit comme un imbécile. Celui qu'il avait été pendant ces derniers jours, l'homme gai et heureux qui était enfin prêt à affronter le monde en souriant, avait disparu.

À présent, il ne souriait plus. Il ne pouvait pas être cet homme. Pas avec une fille à élever et un royaume à diriger. Les choses ne feraient qu'empirer.

— Vous comprendrez, docteur Kelly, que j'ai des responsabilités qui nécessitent que vos vacances soient écourtées. Peut-être est-il temps que vous teniez les promesses que vous avez faites hier à la conférence de presse.

L'air incrédule, Robyn ouvrit la bouche, mais aucun son n'en sortit.

— Docteur Kelly, nous n'avons pas beaucoup de temps, et je suis très occupé. Si vous n'y voyez pas d'inconvénient...

Il consulta ostensiblement sa montre, évitant les yeux d'ambre qui, hier, brillaient de désir pour lui et les lèvres roses qui lui murmuraient qu'il n'y avait que lui et lui seul.

Il devait refermer la porte sur ces souvenirs. Il ne pouvait pas lui donner son cœur en lambeaux. Pas après la perte qu'il avait subie, et avec ce palais vide au centre de la capitale en hommage à l'amour qu'il n'aurait plus jamais.

Il serra les mâchoires et releva la tête.

— En passant, pourriez-vous vous arrêter à la chambre d'Amira afin de lui suggérer les affaires à emporter pour son séjour à l'hôpital ?

— Peut-être que, en tant que père, vous pourriez lui expliquer ce qu'il se passe, répondit enfin Robyn.

— À quel sujet, docteur Kelly ? Elle sait très bien que nous devons repartir à Londres pour l'opération.

Elle lui jeta un coup d'œil si pénétrant qu'il se sentit transpercé jusqu'à l'âme.

— Votre Excellence, dit-elle froidement, je conçois que votre temps soit précieux, mais mon opinion en tant que médecin est que votre priorité doit être de tenir votre rôle de père.

Il la regarda comme si ses paroles étaient empoisonnées.

— Êtes-vous en train d'insinuer que ma fille n'est pas ma priorité absolue ?

— Pas du tout. Mais je sais par expérience qu'il peut être difficile pour un parent de voir son enfant subir une opération expérimentale de ce genre. Vous voulez ce qu'il y a de mieux pour elle, mais cela peut être très stressant, à la fois pour le patient et le parent.

Elle lui tendait la perche pour excuser son comportement odieux, mais il se refusa à la saisir.

— Vous avez sans doute mal compris mes intentions lorsque je vous ai invitée au Da'har, lâcha-t-il. Ma fille est mon unique préoccupation. L'avion ne va pas tarder à décoller, il serait temps que vous fassiez vos bagages.

À son étonnement, Robyn ne bougea pas.

Quelque part, il était un peu dépité qu'elle ne paraisse pas plus affectée qu'il ne l'était lui-même. Il avait été certain qu'elle se mettrait à pleurer ou qu'elle irait cacher sa peine dans sa chambre. Qu'elle ferait tout, plutôt que de rester là à le fixer de ses grands yeux.

— N'oubliez pas que vous êtes humain, vous aussi, dit-elle calmement. Vous avez le droit de ressentir de la peine et de la peur — comme nous, simples mortels.

Encore une fois, elle lui tendait une branche d'olivier. Un geste très généreux pour quelqu'un qui avait reçu un tel camouflet de sa part. S'il était redevenu glacial, de son côté elle avait recouvré tout son courage.

Tout cela, c'était pour le bien-être de sa fille, se persuada-t-il sinon il aurait trouvé qu'il se comportait comme un lâche. Mais il devait protéger le cœur d'Amira en plus du sien, et c'était la seule façon de faire qu'il connaissait.

Robyn regarda Idris droit dans les yeux.

— Permettez-moi de vous dire que ce n'est pas bien, ce que vous faites. Vivre dans le passé ne va pas aider votre fille.

— Je ne vous permets pas ! s'exclama-t-il en tapant du plat de la main sur son bureau en acajou. C'est pour elle que je vais de l'avant.

— Vous imposez à une enfant des responsabilités qui vous incombent !

— Et je suppose que c'est votre grande expérience en tant que mère qui vous permet de faire de telles remarques ?

Elle détourna les yeux, la gorge serrée.

Comme si Idris pensait que le fait d'être célibataire la rendait incapable d'empathie ou d'amour !

Elle savait qu'il n'en avait pas après elle, mais qu'il était en colère contre le monde entier. C'est souvent lorsqu'un parent a peur pour son enfant qu'il devient cruel.

Elle ferma les yeux un moment, imaginant qu'elle était de retour au Paddington, face à des parents choqués que leur enfant se retrouve à l'hôpital et partagés entre l'espoir qu'elle puisse tout arranger et la crainte que leur vie ne soit plus jamais comme avant.

Des dizaines de visages défilèrent dans sa mémoire, lui redonnant la force dont elle avait besoin.

— Idris — Votre Excellence —, je n'ai peut-être pas eu d'enfant mais, durant toute ma vie professionnelle, j'ai passé chacune de mes journées avec des enfants et leurs parents, et je les ai accompagnés pendant leurs heures les plus sombres. J'ai aimé beaucoup de ces enfants et les ai pleurés avec leurs parents quand nous les avons perdus. Je me suis surtout réjouie pour la plupart lorsque, avec l'aide du Paddington, ils ont surmonté les plus grands obstacles. Alors, oui. Je crois que mon expérience me permet de me rendre compte quand les souhaits d'un parent prennent le pas sur les besoins d'un enfant.

Idris se leva brusquement de derrière son bureau.

— C'est ce que vous pensez que je suis en train de faire ?

— Non. Je pense que vous aimez votre fille autant que vous en êtes capable.

— Et à votre avis, ma « capacité » à aimer ma fille est limitée ? dit-il sèchement.

Elle n'allait pas rentrer dans son jeu.

— Je pense que vous êtes capable de beaucoup plus que

vous ne le supposez, répondit-elle, se sentant de nouveau au bord des larmes.

Il ne l'aimait peut-être pas, mais pas question de le laisser s'apitoyer sur lui-même. Il avait une fille et un royaume, et il était en vie !

Elle lui adressa un bref signe de tête.

— Si vous voulez bien m'excuser, j'ai mes bagages à préparer.

En refermant la porte, elle dut faire appel à toute sa volonté pour ne pas se précipiter dans sa chambre et y donner libre cours à ses larmes, pour pleurer sur tout ce qu'elle avait gagné et perdu en quittant la sécurité du Paddington.

11

Idris accepta distraitement un verre d'eau gazeuse de la part du steward, et même le bruit des moteurs de l'avion à réaction ne parvint pas à le distraire de ses pensées.

Robyn avait à peine ouvert la bouche depuis qu'ils avaient quitté le palais, et il ne pouvait pas l'en blâmer. Après ce qu'il s'était passé entre eux, il méritait son attitude glaciale.

Amira était redevenue sérieuse. Le sourire joyeux qu'elle avait arboré ces derniers jours avait disparu, de même que son rire.

Ils auraient encore pu être en train de rire et de sourire s'il ne s'était pas risqué à sortir de sous sa carapace, croyant qu'un bonheur aussi parfait que celui qu'il avait connu pendant quelques jours pouvait durer.

Au moment où il avançait la main pour caresser les cheveux de sa fille, celle-ci se glissa sur les genoux de Robyn. Après avoir discuté entre elles, Robyn commença à chanter. Amira suivait les mots sur sa bouche, et il faillit avoir les larmes aux yeux quand elle tenta de joindre sa voix à la sienne.

Une réelle tristesse s'empara de lui quand il se rendit compte que Robyn ne ferait pas partie du voyage de retour, qui serait pour sa fille un monde de découverte après l'opération. Il avait fait ce qu'il fallait pour ça ce matin.

— Regarde, dit Robyn en désignant le hublot à Amira. Londres, signa-t-elle.

Toutes deux regardèrent dehors, et le visage de sa fille s'éclaira lorsque Robyn lui montra le palais de Buckingham, le London

Eye, et même les tours du Paddington, aisément reconnaissables sur le trajet de l'avion.

C'était là que la vie de sa fille allait changer pour toujours.

En fait, leur vie à tous les deux avait déjà changé, avec ce tourbillon de femme qui avait fait irruption dans sa chambre d'hôtel seulement quelques semaines auparavant…

Il réprima un soupir et s'agita sur son siège.

Il avait pris sa décision.

Robyn aurait nettement préféré voyager en classe économique dans un avion plein à craquer plutôt que de subir le supplice d'être assise en face d'Idris dans son luxueux jet privé. Lorsqu'elle croisait son regard par inadvertance, celui-ci était indéchiffrable.

Elle avait remis le tailleur qu'elle portait à l'aller, mais elle regrettait la caresse des vêtements soyeux qu'elle avait étrennés au Da'har, les senteurs chaudes et épicées de ce pays, le sourire d'Idris…

S'enfonçant davantage dans son fauteuil de cuir, elle s'imagina de retour à Londres, retrouvant son appartement qui n'avait jamais été un foyer et encore moins un nid douillet. Elle avait probablement passé plus de nuits en salle de repos à l'hôpital pendant les gardes que chez elle. C'était juste un endroit où elle rangeait ses vêtements entre deux opérations. En moins de quinze jours, elle s'était sentie davantage chez elle au Da'har, dans le palais d'Idris.

Elle contempla le beau petit visage d'Amira et sentit son cœur se serrer en voyant ses yeux briller, remplis d'espoir, quand elle s'aperçut qu'elle la regardait.

Ce serait particulièrement douloureux de devoir dire adieu à cette petite fille.

Ravalant ses larmes, elle réussit à lui sourire.

Elle était de retour à Londres, à présent. Elle pourrait sauter dans un taxi et retourner directement au Paddington, où tout reprendrait de nouveau sa place. Ce qu'il s'était passé au Da'har n'était qu'une aberration. Un splendide mirage de mer et de sable sur lequel l'image d'Idris se reflétait partout...

Elle sortit quelques dossiers de son sac. Une plongée dans les notes et les diagrammes la replaça rapidement dans sa zone de confort, et le sourire se réinstalla peu à peu sur ses lèvres.

L'opération allait changer la vie d'Amira pour le meilleur.

Au moment où l'avion touchait le sol, son téléphone portable sonna.

L'état de Ryan Walker s'était aggravé !

La blessure à la tête de l'enfant n'était pas sa spécialité, mais tout le personnel de son service s'était mobilisé pour sa guérison. On ne pouvait pas le perdre maintenant, après qu'il avait tant lutté... Plus tôt elle retournerait au Paddington pour aider, mieux cela vaudrait.

Elle déposa un baiser sur le crâne d'Amira et adressa un bref signe de tête à Idris.

— Je vous verrai tous les deux demain au Paddington.

Dès qu'elle fut descendue, elle se mit à courir, jusqu'à ce qu'elle attrape un taxi qui la ramène au Paddington, là où était sa place.

Il sembla à Idris que l'assiette de biscuits au chocolat et au gingembre le fixait d'un air accusateur, au point qu'il fut tenté de la balancer par le balcon.

Il n'aurait pas dû prendre cette suite. Elle lui rappelait trop sa première rencontre avec Robyn.

— Qui diable a demandé ça ?

— Personne, répondit Kaisha, agenouillée sous le bureau pour brancher les divers appareils électroniques — ordinateurs portables, tablettes, mobiles sans lesquels il ne semblait plus possible de voyager. Ils ont dû vouloir vous faire plaisir parce que vous en aviez pris la dernière fois.

— Je ne crois pas que nous reviendrons ici la prochaine fois, grommela-t-il. Si jamais il y a une prochaine fois.

Kaisha se releva prestement.

— L'hôpital vous propose une suite au Paddington, si vous préférez. Amira devra être prête assez tôt demain matin…

Amira était rêveuse, le visage appuyé contre la vitre de la fenêtre dégoulinante de pluie. Robyn devait lui manquer, à elle aussi.

Kaisha s'éclaircit discrètement la gorge, attendant toujours une réponse.

— Ils croient que je vais être capable de me détendre alors que l'avenir d'Amira est en jeu ? hurla-t-il.

Tout en parlant, il se rendit brusquement compte que c'était sans doute la dernière fois qu'il pouvait parler fort sans risquer de perturber sa fille et, d'un seul coup, le remords l'envahit : s'était-il servi de la surdité de sa fille comme d'un moyen de justifier sa façon de parler aux gens ?

Il regarda Kaisha, qui battait à présent en retraite, une lueur de crainte dans les yeux.

En fait, il s'apercevait qu'elle avait souvent eu cette expression avant que Robyn n'entre dans leurs vies.

— Je pense que c'est surtout pour que vous ayez un endroit privé pour…

— Pour quoi faire ? Attendre de savoir si ma fille restera toujours sourde ?

— Je crois que Robyn — le Dr Kelly, je veux dire…

Kaisha n'osa pas poursuivre et se tut, sans doute à cause de son air lugubre.

Robyn. La lumière opposée à son ombre. La femme qui avait le courage de le mettre face à ce qu'il n'osait pas affronter : sa propre peur, alors que le moment approchait où il allait devoir remettre sa fille entre les mains de…

La seule femme au monde à qui il faisait confiance sur le plan professionnel.

Et pas seulement.

Il se mit à secouer la tête tandis que la nuit tombait sur Londres.

Qu'avait-il fait ? Il avait été le pire des idiots !

Robyn consulta les regards qui la fixaient par-dessus le masque chirurgical. Ils ne faisaient que s'exercer sur un mannequin, mais il était important de mimer les conditions exactes dans lesquelles ils pratiqueraient l'opération.

— Est-ce que quelqu'un souhaite que l'on revienne encore une fois sur certains points ?

Personne ne broncha.

— Puis-je avoir la boîte pour les pièces de l'oreille moyenne, Rosie ?

— La voilà, Robyn.

L'infirmière rousse lui tendit la boîte spéciale qui contenait les minuscules pièces qui remplaceraient l'oreille moyenne.

Un grattement à la vitre fit se retourner toutes les têtes.

— Alors, Léo ? dit gaiement Robyn. Prêt à aider demain, pour les exercices ?

Le pédiatre sourit.

— Tout à fait. Je suis impatient d'apporter ma contribution et d'entrer dans l'histoire !

C'était dans ces moments-là que le Paddington rayonnait littéralement. Leur équipe se montrait réellement soudée, en particulier face à l'inconnu.

— À demain, ajouta Léo. Je vous souhaite bonne chance !

Tout le monde fit chorus pour le remercier, puis les médecins et les infirmières remirent leur équipement à l'endroit exact où ils le reprendraient le lendemain matin.

— C'était gentil de la part de Léo de faire un saut, commenta Robyn en retirant son masque.

— L'hôpital tout entier est sur des charbons ardents, dit Rosie.

— Rien de tel pour vous détendre !

Cela ne la dérangeait pas d'avoir un public quand elle opérait, mais se dire que l'avenir de l'hôpital reposait sur cette unique opération, qui était en outre très risquée...

Elle n'avait pas besoin de toute cette pression, en plus d'un cœur en miettes et d'un ego mis à mal. Peut-être devrait-elle demander au cardiologue, le Dr Wolfe, de pratiquer quelques sutures sur son cœur brisé...

Mais perdre l'homme qu'elle n'avait jamais eu n'était pas si douloureux, après tout. Elle était même capable d'en plaisanter ! C'était justement ce qu'elle avait espéré en retrouvant le Paddington.

— On arrête là pour aujourd'hui, dit-elle en offrant à ses collègues son plus beau sourire. Nous devons tous nous retrouver tôt demain et en forme.

Peu à peu, tous se retirèrent — certains ayant des projets pour dîner, d'autres pensant aller faire un tour au pub Frog & Peach avant d'aller se coucher.

Elle fut tentée un instant de les suivre, histoire de se détendre un peu avant de regagner son appartement. Mais, finalement, elle se retrouva seule avec le mannequin sur lequel ils avaient travaillé.

Les cheveux d'Amira devraient être rasés un peu derrière et au-dessus des oreilles. Elle aurait une cicatrice, petite, dissimulée derrière l'oreille. Mais l'opération la marquerait, quel que soit le résultat. Ce serait la première étape d'un long chemin comprenant la thérapie du langage, la thérapie génique et environ six mois de contrôles, avant qu'elle bénéficie d'un maximum d'audition. En d'autres termes, ce n'était que le début d'un difficile voyage pour Amira. Mais ils l'aideraient à effectuer la transition. Tous trois pourraient...

Elle retint une exclamation de dépit.

« Tous trois » ne feraient rien, car ils n'étaient pas un trio. Ils ne l'étaient plus. La seule chose qu'elle pouvait faire, c'était s'efforcer de pratiquer une opération parfaite.

Il n'y aurait pas de pub ce soir. Et elle ne rentrerait pas chez elle non plus. Peut-être qu'elle relaierait un peu les parents de Ryan qui étaient en permanence à son chevet.

Pauvre petit. Il avait traversé tant d'épreuves, pour retomber ensuite dans le coma...

Demain, elle aurait besoin d'une bonne dose de courage. C'était ce qui faisait sa force. Elle ne ferait pas l'opération si elle n'avait pas entièrement confiance en ses capacités.

Ensuite, peut-être que ses planètes s'aligneraient pour une

fois dans sa vie et que le Paddington serait sauvé. Et elle n'aurait plus jamais à penser à l'homme qui lui avait volé son cœur.

Marteau. Enclume. Étrier. Chaque minuscule pièce, parfaitement façonnée, jouerait un rôle vital dans l'oreille d'Amira.

Un frisson d'excitation la parcourut, et elle oublia pour la première fois depuis son retour le malaise qui l'oppressait.

En quittant si brusquement Idris et Amira, il lui avait semblé qu'elle s'arrachait un de ses propres membres. Peut-être que, une fois l'opération réussie, elle se sentirait de nouveau entière ?

12

Idris se força à s'asseoir dans la pièce réservée aux familles.

Cela faisait deux heures et quarante-trois minutes qu'Amira avait été emmenée au bloc. Il poussa un grognement, commençant à regretter de ne pas avoir pris la suite proposée par l'hôpital, où il aurait eu la place de faire les cent pas.

Il pensa au beau visage de Robyn.

Quelle que soit l'issue de l'opération, il savait qu'il trouverait le réconfort auprès d'elle, toujours si généreuse. Un réconfort qu'il ne méritait pas, car il s'était montré injustement cruel.

Ce matin, en entrant dans la chambre d'Amira pour l'emmener en salle de chirurgie, Robyn lui avait souri en prononçant quelques paroles rassurantes. Sa main posée sur son bras avait agi comme un véritable baume.

— Nous allons faire tout notre possible.

Et, alors qu'il était envahi par un sentiment d'impuissance qui menaçait de le faire suffoquer, il l'avait crue de tout son cœur et de toute son âme.

C'était lui qui avait tout fait pour en arriver là. Le risque en valait-il la peine ?

Brusquement, il se rendit compte que ce n'était pas le risque de l'opération qui le tourmentait le plus. Comment avait-il pu être aussi aveugle ? Toute la colère qu'il avait exprimée ces derniers temps lui avait servi à masquer la vérité qui se trouvait au fond de son cœur : il aimait Robyn, de toutes les fibres de son être.

Se fermer à cet amour les condamnerait, lui et sa fille, à vivre indéfiniment dans la crainte et la douleur.

Fermant les yeux, il visualisa la femme qu'il avait épousée neuf ans auparavant, son joli sourire et ses yeux en amande qu'il revoyait chaque fois qu'il regardait leur fille.

Une douce chaleur emplit sa poitrine, et il la remercia pour l'amour qu'ils avaient partagé et pour l'enfant qu'elle avait courageusement mise au monde au prix de sa propre vie. La chaleur se répandit dans tout son corps tandis qu'il lui demandait sa bénédiction pour parvenir à laisser derrière lui les jours de deuil et se tourner vers un avenir plein de joie et d'amour, celui que seule une vie avec Robyn pouvait lui apporter.

Lorsqu'il finit par ouvrir les yeux, il sut qu'il n'y avait plus qu'une chose à faire.

— Très bien. Est-ce que tout le monde est prêt pour l'étape de la stapédotomie ? demanda Robyn en jetant un coup d'œil circulaire.

Tout le monde hocha la tête.

— Alors, mettons ce tympan en place.

Et elle baissa la tête pour regarder dans le microscope.

C'était là qu'elle se trouvait dans son élément. Elle se sentait pleine de confiance. Sa concentration était totale, chaque geste étant plus crucial que le précédent. Le temps n'avait plus d'importance, l'énergie circulait. Il n'y avait plus que le patient qui comptait.

Chaque étape allait demander un suivi, l'ensemble prenant plusieurs mois pour être entièrement réalisé. Mais Amira n'allait pas tarder à pouvoir leur dire si l'opération avait réussi.

Quelqu'un lui passa un linge sur le front.

Elle jeta un coup d'œil à la pendule par-dessus ses lunettes chirurgicales.

Dans quelques instants, Idris pourrait revoir sa fille.

Elle ne voulait pas penser à la suite. Pour l'instant, sa seule préoccupation était Amira et le moment où elle allait enfin pouvoir entendre.

— Combien de temps cela prendra-t-il ? demanda Idris d'une voix tendue, tout son corps exprimant une frustration difficilement contenue.

— Cela peut encore prendre entre dix et vingt minutes.

— Si longtemps ? dit-il d'une voix éraillée par l'angoisse.

Robyn gardait les yeux rivés sur Amira, le meilleur moyen pour elle de maîtriser ses émotions. Elle comprenait qu'Idris soit anxieux, mais il n'était pas le seul à surveiller l'heure.

Le mieux était de tenter de faire diversion.

— Vous vous souvenez peut-être qu'au Da'har, Amira semblait vraiment apprécier la musique traditionnelle.

— Vous croyez que je pourrais oublier un moment pareil ?

Elle prit une profonde inspiration avant d'oser lever les yeux et reçut un choc en retrouvant l'intensité de son regard.

Bien sûr qu'il se rappelait cette journée. Ils avaient ri, chanté et dansé comme une famille. C'était un des moments décisifs qui avait eu pour conséquence leur merveilleuse nuit au palais.

— J'espère que vous n'y verrez pas d'inconvénient, j'ai téléchargé de la musique en pensant qu'on pourrait la passer au moment où elle se réveillera.

— Où diable avez-vous pu trouver de la musique traditionnelle du Da'har ?

Tous deux se toisèrent du regard, Amira toujours endormie entre eux, et elle fronça les sourcils, se retenant de lui dire qu'il était ridicule de tout prendre à l'envers, alors qu'il suffisait d'ouvrir son cœur à l'amour.

— En fait, je suis en train d'essayer de vous remercier, reprit Idris, l'air penaud.

— Vous pourriez peut-être revoir votre façon de délivrer des messages, rétorqua-t-elle.

— Ce serait une bonne idée si vous mettiez la musique, docteur Kelly.

À ce moment, Amira remua légèrement.

Robyn se retint de lui caresser la joue.

Elle l'aimait tout autant qu'elle aimait son entêté de père, dont elle sentait sur elle le regard brûlant quand elle refusait de s'exécuter. Elle ne voulait surtout pas que la petite fille émerge au beau milieu d'une dispute. Elle devait voir de l'amour à son réveil.

Pour elle, elle sortit son portable de sa poche et remit la musique qu'elle avait passée pendant toute l'opération et qui l'avait incitée à donner le meilleur d'elle-même.

Idris regarda Robyn, les joues rosies par l'émotion, brancher le téléphone sur le haut-parleur et appuyer sur « play ».

— Ce serait bien de vous asseoir près d'Amira et de lui tenir la main. Et regardez-la en face, suggéra-t-elle d'un ton encourageant. Si l'opération s'est déroulée aussi bien que nous le pensons, elle devrait pouvoir vous entendre, mais il va falloir quelque temps à son cerveau pour s'adapter à tout ce qu'elle expérimente, et vous devrez signer. Elle est habituée à lire sur vos lèvres, alors comportez-vous comme vous l'avez toujours fait avec elle.

Il hocha la tête, le cœur serré.

C'était la première fois que sa petite fille allait l'entendre !

Les instructions proférées d'une voix calme par Robyn étaient la seule chose qui lui permettait de ne pas perdre pied, car son esprit partait dans tous les sens.

Pourquoi n'avait-il pas réfléchi à ce qu'il allait dire ?

« Ma chérie, est-ce que tu m'entends ? » Ou tout simplement le plus vrai des sentiments : « Je t'aime. »

Il n'avait encore jamais accordé autant d'importance au langage. Sa fille allait *l'entendre*. Il ferma les yeux, priant de tout son cœur pour que l'opération soit un succès.

Amira remua de nouveau, et il lui caressa la main, se forçant à respirer lentement, calmement. Il ne voulait pas manquer un seul moment de l'expérience qu'allait vivre sa fille. Tout cela était pour elle. Avoir avec eux Robyn, le véritable auteur de ce miracle, était la chose la plus naturelle au monde. Sans elle...

Au moment où il se mettait instinctivement à fredonner en même temps que la musique, il se rendit compte qu'il s'agissait de chanson qu'il avait chantée à Amira ce fameux jour dans le désert. Les paroles lui revinrent en mémoire, et il se mit à chanter pour sa fille.

Au milieu du refrain, il sentit ses petits doigts serrer les siens. Elle avait toujours les yeux fermés, mais son front se plissa comme sous l'effet de la confusion. Et soudain, elle ouvrit grand les yeux, si brusquement qu'il s'arrêta net.

— Continuez de chanter, l'encouragea Robyn, les yeux pleins de larmes, en prenant l'autre main d'Amira.

La petite fille se tourna vers elle quand elle parla, et ce fut à cet instant précis qu'il comprit que l'opération avait réussi. Des larmes qu'il n'avait jamais versées lui montèrent aux yeux tandis qu'il contemplait l'expression émerveillée de sa fille.

Elle entendait !

Robyn avait tenu sa promesse. Elle avait fait de ce rêve presque impossible une réalité.

— Veux-tu essayer de parler, Amira ? demanda Robyn.

Sa fille hocha la tête, les yeux écarquillés. Incapable de supporter d'y voir de l'appréhension devant l'énormité de la situation qu'elle vivait, il se remit à chanter d'une voix tremblante d'émotion. Tout ce qu'il voulait, c'était aider sa fille à franchir la première étape de toute une série à venir, le temps qu'elle s'adapte à tous les changements qu'elle allait vivre au cours des prochains mois.

Et lorsque sa voix hésita, Robyn se joignit à lui, lui donnant la force de tenir son rôle à cet instant.

Amira resta la bouche ouverte à les écouter chanter ensemble, puis elle agita les mains, reprenant instinctivement son mode d'expression habituel.

— Je vous entends, signa-t-elle, des larmes coulant sur ses joues. Je peux entendre la chanson que j'avais sentie quand tu avais chanté, au Da'har.

Elle posa les mains sur sa poitrine, visiblement stupéfaite que cette expérience tactile se soit transformée en sons.

Puis elle tourna la tête de tous côtés, cherchant la source des autres bruits qu'elle devait entendre dans la pièce. Elle signa à Robyn qu'elle ne comprenait pas.

— C'est la musique. Tu entends des sons qui proviennent du haut-parleur.

Les lèvres d'Amira s'arrondirent en un « O » de surprise, et elle regarda le petit téléphone d'un air incrédule. Puis elle répéta plusieurs fois le signe qui signifiait « musique », dessinant avec ses doigts le petit oiseau qui symbolisait le prénom de Robyn.

— Merci, cria-t-elle, les yeux fixés sur elle, avant de rentrer la tête dans les épaules. Oh ! c'est fort ! signa-t-elle en écarquillant les yeux.

Puis elle se redressa et les étreignit tous les deux en sanglotant de joie.

Tandis qu'Idris venait de comprendre que sa fille avait entendu sa propre voix pour la première fois, Robyn se libéra rapidement de l'étreinte de celle-ci.

— Je suis si heureuse pour toi ! signa-t-elle, trop émue pour parler. Tu mérites toute la joie que tu reçois dans ta nouvelle vie !

Puis elle se retira en s'excusant. Il la vit s'arrêter sur le seuil pour les regarder un instant explorer le nouveau monde qu'Amira commençait à découvrir. Puis elle se détourna avant de disparaître rapidement.

Cherchait-elle à cacher des larmes de bonheur ou de tristesse ?

— Il veut… quoi ? demanda Robyn.

Elle venait juste de s'asperger le visage pour apaiser ses yeux gonflés par les larmes, et Idris voulait qu'elle apparaisse à la télévision ?

— Pas question. Il peut très bien le faire seul. Amira est sa fille, c'est leur moment à tous les deux.

— Ce n'est pas son avis, Robyn, dit Victoria. Idris al-Khalil — je te rappelle qu'il est le cheikh multimillionnaire du Da'har — t'a choisie parmi des dizaines de candidats pour opérer sa fille. Tu as réussi ce que personne d'autre au monde n'avait fait avant, et tu ne veux pas qu'il chante tes louanges à la face du monde ?

— Pas à la télévision.

Ce serait trop dur à supporter. Elle n'avait pas envie de l'entendre l'encenser, alors que leurs chemins allaient se séparer et prendre des directions très différentes.

— Ne sois pas ridicule ! Un podium pour la presse a déjà été installé devant l'hôpital, et la moitié du personnel y est déjà.

— Quoi ? Devant tout ce monde ? Non, non, non ! C'est de la folie. Je te rappelle que je n'ai pas fait ça pour l'argent ni pour la gloire, grommela-t-elle.

Elle n'avait pas non plus pensé qu'elle y perdrait son cœur. Le rejet d'Idris ne l'avait pas empêchée d'assurer cette opération, mais elle estimait qu'elle lui avait déjà suffisamment donné.

— Vas-tu empêcher le Paddington d'obtenir la publicité qu'il mérite à cause de ton trac ? s'indigna Victoria.

Robyn soupira devant l'insistance de sa collègue.

Elle avait voté pour que Victoria dirige la campagne de sauvetage du Château parce que celle-ci incarnait tout ce qu'elle n'avait pas : la confiance en elle, la capacité d'avoir un bébé...

— Robyn, tu *peux* le faire ! Cela ne te prendra que cinq minutes. Après, tu pourras aller te cacher dans le bloc opératoire le reste de ta vie si ça te chante. *Cinq minutes.*

Elle hocha la tête avec un sourire penaud.

— Très bien, tu as gagné. Dominic n'avait aucune chance de te résister !

Victoria rougit en caressant son ventre de plus en plus gros, et Robyn eut envie de la serrer dans ses bras.

— Merci pour tout. Toi et Dom, vous avez accompli un sacré travail en menant cette campagne de sauvetage.

Victoria lui lança un regard inquisiteur.

— Tu n'as pas un désaccord avec le cheikh, par hasard ?

— Idris ? Non, assura-t-elle avec un petit geste désinvolte de la main.

Tout allait bien. Même si son cœur n'était plus enfoui quelque part en sécurité.

— Allons-y, dit-elle. Ça ne fait aucun bien au Paddington que nous traînions ici. Allons donner à Idris sa conférence de presse, et ensuite je prendrai volontiers un bon verre de vin au Frog & Peach, si ça te dit.

— Pour moi, ce sera un soda, répliqua Victoria, en exagérant son soupir.

Elle acquiesça, tout en sachant que si elle commençait à parler, le reste allait suivre : son cœur en lambeaux qu'elle avait ouvert non seulement à Idris mais à Amira, et la peine qu'elle avait de devoir leur dire adieu après s'être sentie pour la première fois de sa vie partie intégrante d'une famille.

Victoria fouilla dans son sac et brandit sa trousse de maquillage.

— On va te rafraîchir un peu, et tu vas subjuguer les foules !

Les journalistes s'étaient rassemblés si vite qu'Idris se demanda s'ils n'avaient pas été là tout le temps, attendant aussi anxieusement que lui l'issue de l'opération de sa fille.

Tant mieux. Le Paddington méritait toute la publicité du monde pour l'exploit d'aujourd'hui. Pour ce que Robyn avait accompli.

Il fit face à la foule.

— Les soins attentifs que le Dr Robyn Kelly a prodigués à ma fille sont allés bien au-delà du traitement que des parents sont en droit d'attendre pour leur enfant, commença-t-il.

Il saisit le regard de Robyn juste à cet instant, et son sourire le fit fondre. Il espérait qu'elle savait qu'il parlait du fond du cœur, et non pas seulement pour être aimable devant la télévision.

— Je crois que maintenant, le Dr Kelly me connaît suffisamment bien, poursuivit-il, la voix chargée d'une émotion qu'il ne montrait normalement pas en public. Elle sait combien il était important pour moi que ma fille puisse enfin entendre. Et en tant que futur chef du Da'har, le souhait le plus cher de ma fille était de pouvoir entendre la voix des gens de son pays.

Il se tourna vers Robyn.

— Aujourd'hui, grâce à la détermination, l'intelligence et les compétences inégalées du Dr Kelly et de son équipe, Amira a pu entendre pour la première fois ma voix quand j'ai chanté pour elle.

Réprimant un sanglot, il prit une profonde inspiration avant de pouvoir continuer.

— Je voudrais annoncer mon intention de faire un don suffisant pour permettre à l'hôpital pour enfants du Paddington de rester au cœur de Londres où il est parfaitement à sa place.

Il vit les yeux de Robyn s'écarquiller et eut une envie impérieuse de la prendre dans ses bras.

Mais il n'avait pas terminé.

— Ce qui m'a surpris le plus durant ce voyage que nous avons entrepris avec le Dr Kelly… Robyn ?

N'y tenant plus, il descendit du podium pour aller à sa rencontre et lui tendit la main.

Elle lui donna la sienne à contrecœur, louchant sur la foule et les caméras, et quand ils se touchèrent, une onde électrique le parcourut.

— Robyn, tu as non seulement réparé l'ouïe de ma fille, mais tu m'as redonné foi en l'amour, lui murmura-t-il à l'oreille.

Étourdie par le bruit et la foule, Robyn se concentra sur les lèvres d'Idris — cette belle bouche qu'elle avait embrassée si passionnément il y a quelque temps.

Avait-elle bien entendu ?

— Désolée… Vous voulez bien répéter ?

Idris lui sourit avec tendresse, tenant toujours sa main dans les siennes.

— Mon amour, veux-tu me faire l'honneur de m'épouser ?

Son regard était redevenu aussi ardent que cette précieuse nuit qu'ils avaient partagée.

Alors… il l'aimait ?

— Mais je croyais que…

Elle se tut, peu désireuse que tout le monde comprenne qu'ils avaient vécu une nuit sublime qui s'était achevée par un rejet humiliant. Idris lui avait pourtant bien fait comprendre qu'il ne voulait pas d'elle ?

— J'ai tellement appris pendant ces moments que nous avons passés ensemble, poursuivit-il à voix basse. Aujourd'hui, je me rends compte que je ne peux pas envisager l'avenir sans toi. Toi, Robyn Kelly, plus que n'importe qui d'autre que j'ai rencontré, tu m'as appris le pouvoir de l'amour. Mon pays, ma fille et moi, nous avons besoin de toi. Nous avons besoin de ta lumière, de ton rire, de la joie et de l'intelligence bienveillante que tu apportes dans toutes les situations. Je t'en prie, dis-moi que tu veux devenir mon épouse. Et une mère pour Amira.

Il déposa un tendre baiser sur le dos de sa main et la regarda intensément.

— Devenons une famille.

— Une… une famille ? balbutia-t-elle. Avec toi ?

Idris se mit à rire.

— Oui. Si tu veux bien.

Il y eut un mouvement parmi les journalistes qui se rapprochèrent, ayant compris que quelque chose se tramait.

Mais elle s'en fichait pas mal. Des larmes de joie coulant sur ses joues, elle hocha énergiquement la tête.

— Oui ! s'écria-t-elle. Oh oui !

Six mois plus tard

— Je crois que c'est toi qui devrais couper le ruban, Idris, déclara Robyn à son époux en considérant les ciseaux de cérémonie posés sur un coussin chamarré. Après tout, c'est toi qui as conçu toutes les transformations.

— Et c'est toi qui as fait toutes les suggestions importantes, répliqua-t-il.

— J'ai une meilleure idée, dit-elle en souriant. Laissons Amira le faire.

— Inaugurer le centre ?

— Parfaitement.

Plus elle y réfléchissait, plus elle trouvait l'idée excellente.

Elle prit son mari par la main et recula avec lui de quelques pas pour faire face à l'ancien palais autrefois si froid et vide, et qui ne tarderait pas à bouillonner d'activité.

— Regarde ce que tu as créé, dit-elle. L'institut de langues pour les sourds et malentendants du golfe Persique. C'est fantastique !

— C'est toi qui es fantastique, répondit-il en l'enlaçant.

Elle l'embrassa sur la joue.

— J'ignorais que l'on pouvait dégager autant de force en étant une famille, murmura-t-elle. Merci.

Idris se mit à rire.

— N'oublions pas que nous avons un centre à ouvrir et une langue des signes universelle à inventer pour les pays arabes !

Il l'entraîna vers la foule qui commençait à se rassembler pour la cérémonie.

— Allons à la recherche de notre fille, et voyons qui elle est en train de torturer avec ses nouvelles capacités auditives.

— Da'har, prends garde ! s'exclama Robyn en riant. Je sens qu'Amira va rendre le pays très fier — et ses parents aussi.

Idris lui serra brièvement la main en guise de réponse, et, radieux, ils sourirent aux journalistes qui se précipitaient pour les photographier.

ALISON ROBERTS

Un cardiologue bien trop séduisant

PADDINGTON, HÔPITAL POUR ENFANTS
VOLUME 2

Traduction française de
JULIETTE BOUCHERY

SAGAS

HARLEQUIN

Titre original :
A LIFE-SAVING REUNION

Ce roman a déjà été publié en 2018.

1

Le Dr Thomas Wolfe s'arrêta au niveau du grand poster de Winnie l'ourson qui décorait le couloir du service de cardiologie, sortit son portable et fit semblant de lire un message sur l'écran pour se donner une contenance.

Juste un instant, histoire de s'assurer avant d'entrer dans la chambre que tout était bien en place dans sa tête ! Car s'il y avait la moindre faille dans son bouclier, Penny la trouverait.

Pénélope Craig, six ans, ne se contentait pas de le toucher au cœur, elle s'en emparait à pleines mains.

L'hôpital pédiatrique du Paddington accueillait des patients de la naissance à dix-huit ans. Comme il n'avait soigné ces dernières années que des adultes, il savait que le retour ne serait pas facile. Mais après cette coupure indispensable, il se sentait prêt à revenir à son véritable métier, la tâche qui lui correspondait le mieux : réparer le cœur des enfants. Depuis son retour, il se sentait plus à l'aise avec les grands adolescents, mais il redécouvrait sa fascination pour les bébés. Et quelle leçon de vie que tous ces gosses courageux, assez grands pour comprendre qu'ils étaient très malades mais époustouflants d'optimisme !

Cela poussait à se surpasser… Tout en gardant un certain recul. Dès qu'on s'autorisait à faire du sentiment, le jugement passait à la trappe. Au pire, cela pouvait vous démolir. Mais ça, il ne s'y laisserait plus prendre ! Il affinait au quotidien sa capacité à garder du recul. À ce stade, c'était devenu chez lui un réflexe.

Hochant la tête comme s'il venait de lire un message important, il se dirigea vers la porte en question, frappa un coup léger et entra avec le sourire.

Un sourire qui vacilla légèrement quand Julia Craig, la mère de Penny, lui lança un regard aigu.

Sans un mot, elle lui posait la question présente à leur esprit à tous. « Est-ce que c'est pour aujourd'hui ? »

D'un regard, il lui répondit : « Non. Pas encore. »

Penny ne remarqua rien à cet échange bien rodé.

— Regarde, docteur Wolfe ! Je danse !

La petite était sortie de son lit, ce qui signifiait qu'elle était bien aujourd'hui. Elle portait toujours sa lunette d'oxygène, maintenue en place par un sparadrap sur chaque joue. Le long tuyau de plastique qui la reliait à sa bonbonne se tordait derrière elle à chaque mouvement, mais elle était debout, et même sur la pointe des pieds, les bras gracieusement arrondis sur son tutu rose vif. Elle voulut tourbillonner sur elle-même, s'empêtra dans le tuyau et s'assit brutalement par terre.

Beaucoup de gosses auraient pleuré ou fait la tête. Penny se contenta de rire. Mais ce rire fut de trop, la respiration de la petite sifflait et hoquetait.

Julia la souleva dans ses bras.

— Attention, mon cœur !

Penny inspira convulsivement.

— Je peux... le faire ! clama-t-elle. Regarde !

— Tu lui montreras la prochaine fois, trancha Julia en la déposant sur son lit. Le docteur est venu t'examiner, et il est très occupé. Il a beaucoup d'enfants à soigner.

— Mais il n'y en a qu'une qui sache danser, glissa Thomas avec un sourire. Comme une Ballerina Bear.

Quand Penny souriait, la chambre entière s'illuminait. Ses grands yeux gris se levèrent vers le téléviseur qui passait son DVD préféré : sur l'écran, une troupe d'ourses vêtues de tutus dansaient une version animée du *Lac des cygnes*.

— Je vais juste écouter ton cœur, d'accord ? reprit Thomas en ajustant son stéthoscope.

Distraitement, Penny fit oui de la tête, le regard toujours

rivé à l'écran. Puis elle leva les bras en arrondissant les doigts, s'efforçant d'imiter les mouvements des ourses ballerines.

Tout en appliquant le disque du stéthoscope sur la petite poitrine couturée des cicatrices de plusieurs interventions chirurgicales lourdes, il nota la teinte un peu bleutée de ses lèvres.

Et ce qu'il entendait n'était pas rassurant. Le cœur peinait. Il luttait pour faire son travail, mais échouait un peu plus chaque jour. Le nouveau traitement avait apporté un mieux, mais cela ne suffirait pas. Penny figurait depuis plusieurs semaines sur la liste d'attente pour une greffe du cœur. La mission actuelle était de la maintenir en vie le temps nécessaire. Un pari difficile qui exigeait de contrôler les éléments qui usaient son cœur, comme l'accumulation de fluides dans les tissus et les poumons. À ce stade, il était malheureusement nécessaire de limiter l'activité physique de la petite. Si elle devait quitter sa chambre, on l'emmenait en fauteuil roulant.

Thomas retint un soupir.

Les chances d'obtenir un cœur compatible à temps n'étaient pas formidables, mais Penny lui posait problème pour une autre raison, en lien direct avec son propre passé. Ce passé auquel il avait dû tourner le dos pour survivre.

Il l'avait rencontrée plus de six ans auparavant, avant même sa naissance, quand l'échographie avait révélé un fœtus souffrant de l'une des malformations du cœur les plus graves qui soient : un ventricule trop petit pour être efficace. Penny avait subi sa première opération à l'âge de quinze jours, il avait été son cardiologue avant et après l'intervention. À l'époque, il avait perçu l'angoisse des parents comme si c'était la sienne.

Devenir parent, c'était aussi cela.

Gwen n'avait que deux ans de plus que Penny, elle aurait eu huit ans aujourd'hui. Elle craquerait peut-être aussi pour les Ballerina Bears, prendrait des cours de danse classique et tiendrait absolument à se promener en tutu…

Non, ne pas penser à Gwen, pas maintenant !

Il se crispa pour résister à la douleur que soulevait l'évocation de sa petite disparue.

En reprenant la tête d'un service pédiatrique, il savait qu'il allait forcément remuer le contenu de la chambre verrouillée dans sa tête et dans son cœur. Après mûre réflexion, il avait décidé de prendre le risque. Depuis le temps, il savait gérer. Il savait s'écarter de la zone dangereuse.

Il s'éloigna un peu du lit en rangeant son stéthoscope dans la poche de sa blouse.

— Il fait très beau, aujourd'hui. Ta maman pourrait peut-être t'emmener au soleil dans le jardin...

Rosie, une infirmière du service, entra dans la chambre, une coupelle dans une main, un verre de jus de fruits dans l'autre.

— Quand tu auras pris tes médicaments, précisa-t-il.

— Vous êtes pressé ? lui demanda Julia. Vous auriez un petit moment ?

Mieux valait ne pas discuter de la condition de la petite en sa présence. D'un geste, il invita Julia à le rejoindre dans le couloir.

— Je reviens dans une minute, Penny, promit celle-ci. Sois gentille, avale toutes tes pilules pour Rosie, d'accord ?

— D'accord, murmura machinalement Penny, toujours aussi fascinée par les ourses à l'écran.

— Bien sûr qu'elle va les prendre ! s'écria Rosie avec bonne humeur. Et ensuite, il faut qu'elle me dise les noms de toutes ces ourses. Comment s'appelle celle qui a la fourrure bleue, déjà ?

— Saphir !

Thomas s'effaça pour faire passer Julia devant lui. En refermant la porte, il entendit encore la petite voix pointue expliquer :

— Saphir, c'est ma préférée. La verte, c'est Émeraude, la rouge, c'est Rubis...

La petite salle réservée aux familles était libre. Il fit entrer Julia et l'invita à prendre place dans l'un des fauteuils.

— Vous êtes sûr que vous avez le temps ? s'inquiéta-t-elle.

— Bien sûr, si vous avez des questions, j'ai toujours le temps d'y répondre.

— C'est juste... Je voulais mieux comprendre ce que vous m'avez dit hier. J'ai essayé de le répéter à Peter hier soir, mais je n'ai pas bien su lui expliquer, il a eu peur, et...

Discrètement, il poussa vers elle la boîte de mouchoirs en papier posée sur la table basse.

Nerveusement, elle en prit plusieurs et tamponna ses yeux mouillés.

— Vous voulez parler du dispositif d'assistance ventriculaire ?

Elle hocha la tête en froissant les mouchoirs dans sa main.

— Vous disiez que ce serait la prochaine étape si… Enfin, si la situation empirait.

— Je comprends que l'idée soit impressionnante, dit Thomas de sa voix le plus douce, mais c'est une solution courante en attendant une greffe. Quand une insuffisance cardiaque résiste aux traitements, comme celle de Penny commence à le faire, cela permet wde prendre le relais.

— Et vous disiez qu'elle serait mieux, en attendant ?

— Le dispositif est fait pour aider la circulation et réparer en partie les dommages de l'insuffisance cardiaque.

— Mais c'est dangereux comme intervention, non ?

— Je ne vous proposerais pas le DAV si ce n'était pas plus sûr que de ne rien faire. Penny est mieux aujourd'hui, c'est vrai, mais sa condition devient plus difficile à traiter.

Julia se moucha avec énergie.

— Je sais. La dernière fois qu'elle a dû aller aux soins intensifs, nous avons cru que… Que nous allions la perdre.

— Je sais…

Thomas dut s'interrompre pour prendre une inspiration.

Évacuer la tension, se dégager de la souffrance brute de son interlocutrice, reprendre pied sur un terrain plus sûr. *Professionnel.*

— Le DAV ou dispositif d'assistance ventriculaire améliore l'état général des patients comme Penny, reprit-il sobrement. Du coup, les chances de réussite sont meilleures le jour où une greffe devient possible. En attendant, il donne aussi davantage de mobilité. C'est une solution à plus long terme que tout ce que nous pouvons tenter médicalement : le dispositif est conçu pour tenir des années. Oui, effectivement, c'est une intervention majeure. L'appareil est relié au cœur. En gros, il prend en charge le travail du ventricule gauche. Écoutez, voilà ce que je vous propose : prenons rendez-vous pour en parler tous les trois, vous, moi et Peter. Je répondrai à toutes vos questions.

Julia ne pleurait plus, elle le dévisageait, les yeux ronds.

— « Davantage de mobilité », qu'est-ce que ça veut dire ? Nous pourrions la reprendre à la maison en attendant ?

— Ce serait l'objectif. Elle pourrait reprendre une vie normale, toutes ses activités.

— Des... des cours de danse, par exemple ? chuchota Julia, les doigts pressés contre ses lèvres.

Il détourna la tête pour ne plus voir son visage illuminé d'espoir et fixa le mur de la pièce.

— Pourquoi pas.

— Je le dirai à Peter, il doit passer après son travail. Nous pourrions nous voir assez vite ?

Il se leva, toujours sans regarder Julia.

— Demandez à Maria, à l'accueil du service. Elle connaît mon agenda mieux que moi.

Du coin de l'œil, il vit Julia inspecter le mur. Elle devait se demander ce qu'il examinait avec tant d'attention.

Il se comportait mal, il manquait de courtoisie.

Contrarié, il fit l'effort de se tourner vers elle et vit que, à son tour, elle contemplait la cloison.

— Ma vie est envahie de nounours, soupira-t-elle.

Surpris, il hésita.

— Vous voulez dire, ces ourses qui dansent ?

— Et ici aussi, regardez. Une affiche pour le Pique-Nique des oursons à Primrose Hill. Pour les familles des enfants qui ont bénéficié d'un don d'organe.

Pour la première fois, il regarda vraiment l'affiche qui se trouvait devant lui... Et le regretta aussitôt.

Au beau milieu d'un montage de photos, une chirurgienne en tenue de bloc serrait dans ses bras une toute petite fille uniquement vêtue d'une couche, une grosse cicatrice sur la poitrine. La gosse, adorable avec ses grands yeux bleus et son auréole de boucles blondes, souriait au médecin, et celle-ci lui répondait d'un sourire lumineux.

— C'est le Dr Scott, murmura Julia. Mais je suis bête, vous la connaissez, bien sûr.

Effectivement, il la connaissait…

— Elle a opéré Penny quand elle n'était qu'un bébé — mais je dis n'importe quoi. Ça aussi, vous le savez, vous étiez déjà son médecin à l'époque. Il s'est passé tant de choses depuis que je ne m'y retrouve plus, conclut Julia avec un gros soupir.

— Oui, admit Thomas, sans quitter des yeux la photo de Rebecca.

Ces yeux bruns magnifiques, c'était ce qu'il avait remarqué en premier chez elle, à l'école de médecine. Et ces cheveux bruns et brillants noués en chignon sur sa nuque. Et ce sourire. Il ne lui avait pas vu un aussi beau sourire depuis… Eh bien, depuis la mort de leur fille.

Julia ne savait donc pas que Rebecca et lui étaient mariés à l'époque. Bien sûr, comment l'aurait-elle su ? Rebecca travaillait sous son nom de jeune fille, et ils se comportaient comme de simples collègues — des collègues qui s'appréciaient, rien à voir avec la froideur et la tension de leurs relations actuelles. Et Julia et Peter avaient alors autre chose en tête que les relations entre les membres de l'équipe médicale qui luttait pour sauver leur fille.

— Elle était juste chirurgienne, à l'époque.

Il se retint de répliquer que Rebecca n'avait jamais été « juste chirurgienne ». Elle était hors classe, plus que douée, promise dès le début de ses études à une carrière brillante.

— C'est incroyable, non, qu'elle se soit spécialisée dans les greffes ?

— Moui.

Il arrive qu'un événement traumatisant vous pousse vers une nouvelle orientation. Ça non plus, il ne pouvait pas le dire. Si Julia n'était pas au courant de la tragédie qui avait amené Rebecca à reprendre des études, ce n'était pas à lui de l'éclairer. On ne confie pas des informations de ce genre aux parents des patients. Surtout quand, en bon professionnel, on maintient sa distance avec les parents. Et avec son ex-femme…

— En tout cas, pour nous, c'est formidable, enchaîna Julia

sans remarquer son trouble. Parce que, si on a la chance de trouver un nouveau cœur pour Penny, elle se chargera la greffe. Elle est la meilleure...

Sa voix se brisa de nouveau.

— Ce sera peut-être nous, au pique-nique, l'année prochaine, reprit-elle. Vous avez vu le programme à la télé ? Tous ces gens qui disaient à quel point ce serait affreux si on fermait le Paddington ?

— Non, je ne l'ai pas vu. Mais j'ai eu des échos.

Depuis que l'établissement était menacé de fermeture, la couverture médiatique était intense, et il devenait difficile d'en suivre les rebondissements. Surtout depuis que le cheikh Al-Khalil avait annoncé qu'il ferait une donation importante à l'hôpital qui avait opéré sa fille.

— Ils ont montré des images du pique-nique de l'année dernière. On voyait une maman qui avait perdu son enfant dans un accident et avait choisi le don d'organes. Elle expliquait qu'elle n'avait jamais eu le courage de contacter les familles des enfants qui les avaient reçus, mais elle était tout de même venue au pique-nique, en sachant que l'un des gosses qui étaient là autour d'elle était peut-être en vie grâce à sa décision. Elle était venue constater qu'ils étaient heureux. Et que leurs familles...

La voix de Julia s'étrangla.

Une chance, car Thomas n'aurait pas pu l'écouter plus longtemps. Elle le traînait de force sur un terrain où il refusait de s'aventurer !

— Je dois reprendre ma tournée, murmura-t-il.

— Oh ! Bien sûr ! Je suis désolée...

Elle saisit une nouvelle poignée de mouchoirs en papier et passa devant lui, tête basse.

— Ne vous faites aucun souci, dit-il avec conviction. Je suis toujours disponible si vous voulez me parler, Vous ou Peter ! Organisons très vite ce rendez-vous.

Julia fit oui de la tête, mais l'angoisse avait visiblement repris le dessus.

Thomas serra le poing, s'empêchant de poser la main sur son épaule pour la réconforter, et s'éclaircit la gorge.

— Voulez-vous que je demande à quelqu'un de rester avec vous pendant un petit moment ?

— Non. Non, tout va bien, allez-y. Je vais juste rester encore un peu ici avant de retourner auprès de Penny. Je ne veux pas qu'elle voie que j'ai pleuré.

La scène lui sauta aux yeux alors qu'elle sortait de l'ascenseur pour se rendre au service cardio au bout du couloir.

Un homme et une femme parlaient près de la porte. La détresse de la femme était évidente, mais l'homme se tenait à un pas de celle-ci, rigide, le dos très droit.

Elle dut s'interdire de faire volte-face et de s'engouffrer de nouveau dans l'ascenseur.

Le Dr Rebecca Scott n'avait pas le choix, le patient qu'elle devait voir était dans ce service. Il était sur sa liste d'interventions pour le lendemain matin, ses parents avaient besoin d'être rassurés, et c'était son seul moment disponible dans son emploi du temps surchargé. Elle allait devoir croiser son ex-mari.

Que c'était triste de reconnaître Thomas d'aussi loin, non pas à sa silhouette mais à son attitude, à cette déconnexion radicale de la personne avec qui il parlait !

Le médecin revenu travailler au Paddington n'était pas le Thomas Wolfe qu'elle avait connu.

Toujours la même belle gueule pourtant, toujours ce grand corps mince et sportif, et ces yeux fascinants qu'elle avait remarqués en premier chez lui : ils changeaient de couleur selon son humeur, bleus quand il était heureux, gris quand il était en colère, inquiet ou triste. Le jour de son retour à l'hôpital, cinq ans après leur séparation, ils avaient la couleur d'un toit d'ardoise sous la pluie. Et depuis ce jour, il se montrait toujours aussi distant avec elle, les patients et leur famille.

Elle se doutait que ce retour ne serait pas simple pour lui. Certaines situations, certaines pathologies seraient toujours difficiles à affronter. En apprenant qu'il avait accepté de revenir au Paddington, elle avait cru pouvoir gérer la situation. Elle s'était même dit qu'ils pourraient tirer carrément un trait sur le passé et devenir amis. Mais cet espoir s'était éteint dès leur première rencontre : ils s'étaient croisés, salués. Rien n'avait été dit, elle n'avait décelé aucune chaleur dans son regard. Elle n'avait même pas eu droit au sourire de rigueur entre collègues.

Rien à voir avec le Thomas d'autrefois affable et décontracté qui plaisantait avec l'équipe, jouait avec ses petits patients, établissait des relations cordiales avec les parents. Surtout une fois qu'il était lui-même devenu père ! Les parents des petits patients l'adoraient, ils sentaient en lui un allié, un homme qui comprenait ce qu'ils enduraient et qui prendrait soin de leur gosse comme si c'était le sien. Le nouveau Thomas était sans doute un meilleur médecin avec ces cinq années d'expérience supplémentaires mais, humainement, il n'était plus que l'ombre de lui-même.

À force, ce n'était plus de la tristesse qu'elle ressentait en le voyant, mais de la fureur. Sa colère s'amplifiait à chacune de leurs rencontres, chaque fois qu'ils étaient amenés à discuter d'un patient. Ils se traitaient avec un respect professionnel glacial, s'appelant « Thomas » et « Rebecca » sans jamais basculer dans le « Tom » et « Becca » d'autrefois. Ils passaient en revue des résultats d'analyses, prenaient des décisions de traitement ou d'interventions chirurgicales comme s'il s'agissait d'exercices abstraits et non d'êtres humains ayant chacun sa vie, ses espoirs, son entourage pétri d'angoisse. C'était déjà assez grave qu'il ait détruit leur mariage en se retirant dans cette carapace. Ça, elle pouvait l'encaisser, elle avait eu des années pour s'y faire. Mais voir l'effet de son attitude sur les autres...

Là, c'était à la mère de Penny que Thomas s'adressait. Ils connaissaient Julia depuis sa grossesse, ils avaient été là pour elle à cent pour cent les premières semaines, les premiers mois de la vie de sa fille ! Mais à l'époque, il était encore l'ancien Thomas. Et puis, il s'en était allé. Il n'avait pas été là pour la seconde série d'interventions, n'avait pas partagé la joie des rendez-vous de suivi à l'époque où la petite tirait son épingle du jeu, quand la famille vivait dans le bonheur et l'espoir. Il n'avait pas non plus assisté au retour de l'angoisse quand sa condition s'était de nouveau détériorée.

Maintenant qu'il était de retour, il se comportait comme si Pénélope Craig n'était qu'une patiente comme une autre. Comment pouvait-il laisser Julia comme cela, lui tourner le dos et s'en aller, alors qu'elle s'engouffrait dans la salle des familles pour pleurer ?

Lorsque Thomas s'avança à sa rencontre, Rebecca sut que le regard qu'elle levait vers lui était accusateur, mais pour une fois elle refusait de cacher ce qu'elle ressentait derrière un masque de calme professionnel.

— Que se passe-t-il ? demanda-t-elle sèchement. Julia a l'air bouleversée. Pourquoi ?

Il jeta un regard rapide à la ronde.

Un groupe de collègues et de visiteurs attendait l'ascenseur, deux employés de la cuisine passaient en poussant un gros chariot métallique. En face, un aide-soignant s'approchait en poussant un lit. Des ballons rouge vif étaient attachés au montant, et la maman accompagnait le convoi en bavardant avec l'infirmier. Cette dernière la reconnut et lui sourit chaleureusement — un sourire qui s'effaça quand elle vit Thomas. Lequel ne sembla rien remarquer. D'un signe de tête, il l'invita à le suivre vers les fauteuils groupés près d'une des hautes croisées anciennes, pour une fois déserts.

Rebecca serra les dents.

Il avait raison, ce serait déplacé de discuter d'une patiente là où on pourrait les entendre. Là, ils seraient assez loin des ascenseurs pour pouvoir parler en toute discrétion.

Elle se dirigea donc vers les fauteuils, sans s'asseoir.

Thomas se planta devant elle, les mains dans les poches de sa blouse.

— J'allais t'envoyer un mémo, dit-il. Je dois rencontrer les parents d'ici quelques jours pour discuter de la pose d'un dispositif d'assistance ventriculaire. Vu l'évolution de l'état de Penny, nous ne pourrons bientôt plus gérer son insuffisance cardiaque.

— D'accord...

Rebecca se mordit la lèvre.

Elle comprenait mieux l'émotion de Julia. Un DAV, c'était une intervention majeure. Mais on pouvait se fier au jugement de Thomas, s'il estimait que le moment était venu.

Malgré elle, elle se surprit à scruter son visage.

Il devait bien mesurer l'impact de la nouvelle qu'il venait d'apprendre à Julia, non ? Et il trouvait normal de la laisser encaisser le choc toute seule ?

Leurs regards se croisèrent, mais Thomas détourna aussitôt les yeux.

L'expression parfaitement neutre, il contempla la vue superbe sur le centre de Londres, les artères avec leurs bus rouges à deux étages, la foule des gens qui attendaient de traverser, les passants qui hélaient un taxi.

— Tu as déjà posé un DAV ? demanda-t-il. Tu te sens prête à faire l'intervention ?

— Oui, bien sûr. Ce n'est pas une procédure très courante, mais j'ai déjà participé à plusieurs poses. Tu veux que je voie les parents de Penny ?

— Je leur ai déjà dit ce que cela implique et pourquoi ce serait une bonne option.

Refusait-il délibérément de croiser son regard ? À moins que son regard n'ait été happé par le sommet des arbres du Regent's Park ?

Machinalement, elle s'approcha de la fenêtre pour voir si les manifestants étaient toujours à leur place devant les grilles... Oui, elle voyait les pancartes.

Depuis le temps qu'ils étaient accrochés, les slogans de ces pancartes étaient devenus aussi familiers que les noms des rues du quartier. « Sauvez notre hôpital », « La santé, pas les dividendes », « Nos gosses avant tout ». Voilà des mois qu'ils tenaient bon, depuis que la menace de fermeture de l'établissement s'était ébruitée. Le personnel de l'hôpital n'avait pas été le seul choqué par la nouvelle. La raison de la décision était purement économique : le prix au mètre carré de ce secteur de

Londres s'était envolé, à tel point que le conseil d'administration envisageait de vendre et de fusionner le Paddington avec le Riverside, une autre structure à la lisière du Grand Londres.

Quelques semaines auparavant, la donation stupéfiante du cheikh Idris al-Khalil, qui avait fait soigner sa fille dans l'établissement, était venue renflouer en partie les comptes. Le montant incroyable offert par ce père pour témoigner de sa gratitude avait déclenché une avalanche de dons, la presse s'était emparée de l'affaire, et tout le personnel, toutes les familles de patients passés et actuels étaient entrés en campagne. Ils avaient l'opinion publique avec eux, la situation se retournait, et les manifestants ne relâcheraient pas leur vigilance avant d'avoir obtenu des garanties des pouvoirs publics.

C'était quasiment gagné, pensa-t-elle avec un élan de joie. Tout allait s'arranger, pour l'hôpital et peut-être aussi pour Penny !

Le DAV la placerait tout en haut de la liste d'attente pour une greffe. Si le destin s'en mêlait, un cœur deviendrait disponible avant qu'ils n'aient à gérer des complications...

La légère euphorie qui s'était emparée d'elle s'évanouit dans un frisson glacé.

Le moment serait bien choisi pour murmurer une vague formule d'assentiment et se retirer en demandant poliment à être tenue au courant. C'était ce que lui recommandait sa tête, mais son cœur envoyait un message très différent. Frustré, déchiré, il exigeait de savoir où était passé le vrai Thomas, celui qu'elle avait aimé. En restait-il la moindre trace sous l'armure derrière laquelle il se protégeait ?

— C'est une bonne option, jeta-t-elle d'une voix basse et féroce. Il ne nous reste plus qu'à croiser les doigts. Avec un peu de chance, un gosse quelque part aura un accident affreux, et ses parents accepteront de nous laisser les pièces détachées.

Elle perçut le choc de Thomas.

Normal, elle venait de se choquer elle-même. Ce discours, monstrueux dans la bouche d'une chirurgienne spécialisée dans les greffes, venait de jaillir d'un recoin très intime de son cœur. Un recoin auquel pouvait seul accéder un parent qui avait dû lui-même prendre cette décision terrible.

Elle venait aussi d'outrepasser un autre interdit : sans que ce soit jamais dit en clair, il était convenu qu'ils feraient comme s'il n'existait aucun lien personnel entre eux. Et cette limite, elle ne l'avait pas franchie avec une question innocente, comme « Tu as passé un bon week-end ? ». Non, elle venait de lancer une grenade droit dans le bunker qui contenait le plus privé, le plus douloureux de leur histoire commune. Dans un lieu public. Pendant leurs heures de travail.

À quoi pensait-elle ?

Oui, ça l'irritait de voir Thomas tenir les parents de leurs patients à distance, mais cela n'excusait rien. Elle savait très bien pourquoi il le faisait... À moins que le problème ne soit ailleurs ? Elle avait tant cherché à l'aider et avait échoué de façon si radicale que, maintenant, elle lui en voulait.

— Désolée, marmotta-t-elle. Pour moi, ce n'est jamais un donneur anonyme. Je dois aller prélever l'organe. Je suis impliquée des deux côtés du tableau.

— Tu choisis de le faire, articula Thomas.

Sa voix était glacée, il l'accusait sans même la regarder.

En le voyant fixer de nouveau le lointain par cette fichue fenêtre, elle découvrit que sa colère n'était pas effacée par la honte de ce qu'elle venait de dire.

Outrée, elle riposta :

— Et toi, tu choisis de fermer les yeux. Tu choisis de te sauver. Comme toujours.

Il y eut un silence énorme.

Elle attendit sa réponse pendant quelques secondes interminables, puis elle tourna les talons et s'éloigna.

2

L'écran mural était déployé sur le mur du fond de la petite salle de réunion. Tous les membres de l'équipe participant de près ou de loin aux soins de Pénélope Craig étaient invités à la séance de travail qui allait se tenir.

Thomas ouvrit un dossier sur son ordinateur portable et cliqua sur « options » pour afficher son Power Point.

— La ligne a été franchie, clama derrière lui la voix de Rosie, simple infirmière mais très présente auprès de la petite fille à chacun de ses séjours.

— Quelle ligne ? demanda-t-il sans se retourner.

Rosie ne pensait probablement pas à la même que lui. Une semaine s'était écoulée depuis l'incroyable sortie de Rebecca, mais il n'était pas encore remis du choc. Il brûlait de colère et de ressentiment. Un autre que lui aurait pu faire un signalement, enregistrer une plainte officielle. En ce moment, les médias avaient le regard braqué sur le Paddington. Il voyait d'ici les gros titres, si un journaliste entendait la chirurgienne chargée des greffes traiter les organes des donateurs de « pièces détachées » ! Et si quelqu'un d'autre avait entendu Rebecca ? L'incident s'était-il répandu dans les couloirs de l'hôpital ? Rosie parlait-elle... ?

Saisi d'un soupçon, il se retourna brusquement.

Non, la jolie infirmière était toute joyeuse. Il l'écouta plus attentivement.

— Et maintenant, la ligne de flottaison a été franchie. Tu sais bien, le site représente les dons sous la forme d'un navire qu'il faut à tout prix empêcher de couler. Ça y est, on est renfloué, et le gouvernement annonce qu'il complétera la somme. Il ne manque plus que la signature du ministère de la Santé, et le Paddington sera officiellement sauvé !

— C'est formidable.

Occupé à tester le pointeur laser pour s'assurer qu'il fonctionnait, il avait répondu distraitement. Surpris par le silence subit, il leva les yeux et vit l'expression interloquée de Rosie.

— Excellente nouvelle ! reprit-il avec davantage d'entrain.

Manifestement, il ne l'avait pas convaincue. Elle ajouta pourtant :

— Il paraît qu'on organisera un grand gala dès que tout sera signé. En attendant, une partie de l'équipe se retrouve ce soir au Frog & Peach pour fêter ça. Tu viendras ?

Elle se détourna sans attendre sa réponse, car d'autres collègues arrivaient à la réunion, et elle avait hâte de relayer la grande nouvelle. Les kinés, Louise, la diététicienne en chef... Rosie se retrouva bientôt au cœur d'un groupe animé. Un instant plus tard, l'une des psychologues de l'établissement poussa la porte, suivie de près par le responsable des soins intensifs en cardiologie.

Thomas salua ce dernier d'un signe de tête.

Quand l'horloge afficha l'heure prévue pour le début de la réunion, une seule personne manquait à l'appel : Rebecca Scott, la chirurgienne.

Maintenant qu'il y pensait, il ne l'avait pas revue de toute la semaine. Ce n'était pas qu'il souhaite la croiser : le choc de leur dernier échange n'était pas seulement dû à son manque de professionnalisme, ni même au fait qu'elle ait outrepassé de façon aussi inattendue les limites permises entre collègues. Non, ce qu'il ne parvenait pas à oublier, c'était l'accusation sur laquelle elle l'avait quitté.

Le prenait-elle réellement pour un lâche ? C'était bien la dernière chose dont on puisse l'accuser ! Ne comprenait-elle donc rien, ne voyait-elle pas quelle force il lui avait fallu pour encaisser ce qu'il leur était arrivé ? Ne mesurait-elle pas la difficulté de simplement continuer à vivre, un jour à la fois ?

Ce n'était pas étonnant que leur mariage n'ait pas résisté, pas étonnant non plus qu'il soit resté sur un tel sentiment d'échec. En tant que mari, en tant que père... Ressortir tout cela et le lui jeter au visage, c'était inqualifiable. Cruel, insultant...

La porte s'ouvrit à la volée, et Rebecca apparut, suivie de son interne.

Il braqua sur elle un regard accusateur... Qu'elle lui rendit amplement.

— Désolée pour ce retard. Nous avons été retenues aux soins intensifs à la fin de notre dernière intervention, expliqua-t-elle à la ronde en se hâtant de prendre place à la table ovale. Je ne pouvais pas partir avant d'être sûre que mon patient était stabilisé.

— Bien sûr que non, dit une voix. C'est normal.

Thomas détourna les yeux, juste à temps pour noter les échanges de regards autour de la table.

Dans la petite salle, la tension était palpable.

— Pas de problème, dit-il d'une voix égale. Commençons, si vous le voulez bien. Nous sommes tous très occupés.

Il se tourna vers l'écran et afficha son premier tableau.

— Nous sommes ici pour faire le point sur la situation de Pénélope Craig, actuellement au service de cardiologie. Pour ceux d'entre vous qui n'êtes pas intervenus auprès d'elle ces dernières années, voilà un historique rapide.

L'écran affichait une liste, les drames successifs d'une petite vie réduits à un résumé clinique lapidaire.

— Le diagnostic d'hypoplasie du ventricule gauche a été effectué en prénatal, aussi Pénélope a-t-elle été délivrée par césarienne et admise immédiatement aux soins intensifs en cardio. Elle avait quinze jours lors de la première intervention, une procédure de type Norwood.

Ce jour-là, il avait assisté à l'intervention dans la cabine vitrée qui surplombait le bloc. À l'époque, Rebecca était interne en chirurgie cardio-thoracique, et c'était l'intervention la plus difficile à laquelle elle ait participé. Elle avait passé la moitié de la nuit précédente à revoir pas à pas les étapes de la procédure, et il avait veillé avec elle en faisant son possible pour booster sa confiance.

Ce souvenir fondit sur lui avec une intensité à lui couper le souffle. Un tableau incroyablement détaillé, aux couleurs et aux sons intacts. Lui aux premières loges, debout tout contre la vitre pour mieux voir, le nouveau-né couché sur la table, entouré de silhouettes masquées. Par le relais audio de la cabine, il avait entendu le chirurgien en chef confier à Rebecca la responsabilité de refermer la minuscule poitrine. Au moment où ils échangeaient leurs places, elle avait levé les yeux un bref instant, comme pour s'assurer qu'il était toujours là. Il avait souri en hochant la tête pour bien montrer qu'il croyait en elle, qu'elle pouvait le faire, qu'il était fier d'elle...

Il s'interrompit un instant, et sa propre voix lui sembla bizarrement enrouée quand il reprit la parole.

— À six mois, nous sommes intervenus de nouveau pour une procédure hémi-Fontan, pour relier directement l'artère pulmonaire à la veine cave supérieure.

Cette fois, Rebecca avait été autorisée à faire le plus gros de la chirurgie. Tout s'était bien passé. Le soir, ils avaient pris une baby-sitter pour Gwen, et ils étaient sortis fêter son exploit au champagne. Après un repas dans un bon restaurant, ils étaient allés danser. Pour eux, ces soirées étaient un rituel magique : même après une journée éreintante, une fois lancés, ils s'amusaient comme des fous. Le simple fait d'être ensemble leur redonnait de l'énergie. Ils avaient la certitude que leur couple était invincible, qu'il n'y aurait jamais, ne pourrait jamais y avoir un autre amour pour eux. Si on leur avait dit que cette sortie serait la dernière, cela leur aurait semblé inconcevable. Aussi impossible que de perdre leur fille adorée.

Une fois de plus, il dut faire un effort pour se concentrer.

Pénélope Craig... Par la suite, il y avait encore eu une intervention majeure, mais il ne savait même pas si Rebecca s'en était chargée. Entre-temps, la tragédie avait détruit leurs vies, et il était déjà loin, dans un service cardio adulte dans le nord du pays. Il s'était sauvé... « comme il le faisait toujours ».

Il s'éclaircit la gorge et passa rapidement aux séjours hospitaliers plus récents.

— En avril de cette année, l'état de Pénélope s'est détérioré de façon marquée à la suite d'une série d'infections virales. Elle est dans le service depuis dix semaines. Depuis deux mois, elle figure sur la liste d'attente pour une greffe du cœur. Cette semaine a vu une dégradation encore plus importante, et une intervention devient urgente.

Le tableau suivant donnait les statistiques sur la disponibilité des organes et le nombre de petits patients qui ne tiendraient vraisemblablement pas avant d'obtenir une greffe. Puis il afficha l'image d'un minuscule piston de caoutchouc, un tube unique émergeant du sommet, deux de la base.

— Pour ceux d'entre vous qui ne connaîtraient pas, voici l'image d'un dispositif d'assistance ventriculaire. Le DAV s'implante au niveau du cœur et fournit un soutien mécanique à la circulation. Les parents ont donné leur accord. Nous poserons celui de Pénélope dès que nous pourrons réserver le bloc.

Il inspira longuement.

— Docteur Scott ? lança-t-il, vous souhaitez expliquer ce qu'implique l'intervention ?

Sa question déclencha une nouvelle série de haussements de sourcils et de regards entendus autour de la table.

Ennuyé, il comprit que ce formalisme, qui n'était pas la norme entre collègues au Paddington, alimentait le malaise général.

— Bien sûr.

Le regard de Rebecca parcourut rapidement le groupe, sans arriver jusqu'à lui.

— Pour dire les choses simplement, c'est une question de plomberie. Le dispositif est une pompe qui aspire le sang et le restitue à l'aorte en déchargeant le ventricule défaillant.

Il réprima une grimace.

C'était correct de décrire la procédure en termes simples pour les membres de l'équipe sans formation médicale, comme la diététicienne. Mais cela sonnait à ses oreilles de façon affreusement désinvolte. Comme ce mot terrible de « pièces détachées » que

Rebecca avait employé l'autre jour. Depuis, la colère lui nouait le ventre, il avait perdu l'appétit — et la situation ne pouvait qu'empirer, car il allait devoir collaborer étroitement avec Rebecca pour l'opération de Penny. L'intrusion des souvenirs pendant sa présentation était peut-être un avertissement. De nature à se demander s'ils pourraient rester ensemble dans l'équipe.

Leurs collègues étaient visiblement conscients des tensions entre eux. David, le consultant des soins intensifs cardiologiques, le toisait à l'instant d'un air pensif, comme s'il se demandait également comment la collaboration entre les deux piliers du groupe allait pouvoir fonctionner.

Au prix d'un effort, Thomas prit une expression plus cordiale.

— Ce n'est pas aussi simple, bien sûr, expliquait Rebecca. C'est une intervention lourde, qui peut présenter de grosses difficultés. Il faut espérer que nous éviterons les complications.

— Quelles complications ? demanda l'un des kinés.

— Il y a toute une gamme de risques : hémorragie, AVC, infections, arythmies...

Rebecca comptait sur ses doigts les désastres possibles.

— Certains peuvent ne pas être détectés dans l'immédiat, comme une insuffisance rénale ou un dysfonctionnement du foie. Il peut aussi y avoir des problèmes liés à l'intervention, comme une embolie gazeuse. Encore une fois, nous ferons tout notre possible pour les éviter. Ce que je cherche à dire, c'est que les risques sont réels, mais que, dans le cas de Penny Craig, les bénéfices l'emportent.

Elle se tut un instant et esquissa un sourire poignant.

— Penny est une petite fille très attachante, que nous connaissons depuis toujours. Nous allons tous donner notre maximum, moi la première.

Interdit, Thomas observa ses collègues.

Le murmure qui courut autour de la table avait une note de sincérité inhabituelle pour une réunion de ce genre. Certains hochaient la tête, le visage grave ; Rosie battait des paupières comme pour retenir ses larmes.

Incroyable ! Était-il le seul à mesurer le risque de s'impliquer affectivement ? La psychologue devait se dire que toute l'équipe basculait dans une émotivité douteuse. Elle aurait du pain sur la planche, si tout ne se déroulait pas comme prévu ! Il était temps de conclure, si possible en les ramenant tous sur terre.

— C'est évidemment une question de travail d'équipe, et il faut espérer que nous verrons très vite une amélioration spectaculaire de l'état de cette patiente, lança-t-il.

Les sourcils froncés, il se concentra sur son pointeur laser — comment éteignait-on ce fichu machin ? — et lâcha en conclusion :

— Merci à tous d'être venus. Je me fais une joie de travailler avec vous.

L'équipe se mit sur pied dans un bourdonnement de commentaires, et plusieurs bipeurs se manifestèrent.

David contourna la table pour s'approcher de lui.

— Je dois filer, on m'appelle là-haut. Tu pourrais passer quand tu auras un moment ? J'aimerais revoir avec toi en détail les soins postopératoires de Penny pour pouvoir briefer mon équipe.

— Bien sûr. Je monterai vous retrouver tout à l'heure, mais nous avons une entrée, une petite qui est arrivée cette nuit avec une crise d'asthme sévère. Maintenant, on penche pour une myocardiopathie. Nous devrons peut-être la transférer chez toi.

L'essoufflement accompagné d'une respiration sifflante était souvent mal diagnostiqué chez les enfants, on collait tout de suite l'étiquette « asthme » ou « pneumonie », mais une échographie du cœur pouvait révéler une maladie cardiaque sous-jacente.

— J'ai eu l'info. Bipe-moi si tu veux que j'assiste à la consultation.

— D'accord.

La pièce s'était vidée pendant ce bref échange. Déjà concentré sur la patiente qu'il s'apprêtait à évaluer, Thomas referma rapidement son fichier et mit son ordinateur portable en veille. Il se retourna... et fut stupéfait de voir qu'il n'était pas seul.

Rebecca se tenait debout près de la table.

— Il faut qu'on parle, dit-elle.

Il ne répondit pas : vu la teneur de leur dernier échange, il n'était pas du tout sûr de vouloir accéder à cette injonction.

— Tu es sûrement d'accord avec moi, reprit-elle, on ne peut

pas travailler ensemble efficacement tant qu'il y a une telle tension entre nous. Pas sur un cas aussi difficile. Tout le monde en a conscience, et toute l'équipe est affectée.

Il ne pouvait pas la contredire. Il devait admettre qu'il était en partie responsable. Pour tout ce qui touchait aux soins de Penny, le travail de Rebecca était exemplaire. En somme, il laissait un bagage personnel affecter ses rapports avec une collègue — à tel point qu'il arrivait à peine à la regarder en face.

Troublé, il considéra l'ordinateur portable entre ses mains.

Rebecca, elle, le toisait posément, froidement. Un regard très différent de celui du souvenir qui l'avait frappé, quelques minutes plus tôt — ces yeux levés vers lui pour s'assurer qu'elle avait son soutien au moment d'affronter le plus grand défi de sa jeune carrière.

Exaspéré, il écarta cette pensée.

C'était dans une autre vie ! Une époque où cela allait de soi pour eux de s'épauler, où la réussite de l'un d'entre eux créait une immense fierté partagée, où tout échec se transformait en enseignement qui leur faisait franchir une étape supplémentaire. Une vie de joies, d'amour.

Une vague subite de tristesse vint émousser sa colère.

— Au cas où tu n'aurais pas remarqué, l'hôpital est en sous-effectif depuis qu'on est menacé de fermeture. C'est pour cela que j'ai accepté de reprendre un poste. Tu proposes quoi ? Qu'on appelle un autre cardiologue ?

— Surtout pas, répondit-elle d'une voix contenue. Penny doit avoir les meilleurs soins et, en dehors de l'intervention chirurgicale, tu es celui qui peut les lui donner.

— Et tu es celle qui peut lui offrir la meilleure chirurgie, dit-il aussitôt.

Il ferma les yeux un bref instant puis se força à croiser de nouveau son regard.

— Alors ? Qu'est-ce que tu proposes ?

— Que nous parlions. Pas ici, ajouta-t-elle très vite. Un endroit plus...

Elle s'éclaircit la gorge.

— Un autre endroit.

Avait-elle failli suggérer un endroit plus privé ? Comme le logement où ils avaient vécu avec Gwen et que Rebecca avait refusé de vendre ? Non, ça, il ne pouvait pas. Et si les mêmes tableaux étaient toujours au mur ? Le grand panier avec tous les jouets ?

— Je compte marcher un peu en sortant du travail, dit-elle très bas. Traverser le Regent's Park, monter du côté de Primrose Hill. Il fait très beau. Tu pourrais venir avec moi.

Une promenade. Dans un lieu public. Assez d'espace pour que personne ne puisse surprendre ce qu'ils se diraient, et la possibilité de tourner les talons et de s'en aller s'ils ne parvenaient pas à trouver un terrain d'entente. Une chance d'exorciser cette horrible tension...

Cela semblait envisageable.

Car ce terrain d'entente, ils allaient devoir le trouver. S'ils n'y parvenaient pas, il aurait un nouvel échec à ajouter à sa liste et, cette fois, cela sortirait de la sphère privée pour déborder sur sa vie professionnelle. Il prêterait le flanc à toutes sortes de ragots, causerait du tort à leurs deux carrières. Or sa carrière, c'était tout ce qui lui restait aujourd'hui.

— Très bien, dit-il. Bipe-moi quand tu seras prête à partir, et je te rejoindrai.

Rebecca sortit de la salle... pour filer vers une autre réunion. Elle eut tout juste le temps de passer par son bureau prendre un dossier avant de foncer vers le petit café du rez-de-chaussée, où l'attendait le comité chargé d'organiser le Pique-Nique des oursons.

Le grand jour approchait. À chaque édition, l'événement qu'elle avait contribué à créer quatre ans auparavant prenait un peu plus d'importance. Cette année, le comité comptait pulvériser tous les records.

La présidente, mère d'une enfant atteinte de fibrose kystique qui avait reçu une double greffe des poumons six ans auparavant, agita la main avec entrain en la voyant se frayer un chemin entre les tables.

— Nous avons dû commencer sans vous. Désolée !

— C'est moi qui m'excuse d'être en retard.

Décidément, c'était le refrain de sa journée ! Mais ici, au moins, personne ne la foudroyait du regard. Janice, la présidente, rayonnait littéralement.

— J'ai une nouvelle *fabuleuse* ! Votre idée de contacter la Fédération mondiale des Jeux olympiques des greffés a tapé dans le mille ! Nous avons eu des retours extraordinaires, nous aurons l'embarras du choix pour les témoignages.

— Je suis contente !

Une jeune serveuse s'était approchée et attendait sa commande. Elle leva la tête pour lui sourire.

— Un crème, s'il vous plaît. Et l'un de vos muffins salés.

Vu sa journée, elle n'aurait pas d'autre occasion de déjeuner.

— Nous avons Jeremy Gibson, énumérait Janice. Il a reçu une greffe du foie quand il avait une trentaine d'années et a trois enfants en bas âge. Voilà quatre ans qu'il participe aux Jeux et qu'il milite pour faire connaître la question du don d'organe, montrer qu'on peut vivre et s'épanouir après une greffe et lever des fonds. L'année dernière, il a pris la tête d'une randonnée sponsorisée dans l'Himalaya !

Rebecca approuva de la tête avec énergie.

Elle espéra faire illusion mais, en fait, elle n'était pas encore vraiment présente.

La façon dont Thomas l'avait regardée en lui demandant si elle voulait confier Penny à un autre cardiologue…

La tension entre eux était toujours bien présente, et aussi cette colère qu'elle avait déclenchée, elle le savait, en l'accusant de fuir. Elle sentait aussi autre chose chez lui, un chagrin si profond qu'elle avait failli contourner la table pour le prendre dans ses bras.

Cet élan instinctif la choquait. Depuis le temps, elle avait fait son deuil de Thomas, surmonté leur rupture ! Quelle femme saine d'esprit choisirait de rester avec un homme qui s'absente quand tout devient trop difficile ?

— Il y a aussi Helena Adams, enchaînait Janice. Une double greffe des poumons, et aujourd'hui championne de ski. Et...

Elle consulta le bloc posé devant elle.

— Et Connor O'Brian, un jeune greffé du cœur qui a participé au Marathon de Londres l'année dernière.

— Ils ont tous l'air formidables, opina Rebecca.

— Et si on les invitait tous ? proposa la trésorière. Ils ne seraient pas tous obligés de prendre le micro, ils pourraient circuler, participer aux activités, bavarder avec les enfants et leurs parents. Et parler à la presse, bien sûr. Il y aura beaucoup de journalistes cette année, la menace de fermeture du Paddington nous fait une énorme publicité.

— Il y aura trois équipes de télévision, jubila la secrétaire. Ce sera *international* !

Elle fit mine de s'éventer de la main en ajoutant :

— On joue dans la cour des grands !

Janice laissa échapper un soupir explosif.

— Bon. Nous avons un ordre du jour chargé, alors passons aux choses concrètes. Le château gonflable est réservé ?

— Oui, répondit la secrétaire. Il est énorme, il a des tourelles... J'ai apporté une photo.

— Il est magnifique ! Et en plein cœur de cible, puisque le surnom du Paddington, c'est « le Château ».

L'hôpital pédiatrique, un beau bâtiment de l'époque victorienne, avait effectivement des tourelles, ainsi qu'un dôme qui surplombait l'entrée principale et le hall d'accueil.

— Le plus difficile sera de décider où placer le château gonflable. La circulation n'était pas au top l'année dernière, et il y aura davantage d'activités cette fois. Le zoo a proposé d'organiser des promenades à poney.

Janice jeta un regard soucieux à ses troupes.

— Le zoo de Londres est un de nos plus gros sponsors, c'est pourquoi nous nous installons côté Primrose Hill. Mais vous croyez qu'il y aura assez de place ? Est-ce qu'il ne faudrait pas envisager de demander en plus un secteur de Regent's Park ?

— Je vais repérer les lieux ce soir, déclara Rebecca. J'emporterai le plan des attractions pour vérifier, mais je crois que l'espace est suffisant. Nous étions loin d'occuper tout le périmètre l'année dernière, et c'est tellement joli d'être en hauteur, avec la vue sur Londres. Les photos étaient extraordinaires, non ?

Les membres du comité se mirent à échanger des souvenirs émus du pique-nique de l'année précédente, et Rebecca sentit que ses pensées s'égaraient de nouveau.

En invitant Thomas à faire un tour avec elle tout à l'heure, elle ne lui avait pas précisé pourquoi elle arpentait la colline. Aurait-elle dû le faire ?

Troublée, elle se mordilla la lèvre.

Non. S'il s'était douté de quoi il était question, il serait parti en courant. S'ils voulaient réussir à travailler ensemble, il fallait absolument qu'ils parlent. À quoi bon lui exposer *l'autre* but de la promenade ? On était en été, les soirées étaient belles, elle pourrait rester après son départ, parcourir la colline avec le plan, noter d'éventuels problèmes, voir s'il fallait changer le dispositif. L'important, c'était de passer ce moment ensemble avant que leurs relations ne se gâtent irrémédiablement.

Dans un sens, la perspective de cette promenade était même assez agréable. Plus ou moins. À un niveau purement professionnel, bien sûr. Elle se sentirait mieux une fois qu'elle se serait excusée pour son attaque verbale. Thomas n'avait pas mérité cela, il faisait de son mieux, à sa façon. Il avait toujours fait de son mieux, de la seule manière qui lui semblait possible. Le plus triste, c'était qu'il soit incapable de voir à quel point il se trompait et était le premier à souffrir de ses choix.

Une nouvelle pensée la frappa, et elle serra les lèvres, atterrée.

Aïe ! En invitant Thomas à gravir Primrose Hill, elle n'avait pas pensé qu'ils referaient le parcours de leur première sortie à deux !

Avec un peu de chance, lui non plus ne s'en souviendrait pas... Oh ! Et puis, cela n'avait pas trop d'importance. Le seul fait de se voir leur rappelait leur passé commun. D'une façon ou d'une autre, ils devaient apprendre à l'assumer.

3

La soirée était tiède, mais la glace n'était pas encore rompue entre eux. Ils étaient partis d'un pas vif vers Regent's Park. Tant qu'ils marchaient dans les rues, leur silence fut masqué par la rumeur de la circulation. Quand ils s'enfoncèrent dans le parc, en revanche...

La première, Rebecca se décida à parler.

— Je te remercie d'avoir accepté de venir.

— Tu as raison, nous devons trouver un moyen de travailler ensemble sans laisser notre bagage commun interférer avec le soin des patients.

Un petit discours très abouti ! Si abouti, même, qu'elle le soupçonna de l'avoir répété, ou du moins de s'être répété l'idée en boucle pour s'exhorter à passer ce moment avec elle.

Elle inspira à fond et s'interdit de soupirer bruyamment.

Au moins, il était là, c'était un début. Il était un peu tôt pour ouvrir la boîte de Pandore de leur « bagage commun ». Mais la discussion serait tellement plus facile si seulement il voulait bien se détendre un peu !

Et comment ne pas se détendre dans un lieu pareil ? Ils longeaient l'étang, un rendez-vous très populaire par ces belles soirées ensoleillées. Plusieurs couples avaient loué des embarcations, barques ou pédalos bleu et jaune. Les berges étaient semées de couvertures et de chaises pliantes, des bandes d'amis et des familles déballaient leurs pique-niques, des chiens couraient après des balles, des enfants jouaient près de l'eau. Il y avait des canards.

Les canards... Ils étaient souvent venus les voir avec Gwen, les précieux jours de repos où ils se retrouvaient tous les trois. Ils avaient commencé à emmener la petite donner du pain aux canards alors qu'elle ne marchait pas encore.

Surtout, ne pas rappeler cela à Thomas. Ne pas lui avouer qu'elle continuait aujourd'hui encore à ranger les croûtes de pain dans un sac au congélateur. Le sac finissait toujours par déborder, car elle n'avait plus le temps ni l'envie de les apporter à l'étang.

En les voyant en ce moment, qui aurait pu deviner leur passé commun ? Un homme et une femme qui avançaient sans se parler, lui sa mallette à la main, elle la lanière d'un ordinateur portable à l'épaule. Ils ressemblaient à de simples collègues qui font un bout de chemin dans la même direction à la fin de leur journée. Et c'était exactement ce qu'ils étaient, du fait des barrières dressées par Thomas. Ces barrières qu'il maintenait avec tant de détermination depuis son retour.

Mais... il souriait ? La main levée pour s'abriter les yeux, il contemplait les bateaux qui se croisaient sur le lac, et, oui, ses lèvres s'étaient retroussées. Il exhala même un son qui ressemblait à un petit rire.

— Personne à l'eau, aujourd'hui, murmura-t-il.

Ce n'était pas une piscine, personne ne nageait ici. À moins d'avoir la malchance de passer par-dessus bord comme elle l'avait fait le jour où...

Pour l'amour du ciel ! Elle pouvait remballer sa prudence sur les souvenirs partagés, il ne prenait pas de gants, lui !

D'accord, c'était drôle quand elle y repensait.

Un jour, Thomas, pris d'une inspiration romantique, avait proposé une promenade en barque. Elle s'était habillée pour l'occasion d'une robe d'été vaporeuse, avec un grand chapeau de paille. Il faisait un soleil fabuleux, avec une petite brise — une petite brise assez puissante pour soulever son chapeau et le déposer sur l'eau quelques mètres plus loin ! Tom s'était démené avec les rames pour s'en rapprocher, mais il n'était pas très habile. La barque était encore trop loin, elle s'était trop penchée… L'étang n'était pas profond, elle s'était relevée tout de suite, détrempée, sa robe plaquée au corps, ses dessous visibles par transparence. Le choc de l'eau froide s'était transformé en fou rire… Puis elle avait vu le regard brûlant de Tom braqué sur elle. Ils étaient rentrés en quatrième vitesse, et pas seulement pour qu'elle puisse se débarrasser de ses vêtements mouillés !

Vu le contexte, le fait d'évoquer un souvenir pareil, ce fut comme d'ouvrir les volets d'une pièce obscure. Dans les yeux de Thomas, elle vit naître une étincelle familière. Comme si tout ce qu'ils avaient été l'un pour l'autre existait toujours en suspension — comme s'il suffirait d'un rien pour que cela reprenne vie.

Ce n'était pas du tout ce qu'elle recherchait ! C'était la dernière chose qu'elle s'attendait à ressentir. C'était… *trop* ! Elle ne voulait pas rouvrir cette porte.

Elle renvoya instinctivement ce souvenir à la trappe.

— Ce n'est pas un endroit pour barboter, s'entendit-elle dire. Enfin, tout le monde peut se tromper…

Dans les yeux de Thomas, l'étincelle s'éteignit.

La petite phrase restée suspendue entre eux prenait de plus en plus de place, se chargeant d'un sens écrasant.

Comme s'ils s'étaient trompés sur toute la ligne, sur leur amour, leur mariage, tout ce qu'ils avaient vécu ensemble ! Ce n'était pas ce qu'elle voulait dire, elle ne cherchait qu'à écarter le risque d'un échange trop intime. Mais… Et si c'était vrai ?

La chape étouffante était retombée sur eux, la tension était revenue, plus pénible encore.

Oh ! non, c'était sa faute ! Elle avait eu sa chance de briser la glace, et elle avait tout gâché. Dire quelque chose, vite !

Habituellement, elle savait dénouer les tensions, elle le faisait en permanence avec les familles de ses patients. Elle savait, elle, qu'on ne peut pas sauter à pieds joints dans le vif du sujet comme Thomas venait de le faire. Par inadvertance ? Pas sûr. Mieux valait commencer par un sujet simple, qui n'agresse personne.

— J'ai vu ta nouvelle patiente cet après-midi, reprit-elle d'une voix plus détendue. Tegan Mitchell, la grande de treize ans avec une sténose de l'aorte.

— Ah... Très bien.

Elle capta le soulagement dans la voix de Thomas : lui aussi était heureux de se replier sur un terrain plus sûr.

— Alors, tu en as pensé quoi ?

— Une présentation classique. Même ma nouvelle interne a entendu le déclic d'éjection après le premier son du cœur et le murmure. C'était la première fois qu'elle rencontrait un cas où le murmure s'accentue en position accroupie et diminue en position debout. Elle fait aussi un œdème impressionnant des jambes... Tegan, je veux dire, pas mon interne !

— Je lui ai programmé une échographie pour demain matin, répondit Thomas sans sourire. Nous traitons son insuffisance cardiaque, mais je pense qu'il faut envisager une intervention pour remplacer la valve. À ton avis ?

D'accord, la tension n'était pas encore suffisamment retombée pour autoriser une plaisanterie. Elle hocha donc la tête avec sérieux.

— Absolument, dit-elle comme Thomas ne la regardait pas. Ils étaient arrivés à un carrefour, et il jetait un œil à la ronde.

— On passe par le Queen Mary ?

— Bonne idée. Les roses sont en fleur.

Le premier, il franchit la grille de fer forgé et s'engagea dans un sentier.

Autour d'eux, des haies basses tirées au cordeau entouraient des plates-bandes multicolores.

Elle s'arrêta un instant pour respirer le parfum des roses anciennes.

Thomas, lui, ne semblait pas distrait par la beauté qui les entourait.

— Tu as un créneau pour elle avant la fin de la semaine ?

— À première vue oui, mais ça peut changer très vite, dit-elle en pressant le pas pour le rattraper. Si un organe devient disponible pour une greffe, par exemple. Surtout si je dois prendre l'avion pour aller le prélever. J'ai deux gosses avec des fibroses kystiques en besoin urgent de nouveaux poumons, et on peut aussi faire appel à moi dans d'autres établissements. Au tout début, je faisais des greffes de rein et de foie. Je continue d'aider pour ce genre d'intervention quand on a besoin de moi.

— « Au tout début » ? répéta Thomas. Cinq ans, ce n'est pas si long.

— Mm.

Elle ne voulait surtout pas le contredire mais, cinq ans, c'était une éternité.

Comme par un fait exprès, un jeune couple arriva à leur rencontre, l'homme tenant fermement les jambes du tout-petit perché sur ses épaules. L'enfant riait aux éclats en s'accrochant des deux mains aux cheveux de son père.

Un tableau taillé sur mesure pour ramener leurs pensées vers des terrains mouvants.

Cinq ans auparavant, ils ressemblaient à ce couple. Jeunes parents d'une adorable petite fille de trois ans, médecins jonglant entre leurs carrières et leur vie de famille, ils étaient très, très heureux et perpétuellement débordés. Ils n'avaient pas eu l'intention de faire un enfant aussi tôt, mais cette grossesse surprise, alors qu'elle révisait pour ses derniers examens, était tombée comme un cadeau du ciel. Cela *devait* arriver, tout comme il était écrit qu'ils devaient se rencontrer et tomber amoureux fous l'un de l'autre. Ils avaient joyeusement annoncé la nouvelle aux proches rassemblés pour célébrer leur mariage, en riant de ceux qui s'inquiétaient de la difficulté de franchir l'étape de l'internat avec un bébé. « On y arrivera ! On se relaiera », répétaient-ils avec une confiance absolue. Et ils y étaient arrivés. Ils savaient déjà à l'époque quelles spécialisations ils visaient, elle la chirurgie cardio-thoracique, Thomas la cardiologie pédiatrique. Ils s'étaient lancés avec passion dans leur carrière, et leur statut de nouveaux parents n'avait fait que confirmer leur vocation : travailler avec les enfants.

Alors oui, cinq ans, c'était toute une vie. Une éternité au cours de laquelle Thomas avait tourné le dos à son rêve.

— Cela te fait quel effet d'être de retour au Paddington ? s'entendit-elle demander.

Le regard que lui lança Thomas en réponse trahit une confusion subite.

Elle qui voulait rester en terrain sûr et bien balisé, elle venait encore de manquer une occasion de se taire !

Pour tenter de rattraper sa gaffe, elle se hâta d'ajouter :

— Je veux dire, le fait de travailler de nouveau avec des enfants. C'est très différent de ce que tu faisais dans le Nord, non ?

— C'est un vrai changement. Je savais que ce ne serait pas facile...

Tiens ? Elle lui avait ménagé une porte de sortie vers une réponse purement médicale, et il répondait sur le registre personnel ! C'était aussi inattendu que son allusion au jour où elle était tombée du bateau. Comment répondre, maintenant ? En lui disant qu'elle comprenait ?

Ils risqueraient de dériver vers les raisons pour lesquelles son retour avait été difficile. Elle pourrait être amenée à lui dire combien cela avait été dur pour elle aussi de soigner des enfants, alors qu'elle était brisée par le chagrin après la mort de Gwen. Aujourd'hui encore, les larmes n'étaient jamais loin. Chaque fois qu'elle entendait les pleurs d'un enfant et le murmure de réconfort d'une mère. Chaque fois qu'elle voyait sourire un gosse ou entendait le rire craquant d'un bébé. Et, plus fort que tout le reste, quand un de ses petits patients tendait les bras pour demander le câlin qu'elle ne pouvait pas refuser.

Non. Tout cela, elle n'était pas prête à en parler, et ce serait la dernière chose que Thomas voudrait entendre. Il n'avait accepté ce tête-à-tête que pour clarifier les choses entre eux. Pas pour renouer le lien, juste pour parvenir à établir une bonne relation de travail. Le plus simple serait de poser des barrières étanches autour de leur passé de façon à tourner la page tous les deux.

— Non, murmura-t-elle enfin, mais toute l'équipe est contente que tu sois revenu.

Il y eut un silence. Thomas devait se demander si elle partageait ce sentiment.

— Et puis, tu es arrivé à un moment crucial, se hâta-t-elle d'ajouter. Nous avions tous cru que c'était la fin du Paddington. Mais il y a eu le drame de l'incendie à l'école primaire de Westbourne Grove, les médias se sont emparés du problème, et tout est redevenu possible.

— Oui. Moi aussi, j'ai cru que je venais d'accepter un poste dans un hôpital qui n'avait plus que quelques mois d'existence. Un peu insolite, comme démarche.

— Je sais bien que rien n'est encore officiel, mais tout le monde semble penser que c'est gagné. Tu vas à la fête au *Frog & Peach* vendredi ?

— Je verrai comment se passe ma journée.

— Moi aussi. J'ai l'impression de partir de plus en plus tard le soir, avec tout le boulot administratif.

— Moi aussi.

À moins qu'ils ne travaillent si tard tous les deux que parce qu'ils n'avaient pas de raison de se hâter de rentrer ? Jusqu'ici, elle n'avait capté aucun bruit de couloir suggérant que Thomas avait une femme dans sa vie. Elle ne savait rien de lui, pas même où il habitait.

— J'espère que je ne t'écarte pas trop de ton chemin ? demanda-t-elle poliment. Ou que je ne t'empêche pas de profiter autrement d'une belle soirée ?

— Non, non. Et je suis tout près de chez moi, j'ai pris un logement à Hampstead...

Il s'éclaircit la gorge.

— Et toi ? Toujours à Primrose Hill ?

— Oui.

Encore un sujet épineux. Acheter leur logement dans un quartier aussi cossu avait été un grand moment pour eux. L'héritage de son grand-père était tombé à pic, autrement ils n'auraient pas pu se l'offrir. Thomas avait refusé de reprendre sa part au moment du divorce, il était quasiment parti les mains vides. « Garde tout, avait-il dit, je ne veux rien qui puisse me rappeler tout cela. »

À quels souvenirs pensait-il, ce jour-là ? Au soir de l'emménagement, quand ils avaient pique-niqué (de *fish* & *chips* et champagne) sur le plancher nu du salon, si heureux de fêter la remise des clés de leur premier foyer ? Ensuite, ils avaient fait l'amour à même le sol, sans même remarquer la dureté du parquet ! Plus tard, ils avaient eu la conviction que Gwen avait été conçue cette nuit-là. C'était l'époque des bonheurs en cascade, le temps où tout leur réussissait.

Elle jeta un coup d'œil de biais à Thomas, croisa son regard et rougit malgré elle.

Oh non ! Avait-il deviné ce à quoi elle pensait, de la même façon qu'elle avait su qu'il la revoyait debout dans l'étang, sa robe transparente plaquée sur elle ?

Stop ! C'était absurde de chercher à interpréter des regards. Les souvenirs étaient trop nombreux, on ne pouvait pas les identifier d'après une expression. De toute façon, ces moments, les plus beaux de sa vie, étaient maintenant enfouis, enterrés sous des émotions très différentes.

Gwen...

Elle les revit se relayant pour arpenter la chambre en berçant le bébé qui ne voulait pas dormir. La course d'obstacle de ses jouets répandus sur le sol, son rire irrésistible...

Elle avait continué de vivre dans le logement désert. Pendant longtemps, les larmes n'avaient pas pu purger la douleur. Et puis, peu à peu, lentement, cela s'était transformé. Aujourd'hui, les souvenirs n'étaient plus un poids mais un réconfort. La chambre de Gwen lui servait de bureau, et parfois, quand elle y travaillait tard le soir, elle se souvenait des soirées où elle y entrait une minute pour regarder dormir sa fille. Pour contempler, le cœur ébloui, ce miracle d'amour. Parfois, Thomas la rejoignait, et ils restaient là, main dans la main, émus. Puis ils retournaient se lover sur le canapé du salon, ou ils rejoignaient ensemble leur grand lit de cuivre qui touchait presque les murs de la chambre.

Le canapé était toujours là, le lit aussi. Était-ce cela que Thomas cherchait à fuir en partant ?

Elle avait fait le choix inverse, celui de rester et de vivre avec le passé. Pour elle, c'était le seul moyen d'endurer la perte de tant d'amour.

4

Ils marchaient toujours côte à côte, mais ne disaient plus rien depuis un moment.

Thomas risqua un regard furtif vers Rebecca.

À quoi pensait-elle ? De quoi parlaient-ils, juste avant de se taire ? Ah oui, de leurs adresses respectives.

Elle était toujours dans le logement qu'ils avaient choisi ensemble. Se faisait-il des idées, ou s'était-elle souvenue à l'instant de la façon dont ils avaient fêté la remise des clés ?

Il projetait probablement sa propre pensée, mais même si elle avait oublié ce soir-là, elle ne pouvait pas avoir fait table rase de toutes les autres étreintes, de toutes les autres nuits, si ?

Il ne pouvait même pas imaginer de vivre comme elle, sans pouvoir échapper un seul instant à des souvenirs qui vous arrachaient littéralement le cœur, cerné à chaque pas par des rappels les plus déchirants. Dans ces murs qui vibraient encore des cris grêles d'un nouveau-né, du rire d'une toute petite fille, de ses premiers mots !

Et ce choix tout aussi incompréhensible d'orienter sa carrière vers un métier qui ravivait l'insoutenable. Emmener un enfant mort au bloc opératoire pour prélever ses organes, alors qu'elle connaissait de première main la souffrance que vivaient les parents ? Il fallait être capable de se blinder à un point inimaginable. Ou en arriver à manquer de cœur au point d'utiliser une formule comme « des pièces détachées ».

Sa mâchoire se crispa à lui faire mal.

Ce n'était pas étonnant que leur mariage avait échoué. Au fond, ils ne s'étaient jamais réellement compris.

Ils avaient traversé Regent's Park et longeaient maintenant l'enceinte du zoo de Londres. Un appel criard jaillit, peut-être celui d'un orang-outan.

Depuis cinq ans qu'il fuyait les zoos, ça le mettait mal à l'aise de savoir celui-ci si proche. Ici aussi, les souvenirs étaient partout. Les dimanches après-midi détendus, passés à guider la poussette de Gwen le long des allées en guettant ses expressions quand elle découvrait les animaux, les oiseaux. Ses préférés, c'étaient les pingouins. Elle s'étouffait de rire chaque fois qu'ils venaient vers elle derrière la clôture. Un jour, au magasin du zoo, ils avaient acheté un pingouin en peluche presque aussi grand qu'elle. Ce soir-là, il avait fallu le border avec elle en la couchant. Elle souriait encore en s'endormant...

Il plissa les paupières, les muscles tendus, le visage contracté, comme si cela pouvait l'aider à résister à la douleur.

Rebecca semblait ne rien remarquer, elle l'entraînait de l'autre côté de Prince Albert Road pour aborder Primrose Hill.

Il hâta le pas pour la rejoindre. Plus vite ils s'éloigneraient du zoo, mieux cela vaudrait. Fichus souvenirs... Le visage de Rebecca illuminé de plaisir en regardant les loutres, ses préférées. Ou cette photo qu'ils avaient demandée à un passant de prendre au pied du gorille de bronze à l'entrée du zoo. Sur la photo, il tenait Gwen sur un bras, enlaçait Rebecca de l'autre. Leurs deux têtes étaient au niveau de ses épaules, et il avait dû dire quelque chose de drôle parce qu'elles le regardaient toutes les deux en riant, heureuses...

Sa grimace s'intensifia.

Et voilà qu'ils passaient devant l'aire de jeux à l'entrée du parc de Primrose Hill.

À cet instant, Rebecca se retourna vers lui, leurs regards s'accrochèrent, et il sut qu'ils pensaient à la même chose : la dernière fois qu'ils étaient venus ici ensemble, leur fille était avec eux.

Ils se détournèrent d'un même mouvement.

Encore des souvenirs, encore des coups de poignard.

Sauf que… la première douleur n'était pas encore arrivée. Bizarre. Comment pouvait-il voir mentalement, clairement, un tableau pareil, Gwen bordée dans son lit avec son pingouin en peluche, sans l'explosion terrifiante du chagrin ? La dernière fois que son cerveau avait sorti une image aussi déchirante de sa base de données personnelle…

Par besoin d'agacer la blessure, au cas où, par miracle, elle commencerait à se cicatriser, il rappela prudemment l'image.

Il revit les boucles sombres sur l'oreiller blanc, la joue ronde pressée contre la peluche, s'attarda sur la courbe des cils soyeux posés sur la peau si douce. Sa fossette qui semblait encore sourire alors qu'elle dormait…

Eh bien oui, son cœur se serrait, il était triste. Mais ce n'était pas une torture. Il sentait presque ses lèvres se retrousser pour sourire avec elle.

Quelque chose avait changé, mais ce n'était pas un soulagement, au contraire : une sensation très désagréable s'installait en lui. La culpabilité ? Comme s'il trahissait Gwen en se sentant moins traumatisé quand il pensait à elle ? Ou comme s'il préférait se débattre avec le sentiment d'échec familier que d'aborder un rivage inconnu ?

Depuis son départ, il n'avait pas cessé d'arpenter le même territoire désolé, se flagellant de n'avoir pas su, en tant que père, protéger Gwen, en tant que mari, préserver leur couple. Mais comment cela aurait-il pu fonctionner, alors qu'ils étaient si différents tous les deux ? Que leur histoire s'était bâtie sur un immense malentendu ?

— Ça ne t'ennuie pas si on s'arrête une seconde ? lâcha Rebecca.

— Tu t'essouffles ? On n'est même pas en haut ! lança-t-il sans réfléchir. La dernière fois, tu as couru jusqu'au sommet. Nettement plus vite que moi !

Le visage de Rebecca se figea.

Non, elle n'avait tout de même pas oublié leur tout premier rendez-vous ? La promenade au parc, l'envie subite de gravir la colline pour admirer le panorama.

« On fait la course ? Le dernier arrivé est un œuf pourri ! »

Cette course, elle l'avait gagnée, puis elle s'était effondrée dans l'herbe pour reprendre son souffle, les bras en croix. Il s'était allongé près d'elle, et ils n'avaient rien vu de l'étendue de Londres à leurs pieds, juste contemplé chacun le visage de l'autre entre deux longs baisers. En redescendant, ils ne couraient plus. Main dans la main, ils se regardaient dans le blanc des yeux, comme s'ils avaient besoin de vérifier sans cesse qu'ils ressentaient la même chose : cette fabuleuse certitude d'avoir trouvé le partenaire de leur vie.

Oh ! pitié ! Cette promenade à deux, quelle idée épouvantable ! Exactement ce qu'il était déterminé à éviter en optant pour un retour au Paddington.

Debout près de lui, le regard au loin, Rebecca semblait concentrée sur une question sans aucun rapport avec leurs souvenirs communs. Elle dut sentir son regard sur elle car elle murmura :

— Je dois juste vérifier quelque chose.

— Quoi donc ?

Éblouie par le soleil, elle plissa les yeux en étudiant les replis du terrain en contrebas.

— Il nous faut un terrain à peu près plat pour les promenades à poney et le château gonflable.

Il la toisa un instant.

— Je ne te suis plus, avoua-t-il, perplexe.

— Oh... Je fais partie du comité d'organisation d'une fête, dans quelques semaines. C'est notre quatrième année, et nous aurons beaucoup plus de publicité cette fois parce que le Paddington fait l'actualité. Il ne doit y avoir aucun accroc, alors je vérifie le plan d'installation.

Il sentit un affreux frisson lui parcourir le dos.

— J'ai vu une affiche dans la salle des familles. C'est pour les patients greffés ?

Il avait conscience de parler trop sèchement, mais la question entière était taboue pour lui.

Justement, cette attitude, c'était ce qui les empêchait de

travailler correctement ensemble. Ils étaient ici ce soir pour régler le problème, ils *devaient* en parler, que ça lui plaise ou non.

— Pas seulement pour les patients, répondit Rebecca. Le but est de célébrer tous les bons côtés. Pour que l'idée du don d'organes devienne plus familière au grand public, pour que ce soit plus facile d'en parler.

Elle disait cela d'une voix neutre. Par prudence ? Manifestement, elle aussi sentait qu'ils touchaient au but de cette entrevue.

— En somme, c'est pour tout le monde, conclut-elle. Les patients, leurs familles, et aussi tous ceux dont c'est le métier, et qui se donnent à fond pour que cela fonctionne. Et... aussi pour ceux qui sont de l'autre côté du miroir. Certaines familles décident de contacter ceux qui ont reçu les organes de leur enfant... Bref, c'est une journée pour célébrer leur don de vie.

Il secoua la tête.

Pour lui, une démarche pareille était impensable. Se rendre à un joyeux pique-nique, avec des promenades à poney et un château gonflable, voir jouer des gosses qui avaient en eux une partie de *sa fille* ? Rebecca connaissait-elle un enfant qui... ? Le frisson dans son dos vira à l'épouvante.

Non, il ne poserait pas la question. Il préférait ne pas savoir.

Par pur réflexe d'autoprotection, il choisit de raviver la colère qui couvait en lui depuis la semaine précédente.

— Oui, s'entendit-il lancer, je suppose que tu as besoin de rameuter des dons pour obtenir un stock de « pièces détachées » ?

Un nouveau silence s'abattit sur eux, impénétrable.

Il prit une longue inspiration, puis une autre. Son cœur battait follement dans sa poitrine, ils ne se regardaient plus, ils auraient aussi bien pu se tenir sur deux planètes différentes.

Puis la voix de Rebecca s'éleva :

— Je n'aurais jamais dû dire ça. Je regrette. Ce n'était pas professionnel, et c'était... C'était cruel.

— Je suis tout à fait d'accord avec toi.

— Ce n'est pas comme ça que je les vois, dit-elle tout bas. Tu le sais, toi, Tom.

C'était la première fois qu'elle lui redonnait ce petit nom, et le son percuta un point sensible qu'il avait cru protégé par un rempart solide. Ce nom, ou le fait qu'elle soit si sûre qu'il la connaissait suffisamment pour savoir qu'elle ne penserait jamais une chose pareille ? Au fond de lui, il le savait, n'est-ce pas ? Il avait choisi de supposer le contraire parce que c'était plus simple de lui en vouloir.

— Alors, pourquoi l'avoir dit ? protesta-t-il encore.

— Je ne supportais plus… Tu es tellement distant depuis que tu es revenu. Tu te coupes de tout le monde. Je ne te reconnais même plus.

Sa voix se fêlait.

Thomas sentit la faille dans son cœur s'élargir.

— Je crois que je cherchais à savoir si l'homme que j'ai épousé existait encore, murmura-t-elle.

Cette fois, il ne parvint pas à répondre avec la même assurance.

— Je n'ai pas changé.

— Mais si !

Il savait qu'elle le regardait, mais il refusait de tourner la tête vers elle.

— Ce qu'il nous est arrivé changerait n'importe qui, ajouta-t-elle. Mais toi… tu as disparu. Tu t'es sauvé.

Cette accusation, encore ! En fait, elle ne comprenait rien. Il avait envie d'en finir avec cette discussion, de tourner la page une fois pour toutes. Régler la question pour ne plus avoir à y revenir. Il voulait… la paix.

Il inspira donc à fond et se tourna vers Rebecca.

— Chacun gère le chagrin à sa façon. Tu devrais savoir, toi, que c'est idiot de sauter à des conclusions.

— Mais c'est tout le problème, souffla-t-elle.

— Quoi donc ?

— Tu ne l'as pas géré. Tu t'es retiré. Émotionnellement, puis physiquement. Tu m'as quittée. Tu as quitté le Paddington.

Ah non ! Là, elle était injuste.

— Je ne t'ai pas quittée, articula-t-il, outré. C'est toi qui as demandé le divorce.

— Si.

Elle levait vers lui des yeux brillant de larmes.

— Tu as commencé à te retirer le jour de la mort de Gwen. Je me suis sentie de plus en plus seule. À force, l'idée de rester avec toi était encore plus terrible que celle de ne plus te voir.

Il se figea, avec le sentiment affreux que ces paroles allaient le hanter longtemps, qu'elles seraient encore plus difficiles à encaisser qu'une accusation de lâcheté.

— Tu ne veux plus me parler, disait-elle. Depuis ton retour, tu ne m'as pas dit un seul mot qui ne soit pas en rapport avec un patient. Tu ne peux même pas me demander si j'ai passé une bonne journée, sans parler d'aborder un sujet comme le Pique-Nique des oursons. Et...

Elle balbutiait, luttait pour ne pas fondre en larmes.

— Et tu ne souris jamais. Et... et tu m'appelles « Rebecca ». Ou « docteur Scott ». Comme... si on ne se connaissait même pas.

Il ferma les yeux un instant.

C'était vrai. Il avait mis entre eux la plus grande distance possible pour faciliter le premier contact, et ensuite, eh bien, il avait continué. Depuis des mois.

— Je suis désolé.

Elle hocha la tête. Renifla de nouveau et se frotta le nez du dos de la main.

— Pardon. Je n'ai pas de mouchoir...

— Moi non plus.

C'était dommage. À défaut de rameau d'olivier, il aurait pu lui tendre un mouchoir. Ils avaient bien besoin, ce soir, d'un symbole de réconciliation.

— Tu as raison, dit-il lentement, en s'efforçant de choisir ses mots. J'ai été distant. Je savais que ce serait dur de recommencer à travailler avec des enfants. J'ai cru que ce serait encore plus difficile si, en plus, je baissais ma garde face à toi.

— Tu n'as ni à te garder de moi ni à me voir davantage qu'une autre collègue. Juste à sourire de temps en temps, ou à dire un petit mot qui me donne l'impression d'être une personne, pas juste un ordinateur que tu consultes pour les questions chirurgicales !

Il approuva de la tête.

— Je pourrais, oui. Alors, tu as passé une bonne journée ?

Rebecca exhala un son entre le rire et le sanglot.

— En fait, j'ai eu une journée horrible. Quand je suis arrivée en retard à la réunion ce matin, tout le monde a vu que tu détestes travailler avec moi.

— Je ne déteste pas travailler avec toi. Tu es la meilleure chirurgienne. Tu fais un travail extraordinaire.

— Mais tu préférerais que quelqu'un d'autre fasse le même travail.

— Et toi, tu n'étais pas plus à l'aise avec le cardiologue que j'ai remplacé ?

— Non. Pas professionnellement. Toi aussi, tu es le meilleur.

— Mais personnellement ! insista-t-il. Ce n'est pas plus facile pour toi que pour moi, n'est-ce pas ?

— Seulement parce que tu me détestes.

— Oh ! Becca..., soupira-t-il, je ne pourrais jamais te détester.

Le petit nom lui avait échappé. Il put voir son effet dans l'immobilité subite du beau visage levé vers lui, puis dans la douceur subite de son regard, comme un sourire qui ne touchait pas ses lèvres.

Une douceur se glissa en lui aussi.

— Viens là, dit-il d'une voix bourrue. Les amis ont bien le droit de se faire un câlin.

5

Cette fois, Thomas n'était pas seul dans la cabine pour assister à l'intervention. Assise près de lui, Rosie Hobbes, l'infirmière, regardait tour à tour l'écran qui montrait l'intervention en gros plan et la vitre qui donnait sur le bloc. En bas, l'équipe chirurgicale était en pleine action.

— Je n'avais encore jamais assisté à la pose d'un DAV, dit Rosie.

— Ce n'est pas courant, surtout chez un enfant.

— Tu penses que cela fonctionnera ?

— La seule solution vraiment durable, ce serait une greffe. Le DAV fera gagner du temps. Il lui assurera une meilleure qualité de vie en attendant.

Rosie contemplait de nouveau le bloc et la petite poitrine ouverte et vulnérable.

— La vie est tellement injuste, murmura-t-elle.

Là, il ne pouvait pas la contredire : il avait vécu aux premières loges la pire des injustices. Comme la chirurgienne dont il suivait les gestes avec attention.

Bizarrement, la dernière fois qu'il avait regardé Rebecca opérer, c'était sur cette même patiente. Penny n'avait que six mois. Non seulement la vie était injuste, mais elle offrait une symétrie diabolique dans les coups bas. Elle instaurait une sorte de spirale qui vous ramenait inlassablement sur des terrains déjà foulés, avec des étapes qui vous confrontaient à vos souvenirs. Parfois, c'était l'occasion de les contempler à travers un filtre nouveau. Un filtre qui changeait le sens du tableau, du fait de la distance ou d'une sagesse acquise...

Choisissait-on de suivre toujours les mêmes chemins bien balisés, ou était-ce le destin qui vous poussait doucement, inlassablement, sur les mêmes circuits ? Une spirale, ça va dans les deux sens ! Elle peut descendre en se resserrant, en vous aspirant là où vous ne voulez pas aller, ou vous soulever en vous projetant dans un espace si ample que tout devient possible.

Aujourd'hui, contre toute attente, la communication se rétablissait entre lui et Rebecca, depuis cette promenade et la réconciliation qu'ils avaient scellée d'une étreinte. À moins qu'il n'ait fait le premier pas beaucoup plus tôt, en acceptant de revenir au Paddington ?

Bref, la situation était très étrange. Surtout la façon dont les souvenirs avaient fondu sur lui sans la souffrance. Penser à Gwen et se sentir prêt à sourire, revoir Rebecca basculer hors de cette fichue barque et se souvenir à quel point elle était sexy dans sa robe mouillée, la serrer dans ses bras...

— Nous sommes prêts pour le pontage.

Le relais audio transmettait la voix de Rebecca, calme et très distincte.

— La poche est en place. Où en est la pompe ?

Le chirurgien occupé à préparer le dispositif sur une autre table se redressa en hochant la tête.

— C'est bon pour moi.

— Nous y allons.

Rebecca reprit le travail avec son assistante. Toujours très pédagogue, elle expliquait au fur et à mesure ses gestes à la jeune interne. Ses interventions avaient toujours été prisées par les étudiants admis à y assister.

— Le DAV est une étape intermédiaire dans l'attente d'une greffe, alors je laisse un espace pour l'intubation aortique...

Il fallut de longues minutes pour brancher Penny sur son pontage et arriver au point où son cœur s'arrêtait. Sa vie était maintenant suspendue au fonctionnement d'un oxygénateur.

Aujourd'hui, cette procédure s'était généralisée, elle était devenue relativement sûre, mais il se sentait toujours émerveillé par le miracle, et très fier de jouer un rôle dans l'univers stupéfiant de la médecine moderne.

Très fier aussi de Rebecca. Il était tout à fait sincère l'autre jour en lui disant qu'elle était la meilleure, mais il n'avait pas encore mesuré le chemin qu'elle avait parcouru ces dernières années. Une concentration si absolue, des gestes si sûrs, une attention si fine accordée au plus infime détail !

Il se pencha vers l'écran pour la voir insérer un point de suture.

— Celui-ci est un repère, il marque l'emplacement du noyau, apprit-elle à son interne. Je me sers de l'artère descendante antérieure gauche pour identifier la fosse intraventriculaire. La taille réduite du ventricule gauche nous oblige à poser le noyau en position antérieure.

« Nous. » Tout reposait sur elle, mais elle n'avait pas attrapé l'ego surdimensionné de tant de chirurgiens. Elle s'était toujours perçue comme un membre d'une équipe.

Une équipe qu'il rejoignait enfin ! Il avait cru le faire en revenant au Paddington, mais il s'était tenu à l'écart, sans descendre réellement dans l'arène aux côtés de ses collègues, il venait de s'en rendre compte.

Cela avait été très dur d'aborder le terrain personnel pendant leur promenade, mais ils avaient trouvé un endroit où ils pouvaient se rejoindre. Il leur serait maintenant possible travailler ensemble, sans la tension affreuse des derniers mois. Et même, qui sait, devenir amis ? Et puis, cette promenade lui avait donné à réfléchir sur d'autres plans...

Il cessa de suivre les dialogues à mi-voix entre les chirurgiens, infirmières et techniciens du bloc. Une fois de plus, ses pensées dérivèrent vers des paroles arrachées à un cœur à vif.

« Je me suis sentie de plus en plus seule. »

Lui aussi, il s'était senti affreusement seul. À l'époque la plus sombre, ils avaient vécu côte à côte, mais pas ensemble. Ils avançaient séparément de part et d'autre d'un fossé de plus en plus profond et large. Aujourd'hui, en examinant ses souvenirs, il voyait que c'était toujours Rebecca qui avait tenté de lui tendre la main par-dessus le gouffre.

— Je t'ai gardé ton dîner. L'assiette est au four.

— Je n'ai pas faim.

Dans leur lit, allongés côte à côte. Ces heures d'insomnie, pires que tout le reste. Au moindre contact de la peau de Rebecca, il se rétractait.

— La journée a été longue. Je suis fatigué.

Mais il avait été là. Affreusement triste, mais présent ! Non, elle se trompait, ce n'était pas une fuite, il avait juste eu besoin d'un peu plus de temps pour se rassembler. Là, elle ne pouvait pas l'aider à le faire parce qu'elle menait son propre combat, mais aussi parce qu'elle faisait partie de ce qui était brisé. Son échec, sa famille — la famille qu'il n'avait pas su protéger. Elle avait raison de l'accuser de se montrer distant depuis son retour au Paddington, mais pas au moment de leur séparation !

À moins que…

Se pouvait-il que ce qui les avait divisés au point d'effacer tout espoir de se rejoindre soit venu de lui ? Avait-il fait cela à celle qui était tout pour lui jusqu'à l'arrivée de Gwen, à la seule femme qu'il puisse jamais aimer aussi complètement ?

— Regarde, souffla Rosie près de lui. Elle place la canule d'entrée. Elle est incroyablement précise, non ?

Il rouvrit les yeux.

« Précise », ça oui !

La petite taille de Rebecca trompait souvent ceux qui la connaissaient mal : parce qu'elle était si menue, on avait tendance à ne pas la prendre au sérieux. Quelle erreur ! Et quel atout que ces mains fines, quel avantage pour un chirurgien qui opérait souvent sur des patients minuscules. Et puis, les enfants ne se sentaient pas intimidés par elle. Sur ce plan, lui-même était handicapé par sa grande taille, il les dominait de trop haut. Depuis combien de temps ne s'était-il pas accroupi pour discuter avec un de ses petits patients ? Ses années au contact exclusif des adultes lui avaient-elles fait perdre ces réflexes fondamentaux ?

Oui, de la même façon qu'il bannissait l'élément humain depuis son retour, se répétant qu'il ne devait pas faire de sentiment, que cela ne ferait que le déconcentrer de son travail.

Depuis, il avait serré Rebecca sur son cœur au sommet de Primrose Hill.

Il eut un geste involontaire. En revivant la scène, il avait cru la sentir de nouveau contre lui, dans ses bras.

Tout naturellement, elle avait tourné la tête pour la nicher comme autrefois dans son creux sous-claviculaire. Il avait retrouvé la douceur de son corps, ses contours...

Il se redressa brusquement.

Il était ici pour assister à une intervention, pas pour s'égarer dans des sensations déplacées ou pour ressasser la façon dont il avait acculé Rebecca à une solitude si insupportable qu'elle avait dû, pour survivre, rompre leur mariage. Ce n'était ni le lieu ni le moment, cela n'aiderait personne. C'était le passé. Aujourd'hui, ils n'avaient qu'une option : tourner la page.

Au moins, cette fois, il avait fait le premier geste. En lui ouvrant les bras, il avait établi un lien physique en sus du lien émotionnel. C'était une bonne chose, comme une promesse.

La promesse de trouver enfin la paix ?

Sans même lever les yeux, Rebecca savait que Thomas la regardait. En entrant au bloc, elle avait capté du coin de l'œil un mouvement dans la cabine, et elle avait su que c'était lui.

Rien ne devait entamer sa concentration mais, avant de verrouiller les écoutilles pour se focaliser sur la tâche à accomplir, elle s'était autorisée tout de même un instant de joie à le savoir là, et une pensée parasite avait franchi le barrage, une seule : la dernière fois que Thomas l'avait observée au bloc, c'était lors de la deuxième opération à cœur ouvert de Penny. Cette fois-là, l'intervention avait réussi. Aujourd'hui, elle ferait tout son possible pour obtenir une nouvelle victoire.

Et, justement, on arrivait au moment décisif. Le dispositif d'assistance ventriculaire était en place. Le pontage cardio-pulmonaire n'avait plus lieu d'être.

— Nous allons démarrer le dispositif au réglage le plus bas, annonça-t-elle, en gardant le clamp en place sur l'aorte pour évacuer les dernières bulles d'air.

Elle se tourna vers un des techniciens du bloc.

— Je vais bientôt avoir besoin de l'échographie trans-œsophagienne pour vérifier la position finale dans la poitrine sans les rétracteurs.

Elle prit le temps d'augmenter très progressivement le flot géré par le dispositif pendant que l'équipe observait attentivement le fonctionnement du cœur et la tension.

— Nous pouvons prendre quelques jours pour décider du réglage définitif, annonça-t-elle enfin. Certains chirurgiens ne referment la poitrine que le lendemain, le temps de stabiliser le patient, mais je ne le ferais pas à moins de voir un risque d'hémorragie, par exemple. Ici, tout se présente bien, je n'ai aucune hésitation pour fermer. Retirons ces canules et posons les drains.

Un mouvement dans la cabine.

L'intervention quasiment terminée et réussie, c'était le moment où les observateurs s'en allaient.

Elle leva les yeux un instant.

Thomas était toujours là. Il lui rendit son regard en hochant la tête, avec l'ombre d'un sourire.

Un sourire ! Les choses avaient vraiment changé ! Cette étreinte spontanée au sommet de Primrose Hill était bien un tournant décisif, peut-être un nouveau départ. Au grand minimum, ils seraient capables de collaborer sans malaise, et sans créer de malaise autour d'eux !

Elle accompagna son interne dans la pose des drains.

Un nouveau départ, ou même une amitié ?

Non, elle poussait un peu, ce ne serait pas forcément une bonne idée de trop se rapprocher. Cette fameuse étreinte l'avait tout de même bousculée, elle avait affronté dans son sillage des souvenirs en repos depuis longtemps. Elle n'avait jamais oublié la sensation de ses bras autour d'elle, mais elle ne s'attendait pas à la retrouver un jour… Bref, cette étreinte ramenait à la surface des sentiments douloureux. Le vide que laissait dans sa vie l'absence de Thomas, par exemple. Le fait qu'il lui manque encore...

Non ! Avoir un partenaire lui manquait, mais Thomas ne prendrait jamais plus cette place. Jamais. On ne réécrit pas l'histoire. Les dégâts avaient été trop importants.

Son rôle terminé, Rebecca n'envisagea même pas de remettre sa petite patiente entre les mains de collègues. Ses gants, son masque et sa calotte retirés, elle resta dans la salle, le regard rivé aux moniteurs. L'équipe rangea le matériel, prépara Penny pour le transfert en salle de réveil. Le moment venu, elle accompagna le lit, toujours attentive à la moindre variation de tension ou de fréquence cardiaque.

Elle ne fut pas surprise quand Thomas rejoignit leur procession.

— Elle est stable, lui dit-elle. Tout semble bien se passer.

Il parcourut les différents écrans du regard.

— Tu as fait un travail remarquable. Tu viens avec moi annoncer la bonne nouvelle à Julia et Peter ?

— Bien sûr !

Elle s'attarda tout de même encore un instant. Penchée sur le lit, elle posa l'index sur ses propres lèvres, puis sur la joue de Penny.

— À très vite, ma jolie. « Dors bien, la mer est lisse, les crabes, les vagues tissent. »

Elle ne se souvenait même plus quand elle s'était mise à pratiquer ce petit rituel avec ses plus jeunes patients. À un moment donné, c'était devenu un automatisme. Quand on travaille avec des enfants, on ne peut pas s'empêcher de créer avec eux un lien qui serait déplacé avec des adultes. Et elle savait combien ce lien était précieux dans le processus de guérison.

Thomas se tenait derrière elle. Gênée, elle se détourna et sortit sans se retourner.

S'était-il souvenu de la façon dont elle disait bonne nuit à Gwen ? Ce contact léger pour transférer un baiser en murmurant un lambeau de comptine, souvenir de sa propre enfance ?

S'il reconnut le geste, il n'eut aucune réaction. Il regardait les écrans, pas la petite fille.

Elle sentit son optimisme fléchir un peu.

Quand allait-il s'autoriser lui aussi un lien émotionnel assez puissant pour savourer la joie de la réussite ?

En entrant dans la salle des familles, en revanche, elle fut contente de le voir sourire aux parents de Penny.

— L'intervention s'est très bien passée ! s'écria-t-il. Rebecca vous donnera les détails, mais je n'aurais pas pu espérer mieux. Vous pourrez entrer voir Penny dans quelques minutes.

Julia sauta sur ses pieds, tourna sur elle-même, l'air égaré, et éclata en sanglots. Peter se leva à son tour, lentement, et la serra dans ses bras. Il ne semblait pas avoir conscience des larmes qui roulaient sur ses propres joues. Le temps de prendre une longue, très longue inspiration, il réussit à articuler :

— Elle va devoir aller en soins intensifs, je suppose ?

— Oui. Mais elle n'y restera sûrement pas longtemps. Les enfants ont une vitalité incroyable, ils rebondissent même après une opération à cœur ouvert.

— Et elle sera mieux ? balbutia Julia en relevant la tête. Elle n'aura plus besoin de fauteuil et d'oxygène ?

— Je le crois.

Thomas hochait la tête, il souriait toujours, mais Rebecca surprit son coup d'œil discret à sa montre.

Manifestement, il pensait déjà au patient suivant... Ou cherchait à échapper à un entretien trop chargé affectivement. Sans doute n'était-il pas encore prêt à partager le soulagement et la naissance de l'espoir. Elle pouvait le comprendre : en se distanciant de la joie, on se préserve également de la souffrance les fois où ça tourne mal.

Ils n'avaient pas choisi d'exercer dans le domaine le plus facile. Le pronostic à long terme de leurs patients était souvent peu reluisant. D'où une angoisse inévitable, qu'elle parvenait à gérer parce que cette angoisse était compensée par les victoires. Thomas, lui, avait choisi de passer au large. De fuir...

Mais il était revenu ! Le fait d'avoir osé recommencer à

travailler avec les enfants devait bien signifier que les lignes bougeaient à un niveau fondamental ! Par moments, au cours de leur promenade, elle avait perçu la présence de l'homme qu'elle avait épousé derrière ces barricades que lui opposait Thomas. Il faisait son chemin à petits pas. Déjà, il réapprenait à sourire. À lui sourire à elle ! Et sa froideur apparente ne l'empêchait pas de soigner. Attentif, efficace, il se donnait à fond.

Elle ne fut pas surprise de le retrouver aux soins intensifs, tard dans la soirée, quand elle alla jeter un dernier coup d'œil à Penny.

— Je viens de croiser Julia, dit-elle. Elle est enfin descendue manger quelque chose. Ensuite, elle reviendra passer la nuit avec Penny.

Thomas approuva de la tête.

— Tu comptes toujours diminuer la sédation dès demain matin ?

— Oui. Elle est stable depuis l'intervention, et le DAV fonctionne à la perfection. Nous continuerons les analgésiques, bien sûr, mais je ne serais pas étonnée que, au réveil, elle veuille sortir du lit et mettre son tutu. Comme Saphir.

Thomas suivit son regard vers la peluche d'un bleu étincelant posée au pied du lit : en ouvrant les yeux, la petite la verrait tout de suite.

Savait-il que Penny voulait de toutes ses forces devenir ballerine ? Cela comptait-il pour lui ?

Surprise, elle vit qu'il ne souriait plus.

— Il est très tard, murmura-t-elle. Que fais-tu au travail à une heure pareille ?

Ce qu'elle se demandait, en fait, c'était si sa carrière prenait toute la place dans sa vie. Personne ne l'attendait chez lui ?

Elle s'était déjà posé cette question. Cinq ans après, ce ne serait pas surprenant que Thomas ait rencontré quelqu'un, mais... Elle ne se sentait pas vraiment prête à le savoir. C'était absurde, mais elle devinait que ce serait un choc pour elle.

— Il est tard, oui, dit-il. J'avais des dossiers en retard. Je ne sais pas si j'ai envie d'aller à la réunion au pub d'en face.

— Oh ! le *Frog & Peach* ! J'avais complètement oublié.

Elle regarda sa montre.

— Il n'est que 22 heures, la fête ne fait que commencer.

Ce serait formidable de pouvoir aller à une soirée entre collègues avec Thomas. Boire un verre avec leurs compagnons de travail, leur montrer qu'ils avaient trouvé moyen de résoudre leur différend.

Elle leva les yeux pour croiser son regard.

— Sauver le Paddington, ça se fête, murmura-t-elle. On y fait un saut ? Juste le temps de prendre un verre ?

Il hésita. Elle eut l'impression que sa pensée suivait un cheminement identique à la sienne.

— Oh ! allez, pourquoi pas ? dit-il. Donne-moi juste quelques minutes pour fermer mon bureau, et je te retrouve à l'accueil.

6

Bizarrement, en arrivant au *Frog & Peach*, ils ne trouvèrent quasiment aucun collègue du Paddington. La salle était bondée, une partie tapageuse de fléchettes se déroulait dans le fond, mais les seuls visages de connaissance étaient Matt McGrory, leur spécialiste des brûlures, et Alistair North, neurochirurgien en pédiatrie. Ils se tenaient au bar devant des verres presque vides.

— Vous parlez d'une fête ! Où sont passés les autres ? s'écria Rebecca.

— Nous avons commencé tôt, expliqua Matt. À 18 heures pile. Certains travaillent demain, d'autres voulaient rentrer dîner en famille.

— Je comptais voir Quinn ! Elle a été l'un des piliers de la campagne pour sauver l'hôpital.

— Elle était là, bien sûr !

Matt esquissa le sourire lumineux d'un amour tout neuf.

— Elle a été obligée de rentrer, la baby-sitter de Simon n'était libre que jusqu'à 22 heures.

— Et Simon, comment va-t-il ?

Comme beaucoup de membres de l'équipe soignante du Paddington, Rebecca s'était attachée à Simon, cinq ans, l'enfant placé accueilli par Quinn. Le petit avait été gravement brûlé dans l'incendie de l'école primaire Westbourne Grove, mais les nouvelles devaient être bonnes, car Matt souriait toujours.

— Il s'en sort comme un chef ! Les cicatrices de son visage se résorbent grâce au nouveau traitement. Pour son bras, il faudra encore du travail. Mais le plus beau, c'est que sa confiance en lui grandit de jour en jour.

— Peut-être parce que vous êtes ensemble, Quinn et toi ? suggéra Alistair. Vous lui offrez une vraie famille.

— J'aimerais pouvoir dire que c'est grâce à moi, mais je crois que le mérite revient surtout à Maisie.

— Maisie ? Qui est-ce ? demanda Thomas.

— Une chienne de sauvetage que nous avons adoptée, une jolie bâtarde de colley. Simon l'adore, et elle a des talents inattendus. Tenez, l'autre jour, au parc, il jouait avec elle. Ils s'amusaient tant tous les deux que d'autres gosses sont venus les rejoindre. Ils voulaient caresser le chien et lui lancer sa balle. Je vous jure qu'ils n'ont même pas remarqué les cicatrices de Simon.

— Oh ! c'est trop beau ! clama Rebecca, enchantée.

— Claire aussi était là tout à l'heure, intervint Alistair. Nous en avons profité pour annoncer à tout le monde que nous avons décidé de rester à Londres.

— Encore une grande nouvelle, dit Thomas en souriant.

— Elle se faisait une joie de te voir, reprit Alistair en regardant Rebecca, mais elle se fatigue facilement en ce moment. Elle est rentrée en même temps que Quinn.

— Ça ne m'étonne pas. Il paraît qu'elle attend des jumeaux ?

— Oui ! jubila Alistair, qui rayonnait autant que Matt. Je ne comprends toujours pas comment la nouvelle a pu se répandre si vite. On n'est qu'en début de parcours !

Rebecca ressentit un serrement de cœur.

Ils avaient l'air si amoureux, Alistair comme Matt !

Elle se souvenait de cette sensation. C'était si bon d'être certain d'avoir trouvé l'être avec lequel on veut passer le reste de sa vie. Et l'attente du premier enfant...

Avec un peu de chance, ces couples tout neufs vivraient le long bonheur dont Thomas et elle avaient été privés.

— Nous allons prendre un moment entre filles pour nous donner les dernières nouvelles, déclara-t-elle. Je veux aussi dire à Quinn qu'elle a été formidable. Elle a porté le comité à bout de bras.

— Je transmettrai, assura Matt. Et le résultat est là.

Son sourire s'élargit encore quand il précisa :

— Maintenant, elle participe à un nouveau comité : celui qui organisera la célébration officielle !

— Je la reconnais bien là, dit Rebecca en riant. Vous savez déjà quel genre de fête ce sera ?

— Très classe, je crois. Un grand dîner dansant avec des discours.

— Génial !

— En attendant, je vous offre un verre ? C'est bon de te voir t'encanailler avec nous pour une fois, Thomas.

— Je...

Le regard de l'interpellé glissa de côté.

Vers la sortie ? Se disait-il qu'il ferait aussi bien de s'éclipser ?

— Je prendrai un verre de blanc, se hâta de dire Rebecca. C'est toujours du rouge pour toi, Tom ?

Cela la surprenait elle-même, mais elle avait vraiment envie qu'il reste. Elle voulait passer un moment avec lui, hors de l'hôpital. C'était peut-être imprudent de sa part, mais elle voulait... Quoi ? Entrevoir de nouveau le *vrai* Thomas ? Celui qui l'avait appelée « Becca » en la serrant contre lui ?

— Oui, dit-il, mais c'est moi qui offre. Vous prenez autre chose, Matt, Alistair ?

— Merci, mais non, répondit Alistair. Je vais terminer celui-ci, et ensuite je ferais mieux de rentrer. J'ai une ronde en début de matinée.

Thomas et Rebecca, une fois servis, trinquèrent avec leurs collègues.

— Au Paddington ! clama Matt. Qu'il reste à sa place de toute éternité !

— Au Paddington, répéta Rebecca. Quel combat ! J'espère qu'il n'y aura pas de raté avant la confirmation officielle.

— Impossible, décréta Matt. Tout Londres est avec nous !

— Pour moi, le plus stupéfiant, c'était la donation du cheikh Al-Khalil, déclara Alistair. Sans lui, on n'aurait rien à fêter ce soir. Vous imaginez ce que c'est d'être riche à ce point ?

— Non, répondit Rebecca après avoir goûté son vin. Mais je sais ce que cela fait d'aimer ma fille et de vouloir remercier ceux qui l'ont aidée. On comprend qu'il ait voulu sauver le lieu de ce miracle !

Oh ! non ! Elle abordait une question beaucoup trop délicate devant Thomas.

Du coin de l'œil, elle le vit vider son verre.

Le barman aussi avait surpris son geste, il brandit la bouteille en haussant les sourcils, et Rebecca fut surprise de voir Thomas accepter d'un signe de tête. Puis, tandis que l'homme s'approchait pour remplir son verre, Thomas l'interrogea, elle, du regard.

Elle accepta sa proposition muette.

Après tout, pourquoi pas ? La journée avait été longue, et ils avaient tous deux beaucoup à fêter. Leur patiente avait bien supporté une intervention très lourde et, de leur côté, ils tournaient la page et se lançaient sur de nouvelles bases. Entre eux, les rapports étaient déjà plus simples. Cela n'avait pas échappé à leurs collègues, elle avait noté le regard entre Matt et Alistair quand ils les avaient vus arriver ensemble. Ce n'était pas un hasard si ce dernier avait souligné discrètement à quel point il était content de voir Thomas sortir un peu de sa coquille.

Maintenant, Alistair semblait surtout vouloir lui parler à elle.

— Je t'ai cherchée, tout à l'heure. Tu es restée très longtemps au bloc. Un cas intéressant ?

— Oui. On n'a pas souvent l'occasion de placer un dispositif d'assistance ventriculaire.

— Ah, la petite Penny Craig ! Tout s'est bien passé ?

— Le dispositif fonctionne parfaitement, intervint Thomas. Maintenant, il faut juste espérer qu'il lui permette de tenir jusqu'à la greffe.

Il se détourna pour répondre à une question de Matt, et tous deux se plongèrent dans une discussion animée.

Le visage grave, Alistair s'approcha encore un peu.

— Justement, je voulais te dire…

Surprise, elle haussa les sourcils.

Pourquoi tant de précautions ? Personne ne pouvait surprendre leurs paroles dans le brouhaha du pub.

— J'ai un patient en soins intensifs, un garçon de six ans. Nous allons faire de nouveaux tests dans les jours à venir, mais je doute de trouver une activité cérébrale. Il pourrait devenir un donneur dans un avenir proche.

— J'ai entendu parler de lui, dit-elle tout bas.

Tout le monde avait entendu parler du petit Ryan Walker, la victime la plus gravement atteinte du terrible incendie de l'école. Son histoire avait focalisé l'attention des médias sur le sort de l'hôpital et sa fermeture imminente. Une grave blessure à la tête, un très mince espoir de survie, une nouvelle hémorragie cérébrale quelques semaines plus tard...

Depuis, le petit garçon était sous assistance respiratoire. S'il était déclaré en état de mort cérébrale, et si ses parents acceptaient d'envisager de donner ses organes...

Elle n'était pas souvent impliquée à ce stade. Quand elle intervenait, les familles portaient déjà le deuil de leur enfant. Cette fois, ce serait très différent.

— On a parlé aux parents ? murmura-t-elle.

— Pas encore. Je crois qu'ils espèrent encore un miracle. La discussion aura lieu après l'électro-encéphalogramme de lundi. J'aimerais t'y faire participer, si tu peux. Pour mentionner le sujet du don d'organes.

Il poussa un soupir et termina son verre.

— Et maintenant, je dois vraiment filer. Je veux rentrer m'assurer que Claire se repose.

Matt imita Alistair, et bientôt Thomas et Rebecca se retrouvèrent seuls au bar devant leurs verres remplis.

Un serveur lourdement chargé passa devant eux, et le fumet des plats chauds leur parvint.

Instinctivement, elle tourna la tête pour mieux le humer.

— Tu n'as pas dîné ? demanda Thomas.

— Non, je n'ai pas eu le temps. Je me ferai un sandwich en rentrant.

— Je viens seulement de m'apercevoir que moi non plus. Ce n'est pas très malin de boire le ventre vide.

— Non...

Elle voulait qu'il propose qu'ils restent ici, qu'ils prolongent ce moment. En même temps, dîner en tête à tête, cela semblait... un peu intime. Mais de simples amis pouvaient très bien dîner ensemble au pub, non ?

— Je crois bien qu'il y avait des Yorkshire puddings avec le rôti de bœuf, murmura Thomas.

— Oh...

Cette fois, c'était décidé. Un dîner chaud, quel bonheur !

— Tu crois qu'ils ont aussi du *fish & chips* avec des petits pois ?

— Il suffit de leur demander.

Quelques minutes plus tard, ils étaient attablés, menu en main, dans un coin relativement tranquille.

L'attente fut brève, on leur apporta très vite leur repas, et tout fut beaucoup plus simple qu'elle ne s'y attendait.

Cette scène, ils l'avaient vécue tant de fois ! Tout à coup, dîner ensemble en bavardant, ce n'était plus une telle affaire.

Ils parlèrent de Penny et de l'opération.

— Je suis contente que tu y aies assisté, avoua-t-elle.

— Moi aussi, je suis content. Tu as fait un sacré chemin, tu sais ? C'est drôle, la dernière fois que je t'ai regardée opérer, c'était déjà sur Penny. Elle devait avoir dans les six mois.

— Oui...

Elle n'ajouta rien, pensant à l'intervention suivante, celle que Thomas avait manquée : il était déjà parti, emportant ses derniers espoirs de sauver quelque chose du naufrage de leur couple.

Le silence s'installa. Les discussions des autres clients, la musique se firent plus présentes. Elle terminait son assiette quand la sono enchaîna sur une chanson de Ricky Martin, avec une pulsation latino très marquée.

Le silence entre eux changea tout à coup de nature : certains souvenirs n'ont besoin que de quelques notes d'une chanson pour reprendre vie.

Les cours de salsa ! Elle y avait traîné Thomas au temps de

l'école de médecine. Au départ, c'était juste un moyen de garder la forme et de lutter contre le stress à l'approche des examens. Qui aurait deviné que Thomas serait un fabuleux danseur et qu'ils découvriraient tous deux qu'ils adoraient ça ? Elle n'avait pas dansé depuis cinq ans ou plus. À voir l'expression de Thomas, lui non plus...

Comment expliquer l'impulsion qui s'empara d'elle ? Le vin, le souvenir du plaisir tout simple de la danse, le besoin de dépasser ce silence gênant ? Ou peut-être l'envie de ne plus penser à la discussion qu'elle aurait sans doute bientôt avec la famille du petit Ryan Walker ?

— J'adore cette chanson, lança-t-elle. Tu es partant ?

Les amis peuvent bien danser ensemble, non ? C'était comme dîner ensemble, et tout s'était parfaitement bien passé jusqu'à ce fichu silence. Plus que tout, elle voulait revenir au moment où ils s'étaient sentis à l'aise.

Thomas la regarda, stupéfait. Visiblement, sa proposition le prenait de court, et il ne savait pas comment réagir.

Eh bien, elle déciderait pour lui !

Elle posa son verre et se leva en lui tendant la main, déjà à moitié tournée vers le mouchoir de poche qui tenait lieu de piste de danse.

Il la suivit. Par politesse, peut-être, ou pour lui éviter la situation humiliante d'être la seule à danser. Il effleura ses doigts puis saisit carrément sa main, l'attira contre lui... Et ce fut comme s'ils remontaient le temps pour se retrouver dans leur cours de danse du mardi soir !

Les mouvements leur revinrent, se synchronisèrent. Bientôt, ils évoluèrent avec la même aisance qu'autrefois. Thomas avait toujours été si facile à suivre !

Elle s'abandonna à la musique et savoura le moment.

Cela se termina trop vite. La chanson suivante était un slow, et ça, ç'aurait été carrément déplacé... entre amis.

Elle n'osa même pas lever les yeux vers lui et retourna aussitôt vers leur table.

— Merci, dit-elle en s'asseyant. Je ne sais plus à quand remonte la dernière fois que j'ai dansé.

— Moi non plus.

Un nouveau silence.

Étaient-ils deux à penser à ce qu'ils auraient pu vivre ensemble pendant ces années perdues ?

Lui, Thomas, il y pensait en tout cas.

Il venait de dire un gros mensonge. En fait, il savait très bien à quand remontait sa dernière danse : c'était avec elle, Rebecca.

Un flot de souvenirs monta en lui.

Ses réticences le jour où elle était arrivée à un cours en brandissant le prospectus du cours de salsa. Ces mardis soir où ils s'amusaient tant, deux parfaits débutants qui essayaient d'apprendre les pas sans se faire de croche-pied. La satisfaction, une fois les mouvements devenus automatiques, de pouvoir surfer sur la musique avec Rebecca dans ses bras. Voir son joli visage s'illuminer, capter son euphorie dans la façon dont son corps lui répondait. Ils avaient dansé à leur mariage. Et plus tard, la difficulté de danser ensemble quand son ventre s'était épanoui. Mais ils n'avaient pas renoncé avant la toute fin de la grossesse !

Chez eux, il y avait toujours de la musique. Ils ne se croisaient jamais sans s'effleurer de la main, ni s'arrêter un instant pour une étreinte qui se transformait souvent en pas de danse. Bébé, Gwen les regardait faire de sa petite chaise haute. Plus tard, elle avait absolument voulu danser aussi. Finalement, sa dernière danse, c'était peut-être avec elle ! Sa petite main dans la sienne, il la faisait tourbillonner et la soulevait dans ses bras, penché, la petite tête bouclée à deux doigts du sol, Gwen hurlant de rire...

Oh... là, cela faisait mal.

Pris d'un besoin viscéral de se tourner vers le seul être au monde capable de partager cette douleur, il chercha le regard de Rebecca. Il vit l'instant où elle comprenait, sentit presque physiquement un lien se nouer entre eux et vit ses yeux s'emplir de larmes.

— Oh ! Tom...

Ses lèvres tremblaient, une première perle salée déborda de ses cils et roula sur sa joue.

Si elle craquait et se mettait à sangloter au milieu du pub, ce serait terrible.

Vite, il sortit son portefeuille et jeta quelques billets sur la table, largement de quoi couvrir les frais de leur repas.

— Viens, dit-il en saisissant sa main. Il nous faut un peu d'air.

Elle tint bon le temps de prendre pied sur le trottoir, et même de s'éloigner du joyeux brouhaha des habitués du *Frog & Peach*. Cinquante mètres plus loin, elle s'arrêta comme si elle venait de se heurter à un mur et se couvrit les yeux de ses mains.

— Je... Désolée, bredouilla-t-elle. C'est juste que... Je... je me suis souvenue de la dernière fois que je t'ai vu danser.

Il serra les dents.

— Moi aussi. Avec... avec Gwen.

Elle répondit par un sanglot terrible.

— Elle me manque tellement !

Il lui ouvrit les bras.

Il n'avait pas le choix, il avait besoin de la serrer contre lui et besoin qu'elle l'étreigne.

Ces fichues larmes... contagieuses...

— Moi aussi, grinça-t-il.

Ils restèrent plantés là très longtemps, en retrait des passants. Les voitures, les bus, les taxis passaient en ronflant, le monde tournait autour d'eux mais, pour lui, tout s'était arrêté. Il n'y avait plus rien d'autre que cette étreinte.

Enfin, Rebecca s'anima entre ses bras. Elle leva la tête, et il vit luire à la lumière des réverbères ses joues mouillées et ses yeux sombres, si affreusement tristes.

Cette fois, il ne put faire autrement qu'incliner la tête et l'embrasser. Doucement, avec la tendresse nécessaire pour qu'elle sache qu'il comprenait. Qu'il éprouvait exactement la même chose qu'elle.

7

Les yeux fermés, Rebecca s'abandonna au baiser de Thomas.

Voilà ce qui lui manquait dans sa vie ! Une étreinte quand elle se sentait tellement triste. Sentir que quelqu'un *comprenait*.

Elle n'avait plus envie de se demander si c'était raisonnable ni de s'interroger sur les conséquences. Ce moment, elle l'attendait sans le savoir depuis cinq ans.

Les lèvres de Thomas sur les siennes, si tendres... Cette sensation que quelqu'un tenait sincèrement à elle, l'aimait même !

Non, pas quelqu'un. Thomas. Son Tom, le seul à lui avoir jamais offert cela, le seul à pouvoir réellement mesurer ce qu'elle éprouvait parce qu'il avait vécu la même chose. Tom...

Le nom lui échappa dans un souffle et, aussitôt, la façon dont il l'étreignait changea. Cette crispation instantanée...

Elle avait dit son nom, et il voulait s'écarter d'elle ?

Oui, il la lâchait.

Éperdue, elle ouvrit les yeux.

Il se détournait déjà, mais elle eut le temps de voir l'éclat des larmes dans ses yeux.

— Désolé, marmotta-t-il. Je n'aurais pas dû faire ça.

Mais pourquoi pas ? Parce qu'il transgressait la règle d'airain qui le forçait à se tenir à distance ? Ou parce qu'il avait quelqu'un d'autre, une compagne qu'il venait de tromper un peu ? À voir son visage contracté, la deuxième option devait être la bonne.

Elle eut froid tout à coup.

Elle venait de puiser un tel réconfort dans l'idée qu'il tenait toujours à elle ! Et de son côté, cette envie puissante d'effacer autour des yeux de Tom les plis gravés par la souffrance !

Oui, elle tenait toujours à lui. Assez en tout cas pour éviter de bouleverser sa vie.

Elle fit un effort et lui effleura le bras d'un geste apaisant.

— Ce n'est pas un problème, Tom. On était bouleversés tous les deux. C'est ma faute, je... Je n'aurais pas dû t'inviter à danser. Je nous ai tirés tous les deux vers le passé.

Il la dévisagea. Dans son regard, il n'y avait plus que de la tristesse.

— Ça ne s'arrête jamais, dit-il d'une voix étrangement détachée.

— Non, répondit-elle dans un soupir explosif. Mais cela change de nature. C'est moins douloureux. Il y a aussi les bons souvenirs.

Il hocha lentement la tête, et le coin de sa bouche se retroussa légèrement.

— Oui. Comme... Elle aimait tellement danser. C'était une petite si joyeuse.

La gorge serrée, Rebecca fit oui de la tête.

Gwen avait été la plus délicieusement joyeuse des petites filles, elle se réveillait en souriant, les bras tendus vers la nouvelle journée et son lot de surprises. Ce bonheur, elle le répandait autour d'elle, tous ceux qui l'approchaient en étaient impactés. Avec son départ, le monde avait perdu une part de sa lumière. Si certaines régions restaient trop sombres, mieux valait ne pas y entrer. Elle-même n'y gagnerait rien, et Tom se replierait dans sa tanière.

— Tout va bien, dit-elle encore. Cela ne signifiait rien, juste un souvenir partagé. Personne n'a trompé personne.

— « Trompé » ? Qu'est-ce que tu entends par là ?

Son visage avait changé, il braquait sur elle un regard acéré.

Troublée, elle se mordit la lèvre.

Ce sujet-là, ils ne devaient *vraiment pas* l'aborder. Évoquer des souvenirs partagés, c'était inévitable, mais Thomas lui faisait très nettement sentir que sa vie privée ne la regardait pas. Ils commençaient à peine à poser les jalons d'une éventuelle amitié. Parler de leur vie sexuelle, ce serait déplacé. Insupportable.

Mais il attendait toujours sa réponse, les sourcils froncés, comme s'il se trouvait face à un puzzle difficile.

— Tu as eu l'impression de tricher, toi ? demanda-t-il d'une voix contenue. Tu… tu es avec quelqu'un, Becca ?

— Non !

Elle n'avait pas eu l'intention de répondre avec tant de véhémence. Comme si la seule idée d'avoir un compagnon était choquante.

— Non, répéta-t-elle, gênée, mais j'ai pensé que toi, peut-être…

Il y eut un nouveau silence.

Elle frissonna et serra les bras sur sa poitrine sans oser croiser le regard de Thomas. Machinalement, elle tourna la tête dans la direction de chez elle. Elle ouvrait la bouche pour dire qu'elle allait rentrer quand il s'éclaircit la gorge.

— Je n'ai personne, articula-t-il. Toi non plus, vraiment ?

— Non.

Cette fois, ils se regardèrent dans les yeux, et la question qu'ils avaient tous deux besoin de poser était si présente qu'elle sembla flotter au-dessus de leurs têtes comme une bulle de bande dessinée. Ils se décidèrent à parler en même temps.

— Il y a eu… ?

— Tu as rencontré… ?

Un autre silence, et une nouvelle réponse synchronisée : un double « non » qui vibra longuement entre eux.

— Pourquoi pas ? chuchota-t-elle.

— Pourquoi ? riposta-t-il.

— Ça fait tout de même cinq ans. Et je sais à quel point on peut se sentir seul.

Il détourna les yeux.

— Je n'étais pas prêt, avoua-t-il. Je me suis concentré sur le travail. À force, le reste n'a plus eu d'importance.

— Moi aussi. Et le temps a passé. J'avais oublié que ça faisait si longtemps quand tu es revenu au Paddington. Depuis le temps que je vivais au jour le jour, je n'envisageais même pas autre chose. Je préférais ne jamais trop regarder dans la direction de l'avenir.

— Et moi, dans celle du passé.

Elle se figea, attentive.

Ce que Thomas venait d'avouer là, c'était énorme. Elle ne s'était pas sentie aussi proche de lui depuis… Eh bien, depuis les débuts de leur amour, l'époque où ils pouvaient tout se dire en sachant qu'ils seraient entendus et compris. L'époque où tout semblait possible, où tout rayonnait de bonheur. À la fin, ils étaient proches aussi, mais d'une façon différente. Pendant les journées terribles passées au chevet de Gwen, chacun serrant la main de l'autre à en avoir mal, un lien différent s'était forgé entre eux. Puissant mais malheureux.

À cet instant, alors qu'elle sentait encore son étreinte sur sa peau, elle choisit de puiser dans le premier registre, et ce fut tout à coup plus facile d'en dire davantage.

— On est coincés tous les deux, non ? suggéra-t-elle à mi-voix. Coincés dans le présent.

— Le présent, ce n'est pas si mal.

— Mais nous sommes encore jeunes. Il y a autre chose dans la vie que le travail…

Il hocha de nouveau la tête, le visage pensif, et lui offrit même un autre de ses quasi-sourires.

— La danse ?

Elle lui sourit, hocha la tête à son tour.

— J'y penserai, murmura-t-il.

Puis son faible sourire s'effaça, et il soupira.

— Il se fait tard. Je te raccompagne chez toi.

— Mais non, ce n'est pas sur ton chemin. Je vais prendre un taxi.

— À cette heure-ci, un vendredi soir ? Tu crois aux miracles.

Elle avait très envie d'accepter. Marcher avec lui, continuer de parler, renforcer le lien ténu qui se tissait entre eux… À moins qu'elle ne l'ait imaginé ?

Elle ne put le vérifier, car le destin s'en mêla : un taxi descendait la rue, la lumière jaune sur le toit signalant qu'il était libre. Dès que Thomas leva le bras, il vint se ranger contre le trottoir.

— Et voilà. Je me trompais, dit-il avec un sourire tendu.

Était-il soulagé ? Avait-il hâte de s'échapper pour ne pas revivre d'autres souvenirs pénibles ou devoir avouer qu'il s'était trompé sur d'autres plans, par exemple en l'abandonnant lorsqu'elle avait besoin de lui ?

— Tu veux partager ? risqua-t-elle en ouvrant la portière.

Elle perçut son hésitation, le vit ouvrir la bouche comme s'il allait accepter. Puis ce fut comme s'il venait d'emboutir un mur de brique. Une de ces barrières mentales qu'il savait si bien dresser entre lui et le reste du monde.

— Je vais rentrer à pied, lâcha-t-il d'un ton bourru. J'ai besoin d'exercice après les Yorkshire puddings.

Le taxi démarra.

Quand elle se retourna pour regarder par la vitre arrière, Thomas partait en sens inverse, silhouette solitaire. Il s'en allait vers un logement où il serait seul, comme elle dans le sien.

Ça n'avait aucun sens ! C'était aberrant, bien plus ce soir qu'hier ou la semaine dernière ! Elle ne s'était pas trompée, le lien avait bien existé de nouveau, au moins un instant. Entre eux, il s'était passé bien davantage qu'un simple baiser, bien plus que l'aveu qu'il n'y avait eu personne dans leur vie depuis leur séparation. Quelque chose remuait encore dans les gravats de leur mariage.

Thomas voyait-il lui aussi briller le trésor sous les ruines ? C'était toute la question.

Épuisée, elle laissa sa tête retomber contre la banquette et ferma les yeux.

Non. La vraie question, c'était de savoir si, de son côté, elle voulait ce rapprochement. Maintenant, il lui semblait qu'elle s'était emballée un peu vite. Thomas allait résister de toutes ses forces. « Ne jamais trop regarder dans la direction du passé », avait-il dit. Quand on choisit de ne pas chercher, on ne risque guère de trouver. On s'arrange plutôt pour ne rien voir.

Elle n'avait pas eu l'intention de les entraîner dans le passé, son invitation à danser était dépourvue de tout calcul, mais, à partir de là, la montée des souvenirs était inévitable. Venait-elle de tout compliquer ?

À en juger par le chagrin qu'elle éprouvait en ce moment, la réponse était oui. Cela suggérait qu'elle n'avait jamais cessé d'aimer Thomas. En se rapprochant de lui, elle prenait un sacré risque. Celui d'avoir une seconde fois le cœur brisé. Dans ce cas, elle vivrait encore très longtemps dans les limbes, seule, sans amour au présent, sans espoir de fonder une famille.

Un énorme soupir lui échappa, presque une plainte.

— Tout va bien, ma p'tite dame ?

Le chauffeur de taxi l'observait dans son rétroviseur.

— On arrive, assura-t-il d'un ton encourageant. Vous serez bientôt chez vous.

Elle réussit à lui sourire.

D'habitude, Thomas pouvait compter sur le travail pour se distraire de ses pensées, mais pas cette fois.

Il avait passé le plus clair de son week-end dans son bureau à l'hôpital, à rédiger un article pour une revue de cardiologie. Il avait pris tout son temps pour faire les rondes de son service, mais ses visites aux soins intensifs étaient restées très brèves.

De tous ses patients, Penny était celle qui demandait actuellement le plus de vigilance, mais les soins étaient en théorie encore du ressort de l'équipe chirurgicale. Penny ne reviendrait dans le service cardio que quand Rebecca se déclarerait satisfaite de ses progrès. Il était bien entendu disponible pour une consultation, mais tout se déroulait à merveille jusqu'ici. On avait gardé la petite sous sédation un peu plus longtemps que prévu, et on abordait maintenant le réveil par paliers. L'équipe espérait qu'elle serait pleinement consciente dans la matinée du lundi.

Ses passages aux soins intensifs n'avaient jamais coïncidé avec les horaires de Rebecca, ce qui valait mieux. Il ne se sentait pas prêt à la revoir. Il avait du mal à se remettre de la soirée de vendredi, il lui venait des pensées folles… Et il devait vraiment se concentrer sur son article.

Un diagnostic d'asthme modéré chronique pour une petite fille de quatre ans. Un an plus tard, elle est hospitalisée avec tous les signes d'une exacerbation aiguë comprenant essoufflement, toux, troubles du sommeil et une réponse insuffisante au salbutamol nébulisé…

Son regard dériva vers les radios montrant l'accumulation de fluides dans les poumons, qu'il comptait inclure pour illustrer la prochaine section.

Le problème, c'était ce baiser. Ou peut-être la danse. Et puis, le choc chaque fois qu'il se rappelait l'aveu de Rebecca qu'elle n'avait eu personne dans sa vie depuis cinq ans.

Pourquoi ?

Sûrement pas par manque d'intérêt de la part des hommes qu'elle croisait. Elle était superbe, intelligente, drôle, et tellement positive ! C'est d'elle que Gwen avait hérité son côté solaire. Le sourire de Rebecca éclairait toute la pièce, elle trouvait instinctivement le bon côté des choses, même dans les moments les plus terribles, même quand elle vivait le pire qui puisse leur arriver. Elle avait eu le courage d'aborder le sujet abominable du don d'organes alors qu'ils étaient assis jour après jour, impuissants, au chevet de leur fille. « Si quelque chose de bon peut sortir de cette horreur, c'est peut-être le fait que d'autres enfants pourront être sauvés », avait-elle dit.

Elle avait organisé les obsèques de Gwen. Le petit cercueil rose avec son motif fleuri, le lâcher de ballons roses et blancs contenant chacun une pincée de graines de fleurs sauvages. Les chansons des films et des émissions préférés de la petite : « C'est la dernière fête qu'on peut lui offrir. »

Oh ! pour l'amour du ciel…

Sa gorge se serrait. Et les larmes, maintenant ! Comme quand il avait fait l'énorme bêtise d'embrasser Rebecca, de ressentir au présent le chagrin de les avoir perdues, Gwen et elle. Il avait baissé sa garde, et maintenant la souffrance nouait ses tentacules autour de son cœur.

Mais *pourquoi* était-elle toujours seule ?

Elle n'avait jamais pensé que l'accident était sa faute. Elle ne lui avait rien reproché. Elle n'avait pas dit un mot contre la crèche, pourtant responsable ce jour-là de la sécurité de Gwen. Elle avait tourné la page, réussi à continuer à travailler avec des enfants. Elle s'était même plongée dans l'univers des greffes, changeant l'orientation de sa carrière pour se spécialiser dans cette branche. Si elle était capable de gérer ses émotions à ce point, pourquoi n'avait-elle pas trouvé de nouveau partenaire, créé une nouvelle famille, son idéal du bonheur ?

Il ne voyait qu'une réponse possible : il lui avait fait si mal qu'elle ne pouvait tout simplement pas envisager de s'exposer une seconde fois.

Et pourtant, elle cherchait à normaliser leurs rapports, à les rendre amicaux. C'était elle qui l'avait invité à danser. Et quand il l'avait embrassée, elle l'avait embrassé en retour.

Ça n'avait aucun sens ! Elle l'avait accusé de fuir, de l'avoir quittée alors qu'ils étaient encore ensemble, et maintenant elle serait prête à lui pardonner ? À sauver du désastre plus qu'une simple amitié ?

Oui, c'était ce qu'il avait senti en la serrant dans ses bras, en pleurant avec elle...

Il était en train de devenir fou. Une part de lui n'attendait qu'une deuxième chance auprès d'elle, une autre voulait absolument se protéger en la tenant à distance. Et une troisième avait assez de tendresse pour elle pour refuser catégoriquement de la blesser de nouveau. Il avait échoué une fois auprès de Rebecca. Comment être sûr que ça ne se reproduirait pas ?

Ce serait mieux pour tout le monde qu'il tire un trait sur toute la question. Le statu quo, c'était la seule solution.

Il se remit à écrire.

La détresse respiratoire va atteindre le stade où une ventilation mécanique devient nécessaire. Le diagnostic le plus probable à ce stade vise l'asthme sévère avec complications, l'infection, la surcharge de liquides et une maladie cardiaque sous-jacente...

Ses doigts ralentirent, s'immobilisèrent. Il perdit le fil. Troublé, il ferma les yeux pour rassembler ses idées.

Il viendrait à bout de cet article. Il peinait plus que d'habitude, mais il avait juste besoin de temps.

Et c'était aussi la réponse pour Rebecca, n'est-ce pas ? Davantage de temps. Il devait prendre du recul, se dissocier de la confusion créée par ce rapprochement avec elle. Se donner le temps de faire un vrai choix, en conscience. Si le divorce ne les avait pas libérés, il fallait trouver autre chose pour qu'ils puissent tourner la page, reprendre le fil de leur vie, rencontrer de nouveaux partenaires...

Il s'aperçut qu'il braquait un regard hostile sur son écran d'ordinateur.

Il ne voulait pas d'une nouvelle partenaire. Et la seule idée de Rebecca avec un autre... Non. C'était inacceptable.

Oh ! pitié ! Il ne savait plus où il en était, et son trouble commençait à empiéter sur son travail. Comment avait-il fait pendant cinq années pour séparer si clairement ses espaces mentaux personnel et professionnel ?

C'était évident : en partant loin de Rebecca. En n'étant pas obligé de la voir chaque jour, de parler avec elle et de la regarder travailler. En ne se trouvant jamais en tête à tête, en ne pensant pas un seul instant à danser avec elle, sans parler de l'embrasser !

Avec un soupir, il sauvegarda son fichier et éteignit sa machine.

Il lui fallait de l'air. Un jogging, voilà qui lui changerait les idées. Avec un peu de chance, il se fatiguerait assez pour réussir à dormir cette nuit. Voilà ! Il allait courir et faire un long parcours, le circuit complet du Regent's Park et de Primrose Hill... Ou pas. Ce secteur renfermait trop de souvenirs, anciens et très récents. Hyde Park, alors ? C'était plus grand, moins familier. Ce serait plus sûr, à la fois pour lui et pour la femme qu'il avait aimée.

Finalement, c'était ce qu'il s'était engagé à faire en épousant

Rebecca : placer les besoins et l'intérêt de cette dernière avant les siens. La protéger.

Rebecca suivait couramment des patients en condition critique. Son travail l'emmenait souvent sur des montagnes russes entre les bons moments, les moments difficiles et ceux qui vous brisaient le cœur et vous forçaient à vous demander si vous étiez faite pour ce métier.

Ce lundi matin, elle rassemblait son courage pour affronter le pire. Sortir d'un instant de vrai bonheur et marcher vers une entrevue déchirante : le contraste rendait la transition encore plus difficile.

Elle venait du service de cardio où elle avait croisé Thomas au chevet de Penny. Le sourire de Tom en la voyant l'avait soulagée, car elle commençait à croire qu'elle venait de saborder leur dernière chance de recréer des rapports cordiaux. Elle l'avait à peine vu de toute la semaine, depuis le soir où elle avait multiplié les folies au *Frog & Peach*.

Danser avec lui, pleurer sur son épaule ! C'était tout naturel que Thomas ait cherché à la réconforter en l'embrassant. Évidemment, ça ne signifiait rien, mais ça avait pu suffire à le renvoyer derrière ses barricades.

Mais quand elle était entrée dans la chambre de Penny, il lui avait souri aussitôt, avec une note chaleureuse dans le regard, comme s'il était réellement heureux de la voir.

Avait-il remarqué que leurs chemins ne s'étaient pas croisés depuis plusieurs jours ? Avait-il cru qu'elle faisait exprès de l'éviter ?

La réalité était plus simple : elle travaillait à deux mille à l'heure. Le Pique-Nique des oursons aurait lieu ce week-end, et les derniers réglages de l'organisation lui mangeaient chaque seconde de liberté, empiétaient sur ses heures de sommeil. Elle était épuisée, et cela rendait d'autant plus redoutables les difficultés affectives de son travail.

Tout le monde souriait dans la chambre de Penny, ce matin.

— Elle peut vraiment rentrer à la maison la semaine prochaine ? avait demandé Julia. Elle n'aura pas besoin d'être branchée sur l'oxygène en permanence ?

— Pas à moins de s'essouffler ou de se sentir mal. Mais nous n'avons rien relevé d'inquiétant.

— On peut la laisser faire ce qu'elle voudra ? Retourner à l'école ?

— Pas tout de suite. Attendons, voyons comment elle se sent. Ensuite, on en reparlera. Déjà, laissez-la marcher tant qu'elle veut, emmenez-la au terrain de jeux.

— Je sais danser, avait déclaré Penny à Rebecca. Comme Saphir, l'ourse ballerine. Tu veux voir ?

Elle avait glissé à bas des genoux de sa mère, levé les bras et tourné sur elle-même en vacillant un peu.

Incroyable ! Elle relevait tout juste d'une intervention majeure, mais semblait ne ressentir ni gêne ni douleur.

— Bravo, avait dit Rebecca avec conviction. Tiens, c'est pour toi. Il faudra le garder près de toi en permanence.

En la voyant remettre à la petite l'objet qu'elle tenait à la main, Julia avait laissé échapper une petite exclamation inquiète et cherché son regard.

— C'est le bipeur. Penny est tout en haut de la liste d'attente pour une greffe, maintenant, et un cœur peut devenir disponible à tout moment. Si cela arrive, on vous bipera immédiatement. Cela ne voudra pas dire que la greffe est certaine, parce qu'il y a souvent des impondérables, mais il faudra être prêts à venir.

Les deux parents avaient hoché la tête, graves tout à coup.

— En attendant, avait repris Rebecca d'un ton joyeux à l'intention de Penny qui tourbillonnait toujours, profite bien ! Je repasserai vous voir, au cas où vous auriez des questions, et vous avez mon numéro. Surtout, n'hésitez pas à appeler !

— Merci, docteur, merci infiniment, avait dit Peter avec émotion. Vous n'imaginez pas ce que cela représente pour nous.

— Oh ! je crois que si !

Instinctivement, elle avait regardé Thomas, et son expression entendue lui avait fait encore plus de bien que son sourire.

Personne ne savait mieux qu'eux combien ce temps passé avec leur fille serait précieux pour Julia et Peter ! En somme, Thomas et elle leur offraient le cadeau qu'eux-mêmes n'avaient pas reçu. Et cette connivence les rapprochait, quoi qu'ils en pensent et sans leur en laisser le choix.

À présent, plus elle s'éloignait de la chambre du bonheur en direction des soins intensifs, plus son pas se ralentissait et plus son cœur se serrait. Le contraste était si criant entre ce qu'elle venait de quitter et ce qui se tramait dans le service où le petit Ryan Walker avait été déclaré en mort cérébrale hier dans l'après-midi. D'ici, elle percevait déjà le silence.

Alistair North l'attendait devant la porte.

— Les parents de Ryan sont avec lui. Ils étaient là pour la seconde série de tests hier soir, et ils ne sont pas rentrés chez eux depuis. Je t'ai fait appeler quand ils ont demandé ce qu'il allait se passer maintenant.

Elle approuva de la tête.

En tant que chirurgienne spécialisée dans les greffes d'organes, elle n'était pas autorisée à participer de près ou de loin aux tests et analyses servant à confirmer la mort cérébrale. Le protocole voulait que les tests soient pratiqués deux fois, par deux médecins différents, à douze heures d'intervalle au minimum.

— Pas d'incertitude ? murmura-t-elle.

Alistair secoua la tête, le visage sombre.

— Je crois que ce qui les a frappés le plus durement, c'est l'angiographie. L'image est parlante quand on ne voit à l'intérieur du crâne qu'un espace sombre sans aucune circulation sanguine.

Elle hocha de nouveau la tête, le cœur serré. Elle savait précisément comment une image de ce genre peut vous démolir.

— Les grands-parents sont dans la salle des familles, ils s'occupent de la petite sœur, Gemma.

Ils frappèrent discrètement, entrèrent. Alistair la présenta à Louise et Colin Walker.

Assis près du lit, sous le choc, les parents de Ryan se tenaient la main. Et sur le lit, sous les mèches de cheveux roux qui s'échappaient du pansement entourant sa tête, elle découvrit le petit visage livide de Ryan.

Six ans seulement. Une tragédie faite pour toucher le cœur le plus dur.

— Je ne peux pas vous dire à quel point je suis désolée, dit-elle avec douceur. Je n'ai pas participé aux soins de Ryan, mais je sais que l'équipe a fait tout son possible.

Ils remercièrent d'un signe de tête, mais Colin Walker se demandait manifestement ce qu'elle faisait là.

— Vous avez demandé ce qu'il va se passer maintenant, intervint Alistair. Certaines décisions doivent être prises. Des décisions difficiles...

Il s'éclaircit la gorge.

— J'ai demandé au Dr Scott — Rebecca — de venir parce qu'elle a beaucoup d'expérience. Elle est très présente dans le soutien de ceux qui ont à prendre ce genre de décisions.

— Vous voulez dire pour quand... quand on débranchera les machines ?

La voix de Louise se brisa, elle pressa ses paumes sur ses yeux.

— Et ce qu'il va se passer après ?

— Rien ne presse, assura doucement Rebecca. Nous vous donnerons tout le temps dont vous aurez besoin, et tout le soutien que vous pourrez demander, vous et votre famille.

— Rebecca est chirurgien, reprit Alistair. Il n'y a pas de bon moment pour aborder un sujet pareil, mais elle est à la tête de notre équipe de greffes d'organes. Elle est venue vous parler de l'éventualité de faire don des organes de Ryan.

Le visage de Colin Walker, déjà pâle, blêmit brusquement. Il venait enfin de comprendre.

— Non, souffla-t-il, horrifié. Comment pouvez-vous seulement demander...

— Je comprends, dit Rebecca dans le silence affreux qui s'abattit. Je suis seulement passée me présenter. Je vous laisserai des informations et mon numéro de téléphone. Vous pouvez m'appeler à tout moment, jour ou nuit, si vous avez une question ou voulez seulement me parler.

Colin ne parvenait même pas à la regarder en face, et Louise se couvrait toujours les yeux.

— Je ne vous demande qu'une chose, conclut-elle avec douceur : Pensez-y. Je peux vous garantir que le don de la vie peut aider... des deux côtés.

Elle leva les yeux vers Alistair, qui hocha la tête.

Il était temps qu'elle parte. Il ne fallait pas que ces parents en deuil aient l'impression que l'on cherchait à les influencer. Le sujet avait été abordé, nommé. L'équipe des soins intensifs prendrait soin de Ryan jusqu'à ce que ses parents prennent une décision dans un sens ou dans l'autre.

En quittant le service, elle croisa une femme d'âge mûr tenant par la main une fillette de deux ans aux boucles rousses flamboyantes et au petit nez rond semé de taches de rousseur. Sûrement Gemma, la petite sœur de Ryan.

Rebecca leur sourit sans ralentir le pas.

C'était bon de savoir que Ryan n'était pas fils unique. Cela n'atténuait en rien l'horreur de la situation, mais elle avait constaté que cela aidait beaucoup pour la suite. Les parents qui ont d'autres enfants sont obligés de tenir, de rester présents, impliqués dans tous les aspects de la vie, y compris l'un par rapport à l'autre.

Chaque fois, elle se demandait si ça n'aurait pas changé la donne pour Thomas et elle s'ils avaient eu un autre enfant, et elle ressentait le deuil de la famille qu'ils n'avaient pas fondée.

Elle s'immobilisa devant l'ascenseur, les yeux fermés, luttant pour maîtriser la douleur.

Thomas avait peut-être raison en fait de tenir le monde à distance. Ça lui évitait de revivre sans cesse cette souffrance. Elle aurait aimé lui dire qu'elle comprenait mieux aujourd'hui que sur le moment, qu'elle lui pardonnait.

Non. En fait, elle voulait juste qu'il la serre dans ses bras et la réconforte. Qu'il lui rappelle qu'ils avaient fait le bon choix en acceptant le don des organes pour Gwen. Même si, la décision prise, ils avaient compris un peu tard qu'ils ne pourraient même pas tenir leur enfant dans leurs bras au moment où elle quitterait ce monde. Qu'ils pourraient seulement se tourner l'un vers l'autre.

8

— Je comprends, disait Rebecca en pressant amicalement la main de Louise Walker. Ne vous inquiétez pas, ça ne pose aucun problème.

La mère de Ryan leva les yeux vers l'horloge murale.

— Colin va bientôt revenir. Il est allé chercher ses parents à l'aéroport. Ils étaient en croisière, nous avons dû attendre qu'ils touchent un port...

— Il ne sait pas que vous avez demandé à me voir ?

Le visage tourmenté, la jeune femme secoua la tête.

— Il ne veut pas en parler. Il ne veut parler de rien ! Débrancher les appareils, c'est déjà terrible. Le don d'organes, c'est trop dur pour lui.

— Je comprends réellement, vous savez ?

— Mais je *veux* le faire, chuchota la pauvre Louise, le visage mouillé de larmes. Je n'arrête pas de penser : et si c'était Ryan qui avait besoin d'une greffe ? Si c'était moi, la maman qui se rongeait à espérer chaque jour un miracle ?

— Il y a toujours deux points de vue, murmura Rebecca. Il ne faut surtout pas faire pression sur Colin pour lui faire accepter une solution qu'il ne pourrait pas assumer par la suite.

— Le Dr North dit que nous avons quelques jours pour décider, mais c'est tellement dur. Dans un sens, je voudrais que tout soit terminé, vous comprenez ? Pour que nous puissions commencer à reconstruire notre vie.

— Oui, je comprends, répéta Rebecca. Quoi que vous fassiez,

vous ne devez pas vous sentir coupables. Ni du fait de ne pas réussir à vous décider, ni de décider de ne pas faire don des organes de Ryan. Toute la famille doit être bien sûre de son choix.

— Je sais que mes parents pensent que ce serait une bonne chose. Qu'un bien puisse encore sortir de cette horreur. Toutes ces semaines, pendant que nous espérions encore...

Rebecca battit des paupières pour contenir ses larmes.

Dans cette voix brisée, elle entendait l'écho de la sienne, cinq ans auparavant : « S'il peut y avoir une seule bonne conséquence, ce serait que d'autres enfants soient sauvés. »

— Je crois que les parents de Colin seraient d'accord aussi, reprit Louise. Nous serons tous près de Ryan ce week-end, ce sera le moment d'en reparler.

— Vous avez mon numéro. Si je peux vous aider de quelque façon que ce soit, et quelle que soit votre décision, appelez-moi.

— D'accord. Merci.

Louise Walker regarda de nouveau l'horloge et soupira.

— Je ferais mieux d'y retourner. Maman veut rentrer tôt pour emmener Gemma au zoo cet après-midi. C'est fou, mais la vie continue.

La pauvre Louise était trop pâle, elle avait l'air épuisée.

— Et vous, demanda Rebecca avec douceur, vous êtes un peu sortie du service ? Vous avez pris l'air ?

Louise secoua la tête.

— C'est que chaque minute compte...

Quand elles se séparèrent à la porte, Louise la serra impulsivement dans ses bras.

— Je crois que vous comprenez vraiment, chuchota-t-elle. C'est important pour nous.

Rebecca lui rendit son étreinte.

Le rôle si particulier qu'elle jouait dans ces situations créait parfois un lien affectif avec les familles. Un lien très différent du rapport habituel médecin-patient. Jamais elle n'irait révéler aux parents qu'elle avait vécu la même chose qu'eux, ce serait une forme de pression, une incitation à suivre son exemple.

Elle ne disait donc rien, mais ils sentaient sa compréhension authentique, et ça les rassurait.

De son côté, elle savait qu'elle apportait à ces parents une écoute irremplaçable. Si elle pouvait faire une différence dans ces moments si difficiles, elle devait continuer, même si c'était rude émotionnellement. La satisfaction d'avoir pu réconforter Louise était très différente de la reconnaissance publique qu'elle recevrait le jour du Pique-Nique des oursons. En tant que responsable du service des greffes, elle serait ce jour-là sous les feux des projecteurs. C'était une lourde responsabilité. La question du don d'organes comportait tous les éléments qui passionnent un public friand de tragédies et de rédemptions, et le Paddington serait à l'honneur avec son remarquable palmarès de réussites. Ce serait peut-être le dernier coup de pouce qui garantirait son existence pour les générations à venir. Il fallait profiter de ce moment unique pour en parler pendant que l'attention des médias se braquait encore sur l'hôpital !

Le jour du fichu pique-nique se leva sous un soleil radieux. Thomas n'avait aucune intention de s'y rendre, mais on ne parlait de rien d'autre dans le service.

— Ils demandent que nous soyons nombreux à venir, toute l'équipe soignante si possible, pour montrer que nous sommes tous unis, lui dit Rosie en l'accompagnant à la chambre de Penny.

Julia l'avait fait demander, elle avait l'impression que sa fille avait attrapé un rhume ou un virus, et elle craignait que cela ne retarde son retour à la maison.

— Je retrouve Léo là-bas à la fin de mon service, ajouta Rosie. Les jumeaux ont déguisé leurs nounours pour le concours de l'ours en peluche le mieux habillé et ils sont fous de joie de monter sur les poneys. On va s'amuser.

Julia Craig entendit la fin de la phrase au moment où ils entraient dans la chambre.

— Vous parlez du Pique-Nique des oursons ? J'aimerais

pouvoir y aller ! Ce sera pour l'année prochaine, promit-elle en souriant à Penny. Tu emmèneras Saphir.

— Je veux y aller tout de suite ! Moi aussi, je veux monter sur les poneys.

— Voyons déjà comment tu te portes, lui dit gentiment Thomas. Maman dit que tu as la goutte au nez ?

Il l'ausculta sans trouver de réel problème, mais il était réellement trop tôt pour que la famille Craig se rende au pique-nique cette année.

Et lui ?

Quelque chose, peut-être le fait de savoir que Rebecca y serait, fit pencher la balance. En quittant l'hôpital en début d'après-midi, il se dirigea tout naturellement vers le parc.

Cela lui avait fait un bien fou de la voir la veille, quand elle était venue donner ce bipeur si significatif aux parents de Penny. De la voir sourire, de sentir qu'ils pouvaient encore être amis — en reprenant tout à zéro, en oubliant la danse et le baiser, en installant cette fois des garde-fous plus solides.

Et puis, cette journée était trop belle pour la passer à son bureau à terminer son article ou dans son minuscule appartement d'où il ne voyait pas un brin de verdure !

Il retira sa cravate, défit le premier bouton de sa chemise, roula ses manches et se joignit à la foule qui flânait sur la colline.

Le soleil brillait dans un ciel sans nuages, mais il ne faisait pas trop chaud. Les pentes de Primrose Hill captaient une brise délicieuse. Des enfants surexcités couraient ici et là ou participaient à toutes sortes de jeux et d'activités. Il passa devant un groupe de bénévoles occupés à griller des saucisses dont l'arôme lui mit l'eau à la bouche, puis devant un petit kiosque où les enfants faisaient la queue pour se faire maquiller. Une autre queue s'était formée pour les tours de poney. Il entendait les cris de joie jaillir du château gonflable. Les journalistes et les photographes étaient nombreux, on voyait partout les caméras de chaînes locales et nationales.

Enfin, il repéra Rebecca, superbe en jean et T-shirt blanc au logo des Oursons, ses longs cheveux bruns attachés sur sa nuque, non pas en chignon comme au travail mais en une longue queue-de-cheval bouclée ébouriffée par la brise. Elle ne l'avait pas encore vu, apportant toute son attention à la femme à qui elle parlait. Un caméraman filmait l'interview, et un perchiste tendait un micro pelucheux aux deux femmes.

Thomas se fondit dans le groupe de curieux qui suivait.

— Ici même, dans notre pays, trois personnes meurent chaque jour de cette pénurie. À l'instant où nous parlons, plus de six mille personnes attendent une greffe. Deux cents d'entre elles environ sont des enfants. Et beaucoup de ces enfants viennent à l'hôpital Paddington parce que nous sommes l'un des rares grands centres de greffe pédiatrique.

— Mais les dons d'organes sont possibles, n'est-ce pas ? demanda la journaliste. Quel est le problème ? Les gens ne le savent pas ? Ils ne souhaitent pas le faire ?

— C'est une question très complexe. C'est difficile de seulement y penser au moment où l'on perd un être cher.

— Quel est votre objectif, à vous et aux autres médecins de l'équipe ? Quelle évolution souhaiteriez-vous voir ? Beaucoup de gens nous regardent aujourd'hui, qu'aimeriez-vous leur dire lors d'une journée comme celle-ci ?

— Cette journée est pour célébrer la vie, répondit Rebecca avec son sourire le plus lumineux. Pour que les familles qui ont fait le choix fabuleusement généreux du don d'organes sachent quelle différence cela fait dans la vie des autres...

Elle se tourna vers la foule en ouvrant les bras, et son regard s'arrêta sur lui. Sans la moindre rupture, elle enchaîna, les yeux dans les siens :

— Nous voudrions que les gens parlent de ce que nous faisons ici. Nous croyons tous que la situation terrible qui mène au don d'organes n'arrive pas qu'aux autres.

Son regard restait accroché au sien. D'une voix douce, persuasive, elle ajouta :

— Mais voilà, cela arrive à certains d'entre nous. Et si nous en parlons *avant*, cela peut nous aider à faire un choix qui changera la face du monde pour d'autres.

— Nous venons d'entendre le Dr Rebecca Scott transmettre un message important, conclut la journaliste en se tournant face à la caméra. Et maintenant, allons rencontrer quelques-uns des enfants et des familles pour qui le don d'organes a changé la face du monde.

Elle entraîna son équipe technique, et les curieux se dispersèrent. Mais Thomas ne bougea pas, le regard rivé à celui de Rebecca. Il fit un pas vers elle au moment précis où elle fit un pas vers lui. Sa voix, quand il réussit à parler, était rauque.

— On a fait le bon choix, tu penses ?

— Oui, souffla-t-elle. Je suis fière de l'avoir fait. Pas toi ?

Sa gorge se serrait douloureusement, mais il réussit tout de même à chuchoter :

— Je crois que oui. Fier ? Je n'y avais pas pensé comme cela.

Elle lui offrit un sourire très doux, aussi tendre qu'aux premiers jours de leur amour.

— Je suis contente que tu sois venu aujourd'hui, dit-elle.

Il aurait voulu se dissoudre dans ce sourire, s'y lover comme dans une couette très douce. Et ce besoin le terrifiait.

Heureusement, l'expression de Rebecca changea de nature. Elle se fit joyeuse, un peu canaille. Le lien poignant du souvenir était toujours présent mais, comme toujours, Rebecca trouvait un objectif pour avancer.

— Tu sens les saucisses ? Ça me rendait folle, tout le temps que je parlais à Angela Marton. J'ai faim, pas toi ?

Il s'éclaircit violemment la gorge et croassa :

— Si, moi aussi.

C'était un soulagement de la suivre sur ce nouveau terrain.

Rebecca jubilait.

Thomas était venu ! C'était fabuleux, extraordinaire ! Il ne se rendait sans doute pas compte lui-même à quel point c'était important. La situation était délicate, mais elle ne laisserait pas l'angoisse entamer sa joie. Et puis, c'était trop beau : où qu'elle se tourne, on se pressait autour d'elle pour lui donner de bonnes nouvelles.

— Docteur Scott, vous vous souvenez de Tyler ?

Le garçon solide, vêtu d'un polo aux couleurs de son équipe de foot préférée, baissa la tête, gêné. Son grand frère éclata de rire en lui entourant les épaules de son bras.

— Tyler ! s'écria-t-elle. Bien sûr que je me souviens de toi ! Vous êtes partis vous installer à Manchester, c'est bien ça ? Mais oui, je suis bête, j'aurais dû reconnaître le maillot.

Tout heureuse, elle se tourna vers les parents des deux garçons.

— La greffe remonte à quand, trois ans ? Comment allez-vous tous ?

— Tyler a été sélectionné pour l'équipe de foot junior cette saison, annonça le papa avec fierté. Il a décroché deux fois le titre de « Joueur de la semaine ».

— Waouh, fit-elle, impressionnée. Et vous avez fait le voyage de Londres juste pour cette journée ?

— Il y avait un minibus, expliqua la maman. Notre groupe de soutien aux familles de greffés a décidé d'organiser le déplacement. Mais on ne se doutait pas que ce serait aussi énorme ! C'est fou, non, de penser que tant de gosses qui sont ici aujourd'hui ne seraient même plus là sans leurs greffes ?

— C'est vrai, opina Thomas. Mais je parie qu'il n'y a pas beaucoup de Joueurs de la semaine dans le lot !

Rebecca éclata de rire et le présenta à la famille. Et quelques minutes plus tard, à une autre famille, celle de Madeline, qui se portait à merveille depuis sa greffe du poumon deux ans auparavant. Puis à Stephen, un autre patient atteint de fibrose kystique qui avait reçu ses greffes de poumons l'année précédente. Quant à Piper, son propre père lui avait donné un rein.

Puis elle vit Ava.

Jude, la maman d'Ava, la serra sur son cœur en une étreinte chaleureuse.

— Rebecca ! Depuis le temps !

— Oui, répondit Rebecca un peu confusément, je voulais

t'appeler, mais j'ai été débordée, avec le risque de fermeture et l'organisation de cette journée...

Son cœur battait à tout rompre. Elle s'était tournée vers Thomas pour le présenter avant de mesurer qui se trouvait devant lui cette fois. Et Jude, allait-elle deviner ? Plus difficile encore, Thomas percevrait-il que Jude et elle, c'était différent d'une relation conventionnelle médecin-patient ?

— Je te présente Thomas Wolfe, dit-elle d'un ton léger qui sonnait faux à ses propres oreilles. Il est cardiologue au Paddington. Il avait quitté Londres avant ton arrivée, alors il ne connaît pas encore Ava.

Il ne sait rien, ajouta-t-elle mentalement. *Il n'a pas besoin de savoir. Pas tout de suite, peut-être jamais !*

— Je crois que nous avons bientôt une consultation de suivi avec vous, lança chaleureusement Jude en lui tendant la main. Contente de vous rencontrer.

— Moi de même ! Et toi aussi, Ava !

Il souriait à la grande fille de douze ans, si jolie avec ses longues tresses blondes et ses yeux bleu vif.

— Ton ours est superbe, ajouta-t-il.

— Il était à ma grand-mère, expliqua timidement Ava. C'était son idée de lui mettre le gilet et le monocle. Elle trouve qu'il doit s'habiller à l'ancienne parce qu'il sera bientôt une antiquité, comme elle.

— Il va participer au concours de l'ours le mieux habillé, ajouta le papa d'Ava. On devrait aller l'inscrire, non ?

Rebecca avait d'excellents réflexes. Elle sauta sur le prétexte qui lui était offert.

— Filez, ou ce sera trop tard ! s'écria-t-elle, en espérant que le soulagement qu'elle éprouvait ne s'entendrait pas trop. C'est presque l'heure des discours, et le concours est tout de suite après.

— Tu viendras à mon anniversaire ? lança Ava. Il est spécial, cette année.

— Je sais, ma grande. Treize ans ! Ça te fait quel effet d'être une ado ?

— Je ne sais pas, normal. Au moins, je pourrai me faire percer les oreilles. Pas trop tôt ! ajouta-t-elle en levant les yeux au ciel.

Rebecca et Jude échangèrent un sourire : Ava devenait une ado dans les règles !

— C'est pour bientôt, reprit Rebecca. Qu'est-ce que j'apporte ?

— Juste toi. Ce sera en famille, lança Jude en l'embrassant rapidement. On pourra se donner des nouvelles !

Ava l'embrassa aussi.

Rebecca suivit le groupe des yeux, sentant le regard de Thomas posé sur elle et ne sachant plus quelle contenance prendre.

Aucune autre mère n'avait dit qu'elle considérait leur chirurgien comme un membre de leur famille !

Côte à côte, ils se dirigèrent vers l'estrade principale. Sur le plateau, des techniciens et des organisatrices s'affairaient en prévision des discours.

— Ava a l'air en pleine forme, dit-il enfin. Combien de temps depuis sa greffe ?

La bouche un peu sèche, elle s'efforça de répondre d'un ton désinvolte.

— Oh ! pas mal d'années, maintenant.

— Tu as fait l'intervention ?

— Non, ils... Ils vivaient à Newcastle à l'époque, l'opération a eu lieu là-bas. L'an dernier, son père a décroché un poste ici, et c'est en partie pour qu'elle soit suivie au Paddington qu'il a accepté.

— Comment se fait-il que tu les connaisses aussi bien ? Comment les as-tu rencontrés ?

Elle ne pouvait pas le lui dire. Savait-il seulement qu'une association permettait à la famille d'un donateur de contacter le patient qui avait reçu la greffe ? Savait-il que les familles pouvaient se rencontrer si elles le souhaitaient toutes deux ? Parviendrait-elle à lui expliquer le chemin que cela lui avait permis de parcourir en rencontrant la petite fille qui avait reçu le cœur de Gwen ? Lui faire mesurer l'amour avec lequel la famille d'Ava l'avait accueillie ? Lui faire comprendre à quel point cela l'avait aidée à surmonter son deuil ?

Soudain, Thomas s'immobilisa. Son expression était bouleversante. Comme s'il venait de prendre un coup terrible et se figeait sur place pour ne pas s'effondrer de douleur.

— Oh ! non, souffla-t-il. Tu... tu sais qui a donné son cœur à Ava, c'est ça ?

Visiblement, il venait de comprendre.

La fête n'était plus qu'un bourdonnement lointain. Paralysée, incapable d'articuler une parole, Rebecca ne voyait plus que son visage livide.

Elle mesurait si bien le choc absolu qu'il venait d'encaisser, la douleur insupportable de savoir qu'une part de sa fille survivait chez une autre, qui pouvait, elle, déguiser son ours et participer à une sortie en famille au soleil !

Puis il s'anima. Il tourna les talons et s'en alla sans un mot. Elle n'eut pas le temps de réagir qu'il s'était déjà fondu dans la foule.

— Ah, enfin, je te trouve ! fit derrière elle la voix de Janice, la présidente du comité d'organisation. Je te cherchais partout. Tu es prête à présenter les orateurs ? Il y a aussi une radio qui veut une interview.

Fébrile, Rebecca se haussa sur la pointe des pieds, cherchant Thomas des yeux.

C'était le moment où jamais de se parler. De s'étreindre, de pleurer... Et ils ne pouvaient pas le faire. Elle avait des responsabilités, elle était le visage du Paddington pour les greffes. Ce n'était pas une histoire d'ego, elle représentait l'hôpital dans ce moment clé où il jouait sa survie, et elle tenait sa chance de dire l'essentiel avant de présenter les orateurs. Remercier les bénévoles qui avaient tant contribué à mettre la question sur le devant de la scène médiatique — une question tellement plus large que la simple délocalisation d'un service hospitalier...

Mais... et Tom, l'homme qu'elle avait aimé, l'homme qu'elle...

Comme une lente avalanche, la révélation croula sur elle.

Elle l'aimait encore. Un regard aurait suffi à le lui dire, mais il avait disparu.

Marcher. Surtout, ne pas s'arrêter. S'il s'arrêtait, il se mettrait à penser, et ça, il ne le voulait à aucun prix. Pour ne pas retomber dans l'horreur.

Il avait bien senti quelque chose d'insolite dans l'attitude de cette famille. Comme si Rebecca en faisait partie...

Il laissa échapper une sorte d'aboiement sardonique.

C'était bien le cas ! Littéralement. Génétiquement. Une part de Rebecca vivait dans cette jolie grande fille aux beaux yeux bleus. Une part de lui aussi. C'était insupportable.

Rebecca aurait dû le prévenir. S'il s'était douté qu'il pourrait..., il n'aurait jamais mis les pieds dans cette foire. Il savait bien sûr de façon vague et indéfinie qu'il existait quelque part un enfant, plusieurs enfants même qui avaient reçu les organes de Gwen. Il espérait sincèrement qu'ils se portaient bien, mais les connaître, les regarder grandir, alors que sa gosse à lui...

Non, il ne pouvait que marcher pour user la douleur.

Une heure passa, puis une autre, sans qu'il sache lui-même où il se trouvait. Il fit un circuit complet de Regent's Park, suivit des rues au hasard, fit le tour de Hyde Park. Il avait soif, ses jambes, ses pieds étaient douloureux, mais son cœur l'était bien davantage. Il marcha jusqu'à ce que le soleil se couche, que cette journée se termine enfin. Cette journée dont il ne voulait surtout pas se souvenir. L'épuisement l'aidait un peu : il était trop fatigué maintenant pour aligner deux pensées cohérentes.

Lorsqu'il se rendit compte de la direction que son inconscient lui avait fait prendre, ce fut un choc considérable. Levant subitement les yeux, il découvrit qu'il se trouvait dans son ancienne rue, à un réverbère seulement de la grille et des marches qui descendaient vers le petit carré pavé et les fenêtres de l'appartement où ils avaient vécu tous les trois.

Son chagrin se mua en colère.

C'était la faute de Rebecca ! Elle aurait pu le mettre en garde, lui épargner ces heures de torture...

— Tom ?

Cette voix hésitante, inquiète.

Il ralentit, s'arrêta, fit un effort pour se retourner.

— Comment as-tu pu faire ça ? demanda-t-il d'une voix qu'il ne reconnut pas. Me faire ça !

Il vit sa douleur se refléter dans les yeux sombres de Rebecca. Il avait dû crier, car un homme qui promenait son chien leur jeta un regard interdit en passant devant eux.

— Pas ici...

La main de Rebecca sur son bras. Sa voix douce, suppliante.

— Entre, Tom. Je t'en prie.

Il était trop épuisé pour résister. Rien ne pourrait être pire que ce qu'il venait d'endurer. Quoi que cette journée lui réserve encore, le mieux serait d'y aller et d'en finir. Et puis, il voulait une réponse à sa question pour ne pas passer le reste de sa vie à l'entendre se répercuter dans sa tête.

Comment avait-elle pu lui faire ça ?

9

C'était pire que tout ce que Rebecca avait pu imaginer. Elle avait passé la journée à se ronger. Elle ne pouvait ni partir avant la fin du pique-nique ni couper au long processus du démontage et du nettoyage du site. Elle avait passé heure après heure à se faire du souci pour Thomas, à se demander où il était, à quoi il pensait… Et combien il allait lui en vouloir pour ce moment où, sans l'avoir cherché, elle avait dû lui présenter Ava.

Et voilà que, enfin de retour chez elle, elle le trouvait quasiment sur le pas de sa porte !

Dans un état épouvantable, à bout de forces, une colère froide dans le regard. La situation était même assez effrayante : les circonstances venaient de le pousser bien au-delà des barrières de sécurité dont il s'entourait depuis la mort de Gwen. Et c'était à elle qu'il le reprochait !

Au moins, il acceptait d'entrer. En franchissant leur porte, il affronterait les fantômes qu'il tenait tant à éviter. Cette journée lui avait peut-être démontré l'impossibilité de les fuir. Ils seraient toujours là, alors autant les accepter. Une fois que l'on admettait leur présence, on n'avait plus grand-chose à redouter d'eux. Regarder le chagrin en face, n'était-ce pas le premier pas sur le chemin de la guérison ?

Il traversa la petite entrée. Elle le vit tourner la tête en passant devant la porte de ce qui avait été la chambre de Gwen. Le couloir débouchait dans le salon, où leur vieux canapé trônait toujours à la même place.

Jamais elle n'aurait imaginé revoir Thomas ici. Si elle y avait réfléchi, elle aurait probablement rejeté cette idée. Et pourtant, ils étaient là, face à face ! Et la conversation qu'ils allaient avoir serait peut-être la plus décisive de leur vie.

Elle entraîna Thomas dans la cuisine, où elle s'affaira, posant la bouilloire sur le feu, prenant la théière sur son étagère.

Il se laissa tomber sur l'une des deux chaises, à la petite table devant la fenêtre qui donnait sur le jardin — le jardin où Gwen avait fait ses premiers pas. Ce ne fut que quand elle plaça devant lui une chope de thé fumant qu'il desserra les dents.

— Je ne comprends pas. Je n'arrive pas à comprendre pourquoi tu fais ça.

Elle s'assit en face de lui. Ils étaient près l'un de l'autre, et à une distance infinie.

— Pourquoi je fais quoi ?

— Ce travail, déjà. Un boulot qui t'oblige à passer ton temps auprès de familles détruites. À côtoyer *ça* tous les jours de ta vie.

— *Ça* fait partie de chacun de nos jours, observa-t-elle avec douceur.

— Je n'en fais pas une obsession, coupa-t-il. Je ne recherche pas tout ce qui peut rouvrir la plaie. Comment as-tu pu chercher à savoir qui… qui était encore en vie à la place de notre fille !

— Je ne suis pas allée la chercher. Je me suis juste fait connaître auprès de l'association des patients. Je leur ai dit que, si jamais ils étaient contactés par les personnes ayant reçu ses organes, j'aimerais le savoir, parce qu'il me semblait que cela m'aiderait d'apprendre que nous n'avions pas fait ce choix pour rien. Que nous avions aidé quelqu'un. Et alors… Alors ils m'ont donné une lettre que la mère d'Ava avait écrite plus d'un an auparavant. Elle était archivée, au cas où je demanderais l'information. Je l'ai toujours, si tu veux la lire. Elle est adressée aux deux parents de leur donatrice.

Elle vit Thomas avaler péniblement sa salive. Il ne dit rien.

— Il y a des mots brouillés, reprit-elle. Jude devait pleurer quand elle l'a écrite. Elle voulait que nous sachions que nous lui avions offert un miracle. Qu'ils nous considéreraient toujours comme des membres de leur famille. Qu'ils seraient fous de joie de pouvoir nous remercier un jour en personne.

D'un mouvement maladroit, elle essuya les larmes qui roulaient sur ses joues.

— J'ai réfléchi très longtemps, et puis j'ai décidé de la rencontrer. Juste elle, Jude. Une autre maman qui avait traversé l'enfer en affrontant la perte de son enfant.

— Mais tu ne t'es pas arrêtée là.

— Non. L'idée de rencontrer Ava... J'ai mis un certain temps à me décider. J'avais très peur de ce que je ressentirais. Puis j'y suis allée, et j'ai pleuré pendant toute la route du retour. Et toute la nuit. Mais, après, je me suis aperçue que j'étais mieux. C'était apaisant de sentir que, grâce à nous, une gosse magnifique avait sa chance de vivre. Ça m'a vraiment aidée.

— Pas moi, marmotta-t-il, hostile.

— Pas encore, non. Je crois que ça viendra.

— Parce que tu crois savoir ce que je ressens ?

La fureur sifflait dans ses paroles.

— Je ne sais pas, non, admit-elle. J'aimerais t'aider.

— Tu penses m'aider en me faisant un coup pareil ? Me confronter sans le moindre avertissement à... ?

— Là, tu es injuste. Je ne savais pas que tu viendrais. J'étais même sûre que non. Nous commençons juste à échanger sur autre chose que le travail. Nous en sommes à peine à refaire connaissance, et j'aurais dû te parler d'Ava ? Quelles étaient les chances pour que vous vous trouviez face à face ? Je suis sincèrement désolée que ce soit arrivé, mais... Mais je suis heureuse de faire partie de la vie d'Ava.

— Et si je ne veux pas, moi ?

— Rien ne t'y oblige.

Mais le seul fait d'avoir réfléchi à la question l'aiderait peut-être, espéra-t-elle.

Leurs tasses de thé avaient refroidi sans qu'ils y touchent. Elle sortit une bouteille de vin, la déboucha.

Thomas ne protesta pas quand elle le servit. Pendant de longues minutes, le seul son à rompre le silence fut le petit bruit que faisaient leurs verres quand ils les prenaient ou les reposaient sur la table.

Enfin, elle reprit l'initiative.

— Tom, ce qu'il nous est arrivé à tous les deux, c'est le pire qu'il pouvait arriver, dit-elle à mi-voix. On n'y peut rien. Mais ça n'efface pas toutes les bonnes choses.

— Quelles bonnes choses ?

— Nous nous aimions. Nous aimions notre fille. Nous étions de bons parents. Nous sommes de bonnes personnes.

— Tu crois ça ? lança Thomas férocement. Dans ce cas, pourquoi est-ce que nous n'avons pas su la protéger ?

— Nous n'étions pas là.

— Justement !

Il saisit la bouteille et remplit de nouveau son verre.

— Nous étions tellement pris par nos chères carrières, il fallait bien payer quelqu'un pour s'occuper de notre gosse ! Si l'un des deux était resté à la maison, ça ne serait pas arrivé.

Elle le fixa, le souffle coupé.

— L'un des deux ? Tu veux dire, moi ? Tu cherches à me dire que j'étais une mauvaise mère ?

Il secoua sèchement la tête.

— Non. Cela pouvait aussi bien être moi. Ou nous aurions pu nous relayer.

— Ce qu'il s'est passé n'était pas notre faute ! clama-t-elle. Ça aurait pu arriver n'importe où, même avec nous : un dimanche après-midi en allant au zoo, par exemple. Oh ! Tom ! C'était un accident complètement insensé. Elle était *sur le trottoir.* Une sortie de crèche, c'est complètement balisé, encadré. Personne ne s'attend à ce qu'un chauffard perde le contrôle de sa voiture...

— Oh ! gémit Thomas en se couvrant les yeux, c'est comme si c'était arrivé hier...

Rebecca bondit de sa chaise. Dans un élan, elle noua les bras autour de lui et le berça contre elle jusqu'à la fin des tremblements et des larmes. Elle pleurait aussi. Un peu plus tard, elle s'aperçut qu'il l'étreignait et la réconfortait aussi.

Le jour baissait, mais ils ne firent pas un geste pour allumer une lampe. Quand enfin ils s'écartèrent l'un de l'autre, il faisait nuit. C'était presque comme autrefois, à la fin d'une soirée à deux, quand ils se retrouvaient au creux du même lit, nus, vulnérables, mais protégés parce qu'ils étaient ensemble.

Émue, elle contempla Thomas.

La marée des sentiments retrouvés emportait tous ses doutes. Cette sécurité, cet amour, c'était immense, bouleversant. Comment avait-elle pu être aussi sûre qu'il ne ferait plus jamais partie de sa vie ?

Elle ne put s'empêcher de chuchoter les mots :

— Je t'aime toujours, Tom. Tu m'as tellement manqué.

Ensuite, quoi de plus simple que de se pencher un peu en cherchant ses lèvres ?

Thomas se pencha vers elle au même moment.

Ce fut totalement différent du doux baiser réconfortant de l'autre soir. Celui-ci était brouillon, hâtif, comme s'ils tentaient désespérément de saisir un trésor infiniment précieux. Un trésor perdu qu'ils venaient d'entrevoir et qui pouvait leur échapper. À moins que la profondeur de leur chagrin n'exige une affirmation de la vie ?

Leurs langues se rencontrèrent dans une danse familière. Leurs mains se tendirent et se glissèrent sous les vêtements de l'autre. Le premier, Thomas se leva en la broyant entre ses bras. Elle l'entraîna dans l'obscurité de la chambre.

Thomas avait cru qu'il voudrait effacer jusqu'au souvenir de cette journée. Quelle erreur ! Mais comment aurait-il pu imaginer se retrouver ici, dans son ancien lit, avec dans ses bras la femme qu'il avait toujours aimée, endormie, épuisée par une étreinte passionnée ?

Comment un acte d'amour physique avait-il pu jaillir d'une série aussi violente de chocs émotionnels, de chagrin, de colère et de solitude ?

Il ajusta légèrement son bras sous la tête de Becca. Quand elle soupira dans son sommeil, il sentit le petit nuage tiède de son souffle effleurer sa poitrine, et il soupira de bien-être en retour.

Tout était juste, tout était à sa place.

Hier, les heures passées à marcher sans but n'avaient même pas entamé les émotions brutes qui le torturaient. Mais maintenant qu'il avait fait l'amour à Becca, il était libéré. En paix, pour la première fois depuis l'accident.

Épuisé, aussi. Incertain de l'avenir, incapable de dormir, mais heureux d'être là, tout simplement. Heureux de sentir se reconstituer une petite part de son univers qui avait volé en éclats cinq ans plus tôt. Non, pas une « petite » part : sans doute la part la plus grande, la plus importante.

Était-il en train de trahir le souvenir de Gwen ?

Dès sa naissance, elle avait été leur soleil, le bonus qui transformait leur couple en famille, la promesse vivante de l'avenir dont ils rêvaient.

Il se surprit à chercher dans le silence de l'appartement l'écho d'un rire d'enfant, le tapotement de petits pieds nus sur le plancher.

Ils n'avaient pas pensé à tirer les stores. Un rai oblique de lumière tombait du réverbère dans la rue au-dessus d'eux. En tournant la tête, il pouvait voir les trois photos encadrées sur la table de chevet.

Longtemps, très longtemps, il les contempla.

D'abord le tout premier portrait de Gwen dans les bras de Rebecca, quelques heures seulement après sa naissance. La mère et l'enfant se contemplaient, abasourdies, émerveillées.

Une autre les montrait tous trois au pied du gorille de bronze du zoo. Les deux femmes de sa vie riaient, la tête levée vers lui, et il avait l'air de l'homme le plus heureux du monde.

La troisième avait été prise des années avant qu'ils ne deviennent une famille. Tout jeunes amoureux, ils s'étaient assis dans un Photomaton. Il se souvenait de clichés sur lesquels ils faisaient les pitres mais, juste avant le dernier, ils s'étaient embrassés. La petite photo placée par Rebecca dans un cadre en forme de cœur captait l'instant où ils s'écartaient l'un de l'autre et se contemplaient avec une émotion bouleversante.

Son cœur se serra à l'étouffer.

Rebecca avait raison, les bonnes choses ne s'effacent pas. Leur amour, leur bonheur quand ils étaient ensemble...

Il se détourna des photos pour poser un baiser très léger sur ses cheveux.

— Moi aussi, je t'aime, chuchota-t-il. Je suis désolé de l'avoir oublié.

Puis il tendit de nouveau l'oreille.

Oui, les échos étaient bien là. Ils le rendaient triste, mais il éprouvait aussi autre chose que du chagrin. Il parvenait à se souvenir de l'amour et de la joie. À accepter le bonheur que vivaient aujourd'hui les parents d'une autre petite fille, qui avaient cru la perdre pour toujours. Une grande fille avec de longues tresses blondes et des yeux très bleus.

Une bouffée de fierté inattendue lui éclata au visage.

Il n'allait plus se complaire dans les pires souvenirs. Il allait laisser cette nouvelle perspective faire surface. Sentir qu'ils avaient vraiment fait le bon choix en prenant cette décision affreuse.

La joue pressée contre les cheveux de Rebecca, il laissa retomber ses paupières et sombra dans un sommeil profond.

Ils avaient refait l'amour à l'aube avec une tendresse bouleversante. Cette fois, ce n'était pas un élan irréfléchi après une crise émotionnelle éprouvante : c'était *choisi*.

Ce qu'il leur arrivait était encore fragile, et les choses fragiles doivent être protégées. Rebecca ne voulait surtout rien bousculer, ne sauter à aucune conclusion. Pourtant, elle se leva avec l'impression très nette que ce commencement de semaine était le départ d'une nouvelle vie.

Thomas ne resta pas pour le petit déjeuner.

— Je dois rentrer me changer, dit-il. Tu imagines ce qu'on penserait si j'arrivais avec toi, l'air d'avoir dormi sous une haie ?

Elle l'avait suivi jusqu'à la porte, et elle lui sourit, le cœur éclatant d'une telle joie qu'elle ne surveillait plus ses paroles.

— On penserait que c'est la bonne nouvelle du siècle ! On penserait que le Dr Wolfe et le Dr Scott se sont retrouvés.

Thomas sourit aussi.

— C'est vrai, Becca, qu'on s'est retrouvés ?

Elle leva la main pour la poser sur sa joue.

— Je l'espère. Je crois bien que je n'ai jamais cessé de t'aimer.

Il se pencha pour l'embrasser. Un contact très léger, qui s'attarda un instant... puis une longue minute.

— Moi non plus, chuchota-t-il. Mais je veux tout de même rentrer me changer.

En le regardant gravir les marches qui menaient au niveau du trottoir, elle s'autorisa à rêver un instant.

Un jour prochain, peut-être, ses vêtements seraient de retour à leur place, dans leur penderie commune. Et lui aussi serait de retour auprès d'elle.

La sonnerie de son portable la ramena à la réalité.

— Docteur Scott ? Rebecca ? dit une voix de femme.

— Oui ?

— Ici Louise Walker. Je suis désolée de vous appeler si tôt, mais... Je n'ai pas du tout dormi.

— Pas de souci, Louise, vous ne me dérangez pas. Qu'est-ce que je peux faire ?

— Nous avons pris notre décision. Hier soir. Nous en avons parlé avec toute la famille, et nous sommes tous d'accord.

Le cœur serré, Rebecca ferma les yeux en attendant la fin du long silence pendant lequel Louise luttait pour reprendre le contrôle de sa voix.

— Nous sommes prêts, souffla enfin celle-ci. Nous voulons que Ryan soit un donateur.

10

Le jet de la douche frappait sa peau sensible comme une volée d'aiguilles.

Tout jeune, Thomas avait été fasciné par les arthropodes : les invertébrés, comme les sauterelles ou les phasmes, qui abandonnent leur exosquelette quand il gêne leur croissance. Ce matin, il se faisait l'effet d'un arthropode humain.

Hier, le choc émotionnel de se trouver confronté à la survie d'une part de sa fille avait fendu la coquille qui le strangulait. Sa discussion avec Rebecca en avait ensuite arraché d'autres pans. La toucher, être touché par elle avec tant d'amour, cela avait permis la renaissance de l'homme caché en lui.

L'étape de la solitude était-elle réellement terminée, pouvait-il repartir vers l'avenir avec Rebecca à ses côtés ?

Ce serait un miracle, mais les miracles arrivent.

Il se sentait terriblement fragile sous l'agression de l'eau. Il allait devoir faire attention. Les arthropodes sont vulnérables au moment de leur mue. Lui aussi, il devait survivre le temps de laisser durcir sa nouvelle peau.

Le trajet familier vers le Paddington renforça sa décision : inutile de précipiter quoi que ce soit. Il fallait penser d'abord à leur sécurité, la sienne comme celle de Rebecca.

En franchissant la porte, il vit qu'une équipe de télévision avait envahi le hall d'entrée. Annette, la responsable de l'accueil, agita la main pour attirer son attention.

— Docteur Wolfe ! Je disais justement à ces visiteurs que vous seriez le mieux placé pour leur répondre.

— À quel sujet ? demanda-t-il, cherchant à se souvenir où il avait déjà vu la femme blonde si bien coiffée qui s'avançait vers lui, tout sourire.

Oui, bien sûr, c'était elle qui interviewait Rebecca la veille, au Pique-Nique des oursons. Avec tout le chemin parcouru depuis, ce souvenir lui sembla remonter d'un lointain passé.

— Angela Marton, se présenta-t-elle. Nous aimerions filmer une séquence sur un enfant qui attend une greffe. La réaction a été si positive après notre émission d'hier que nous avons opté pour une approche plus fouillée. Nous devons faire prendre conscience du besoin aigu de donateurs ! Et ici, au Paddington, vous avez besoin de toute la publicité possible, n'est-ce pas ?

— Il n'est pas de mon ressort d'autoriser cela, dit-il. Vous devrez parler au chef d'établissement, le Dr Bradley.

— Quel est votre service, docteur ?

— Je suis en cardiologie.

— Oh !

Les yeux de la journaliste s'illuminèrent.

— Vous auriez quelqu'un qui attend une greffe du cœur ? Une famille qui serait prête à partager son épreuve avec les téléspectateurs ?

Il serra les lèvres.

— Les informations sur nos patients sont confidentielles.

— Oui, bien sûr. Je respecte tout à fait...

Son expression disait le contraire, comme si tout le monde était prêt à tout dire pour un instant de célébrité.

Au Paddington, chacun connaissait plus ou moins Penny Craig, et la déontologie n'avait pas le même poids pour tous. Un aide-soignant, un membre du personnel administratif ou de la cuisine pouvait se laisser convaincre de parler devant la caméra. Il devenait urgent de protéger Penny et sa famille d'une intrusion. Avec un peu de chance, ils pourraient renvoyer la petite chez elle dès aujourd'hui. Si les journalistes sollicitaient la famille ensuite, il ne se sentirait pas aussi responsable.

Pressé de couper court, il murmura qu'on l'attendait dans les étages.

Au même moment, son bipeur sonna. Le message lui demandait de trouver un téléphone pour accepter un appel du Dr Rebecca Scott.

Le cœur battant, il prit le combiné que lui tendait Annette.

Il avait hâte d'entendre sa voix, hâte de la revoir. C'était un élan irrésistible. Il voulait retrouver la vie qu'ils avaient autrefois, amoureux, mariés, partageant leurs rêves d'avenir.

La puissance de cette pulsion lui fit reprendre conscience de la fragilité de sa peau toute neuve. Vouloir quelque chose à ce point et en être privé, ça le démolirait. Après un tel deuil, il n'y aurait plus de retour possible…

Il écarta cette angoisse en se concentrant sur un détail pratique : il fallait qu'ils échangent leurs numéros de portables, ce mode de contact n'était plus du tout approprié.

Mais Rebecca le joignait pour une raison professionnelle.

— Je suis en route pour l'hôpital, dit-elle rapidement. Je viens d'avoir un coup de fil des parents d'un petit garçon déclaré en état de mort cérébrale il y a quelques jours. Ils ont décidé de faire don de ses organes. Je lance la recherche de compatibilité dès mon arrivée pour Penny. Retiens-la, tu veux ? Ce serait dommage de la renvoyer chez elle pour la rappeler aussitôt.

Instinctivement, il chercha la journaliste des yeux.

L'équipe hérissée de matériel d'enregistrement se trouvait maintenant près des ascenseurs, sans doute en route pour le bureau du Dr Bradley. Ils ne pouvaient pas l'entendre, mais il baissa tout de même la voix.

— Le donateur est loin ? Tu vas devoir te déplacer ?

— Non, répondit-elle d'une voix contenue. Il est chez nous, aux soins intensifs.

Pris de court, il battit des paupières.

Ces quelques mots surpris l'autre soir au *Frog & Peach*, quand Rebecca discutait avec Alistair North…

Il ne voulait surtout rien savoir, ni le nom ni l'âge du garçon, mais n'avait-il pas entendu quelque chose récemment au sujet de l'un des petits blessés de l'incendie de l'école ?

Non. Filtrer. Ce serait trop proche, presque personnel. La transaction devait rester anonyme.

— Merci de m'avoir prévenu, dit-il. Je garde Penny. Tiens-moi au courant dès que tu as davantage d'éléments.

— C'est parfait, merci.

— Attends, Becca ?

— Oui ?

Au son de son petit nom, la voix à son oreille venait de changer, plus tendre, plus chaleureuse. Il pouvait presque voir son sourire.

— Merci pour cette nuit. Pour... tout.

Il y eut un instant de silence, puis elle murmura :

— On se revoit très vite. Tom ?

— Oui ?

— Tu veux bien me donner ton numéro de portable ?

Ce fut à son tour de sourire.

— J'ai ton numéro avec cet appel. Je te texte le mien.

Pénélope portait son tutu rose et un diadème de princesse en faux diamants. Assise en tailleur sur son lit, elle suivait attentivement les dernières aventures des Ballerina Bears. Aucun jouet ne traînait, toutes ses affaires étaient rangées dans les deux valises posées dans un coin de la chambre.

Assis près de la fenêtre, ses parents semblaient sous le choc.

— Mais..., bredouilla Julia, les lèvres tremblantes, nous devions la ramener à la maison aujourd'hui ! C'est pour cela qu'elle porte sa couronne, elle est princesse pour un jour, et son carrosse l'attend. Et elle a l'air très en forme.

Peter saisit sa main.

— Attends. C'est ce que nous attendons depuis le début. Si tout se passe bien, elle ne risquera plus rien...

Sa voix se fêla. Il s'éclaircit la gorge et se tourna vers les deux médecins.

— Vous êtes sûrs ? La compatibilité est suffisante ?

— La plus parfaite que nous puissions espérer, déclara Rebecca. Nous devons faire une dernière analyse du sang de Penny, pour comparer les cellules et le sérum et s'assurer qu'elle n'a pas créé de nouveaux anticorps susceptibles d'attaquer l'organe greffé. C'est très improbable, mais nous devons tout de même vérifier.

— Et si tout est bon, alors..., balbutia Julia avec un regard terrifié, quand... ?

— Le plus tôt sera le mieux, dit Thomas. Nous avons pris une option pour un bloc opératoire en début d'après-midi.

La tête de Julia pivota vivement vers sa fille. Penny ne remarqua rien : elle contemplait ses mains en s'efforçant de suivre les indications de ses ourses adorées.

— « Juste le pouce et le majeur, expliquait Saphir à ses amies. Comme si vous teniez une petite pierre magique. »

Le visage de Julia se décomposa, son reniflement sonore attira l'attention de Penny.

— Tu es triste, maman ?

— Non, ma grande, non. Je... je suis contente, justement.

— Parce qu'on rentre à la maison ?

Incapable de répondre, Julia secoua la tête en pressant les doigts sur ses lèvres.

Thomas se hâta d'intervenir.

— Qu'est-ce que tu voudrais plus que tout ? demanda-t-il gentiment.

— Être danseuse ! clama la petite avec un immense sourire.

— Et qu'est-ce qu'il te faut pour devenir danseuse ?

— Un cœur tout neuf.

Elle répondait d'un ton tout à fait prosaïque, comme si c'était une solution aussi simple que de s'acheter des chaussons de danse.

Peter s'approcha pour lui caresser la tête.

— Et si on te disait que tu allais avoir ton cœur tout neuf aujourd'hui ?

Penny secoua la tête, catégorique.

— Non, aujourd'hui, on rentre. On peut le faire demain ?

Puis elle leva les yeux vers les adultes debout autour d'elle et prit conscience de la magnitude de l'événement. Son beau sourire vacilla, sa voix se fit toute petite.

— Il faut que j'aie une autre opération ?

— Oui, dit Rebecca en s'asseyant près d'elle pour lui prendre la main. Et ensuite, nous espérons tous qu'il n'y en aura plus d'autre. Plus jamais.

— Et le nouveau cœur va me guérir ?

— C'est ça, ma belle.

— Et je pourrai retourner à l'école ?

— Oui.

— Et aller au cours de danse classique ?

— Oui ! Bien sûr que oui !

Cette fois, c'était Julia qui avait répondu la première.

Thomas vit le regard que celle-ci échangeait avec Peter, il vit leurs mains s'étreindre, et il ressentit dans sa chair leur angoisse et leur espoir. L'écran protecteur qu'il dressait entre lui et la famille avait disparu.

Quand il se retourna vers Penny, la courageuse petite fille avait retrouvé son sourire.

— Bon, d'accord. Alors, ça va si je ne rentre pas aujourd'hui.

Cette fois, il osa s'attarder sur le visage de Rebecca qui contemplait Penny en souriant. Son amour pour elle se mêla aux émotions qui flottaient dans la petite chambre, et tout devint si clair, si lumineux, que cela lui fit mal.

Il avait oublié cette sensation : l'espoir. L'anticipation d'un événement si heureux que le monde en serait changé. C'était douloureux, mais tellement meilleur que ce qu'il vivait depuis si longtemps !

Il n'avait plus rien à faire ici. Penny était la patiente de Rebecca, maintenant. Elle le resterait jusqu'au jour où on la renverrait chez elle avec son nouveau cœur. Pourtant, il voulait être là, participer à l'événement, retourner dans la cabine assister à l'intervention. Que Rebecca sache qu'il la soutenait, pouvoir croiser son regard si jamais elle levait les yeux pour chercher un encouragement. Il avait été là la toute première fois, il voulait être présent pour ce qui serait peut-être l'intervention finale. Il célébrerait le nouveau lien entre eux en montrant à Rebecca qu'il avait foi en elle… Qu'il avait de nouveau foi *en eux*. Il l'accompagnerait quand elle irait retrouver Julia et Peter après l'intervention. Ce serait long, difficile. Il libérerait sa journée pour la leur réserver.

Il ne put se libérer tout à fait, car les urgences l'appelèrent juste après le message de Rebecca annonçant que tout était en place — la compatibilité confirmée, le bloc réservé, Penny aux derniers stades des préparatifs.

Le patient était un bébé de six mois amené aux urgences en condition critique.

Il entra dans le service au pas de charge en cherchant des yeux l'écran de l'électro-encéphalogramme.

Le signal était beaucoup trop rapide. Sur la table d'examen, le bébé luttait pour respirer, la fontanelle gonflée et le visage bleui. La mère, terrorisée, se tenait un peu à l'écart près d'une infirmière.

— La saturation s'améliore avec la canule nasale, lança l'interne. Nous remontons à 84 avec l'extracteur.

Thomas parcourut du regard le schéma qu'on lui tendait.

— On dirait une tachycardie supraventriculaire. Signes vitaux ?

— Respiration à 65, tension 80 sur 50, 39,7° de fièvre.

— Les réflexes des tendons profonds ?

— Actifs.

— Dans ce cas, c'est peut-être une encéphalite méningée. Ou une méningite.

— Nous avions prévu une ponction lombaire, mais il faut déjà maîtriser la tachycardie.

— Oui.

Effectivement, le rythme cardiaque était trop rapide pour permettre à l'oxygène de circuler correctement. La situation était très instable.

Les doigts posés sur le bras du bébé, Thomas réfléchit très vite.

— J'ai un pouls périphérique palpable. Essayons de l'adénosine par intraveineuse, une poussée sur deux seringues. Si ça ne suffit pas, on tentera une cardioversion synchronisée.

La crise se dénoua très vite. L'adénosine suffit à ralentir le rythme cardiaque à un niveau acceptable. Thomas resta encore un peu auprès du bébé pendant qu'on commençait le traitement pour faire baisser sa fièvre et améliorer sa saturation en oxygène. Il remplit un formulaire pour demander au labo de vérifier le taux d'électrolytes.

Si on parvenait à le corriger, cela pourrait prévenir de nouveaux dérapages du rythme cardiaque.

Voilà, le bébé était stabilisé.

Un regard à sa montre lui apprit que Penny et son donateur seraient emmenés au bloc dans moins d'une heure. Ils se trouveraient dans deux blocs contigus. D'autres blocs avaient sûrement été réquisitionnés en urgence pour permettre à d'autres équipes d'exploiter au plus vite les autres précieux organes prélevés.

Il se rendit sur place, s'attendant à y trouver Rebecca. Elle était en fait aux soins intensifs, et il fut choqué de la découvrir en train d'étreindre une jeune femme qui sanglotait sur son épaule comme si son cœur allait se briser.

La mère du donateur !

Un frisson affreux le secoua. Il rassembla son courage et s'avança vers elles. Malgré tous ses efforts, il ne put s'empêcher de tourner la tête en passant devant la porte de la chambre. Son regard plongea à l'intérieur, juste un instant, mais le tableau se grava en lui à tout jamais.

Sur le lit, un petit garçon inerte, la tête bandée, une main étendue, paume ouverte, comme si on venait juste de la lâcher. Assis à son chevet, son père, la tête dans les mains et les épaules secouées de sanglots.

Concentrée sur la maman, Rebecca ne le vit même pas passer. Thomas l'entendit murmurer :

— Vous avez encore un peu de temps. Restez près de Ryan. Et près de Colin. Il a besoin de vous, vous avez besoin l'un de l'autre...

Un souffle glacé s'empara de lui, se coula dans chacune de ses cellules.

Il était ce père. Il éprouvait dans sa chair la désolation absolue de devoir dire adieu à son enfant. Dans quelques instants, il allait devoir avancer près du lit jusqu'au couloir menant au bloc. Laisser le lit continuer son chemin sans lui, en sachant que, dans un instant, le corps de son enfant allait perdre l'apparence trompeuse de vie que la technologie avait maintenue. Thomas sentit l'univers s'effondrer comme la première fois.

Les paroles de Rebecca soulevaient des souvenirs terribles. « Vous avez besoin l'un de l'autre. » Il n'avait pas été là pour elle. Il n'avait pas su l'aider. Dès l'instant où Gwen était partie dans le couloir qui menait au bloc, il s'était retiré dans sa coquille. Par la suite, il n'avait fait que s'éloigner davantage.

Pas par choix, pas pour blesser la femme qu'il aimait à la folie. Il n'avait juste pas trouvé d'autre moyen de survivre. Et qui pouvait garantir qu'il ne recommencerait pas ? Déjà, en ce moment même, en s'éloignant des deux femmes le long du couloir, il sentait une part de lui chercher fébrilement les matériaux de construction nécessaires pour élever une barricade mentale. De quoi se protéger de l'émotion insoutenable qu'il éprouvait face à la famille du donateur. Un donateur qui n'était plus anonyme. Un petit garçon qui s'appelait Ryan. Il se souvenait maintenant très clairement de son histoire : ce gosse était allé à l'école un matin comme tous les autres, puis l'impensable était arrivé. Il avait été grièvement blessé dans l'incendie de l'établissement. Blessé à en mourir. Et ses parents l'aimaient, tout comme Rebecca et lui avaient aimé leur petite Gwen.

Il attendit l'ascenseur, conscient qu'il n'aurait pas supporté le moindre contact, la moindre présence, ne serait-ce qu'un regard posé sur lui. Il savait qu'il ne supporterait pas non plus de s'enfermer dans la cabine surplombant le bloc. Il lui fallait de l'espace, un lieu privé pour affronter, Dieu sait comment, le surgissement de ces souvenirs enfouis si profond qu'il avait cru ne jamais les exhumer. Cette torture...

Instinctivement, il s'engouffra dans l'escalier et se mit à monter.

Quelques minutes plus tard, il déboucha sur le toit du bâtiment, devant l'aire d'atterrissage des hélicoptères.

Aucun appareil n'était garé là pour l'instant. Le toit désert s'ouvrait sur une vue spectaculaire du centre de Londres.

Il marcha jusqu'au coin le plus éloigné et resta planté là à contempler les repères familiers.

Les espaces verts des parcs, la butte de Primrose Hill où il avait lancé ce processus merveilleux et terrifiant en serrant Rebecca dans ses bras. Le toit et l'enseigne du *Frog & Peach* où il avait dansé avec elle. Il distinguait même l'endroit de l'avenue où il l'avait embrassée.

La certitude s'imposa à lui, incontournable : il ne pouvait pas retourner vers elle. S'il la blessait une seconde fois... Non, c'était hors de question. Inacceptable. Il avait commis une erreur en se rendant au Pique-Nique, mais ce n'était rien à côté de l'erreur monumentale de cette nuit passée dans le même lit. Ils ne devaient plus jamais recommencer. Rebecca ne devait pas risquer son bonheur, son avenir en revenant vers lui. Des deux, il était celui qui peinait le plus à affronter les souvenirs. Puisqu'il était incapable d'aller de l'avant, il devait la libérer, couper les attaches. Qu'elle puisse se tourner vers l'avenir. Avec un autre homme.

Son portable sonna, et le nom « Becca » s'afficha à l'écran.

Lentement, les doigts gourds, il établit la communication.

— Tom ! s'écria sa voix à son oreille. Où es-tu ?

Interdit, il ne put qu'articuler :

— Il y a un problème ?

— C'est Penny ! Elle a disparu !

11

Thomas se détourna du panorama — et de sa situation personnelle.

— Comment ça, disparu ?

— On ne la trouve nulle part. Je suis montée la voir pour m'assurer que tout était prêt pour son transfert au bloc, et elle n'est pas dans sa chambre. Elle n'est pas dans le service !

— Je ne comprends pas, dit-il en courant vers la porte menant à l'escalier. Comment a-t-elle pu aller où que ce soit ? Qui était auprès d'elle ?

— C'est bien le problème. Personne.

— *Comment ?* cria-t-il en enfonçant à la volée la barre d'ouverture.

— Elle n'a été seule qu'une ou deux minutes. Peter était descendu à l'accueil accueillir les grands-parents, Julia était aux toilettes, et Rosie a répondu au signal d'urgence, une alarme d'arrêt cardiaque. Penny avait promis de rester dans son lit. En fin de compte, on n'avait pas besoin de Rosie, et elle est revenue tout de suite. Mais Penny n'était plus là…

— Elle ne peut pas être allée bien loin, s'écria Thomas en dévalant les marches quatre à quatre. Vérifiez les chambres de ses copines.

— C'est fait. Elle n'y est pas. Tout le personnel la cherche.

— Vous avez appelé la Sécurité ?

— Oui. Ils courent partout depuis dix bonnes minutes. Personne ne l'a vue. Rosie est dans tous ses états, elle pense que c'est sa faute.

Il serra les dents.

Officiellement, Pénélope Craig était passée entre les mains des chirurgiens, mais elle restait *sa* patiente. Il comprenait la réaction de Rosie, mais le vrai responsable de la sécurité de Penny, c'était lui.

Il déboucha de l'escalier au niveau du service cardio et se heurta à Angela Marton et son équipe.

L'œil géant de la caméra pivota droit vers lui.

— Docteur Wolfe ! Est-il exact qu'une petite fille a disparu ? Une patiente qui allait recevoir une greffe du cœur ?

— Aucun commentaire, gronda-t-il sans ralentir.

La journaliste lançait des questions qu'il n'entendait même pas. Il se contenta de lever la main dans un vague geste d'excuse en s'éloignant sans se retourner.

Comment la nouvelle avait-elle pu se répandre aussi vite ? Dire qu'ils étaient censés empêcher des personnes étrangères à l'hôpital de découvrir jusqu'à l'existence de Penny !

Une fois de plus, il se sentit écrasé par une sensation d'échec personnel. Un de plus ! Il n'avait pas été au bon endroit au bon moment pour protéger sa propre fille, il n'avait pas été capable de préserver son mariage… La liste s'allongeait d'instant en instant. Son rôle était de faire en sorte que cette patiente soit là pour recevoir la greffe qui la sauverait. Si on ne la retrouvait pas à temps, le cœur irait à la personne suivante sur la liste.

Devant lui, par les hublots découpés dans les portes doubles du service, il voyait Rebecca au centre d'un groupe qui comprenait les parents de Penny, ses grands-parents et Jim, le chef de la Sécurité du Paddington. Rosie se tenait un peu en retrait, très pâle, le visage angoissé. Quant à Julia Craig, jamais il ne l'avait vue aussi affolée, même aux jours les plus sombres.

— Elle a dû se trouver une cachette, disait Jim quand il rejoignit le groupe. Je parie qu'elle a eu peur d'aller au bloc. Nous allons la trouver, madame Craig. Je vous en prie, essayez de ne pas trop vous inquiéter.

Julia secoua violemment la tête.

— Elle ne s'est pas sauvée, ce n'est pas son genre ! Et elle avait bien dit qu'elle resterait dans son lit ?

Elle cherchait des yeux Rosie, qui balbutia :

— Je suis juste partie quelques minutes. Je suis désolée…

— Ce n'est pas votre faute. Vous avez été appelée ailleurs, moi, je suis allée aux toilettes, c'est arrivé des milliers de fois.

— Mais les autres fois, elle ne pouvait pas se lever, intervint Peter. Elle était trop faible. Maintenant, qui sait où elle a pu filer !

— Quelqu'un l'a forcément vue, répliqua Jim avec énergie. On remarque forcément une petite fille en tutu avec une couronne de princesse. Mes équipes passent tout l'hôpital au peigne fin.

— Mais si elle n'est plus dans l'hôpital, chuchota Julia, si quelqu'un… ?

Le souffle lui manqua un instant, mais elle acheva :

— Si quelqu'un l'avait *emmenée* ?

— Un de mes gars regarde les images des caméras de surveillance, en commençant par l'entrée principale, répliqua Jim. Nous avons aussi appelé la police.

Thomas se tourna vers Rebecca pour demander :

— Nous avons combien de temps ? Quelle est l'heure-limite pour commencer son opération ?

— Nous avons encore un peu de temps, répondit-elle aussitôt. Ce n'est pas le problème. L'important, c'est de la trouver le plus vite possible.

Elle passa sur son front une main qui tremblait un peu.

— Je ne peux pas rester là sans rien faire. Je vais chercher aussi.

Elle se retourna vers la porte, et Thomas sentit sa propre inquiétude se décupler en lisant la terreur dans ses yeux.

Quelqu'un pouvait-il vraiment avoir kidnappé Penny ? La petite avait-elle pu s'éloigner suffisamment pour croiser le chemin d'un prédateur ? C'était invraisemblable, non ? Mais…, cinq ans plus tôt, il aurait trouvé tout aussi inconcevable qu'une voiture monte sur le trottoir au moment précis où un groupe d'enfants y passait.

Rien, *rien* n'était impossible, aucun coup du sort.

Rebecca ne devait plus jamais dépendre de lui pour quoi que ce soit mais, aujourd'hui, elle avait peur. Il devait l'aider.

— Je viens avec toi, lança-t-il.

— Je vais regarder sous tous les lits, s'écria Rosie. Et dans tous les placards. Elle est forcément quelque part.

— Les images des caméras sont formelles, annonça Jim en consultant l'écran de son portable. Elle n'a pas quitté le bâtiment, personne ne l'a emmenée et, maintenant, toutes les issues sont gardées. Elle est ici, quelque part.

Ils commencèrent par les services les plus proches, en interrogeant tous ceux qu'ils croisaient.

— Vous n'avez pas vu une petite fille, six ans, en tutu ?

— Non, désolé. Si je la vois, je vous préviens.

— Nous pouvons regarder dans vos placards ? Elle s'amuse peut-être à se cacher.

Elle était si menue, pensa Rebecca en déplaçant un chariot grillagé chargé de sacs de linge sale. Elle pourrait se glisser dans un tout petit espace.

— Je ne comprends pas pourquoi elle a voulu se sauver, soupira-t-elle. Ce n'est pas comme si c'était sa première opération, et je suis sûre de n'avoir rien dit qui puisse l'impressionner.

— Toi, sûrement pas. Mais qui sait ce qu'il peut passer par la tête d'une gosse de six ans ?

Une gosse de six ans ? N'importe laquelle ?

— C'est de *Penny* qu'il s'agit, Tom ! protesta-t-elle, heurtée.

— Oui. Je ne sais pas si nous cherchons au bon endroit. Quelqu'un est allé voir dans les secteurs ouverts aux patients extérieurs, le service kiné, la radio ?

Il s'éloignait déjà à grands pas.

Interdite, elle le suivit du regard, et un froid subit se glissa dans son cœur.

C'était comme d'être accompagnée dans ses recherches par un inconnu du service de sécurité. Quelqu'un qui n'aurait aucune implication personnelle. Thomas fuyait de nouveau !

Il se repliait derrière ses barrières de protection pour tenir l'angoisse à distance.

Ou la culpabilité ?

Mais non, ce serait ridicule qu'il se sente responsable, il n'était même pas dans les parages au moment de la disparition de Penny... Mais le même raisonnement s'appliquait à la mort de Gwen, et ça ne l'avait pas empêché de se persuader de son échec en tant que père.

Comment pouvait-il retomber dans cette ornière après la nuit dernière ?

Sa peur insidieuse gagna du terrain.

Elle s'était risquée à réveiller ses sentiments pour Thomas, à rêver de partager de nouveau sa vie. En ce moment même, dans cette passe difficile, elle avait besoin de son soutien, et il la tenait à distance. Cela faisait mal ! S'ils vivaient de nouveau ensemble...

Avec effroi, elle mesura qu'elle ne pouvait pas prendre ce risque. Elle ne pouvait tout simplement pas lui faire confiance.

Mais le moment était mal choisi pour penser à leur couple. La disparition de Penny était de plus en plus angoissante, le compte à rebours avait commencé : en ce moment même, des équipes médicales arrivaient au Paddington pour convoyer les organes de Ryan vers d'autres enfants. Quoi qu'il arrive, elle devrait bientôt se rendre au bloc. Si on ne retrouvait pas Penny à temps...

Le temps filait à une vitesse folle, ils parcouraient les étages en fouillant tous les recoins accessibles à une petite fille qui venait tout juste de retrouver sa mobilité.

Trente minutes. Quarante.

À intervalles réguliers, l'un de leurs portables sonnait, mais c'était toujours pour dire qu'il n'y avait rien à signaler. Ryan serait bientôt emmené au bloc. Le temps jouait contre eux.

Un nouvel espoir : un radiologue croisé entre deux portes avait cru voir une petite en rose en bas, au magasin de jouets.

Thomas et elle se précipitèrent vers l'ascenseur pour descendre à l'accueil.

Le bouton d'appel enfoncé, l'attente s'étira. Pourquoi la cabine ne venait-elle pas ! De toutes ses forces, elle serra les paupières pour contenir ses larmes.

Et Thomas qui ne disait rien ! Un mot d'encouragement, une simple pression sur son bras feraient toute la différence. Ce mot, ce geste dissiperait peut-être l'impression horrible qu'il s'était replié très loin d'elle. Qu'il redevenait aussi distant que lors de son retour au Paddington.

Elle ouvrit les yeux en entendant enfin s'ouvrir les portes.

Une jeune femme avec un somptueux ventre de future maman émergea de l'ascenseur et leur sourit.

— Bonjour ! On a travaillé ensemble aux urgences le jour de l'incendie de l'école.

— Oui, Victoria, je te reconnais, dit Rebecca. Tu es ambulancière. Toi et Dominic MacBride, vous avez été très actifs dans les débuts de la campagne pour sauver le Paddington.

— Qu'est-ce qu'il se passe, aujourd'hui ? Il y a des policiers et des journalistes partout, c'est la folie à l'accueil...

— Dans ce cas, pas la peine de vérifier le magasin de jouets, marmonna Rebecca à l'intention de Thomas. S'il y a tant de monde en bas, quelqu'un aurait forcément remarqué une petite fille en tutu rose.

Les yeux de Victoria s'arrondirent.

— Un tutu rose ? Tu veux parler de Penny ?

Ils étaient montés dans la cabine. Alertés, ils se retournèrent.

— Vous la connaissez ? lança Thomas en retenant l'ascenseur.

— Je l'ai transportée très souvent. C'est la seule gamine que je connaisse qui dormirait en tutu si on la laissait faire.

— Elle a disparu, expliqua rapidement Rebecca. Et elle doit aller au bloc de toute urgence. Nous avons un cœur pour elle, une compatibilité parfaite.

— Oh non...

— On doit filer. Je ne sais pas si on a fouillé la maternité ou les salles d'échographie. Ouvre l'œil, d'accord ?

— Bien sûr ! Je repérerais son tutu à un kilomètre.

— Elle a même une couronne, aujourd'hui, balbutia Rebecca, la gorge serrée. Elle est princesse pour un jour.

Victoria sursauta.

— Vous avez vérifié la tourelle ?

Thomas passa vivement la main entre les portes, qui s'écartèrent une seconde fois.

— Quelle tourelle ?

— Je lui en ai parlé un jour dans l'ambulance : la coupole au-dessus de la réception. Je lui ai raconté que, quand j'étais gosse, j'étais persuadée qu'une princesse y habitait. En fait, ce n'est qu'un débarras poussiéreux.

— Je ne savais même pas qu'on pouvait y monter.

— On n'est pas censé y aller, mais il y a une porte derrière la réception. On dirait un placard, mais il y a un escalier... J'ai tout décrit à Penny. Allez voir, vite !

Les portes se fermèrent. L'ascenseur entama sa descente, et il échangea un regard avec Rebecca.

Ils tenaient peut-être la bonne piste !

Mais il se tourna vite vers les portes métalliques de la cabine.

— Ne t'emballe pas trop, murmura-t-il. Qu'elle ait pu trouver la porte sans se faire repérer, ce serait un miracle.

Victoria avait raison, la réception était bondée. Ils montrèrent leurs badges au policier qui dirigeait les visiteurs vers un poste d'information temporaire installé devant la pharmacie. Devant le comptoir, la journaliste Angela Marton s'adressait directement à l'objectif de son cadreur.

— D'après nos informations, une enfant, une petite fille de six ans qui doit recevoir d'urgence une greffe du cœur vient de se volatiliser quelques minutes seulement avant le début l'intervention...

Au moins, ils ne révélaient pas son nom.

Thomas se détourna et fit écran de son corps pour cacher Rebecca. Angela Marton savait qu'il était cardiologue, et elle se souviendrait sûrement qu'elle avait interviewé Rebecca au

Pique-Nique des oursons. Si elle les repérait, ils auraient du mal à se dégager.

Par chance, la journaliste, concentrée sur son direct, ne les vit pas passer.

— Voilà la situation, disait-elle. Plus encore que la tragédie de l'incendie de l'école primaire Westbourne Grove, cette urgence souligne l'importance de cet hôpital. En ce moment même, il n'y a pas un seul membre de l'équipe soignante qui ne soit en train de chercher cette petite fille, en espérant mettre fin à la terrible angoisse de sa famille. Tout le monde ici espère tellement...

Sa voix se fêla, suggérant qu'elle était de tout cœur avec Penny et sa famille, mais Thomas capta nettement la satisfaction derrière les trémolos.

La journaliste ferait un audimat record avec ce drame. Si l'occasion se présentait, elle prendrait sans hésiter la tête de la meute pour fondre sur Rebecca et lui ou sur Julia et Peter.

Il s'efforça de cacher Rebecca de son corps tandis qu'ils contournaient discrètement la foule.

La porte était là ! Une petite porte sans prétention au bout d'une rangée de vitrines. On ne la voyait même pas du comptoir de la réception. Finalement, il n'était pas impossible que personne n'ait remarqué une petite fille au moment où elle se faufilait dans ce recoin.

Il jeta un coup d'œil par-dessus son épaule.

Personne ne s'intéressait à eux, l'attention était maintenant braquée sur un groupe d'hommes en uniforme qui venait de franchir la porte. L'un d'entre eux portait un boîtier métallique. L'équipe venait sûrement réceptionner un organe, mais la journaliste opta pour une autre interprétation.

— Oh ! Est-ce que ce serait le cœur de la petite disparue qui arrive ?

Excédé, il ouvrit rapidement le battant, fit passer Rebecca devant lui et s'y engouffra à son tour, en se demandant combien de temps la famille de Penny parviendrait encore à garder l'anonymat.

Au fond, quelle chance qu'on ait cru assister à l'arrivée d'un organe !

Après l'agitation de la réception, le silence était extraordinaire. Un petit escalier en colimaçon s'élevait devant eux. Ils échangèrent un regard et se lancèrent à l'assaut des marches. Ils s'élevèrent rapidement, spirale après spirale, pour déboucher dans une pièce circulaire remplie de dossiers archivés.

On se serait cru très loin du centre de Londres, peut-être dans une bibliothèque oubliée. Des grains de poussière flottaient dans les rayons obliques qui entraient par les petites fenêtres... Et dans l'épaisse couche de poussière qui recouvrait le plancher disjoint, ils virent de minuscules empreintes de pied nu.

Le monde entier sembla retenir son souffle.

Il fit un pas en avant, puis un autre.

Derrière une haute pile de cartons à moitié défoncés, blottie dans l'embrasure d'une fenêtre, Penny était profondément endormie, la tête posée sur son bras replié, le diadème basculé sur l'oreille.

Le soulagement fut tel qu'il sentit ses genoux ployer.

Rebecca se précipitait déjà.

Une nouvelle angoisse s'abattit sur lui, tel un coup de massue : Penny dormait-elle ou était-elle inconsciente ? Pire que cela, et si le DAV avait déclaré forfait suite à un stress imprévu comme de gravir tant de marches ?

Son propre cœur trébucha, et il se retrouva accroupi près de la petite, écartant ses cheveux pour trouver le pouls de sa gorge.

Il battait. Régulièrement, fortement. À ce contact, les paupières de Penny frémirent. Elle ouvrit les yeux, les vit penchés sur elle et leur sourit.

— Vous êtes venus voir la tour de la princesse ?

— Oui, croassa-t-il. Il faut redescendre maintenant, ma chérie.

— D'accord, soupira la petite en lui tendant les bras, mais je suis fatiguée. Tu me portes ?

Incapable de répondre, il la souleva dans ses bras.

— Et puis, j'ai faim ! Super faim.

— Tu n'as rien mangé ? Rien bu ?

La petite secoua tristement la tête.

Il rencontra le regard de Rebecca.

Voilà au moins un obstacle écarté. Si elle était à jeun, l'intervention pouvait commencer.

Quelques marches plus bas, elle s'était déjà rendormie.

Sur le premier palier, il se retourna. D'instinct, il sentait que Rebecca avait besoin de toucher Penny, elle aussi, pour se convaincre qu'ils l'avaient vraiment retrouvée. Quand elle leva la tête vers lui, il vit une larme rouler sur sa joue.

— Tu as toujours du cœur, chuchota-t-elle. Autant de cœur qu'avant. Même si tu fais tout pour te distancier.

Dans son beau regard sombre, il vit autre chose que du soulagement : de l'espoir.

Un espoir qu'il devait faucher avant qu'il ne s'enracine. Mais comment trouver le courage ?

— Bien sûr que Penny compte pour moi, dit-il d'une voix contenue. Elle est ma patiente.

— Et elle va bien. Nous pouvons l'emmener au bloc. Tout va bien se passer, maintenant.

Lentement, précautionneusement — l'escalier était étroit et abrupt —, il reprit sa descente.

— « Tout va bien se passer »... Mais tout a failli tourner très mal. Et là, ç'aurait été ma responsabilité. Mon échec.

Rebecca, qui s'était faufilée devant pour ouvrir la porte, se retourna brusquement.

— *Comment ?*

Interdit, il comprit qu'il avait parlé tout haut.

Elle secoua la tête, comme si elle ne croyait pas ce qu'elle venait d'entendre, et tourna la poignée.

Il déboucha dans le monde réel du Paddington, les lumières éblouissantes après la pénombre de l'escalier, le brouhaha, la foule, quelques exclamations isolées, puis une acclamation unanime.

Dans ses bras, Penny se redressa. Pas du tout impressionnée par les regards, l'ovation, les flashs, elle vit sa maman fendre la foule et lui sourit, rayonnante.

— Nous n'avons pas le temps, clama-t-il à ceux qui cherchaient à le retenir. Je vous en prie, laissez-nous passer !

Par chance, l'ascenseur arriva très vite.

De retour dans le service, Rosie, profondément soulagée, fit une toilette rapide à la petite et la prépara pour le bloc. Rebecca et lui, au coude à coude, auscultèrent celle-ci avec minutie. Quand ils furent tout à fait sûrs que rien n'interdisait l'intervention, on commença la sédation. Comme la fois précédente, Rebecca posa l'index sur ses lèvres qu'elle pressa sur la joue de Penny pour transférer son baiser.

— À très vite, ma jolie. Dors bien.

Il crut que son cœur allait se briser.

Il l'aimait tant ! Pour ce geste, pour la tendresse qu'il exprimait, pour... Pour tout ce qu'elle était. Il l'aimait si fort qu'il sacrifierait tout pour la préserver.

La fugue de Penny aurait pu avoir des conséquences catastrophiques. Ce n'était peut-être pas rationnel, mais il *savait* que c'était sa faute. Avec Rebecca, il ne pouvait tout simplement pas risquer un nouvel échec. Il devait donc lui tourner le dos, pour son bien. Bientôt, il devrait le lui dire.

Mais pas tout de suite. Pas alors qu'elle se préparait à entrer au bloc pour une intervention cruciale.

Au regard qu'elle lui lança, il vit qu'elle avait tout de même capté une part de ses pensées.

— Tu m'accompagnes ? fit-elle.

— J'arrive.

Il parcourut avec elle les couloirs qui menaient au bloc. Plusieurs fois, il sentit son regard posé sur lui, mais ce fut seulement en arrivant au vestiaire des salles d'intervention qu'elle se décida à parler.

— Je ne peux pas ne rien dire. J'ai entendu ce que tu marmottais dans l'escalier.

— De quoi parles-tu ? articula-t-il, la bouche sèche.

Elle lui jeta un regard excédé et se mit, à gestes rapides et précis, à rassembler tout ce dont elle avait besoin : tunique, pantalon, bonnet, protège-chaussures.

— Ce n'est pas ta faute si Penny avait disparu, assena-t-elle. Tu dois arrêter de te reprocher des événements qui ne dépendent pas de toi.

Le moment de parler était venu, bien plus tôt qu'il ne s'y attendait. Il ne pouvait qu'espérer qu'elle comprendrait.

— Et ce que j'aurais dû maîtriser ? Comme le fait d'être là pour toi quand tu avais tellement besoin de moi ?

Elle se campa devant lui, son ballot de vêtements stériles entre les mains.

— Il faut être deux pour réussir un mariage, dit-elle avec force. Il faut aussi être deux pour le couler. Je n'ai pas compris ce que tu ressentais. J'étais trop occupée par ma propre peine mais, maintenant, j'y vois plus clair. Quand je suis allée parler aux parents de Ryan la première fois...

Elle prit une longue inspiration silencieuse.

— C'était vraiment dur, avoua-t-elle.

Il fixa les vêtements pliés dans les bras de Rebecca, pensant au précieux fardeau que lui-même portait quelques minutes auparavant. Il sentait encore le poids plume de Penny contre lui, vibrait encore du choc du moment où il avait cru qu'ils arrivaient trop tard. Et la résonance réveilla une autre onde de choc, celle qu'il ne pourrait jamais effacer : sa propre arrivée aux urgences, le moment où il avait vu Gwen à peine vivante après son terrible accident.

Cette fois-là, il était vraiment arrivé trop tard.

Rebecca, atterrée, vit que ses paroles avaient déclenché une réaction en chaîne : debout devant elle, Thomas luttait, arc-bouté contre ses souvenirs.

Elle n'avait pas le temps de l'aider, elle devait prendre une douche, se changer, entamer le protocole de préparation pour une intervention lourde. *Deux* interventions, puisqu'elle devait d'abord prélever le cœur de Ryan. Car le raccordement était plus facile si la même main procédait aux deux opérations.

Elle se savait capable de bloquer toute pensée personnelle

quand elle travaillait, mais comment laisser Thomas ainsi, le visage défait, torturé par la culpabilité ? Elle le perdait de nouveau ! D'instant en instant, elle sentait lui glisser entre les mains tout ce qui venait de renaître entre eux, tout ce qu'ils pourraient vivre ensemble. Tom lui échappait, il retournait s'abriter derrière ses barricades. L'homme de sa vie ne savait pas comment déposer son fardeau de culpabilité. Ce qu'elle lui dirait maintenant serait peut-être sa dernière chance de le retenir.

— Il me semble toujours que j'ai échoué, pour Gwen, souffla-t-il. J'étais son père. C'était à moi de la protéger.

— Tu étais le meilleur papa du monde, s'écria-t-elle avec fureur. Ce *n'était pas* ta faute ! Il n'y a pas de garanties dans la vie, on fait de son mieux, voilà tout. La seule option, c'est de célébrer les victoires et de se soutenir mutuellement si tout ne se passe pas comme on l'espérait.

— Mais je ne t'ai pas soutenue, justement. Je ne... Je ne peux pas prendre le risque que ça se reproduise.

— Alors, tu vas laisser tomber ? Partir de nouveau te cacher quelque part ?

La souffrance la mettait hors d'elle.

— C'est le seul moyen que j'ai de te préserver, dit Thomas d'une voix horriblement douce. Le seul moyen d'être sûr de ne plus te faire de mal.

Elle laissa échapper une exclamation incrédule.

— En me plaquant ? Tu crois que ça ne me fera pas de mal ?

Elle ne pouvait pas écouter ça, pas maintenant. Plus tard, elle affronterait cette perspective mais, pour l'instant, elle devait l'écarter de son esprit.

Par les portes ouvertes, elle vit un lit roulant avancer le long du couloir : Ryan.

Les heures à venir exigeraient beaucoup d'elle, elle devrait encaisser affectivement les deux extrêmes : perdre un petit patient, donner la vie à un autre. Elle avait besoin du soutien de l'homme qui cherchait à se couper d'elle. La présence de Thomas lui avait toujours porté chance. Elle avait besoin qu'il assiste à l'opération de Penny.

— Fais quelque chose pour moi, Tom. Je t'en prie. Sois là-haut, dans la cabine. Pas pour la première intervention, je ne te demanderais pas ça. Mais pour la greffe de Penny.

Le lit entouré de silhouettes blanches était tout proche maintenant. Thomas tourna la tête et le vit. Quand il se retourna, elle lut une souffrance terrible dans son regard, mais aussi son amour pour elle.

— Oui, dit-il tout bas. Ça, je peux le faire. J'y serai.

12

Il ne se sauvait pas, se répéta Thomas, il prenait juste un peu de champ.

Il serait là pour la greffe de Penny, mais il ne supporterait pas de traîner dans le secteur en sachant ce qu'il se passait en ce moment même au bloc 2. C'était au-dessus de ses forces.

Il y avait trop de monde dans le service aujourd'hui. On préparait le bloc 1 pour Penny, le 3 venait d'être libéré pour un enfant qui attendait une greffe du rein, les équipes chirurgicales croisaient les convoyeurs venus emporter d'autres organes aux quatre coins du pays. Inutile de grossir encore la foule.

Le regard de Rebecca, quand elle lui avait demandé s'il pensait ne pas lui faire de mal en s'en allant...

Jusque-là, il avait été tellement sûr de lui, même si tout son instinct luttait contre ce sacrifice ! Il avait besoin d'un lieu pour se recentrer. Pour se convaincre qu'il faisait le bon choix.

Le toit ! Là, il serait tranquille.

Il tendait déjà la main pour pousser les doubles portes qui isolaient les blocs opératoires du reste de l'étage quand il se ravisa.

Il devait bien choisir son itinéraire pour s'y rendre. Les médias avaient investi l'hôpital. Aujourd'hui, ils tenaient le genre de drame qu'adore le public, un cocktail corsé de tragédie et d'espoir. Ils avaient eu droit à un suspense de choix, avec en premier acte la disparition de Penny et la fouille frénétique pour la retrouver, puis un très beau moment avec la réunion émouvante de la petite avec ses parents. Maintenant, le suspense s'installait, on attendait de connaître le résultat de l'intervention. Or, tous les journalistes présents connaissaient à présent leur visage à Rebecca et lui, les deux médecins les plus impliqués auprès de la petite patiente. Et la dernière chose dont il avait besoin en ce moment serait de voir Angela Marton ou un de ses collègues lui brandir un micro sous le nez.

Il jeta un regard à la ronde, cherchant une issue providentielle.

Il n'y en avait pas, bien sûr. Il n'existait qu'un seul accès au toit. Toutes les autres portes menaient à des petites salles de réunion ou d'attente pour les familles…

C'est alors qu'il les vit.

Les parents de Ryan, simplement assis là, côte à côte.

Ils ne se parlaient pas, ne se tenaient même pas la main. Ils ne se regardaient pas non plus.

Cette impression d'une distance infranchissable entre eux le frappa douloureusement.

Ils vivaient le pire des moments. Après cela, ils devraient entamer le long et difficile parcours vers la guérison, mais ils étaient à deux doigts de faire la même erreur que lui, de prendre des chemins individuels. Lui-même, il ne pouvait pas revenir sur ses propres choix, mais il savait que ce n'était pas le bon chemin. Et il pouvait leur offrir un soutien, d'une façon ou d'une autre.

Le couple avait probablement souhaité un peu de solitude après le dernier adieu à leur fils, mais une impulsion irrésistible le poussa à entrer.

Ils ne semblèrent pas dérangés par son intrusion. Sans doute avaient-ils besoin de quelque chose à quoi se raccrocher, un point de référence en cet instant où leur vie n'avait plus aucun sens.

Il tira une chaise face à eux, se percha sur le rebord et s'entendit leur dire :

— C'est le moment le plus dur. Le premier pas dans une vie qui a changé du tout au tout.

— Non, répliqua Colin Walker d'une voix rauque. Le plus dur, c'est de savoir que je n'ai pas protégé mon fils.

Thomas ouvrit la bouche. Il fut à deux doigts d'enfreindre la règle pour révéler une part intime de sa vie. Mais, au dernier moment, il ravala les mots.

Il n'était pas question de lui... Sauf qu'il s'entendait encore prononcer les mêmes paroles. Les échos de cette phrase se répercutaient dans sa tête depuis cinq ans, il la voyait gravée dans chaque brique du mur qu'il avait construit autour de son cœur. Il sentait la souffrance de ces jeunes parents aussi durement que si elle était la sienne. *C'était* la sienne !

Non, pas tout à fait, parce qu'un glissement fondamental venait de s'opérer en lui. En voyant devant lui son double, en entendant la voix brisée de Colin Walker répéter son propre mantra autodestructeur, il venait de mesurer à quel point lui aussi se fourvoyait.

— Vous n'avez pas échoué, dit-il avec force. Ni l'un ni l'autre.

Il parlait avec une telle conviction que Louise Walker leva la tête à son tour. Tous deux le fixaient maintenant, éperdus. Ils attendaient qu'il leur dise quelque chose, la parole magique qui aurait le pouvoir de les réconforter.

— Vous avez aimé Ryan, reprit-il. Je sais combien vous l'avez aimé, parce que vous endurez l'enfer en ce moment. Vous ne feriez pas ce don vital à d'autres enfants si vous ne saviez pas combien leurs propres parents les aiment.

Les larmes roulèrent sur leurs joues. Ils se tournèrent l'un vers l'autre, et leurs mains se cherchèrent.

Thomas se concentra sur les mots qui devaient suivre.

— Au fond, c'est tout ce qui compte. Il a été aimé. Il sera toujours aimé, parce que cet amour-là ne meurt jamais.

On pouvait troubler la source de l'amour, l'empoisonner avec le poison de la culpabilité, la trahir en se dérobant, en se cachant. Après, l'amour existait toujours, mais on ne savait plus où le trouver.

Sa voix se fêla quand il ajouta :

— Surtout, ne vous lâchez pas l'un l'autre ! Ce sera très dur, mais vous y arriverez. Si vous vous aidez mutuellement, vous serez assez forts.

Voilà, ça suffisait, il était temps de les laisser. Il se remettait debout quand il découvrit qu'il avait autre chose à leur dire.

— Croyez bien que vous avez été les meilleurs parents, et que Ryan a su combien vous l'aimiez. Et aussi...

Il dut éclaircir sa gorge contractée pour prononcer ses dernières paroles.

— Soyez fiers de ce que vous faites aujourd'hui. Croyez-moi, un jour, vous saurez que c'était vraiment le bon choix.

En sortant, il ne regarda même pas du côté de la sortie.

Pour lui aussi, il y avait un bon choix. Et il allait s'y employer.

Rebecca battit des cils, éberluée.

C'était bien la dernière chose à quoi elle s'attendait !

Elle venait de lever machinalement les yeux vers la cabine sans s'attendre à y voir qui que ce soit. Personne ne venait jamais assister à ce genre d'intervention, c'était déjà assez dur pour l'équipe qui officiait. Et là-haut, derrière la vitre, elle venait de reconnaître Thomas ! Un Tom un peu voûté, souffrant, luttant contre des souvenirs qu'aucun parent ne devrait avoir à endurer — mais il était là.

Pour elle ? Pour lui ?

Non, c'était plus grand que cela ! Il était là pour eux deux.

Elle raffermit sa concentration et mena sa tâche jusqu'au bout.

En sortant du bloc 2, aveuglée par les larmes, elle ne savait pas s'il serait toujours présent. Elle ne réussit à se maîtriser qu'en entamant le protocole pour la deuxième intervention, celle de Penny.

En entrant dans l'autre bloc, elle eut l'impression de changer de planète. L'espoir qui vibrait dans la salle se glissa en elle et la retint sur le seuil un instant, un sourire hésitant sur les lèvres.

Elle leva les yeux.

Là-haut, Thomas posa l'index sur ses lèvres à lui et le pressa sur la vitre qui les séparait.

Elle fondit de tendresse.

Puis tout son être se concentra sur la tâche à accomplir. Une procédure longue et difficile, peut-être l'acte le plus stupéfiant qu'un médecin puisse effectuer. En tout cas, le niveau ultime de la spécialisation à laquelle elle vouait sa vie.

Retirer un organe vital, ouvrir un espace dans la poitrine à la place du cœur. Prendre un autre cœur et l'arrimer en reliant chaque veine, chaque artère. Puis laisser le sang le remplir et, en réaction à une légère décharge électrique, le mettre en action.

Depuis le moment où elle ouvrit la poitrine de Penny jusqu'à la pose des derniers points de suture, il fallut un peu plus de cinq heures. Enfin, elle recula et laissa retomber ses mains.

Elle ne sentait pas encore son dos et ses pieds douloureux. Le regard braqué sur les écrans, elle surveillait un point vert et sa pulsation régulière.

La tension, la saturation, tout était normal.

Cette fois encore, plusieurs membres de l'équipe avaient les yeux mouillés, mais c'étaient des larmes de joie, le relâchement après l'épreuve : ils avaient réussi ! La petite fille vivrait !

Prudemment, elle laissa sa propre émotion se mêler à l'intense satisfaction professionnelle qu'elle éprouvait. Elle laissa monter sa joie pour Penny, et à la pensée de son propre avenir. Elle leva de nouveau les yeux.

Tom n'était plus dans la cabine.

Elle se dirigea vers la porte en retirant son masque et ses gants, sûre de le trouver de l'autre côté du battant.

Ils se retrouvèrent face à face, se sourirent. Mais le moment n'était pas encore venu de penser à eux.

Il l'accompagna à la salle où patientaient Julia et Peter.

— Tout s'est bien passé, leur dit-elle en entrant. Penny a un nouveau cœur.

Il fallut les rassurer encore et encore. Ils ne savaient plus se projeter dans une existence normale, sans épée de Damoclès suspendue au-dessus de leurs têtes. Ils avaient une foule de questions.

— Où est-elle ?

— En salle de réveil. Vous pourrez aller la voir bientôt.

— Et ensuite ?

— Elle sera transférée en soins intensifs, comme la dernière fois. Nous la garderons sous sédation quelques jours, le temps d'être tout à fait sûrs que son nouveau cœur fonctionne parfaitement. Elle y restera sans doute sept à dix jours.

— Et après ?

— Après, nous la reprendrons dans le service. Vous pourrez probablement la ramener à la maison au bout de deux ou trois semaines.

Il fallut encore plusieurs heures avant que Thomas et Rebecca ne se décident à laisser leur petite patiente entre les mains compétentes de l'équipe des soins intensifs.

— On sort prendre l'air ? proposa Thomas.

Ils n'avaient rien avalé depuis le matin, mais l'heure n'était pas aux choses banales comme trouver une table à la cafétéria du personnel.

— Je ne peux pas quitter l'hôpital, répliqua Rebecca. Je veux rester à portée de main le reste de la nuit. Et puis, les journalistes et la télé campent toujours à la réception. Une interview, ça m'a largement suffi.

— Je n'en reviens pas que les parents de Penny aient accepté de la faire.

— Je crois qu'ils avaient surtout besoin de dire merci. À tous ceux qui ont aidé à chercher Penny, à l'équipe du bloc... Et aussi de dire à la famille de leur donateur ce que ce don représentait pour eux. Je les ai trouvés très émouvants. Même la journaliste pleurait...

La voix de Rebecca s'enrouait.

Il décida qu'elle avait besoin de quitter ce registre trop intense.

— Je sais où nous pouvons aller. Viens.

Il lui prit la main et l'entraîna dans l'escalier.

Ils montèrent tout en haut du bâtiment et débouchèrent sur le toit juste à temps pour assister à un fabuleux coucher de soleil. La lumière d'été dorait les vitres et les cheminées, les toits et les arbres se découpaient en silhouette sur un ciel d'un rose profond.

— Quelle journée... !

— Oui, murmura Rebecca en fermant les yeux. Je n'avais encore jamais égaré un patient juste avant une intervention. J'ai eu tellement peur que Penny n'ait pas son nouveau cœur !

— Elle l'a eu, grâce à toi. Je ne peux même pas te dire à quel point je t'admire, Becca. Ce que tu fais, c'est extraordinaire, et incroyablement courageux. Je... je crois que je comprends pourquoi, maintenant.

— Toi aussi, tu as été courageux, dit-elle avec tendresse. Etre là pour l'intervention de Ryan, c'était...

— Je venais d'aller voir ses parents. Je leur ai parlé.

Abasourdie, elle le dévisagea.

— Pour leur dire... ?

— Pour leur dire qu'ils devaient absolument croire qu'ils étaient les meilleurs parents du monde. Que c'était grâce à leur grand amour pour leur petit garçon qu'ils avaient eu la force de donner la vie à d'autres. Qu'il fallait qu'ils soient là l'un pour l'autre... Et qu'ils n'avaient pas échoué à protéger leur fils.

— Oh ! Tom...

Rebecca lui tomba dans les bras en pressant de toutes ses forces son front contre sa poitrine.

— C'est là, dit-il avec émotion, que j'ai su que nous aussi, nous avions été les meilleurs parents. Et que nous pouvions vraiment être fiers de ce que nous avons fait.

Il embrassa ses cheveux.

— Je n'ai plus besoin de fuir ou de me cacher, lui dit-il à l'oreille. Je n'aurais jamais choisi de retourner dans le passé, mais Penny m'a forcé à le faire, et c'était la meilleure chose qui puisse m'arriver. Je ne me sens plus bloqué.

Rebecca releva la tête pour scruter son regard. Voyant qu'elle ne retrouvait pas sa voix, il murmura :

— Nous avons aimé Gwen. Nous nous sommes aimés. Un amour aussi fort, ça ne peut pas s'éteindre, tu ne crois pas ?

— Non, jamais, balbutia-t-elle. Nous aimerons toujours Gwen, nous nous souviendrons d'elle, elle nous manquera.

— Nous ne pouvons pas la faire revenir mais, toi aussi, tu

m'as manqué. Et là, nous pouvons changer la donne. Je t'aime, Becca. J'ai besoin de toi.

— Moi aussi, je t'aime ! Plus que jamais. Tu es redevenu celui dont je suis tombée amoureuse, en mieux. Nous avons surmonté tant d'obstacles !

— Nous avons fait du chemin, oui, convint-il avec un sourire. Nous sommes plus vieux, peut-être plus sages.

Il inclina la tête pour poser un baiser sur ses lèvres.

— Toi aussi, tu es celle dont je suis tombé amoureux, mais encore plus belle encore, dehors comme dedans.

Il l'embrassa de nouveau, et cette fois la passion jaillit comme une promesse d'avenir.

— J'ai compris une chose importante aujourd'hui, chuchota-t-il.

— Oui, dit Rebecca en riant. Ne plus te cacher.

— Autre chose aussi : ce n'est pas parce qu'on n'a pas été parfaits il y a cinq ans que c'était un échec. On faisait juste nos classes en prévision de la prochaine fois.

Elle le toisa, un pli perplexe entre les sourcils.

— Je te parle de notre mariage.

Son front se détendit, une lumière extraordinaire s'alluma dans son regard.

— Tu veux dire, si nous recommencions ?

— Pas *si*, gronda-t-il, *quand* ! Tu veux bien ? Dis oui, Rebecca, épouse-moi de nouveau.

— Oui, souffla-t-elle. Oui, oui et oui...

Il y eut peut-être d'autres « oui », mais il ne les entendit pas, trop occupé à l'embrasser.

Épilogue

Avec une petite exclamation admirative, Rebecca s'arrêta court sur le seuil de la salle.

Amusé, Thomas se pencha pour lui glisser à l'oreille :

— Dis donc, on n'est plus au *Frog & Peach* !

— Tu peux le dire. Cette fois, c'est le Ritz !

La salle de réception du célèbre hôtel était à la hauteur de l'événement. Les lustres, les fresques du plafond, la lumière dorée sur le cristal et l'argenterie..., tout était éblouissant.

Cette soirée qui célébrait la victoire officielle du Paddington était généreusement offerte par ceux qui avaient vu depuis des décennies leur vie changer grâce à l'hôpital emblématique du centre de Londres. Et ceux qui s'étaient donnés à fond pour la campagne étaient tous là, en tenue de soirée, pour faire honneur au grand dîner, au bal et aux discours des gens importants pour les remercier de leurs efforts. Tous les nouveaux couples étaient présents : Alistair et Claire, Rosie et Léo, Matt et Quinn, Dominic et Victoria. Le tableau était magnifique avec le contraste entre les hommes, très élégants en smoking noir, et les femmes en robes aux couleurs précieuses.

Quant à elle, ce n'était pas sa robe qu'elle voulait montrer !

Elle baissa les yeux un instant en étendant discrètement les doigts de sa main gauche, geste que Thomas nota aussitôt.

— À ton avis, combien de temps avant que quelqu'un la remarque ? glissa-t-il avec un sourire.

— C'est ce qu'on va voir.

Et si personne ne remarquait sa bague, ça n'avait aucune importance, pensa-t-elle en prenant la main qu'il lui offrait pour l'entraîner vers leurs collègues rassemblés près du bar. C'était le diamant de leurs premières fiançailles, serti dans une nouvelle monture comme pour garder le meilleur du passé en prenant un nouveau départ.

— Le menu des cocktails ? proposa un serveur. À moins que vous ne sachiez déjà ce que vous voulez boire ?

— Une coupe de champagne, commanda Thomas. Nous avons beaucoup de choses à fêter, ce soir.

— Juste une eau minérale pour moi, intervint Rebecca. Je suis le chauffeur.

— Moi aussi, j'ai un chauffeur, lança une voix joyeuse avec un charmant accent écossais. Je recommande la formule sans hésiter !

Rebecca se retourna en riant vers Dominic, le chirurgien traumatologue de l'équipe, et la jolie brune au ventre proéminent qui se tenait près de lui.

— Tu ne pourras pas profiter éternellement de la situation, dit-elle en souriant. Victoria, je me demandais si tu serais là ce soir.

— C'est sans fin ! Ce bébé est déterminé à s'accrocher le plus longtemps possible.

Les yeux de Victoria s'arrondirent en la voyant cueillir un verre d'eau minérale sur le plateau d'argent du serveur.

— Attends, ta bague... C'est ce que je crois ?

— Oui ! Tom et moi, nous sommes fiancés. Re-fiancés !

— J'en étais sûr !

Alistair North avait tout entendu de sa place, près de Claire. Réjoui, il leva son verre.

— Il me semblait bien qu'il se passait quelque chose, le soir où vous êtes arrivés si tard au *Frog & Peach* ! clama-t-il. Pas toi, Matt ?

— C'était évident.

— Oh ! Félicitations, c'est formidable ! s'écria Claire en s'approchant pour admirer sa bague. Vous voulez un grand mariage, ou vous ferez juste un saut à la mairie comme Alistair et moi ?

— On n'a pas trop eu le temps d'y réfléchir mais, comme c'est la deuxième fois, ce sera probablement discret.

— Discret ! répéta Rosie avec un soupir d'envie. Vous n'imaginez pas l'organisation que cela demande de se marier avec un duc italien. Ce n'est pas que je me plaigne...

Le sourire qu'elle décocha à Léo montrait amplement qu'elle ne regrettait rien.

— Nous non plus, nous n'avons encore rien planifié, dit Dominic. Et nous ne pouvons strictement rien faire tant que la petite princesse ne se décidera pas à faire son entrée.

— Tu entends ? renchérit Victoria en s'adressant à son ventre rond. Papa s'impatiente. Et moi, je voudrais bien pouvoir porter une robe qui ne me fasse pas ressembler à un chapiteau !

— Le plus tôt sera le mieux, confirma le papa.

— Faites attention à ce que vous dites, dit Tom en riant. Sauf si vous voulez absolument échapper aux discours de fin de soirée !

— Je *veux* danser, protesta Victoria. Cela déclenchera peut-être quelque chose.

— Bonne chance, lui glissa Rebecca. Nous avions tenté une salsa assez déchaînée quand j'attendais Gwen, mais ça n'a pas marché.

Un silence subit s'abattit sur le groupe, et elle vit leurs collègues échanger des regards prudents.

Elle leva un instant les yeux vers Tom et sourit.

— Tout va bien ! Vous connaissez tous notre histoire, vous avez fait très attention à ne pas aborder le sujet, mais tout a changé, maintenant.

Elle sentit la main de Thomas se glisser dans la sienne et la serra bien fort en enchaînant.

— Nous chérirons toujours le souvenir de notre premier enfant, nous parlerons souvent d'elle, mais le cap est franchi. Nous sommes apaisés.

Claire, qui se tenait près d'elle, lui glissa à l'oreille :

— « Premier » enfant ? Et tu bois de l'eau... Ne me dis pas que tu es... Comme moi ?

— Oh ! regardez ! dit innocemment Rosie sans rien relever, il y a une équipe de télévision. Je ne savais pas qu'on allait filmer la soirée !

— Le cheikh Idris al-Khalil et Robyn vont peut-être faire une grande entrée. C'est lui, la star de la soirée. Sans sa donation, la campagne se serait limitée à quelques manifestations.

— Non, je ne crois pas que ce soit lui…

Rosie haussait le cou en essayant de voir entre les groupes d'invités qui commençaient à se diriger vers les tables.

— C'est… Oh ! Ça alors ! C'est Julia et Peter Craig.

Rebecca hocha la tête.

— Un réalisateur tourne un documentaire sur le parcours de notre Penny préférée. Ils ont commencé le jour de la greffe, quand elle avait disparu. L'équipe était sur place pour tourner la scène. Depuis, toute l'Angleterre veut savoir comment elle s'en sort.

— C'était du direct d'anthologie, confirma Victoria. J'étais collée à mon iPhone dans la salle d'attente de l'échographie, à chercher à capter les derniers rebondissements.

— Penny est devenue le visage du Paddington les derniers jours de la campagne, opina Claire. On l'a vue en première page de tous les médias. Son histoire avait fourni le coup de pouce décisif en faveur de l'hôpital.

— Mais pourquoi est-ce qu'on continue à la suivre ? La famille a assez à gérer, non ? Son opération est encore toute récente !

— Julia et Peter cherchent à rendre un peu de ce qu'ils ont reçu, intervint Thomas. Ils font leur possible pour que le public prenne conscience de l'importance du don d'organes.

— Ils sont avec les invités d'honneur, ce soir, ajouta Quinn. Ils représentent tous les parents qui doivent la vie de leurs gosses à l'action du Paddington.

— Et Penny s'en sort si bien ! s'extasia Rebecca. Je crois qu'ils sont contents aussi de le clamer à la face du monde. Elle est déjà retournée à l'école à mi-temps, et elle a commencé ses cours de danse classique !

— Oh…, soupira Rosie, émue. Ça, c'est une nouvelle formidable ! J'adorerais la voir danser.

— Tu la verras sûrement dans le documentaire. Ah ! Voilà

Idris et Robyn, et la délégation officielle est arrivée, je vois le grand patron. Il va falloir rejoindre nos tables !

Idris et Robyn étaient en train de prendre place à la longue table rassemblant les élus, les représentants de l'hôpital et les invités d'honneur. Le reste de l'assistance se répartit autour de tables rondes.

Bientôt, le silence se fit : le député de la circonscription se levait pour prendre la parole.

Son discours fut bref. Il se contenta d'ouvrir les festivités en souhaitant la bienvenue à toute l'assistance, en remerciant le Ritz et le cheikh Idris al-Khalil d'avoir sponsorisé la soirée, et en proposant un toast :

— À l'hôpital pédiatrique Paddington !

Chacun leva son verre avec enthousiasme.

Après cela, le bourdonnement des conversations reprit. Entre collègues, on n'avait pas souvent l'occasion de se voir en dehors du travail, et on avait tant de choses à se dire !

— Je vois la bague de fiançailles de Robyn d'ici, glissa Rebecca à Rosie. Je comprends pourquoi elle ne peut pas la porter au travail !

— J'adore sa robe, elle est exactement du même vert que ses émeraudes. Elle a l'air heureuse, non ?

— Tout à fait. Je ne sais pas si je tiendrais le coup à faire des allers-retours comme elle, je parie qu'elle a hâte qu'ils soient mari et femme et de s'installer pour de bon au Da'har. Et vous deux ? Vous allez partir à Rome ?

— C'était le plan mais, finalement, ce sera Florence. Le *palazzo* de la famille de Léo est en Toscane, et nous voulons être près de sa mère...

La voix de Rosie s'éteignit tandis qu'elle regardait Léo, qui avait cessé de bavarder avec Matt et Thomas et contemplait, pensif, l'écran de son téléphone.

— Il y a un problème ?

— Je vais juste sortir une minute. J'ai envie d'appeler la baby-sitter pour m'assurer que tout va bien.

— Mais pourquoi ? Elle nous appellerait s'il y avait le moindre problème ! Les jumeaux dorment probablement tous les deux à poings fermés.

— Je lui envoie juste un SMS.

— Tu sais quoi, Léo ? soupira-t-elle en secouant la tête d'un air atterré.

— Quoi ?

— Tu es en train de devenir un papa poule flippé !

Quinn sourit.

— C'est le fait de se retrouver parent de gosses déjà tout faits. Vous verriez Matt et Simon ! Ils sont inséparables. Figurez-vous qu'ils s'y sont mis à eux pour me demander ma main. On était sortis faire un pique-nique, ils étaient tous les deux à genoux sur la couverture pour sortir les victuailles du panier. Matt a choisi ce moment pour me demander en mariage, et Simon a ajouté que je devais dire « oui » parce qu'il voulait deux parents pour quand je l'adopterais pour de bon. Et ensuite, ils m'ont fait appeler Maisie : ils avaient attaché ma bague de fiançailles à son collier !

— C'est adorable ! Une demande en mariage en famille.

— Et toi, Rebecca ? demanda Rosie. C'était romantique ?

— Bien sûr que oui, intervint Thomas, qui avait saisi la question au vol. Un coucher de soleil fabuleux, et une vue sur la moitié de Londres !

— Nous étions sur le toit du Paddington, expliqua Rebecca en souriant. C'était très, très romantique, confirma-t-elle, rien que pour lui.

— Je vois ce que tu veux dire quand tu parles de devenir parents au pied levé, disait Rosie à Quinn. Tu devrais voir Léo ! Ce n'est plus jamais moi qui lis l'histoire du soir. Apparemment, je ne sais pas faire les voix de dinosaures.

Les éclats de rire et les anecdotes fusaient toujours quand le service commença. Le menu était somptueux : crabe du Norfolk, coquilles Saint-Jacques, veau en sauce, gibier... Et des desserts variés, dont un flan praliné et un soufflé à la banane.

Pour permettre aux convives de souffler, les discours

s'échelonnaient entre les plats. Les orateurs firent lever nombre d'invités pour recueillir les applaudissements de l'assistance.

Rebecca manqua la fin des discours. Le moment du dessert était arrivé et, en humant l'arôme du soufflé à la banane, elle se sentit subitement affreusement barbouillée.

Oh non, pitié ! Si les nausées commençaient déjà...

— Ça va ? lui glissa Rosie. Tu es toute pâle.

— J'ai un peu chaud, murmura-t-elle en s'éventant. Pardon, je reviens...

La main pressée sur ses lèvres, elle s'efforça de marcher dignement vers les vestiaires sans courir. Elle sentit que Thomas se levait aussi, mais elle ne pouvait pas l'attendre.

Elle atteignit les toilettes juste à temps.

En ressortant de sa cabine pour s'asperger le visage d'eau fraîche, elle découvrit que le lavabo voisin servait au même office.

— Je vois que j'avais raison, observa Claire avec un petit sourire. Tu en es à combien ?

— Au tout début. Nous venons seulement de le savoir, c'est trop tôt pour faire de grandes annonces.

— Je ne dirai rien, promit Claire en se tamponnant le visage. Oh ! j'en ai marre ! Ce devrait être terminé pour moi, après trois mois ! Enfin, c'est peut-être pire avec des jumeaux.

La porte s'ouvrit, et Victoria parut, aussi pâle qu'elles deux. Elles échangèrent un regard, interdites.

— Non, pas toi ! Tu n'as plus de nausées, si ?

Victoria se laissa tomber dans l'un des fauteuils qui formaient un petit salon et ferma les yeux avec un soupir.

— Non, mais j'avais besoin de bouger un peu. Les chaises droites me donnent horriblement mal au dos.

Bientôt, elle releva la tête avec un sourire.

— C'est mieux. Ça se calme... Enfin, je crois. Ne vous occupez pas de moi, allez prendre votre dessert...

Mais son visage se crispa, et elle se courba brusquement en se pressant le ventre à deux mains.

— Je reste avec elle, glissa Rebecca à Claire. Tu vas chercher Dominic ?

La porte se referma derrière Claire, mais se rouvrit aussitôt. Thomas passa la tête à l'intérieur, l'air inquiet.

— Claire dit qu'elle croit que Victoria va accoucher. J'appelle une ambulance ?

— Oui, répondit Rebecca.

— Non ! s'écria Victoria au même instant. C'est mon premier, nous avons tout le temps. J'ai juste besoin d'aller aux toilettes.

— Non. Mauvaise idée, objecta Rebecca.

— Ohhhhh, gémit Victoria, agrippée aux accoudoirs de son fauteuil. Ça fait mal !

La porte s'ouvrit de nouveau. Dominic entra en trombe, contempla sa femme, l'air abasourdi, et dégaina son téléphone.

— J'appelle une ambulance.

— Plus... le... temps ! grimaça Victoria. J'ai changé d'avis. C'est dingue, mais... je crois que j'ai besoin de pousser !

— Stop, répliqua Dominic, reprenant visiblement ses esprits. Ne fais rien pour l'instant. Voyons déjà comment ça se présente. Tom, tu peux lui prendre l'autre bras ? On va l'allonger sur le sol.

Claire passa la tête à l'intérieur, vit la manœuvre en cours.

— Oh ! D'accord. Bon, je reste dehors et j'empêche tout le monde d'entrer. D'accord ?

— Oui, merci, répondit Rebecca. Et appelle cette fichue ambulance. Il faudra la transporter très bientôt.

Dominic repoussa l'ample jupe de Victoria. Agenouillé derrière celle-ci, Tom la soutenait, et Rebecca lui tenait la main — ou plutôt lui abandonnait une main que Victoria serrait à la broyer.

— Alors ? Je peux pousser ?

— Le cordon ne gêne pas, répondit le futur papa d'une voix qui tremblait un peu. Je vois sa tête. Vas-y, mon amour.

En deux poussées seulement, une magnifique petite fille fut délivrée dans les mains de son père.

Au cri énergique du nouveau-né, Victoria sourit, le visage baigné de larmes. Tout aussi ému, Dominic lui déposa leur fille dans les bras.

En toute hâte, Rebecca rassembla les serviettes douces pliées sur les étagères pour les couvrir toutes deux.

Le nouveau papa sortit son téléphone.

— Tu veux bien immortaliser l'instant ? dit-il à Thomas.

Celui-ci s'écarta pour laisser Dominic soutenir les deux femmes de sa vie et prit leur première photo de famille : Victoria adossée à la poitrine de Dominic, lui penché sur son épaule, tous deux contemplant le visage minuscule de leur enfant. Il s'éclaircit la gorge en rendant le portable.

— L'ambulance devrait arriver d'un instant à l'autre.

Rebecca hocha la tête en croisant son regard : cette petite famille avait besoin d'un instant de solitude.

— On sera juste derrière la porte si vous avez besoin de quoi que ce soit.

Dans le couloir, une petite foule s'était massée autour de Claire et Alistair : Robyn et Idris, Rosie et Léo, Matt et Quinn...

— On a entendu son cri ! s'écria Rosie. Tout le monde va bien ?

— Tout est absolument parfait, répondit Rebecca.

Thomas glissa le bras autour de sa taille et l'attira contre lui. Chacun des couples présents éprouva à cet instant le même besoin de s'étreindre, se sourire, s'embrasser, pour partager la joie de cet événement inattendu.

Appuyée contre Tom, Rebecca s'abîma dans la tendresse de son regard.

— Ce sera nous, dans un avenir pas si lointain, chuchota-t-elle.

— J'ai hâte, marmotta-t-il en retour. Et toi, ça va ?

Elle lui sourit.

— C'est comme je l'ai dit : tout est *absolument* parfait !

Et c'était vrai.

Vous avez aimé ces romans ?
Retrouvez en numérique l'intégrale de la saga
« Paddington, hôpital pour enfants » :

1. *Un bébé pour le Dr MacBride*, Carol Marinelli
2. *Son insupportable patron*, Fiona Lowe
3. *Un père pour ses jumeaux*, Kate Hardy
4. *Cette étincelle entre eux*, Karin Baine
5. *Envoûtée par un cheikh*, Annie O'Neil
6. *Un cardiologue bien trop séduisant*, Alison Roberts